金融市場——
外匯、票、債券市場與管理

Financial Markets

王毓仁◎編著

序

　　近年來，社會頗受微利及負利雙重影響，各界對金融領域商品的關注與需求日愈殷切。促使市場產生結構性變化，因而引領更多的人們及團體積極參與，遂使我國金融市場出現了前所未見的繁榮景象。兼之過分浮濫的金融業者進入市場運作，在兩方蛻變演化的過程中，前者對市場產品的企慕迫切，後者則在市場中競相爭食占有，於是金融業不斷推出琳琅滿目的各種商品，讓人無所是從。

　　回顧我國金融環境在自由化、國際化的過程，一方面增進與國際間的互動關係，外匯供需也跟著加劇，外匯問題也更受重視；另一方面由於企業之市場籌資管道，在愈為多元的環境下，透過直接金融操作趨向和比重也愈加風行而普及。因此連帶使得社會各界在分享經濟發展後的果實，不但累積了財富，還能加以運用，終於促使我國貨幣和債券市場的規模，在短短的期間內大幅成長。

　　此一效應加上各相關主管機關有計畫的因應，以及配合市場發展需要，進行了制度上的改革和電子系統交易作業的推動，使得我國在此市場交易操作中，提供了更具透明、公平、迅速和廣度的環境，也因此提升我國在此市場範疇的國際能見度和知名度，進而奠定我國參與發展區域市場的競爭利基和地位。

　　筆者有鑑於此，乃以服務金融業歷四十星霜所累積的實務經驗與心得，針對上述三方面，蒐羅相關資料，加以整理闡述，結撰成書。此外，更因市場產品之不斷推廣出新，經營風險隨之加大，乃另闢經營控管專章，提供業者為管理之參考。凡此無非希冀以個人有限的見識，與社會有意涉足此一領域之士共相切磋。唯編撰匆促，疏誤在所難免，尚祈各界先進賢達不吝匡正。

王毓仁　謹識

目　錄

第 3 章　外匯（指定）銀行　41

第 4 章　外匯匯率　65

第11章　世界美元市場和境外金融中心　227

第12章　衍生性金融商品（一）　251

第2篇　貨幣市場與債券市場　273

第13章　短期票券　275

第1篇

外 匯

隨著時代的進步，一國經濟採取閉關政策已不符現時國際趨勢；相對地，國際彼此間的互動關係，在國際化、自由化推動的催促下，經濟關係日益密切，連帶使國與國間貨幣兌換的外匯問題，隨而普受關注。特別自 1973 年後，世界因主要國家紛紛改採浮動匯率以來，由於匯率瞬息萬變，外匯風險對國民經濟的影響程度加深。因此，外匯問題便引發各國金融管理當局的高度重視。兼之，因為一國貨幣的價值一旦發生變動隨即便會影響到他國的貨幣價值，進而影響他的貿易產業甚至物價等等。所以，外匯與國際經濟的變動時時牽連，關係極其切近。

我國早期因為外匯管制關係，外匯問題並未普遍受到眾多的關心，惟自 1979 年我國正式成立外匯市場起至 1994 年間，由於國家經濟成長穩健創造了雄厚的經貿實力，不但國家外匯存底年年增長，國民平均所得亦由原先之不到 2,000 美元至 1994 年已超過 11,000 美元。兼之政府近年來致力推動外匯自由化、國際化的措施以提升台灣國際金融地位，大幅放寬外匯管制，准許居民自由持有及運用外匯，致使全民接觸外匯機會日增及與生活經濟關聯緊密，其重要性不言而喻。本篇特針對我國目前外匯政策在配合國家經濟之系統及深入加以介紹，應可有助於讀者對於外匯事務有更深一層的瞭解。

84.08 ↑08.26
57.60 ↓01.05
36.65 ↑06.05
3.30 ↑40.90

11:00   2:00

第 1 章　外匯與外匯管理

　　談及外匯不免聯想到貿易與其牽連之經濟問題，處於日益繁雜且進步的時代裡，國際經濟關係隨而強盛，外匯流動日趨密集，而一國在外匯事務中，其國際收支之長期維持適當的平衡或剩餘，對於整個經濟發展極為重要。因此，一國外匯的消長，象徵對外資產、負債的變動。亦即外匯的擁有等於對外國貨幣的債權把持；反之，外匯短缺就發生對外國貨幣的債務負擔。簡言之，外匯提供國際交流的動力。所以，外匯之增減變化與經濟發展關係密切。是之，外匯事務向來深受一國政府（中央銀行）極度的重視，而影響外匯盈虧之事項甚多，就整個國際收支項目中，則以貿易往來之收支占最重要，且其數額亦最為巨大。因此，貿易收支能否達到均衡，為連帶影響國際收支是否維持平衡之關鍵所在。總之，貿易對一國的外匯虛實和經濟之發展具絕對的影響和關鍵，而且適度的收支結餘對整體國家利益關係重大。所以，一國政府基於此一因素，採取適當的外匯管理或干預措施，來達到促使匯率維持穩定、發展經濟及累進適中的外匯存底自屬必然，特別對處於海島經濟及政局在不穩定環境中的國家尤其顯著，為能有較詳盡的瞭解起見，茲將有關外匯涵義及重要性逐一討論如后：

1.1 外匯之定義

　　外匯（Foreign Exchange）一詞，乃「國外匯兌」之簡稱。其涵義包括有二：一為國際間之債權（Claim）、債務（Debt）的解決（settlement），藉由一種彼此認可且約定的傳輸工具（instrumentality），在不倚賴現金運送之不便和風險下，能達到收受和支付資金的效果。另一指一國之對外資產，如外國貨幣之持有或對外國貨幣的請求權而言。換言之，外匯為一國政府、企業或人民所擁有，而可用來從事國際貿易（International Trade）或投資等的貨幣或資產（Assets）；當然，它還包含在國外銀行寄存的外幣資金，甚至可兌換成外幣的匯票與支票等在內。而本篇敘述的外匯，就是以後者為主，亦將為隨後各章、節

之主要討論對象（王景陽，1970）。

　　復依我國現行「管理外匯條例」之規定，所謂外匯，乃包括外國貨幣、票據及有價證券（Marketable Securities）等而言。因此，我們知道外匯問題所牽涉之範圍相當廣闊，特別對於在外匯又採取有限度管理的環境下，更是愈益顯得錯綜複雜，所以當我們研究外匯問題時，除了一般的外匯基本知識外，還須進一步認識當前國內之外匯制度和實務操作，才能於從事國際貿易、投資或實際參與操作時有所幫助。換言之，有了依據和遵循模式，才能獲得事半功倍之效，且在操作上又可省卻種種不必要的困擾與時間的浪費。

1.2 外匯與經濟

　　早期人類社會經濟活動簡單而狹窄，唯隨著時代之演變和進步，縮短了地域間的距離，更促使人際間的交往愈加密切和頻繁，而隨著國際相互間經濟交流之日益繁重，時至今日已達到一國貨幣與他國貨幣發生相互牽累的作用。換言之，即是當一國的貨幣價值發生波動時，便會跟著影響到他國的貨幣價位，終結波及他國的貿易消長。回顧 1980 年 1 月韓國宣布韓圜貶值 19.83%，亦即其基本匯率由 484 元調整為 580 元兌換 1 美元之當時，一時間使鄰近的我國之所有從事國際貿易業者，掀起一片譁噪和焦慮，即屬一例。故外匯問題與國際經濟變動息息相關，具有牽髮動身之效。由此，我們可體認到一國之對於國際經濟的關聯，其密切程度和外匯問題已成正比，其關係愈為密切者，外匯問題就愈益重要。換言之，就是一國對外貿易之依存度愈高者，其外匯問題也就愈占重要之分量。

　　台灣屬於海島經濟，深受資源、技術和國內市場的限制，因此經濟運作基本型態，在原料上一向依賴國外之進口及在勞務技術上屬加工製造成品後的輸出，因此儘管經濟結構逐年蛻變，生產結構亦已由早期之農業轉變為工業或電子資訊，但仍並未完全擺脫這種基本模

樣。就 1978 年而言，我國貨品及勞務之輸出、輸入各自占國內生產毛額之 58.49% 及 51.48%，時至現今仍是不變。由此可見國內經濟對外依存程度之高，及國外因素對國內經濟所產生的影響，有相當的關聯性和密切性。因此，外匯問題與我國經濟發展具有不可分隔的臍帶關係。

 1.3 外匯管理之意義

　　外匯管理（Foreign Exchange Control）可以解釋為對外匯交易的干預措施。大凡一國政府為維持對外收支的平衡和金融環境之穩定，對於外匯買賣多少會採取干涉（Intervention）措施或動作。換言之，政府為維持外匯價格於一定水準，而採取控制外匯供需的事務，如管理外匯交易或移轉等作法來達到限制的目的。凡此，都被視為外匯管制作為和範疇。由於實施外匯管理有其重要的目的或因素，因此目前世界上對外匯實施管理制度的國家仍然相當普遍，縱使比較自由開放的國家，亦常基於其本身經濟、貿易和物價之穩定等原因及整體之利益考量下，經由間接進入市場操作來加以影響。易言之，就是各國基於國情或政策的不同，其管制的程度、方式和尺度有鬆緊差別罷了。

 1.4 外匯管理之利弊

　　世界各國實施外匯管制（理），雖按於國情、地理和經濟環境等因素，致其實施不同程度的干涉，誠如前述，其最終目的不過是一致相同的全在於控制外匯的供需和流通自由。但實施後果到底有何影響？大致而言，會發生以下幾種不同的功效和弊端，茲分別敘述如后：

外匯管理功效

外匯管理的功效大略可歸納如下數點：

1. 為顧及社會大眾的福利，政府對民生必需品，可准許優先結匯進口或以較優惠匯率出售外匯，以獎勵進口來達到減輕成本，俾使充分供應價廉之民生物資。

2. 在實施外匯管理下，可以配合關稅壁壘、貿易保護或賦稅等政策，以協助本國發展產業。

3. 外匯市場因匯率穩定的關係，對於從事貿易業者，可免卻負擔匯率變動的風險和顧慮，對於貨品成本的計算和報價（offer）至為簡便。過去台灣經濟的蓬勃發展，乃基於此一政策的有效推行，才促使國家整個經濟在安定中獲得進步和繁榮，亦的確發揮了直接的貢獻和效果。是之，外匯管理有增進貿易發展之效用。

4. 在自由的外匯市場中，當一國經濟環境、政治、軍事因素發生劇烈變化時，資金亦會隨之發生大量外流現象，結果將導致本國貨幣貶值，造成國民對本國貨幣失去信心。若一國採取外匯管理政策，有效的控制外匯來源和分配，則可獲得控制的目的。

5. 由於貿易對手國家採取外匯管制或貿易配額等措施，使另一方國家貨品之輸入產生困難或阻礙時，為基於達到保護其本身貿易利益起見，亦可採取相對手段因應，或作為貿易交涉條件，以取得相互優惠及待遇來攫取本國利益。

外匯管理弊端

外匯管理的弊端大略可歸納如下數項：

1. 因為管制的結果，商業活動均將受到束縛或限制。一方面貿易

從事者，不但無法自由選擇市場，以採購價廉物美的貨品，而且違背了國際自由貿易比較利益原則和精神，國際貿易市場無從暢行來往，同時會因外匯取得受到束縛，進口頗受阻礙；另一方面，亦可能造成對本國幣值產生高估的情形，結果影響出口貿易擴展，進而阻遏一國貿易的正常發展。

2. 在物品需求迫切的情況下，由於外匯取得不易，進口貨品受到限制，市場用品自然不能完全充分供應，結果將導致物價上漲，縱使勉強可取得外匯許可，亦會由於繁雜的進口手續，無形中增添種種不便和費用負擔，導致提高進口成本。

3. 由於匯兌的管制和約束，難以引發外商前來投資的興趣，勢必導引本國資本缺乏，終結影響工商業之發展及進步。

4. 因為管制的結果，會使原本單純的國際貿易經營，由商業範疇延伸為與政治、外交事務的掛鉤和參與，終必徒增國與國之間的互相猜忌和摩擦，特別是在一國外交事務遭受掣肘艱困的情形下，對貿易之拓展勢必愈加艱巨困難。

5. 在外匯市場上因活動處處頗受限制，外匯資金調撥嚴受規範，供、需未能運轉自如，銀行正常的運作機能自然不能發揮應有的功能。

1.5 我國外匯管理

我國外匯管理制度的實施，起源於 1949 年 1 月 11 日所制定之基本法令「管理外匯條例」。當初制定此條例之主要目的，乃為平衡國際收支及穩定金融。迨 1961 年間正逢國家連年入超，國際收支經常發生逆差之際，實施外匯管理更具迫切性，遂於 1970 年 12 月 24 日復經立法院修訂，增列條文共 28 條，經總統公布實行。其後由於政府經濟政策制定得當及業界共同配合推行下，結果使對外貿易漸現成效，乃促使前述情況逐年改善。在爾後幾年間，又為因應時代的演變和要

求，再於 1978 年 12 月、 1986 年 5 月、 1987 年 6 月及 1995 年 8 月時，以配合時空環境之變遷，陸續增修訂其條文，並逐步放寬管理技術和執行尺度，其中最具改革成效者，即如外匯市場的建立、匯率制度的變革和推行等。目前其管理外匯事務和工作，乃劃分由財政部、中央銀行及經濟部國貿局等主管機關分別負責掌理。至於個別業務負責範圍，為財政部負責管理外匯之行政主管機關、中央銀行掌理外匯業務機關和依中央銀行辦理之外匯調度，而收支計畫所擬定出之輸出、輸入計畫之執行，乃由經濟部國貿局主管。

 ## 1.6 外匯管理與貿易管理

依據政府頒布之「管理外匯條例」第 7 條及第 13 條之規定，我們可歸納出國際收支主要的內容，大體上可包括：**商品貿易**、**資本移轉**及**勞務收支**等三大類別（**圖 1-1**）。前者屬有形的貿易（Visible Trade）收支；後二者屬**無形的貿易**（Invisible Trade）收支。具體而言，國際收支之平衡（Balance of International Payment）端視這三大類之外匯收支結果而定，不過在正常情形下，應以前者之商品貿易占舉足輕重的地位。

因此，當我們認識外匯管理制度的概念，以及前述有形的貿易在國際收支所占之分量，不難發現外匯管理若要做到徹底且有效，則不得不藉助於貿易管理的手段之配合實施來達成，所以兩者應相輔為用，才可促進國際收支平衡的目的。（王景陽，1970）

 ## 1.7 外匯的種別與歐元

目前世界上的貨幣種目超過一百種以上，因為每一個國家或地區都有其相互使用的法定貨幣，在如此繁細而琳瑯滿目的種別中，雖然

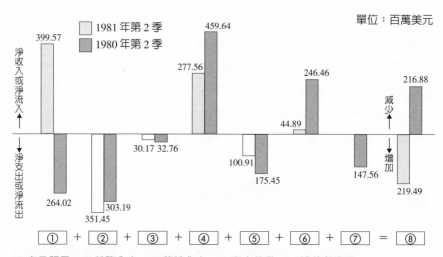

國際收支比較
1981 年第 2 季與 1980 年第 2 季

單位：百萬美元

① 商品貿易　② 勞務收支　③ 移轉收支　④ 資本移動　⑤ 誤差與遺漏
⑥ 黃金貨幣化／非貨幣化之相對科目　⑦ 特別提款權分配／取消之相對科目
⑧ 銀行體系國外資產淨額之變動

圖 1-1　國際收支比較表

其交易量大半集中於少部分主要國家的貨幣，但由於國際間的互動關係，無所不至，且日益密切，因此特闢此專篇就各國貨幣的基本辨識加以介紹如后：

💰 外匯的種別

依據我國之現行外匯市場，在實務上對外國貨幣的買賣，計分為「掛牌」和「未掛牌」兩類。前者，係由各外匯指定銀行每日依市場行情牌告於其營業場所之美元等數種外幣的價目。亦即一般外匯指定銀行普遍可以接受的外國貨幣之買進或賣出價格（如**表 1-1**）。唯其價目若於營業時間中遇到某種外幣因國際市場報價雜亂，或行情發生激烈變動時，銀行將暫停掛出牌價停止買賣或調整匯價。至於後者由於

表 1-1　外匯交易中心即期及遠期外匯匯率表

×年×月×日 9 時

幣　　名	買入匯率							賣出匯率						
	即期	10 天	30 天	60 天	90 天	120 天	180 天	即期	10 天	30 天	60 天	90 天	120 天	180 天
美金	38.63	38.674	38.763	38.897	39.030	39.163	39.430	38.73	38.774	38.863	38.997	39.130	39.263	39.530
澳幣	41.06	—	—	—	—	—	—	41.27	—	—	—	—	—	—
奧地利幣	2.40	—	—	—	—	—	—	2.41	—	—	—	—	—	—
比利時法郎	0.89	—	—	—	—	—	—	0.90	—	—	—	—	—	—
加拿大幣	31.47	—	—	—	—	—	—	31.62	—	—	—	—	—	—
馬克	16.81	—	16.97	17.10	17.24	17.38	17.65	16.90	—	17.06	17.19	17.33	17.47	17.74
法國法郎	6.46	—	—	—	—	—	—	6.49	—	—	—	—	—	—
港幣	6.68	—	—	—	—	—	—	6.71	—	—	—	—	—	—
荷蘭幣	15.13	—	—	—	—	—	—	15.21	—	—	—	—	—	—
英鎊	70.72	—	71.08	71.41	71.72	72.02	72.63	71.08	—	71.44	71.77	72.08	72.38	72.99
新加坡幣	18.61	—	—	—	—	—	—	18.71	—	—	—	—	—	—
南非幣	36.69	—	—	—	—	—	—	36.88	—	—	—	—	—	—
瑞典幣	6.75	—	—	—	—	—	—	6.78	—	—	—	—	—	—
瑞士法郎	20.23	—	20.52	20.76	20.99	21.21	21.66	20.33	—	20.62	20.86	21.09	21.31	21.76

在國內外匯市場的流通性不強，故不在一般外匯銀行之服務範圍，民眾若有需要兌換，就得看銀行能否代為託收了。為便利認識對目前世界各國幣種起見。茲特別就常見「掛牌外匯」和「其他各種外幣種別」詳細分別介紹如下：

　常見外匯指定銀行掛牌之外匯

幣名		簡號	所屬國家
澳幣	Australian Dollar	A$	澳大利亞
港幣	H.K. Dollar	H.K.$	香港
星幣	Singapore Dollar	S.$	新加坡
英鎊	Pound Sterling		英國
加元	Canadian Dollar	Can $	加拿大
*法國法郎	France	Fr.	法國
*比利時法郎	Belgian France	B.Fr	比利時
*馬克	Deutsche Mark	D.M.	西德

瑞士法郎	Swiss France	S.Fr.	瑞士
美元	U.S. Dollar	US$	美國
*荷蘭幣	Guilder（Florin）	DFL	荷蘭
*奧先令	Austrian Schilling	A.S.	奧地利
南非幣	Rand	R	南非
瑞典幣	Swediah Krona	Sw.Kr.	瑞典
日圓	Japanese Yen	Yen	日本
泰銖	Thai Baht	B	泰國
*義里拉	Italian Lira	Lit	義大利
*西班牙幣	Spanish Peseta	Ptas	西班牙
紐元	New Zealand Dollar	$NZ	紐西蘭
歐元	Euro（12個歐盟國家統合單一貨幣）		

註：*自2002年1月1日起國內各銀行配合歐元實體貨幣發行，即日起取消歐元區
　　各國原有貨幣的掛出，改以歐元匯率取代。

其他未掛牌之各種外匯

幣名		簡號	所屬國家
馬來幣	Ringgit	MR	馬來西亞
菲律賓幣	Philippine Peso	P	菲律賓
印尼幣	Rupiah	RP	印尼
土里拉	Turkish Lira	TL	土耳其
千幣	Trinidad & Tobago Dollar	T.T.S.	千里達
巴西幣	New Cruzeiro	Gr$	巴西
巴拉圭幣	Guarani	G	巴拉圭
巴拿馬幣	Balboa	B	巴拿馬
巴基斯坦盧比	Pakistan Rupee	P.Rps	巴基斯坦
厄幣	Sucre	Sucre	厄瓜多爾
丹麥幣	Danish	D.Kr	丹麥

以色列幣	Israel Pound	IS	以色列
牙幣	Jamaican Dollar	Jam.$	牙買加
尼幣	Cordoba	C$	尼加拉瓜
瓜幣	Quetzal	Q	瓜地馬拉
印度盧比	Indian Rupee	Rs.	印度
伊朗幣	Rail	RL	伊朗
利比亞幣	Dinar	Din	利比亞
宏都拉斯幣	Lempira	L	宏都拉斯
*芬蘭幣	Finnish Markka	Frm	芬蘭
沙幣	Saudi Riyal	S.R.	沙烏地阿拉伯
*希臘幣	Drachma	Dr	希臘
奈及利亞幣	Naira	Naira	奈及利亞
迦納幣	Cedi	C	迦納
阿根廷幣	Argentine Peso	M$N	阿根廷
玻幣	Bolivian Peso	BP	玻利維亞
委幣	Venezuela	Bs	委內瑞拉
突幣	Tunisian Dinar	T.D.	突尼西亞
馬法郎	Malagascan France	M.Fr.	馬達加斯加
哥斯達黎加科郎	Costa Rican Colon	Col	哥斯達黎加
烏拉圭比索	Uruguayan Pso	UP	烏拉圭
科威特幣	Kuwaiti Dinar	K.Din	科威特
挪幣	Nolombian Krone	N.Kr	挪威
秘魯幣	Sol	S	秘魯
哥倫比亞幣	Colombian Peso	Col..P.	哥倫比亞
智利幣	Chilean Peso	Ch.P.	智利
埃鎊	Egyptian Pound	E	埃及
*葡幣	Esudo Esc	Esc	葡萄牙
澳門幣	Pataca	P	澳門

*盧法郎	Luxembourg France	L Fr.	盧森堡
墨西哥幣	Mexican Peso	MP	墨西哥
薩幣	Salvadoran Colon	E.S.C.	薩爾瓦多
韓圜	Won	Won	南韓

註：*自 2002 年 1 月 1 日起國內各銀行配合歐元實體貨幣發行，即日起取消歐元區
　　各國原有貨幣的掛出，改以歐元匯率取代。

歐元

歐元（Euro）為歐洲地區 15 個歐洲聯盟會員國家中，除英國、丹
麥及瑞典外，其餘 12 個國家，包括荷蘭（Netherlands）、奧地利
（Austria）、比利時（Belgium）、芬蘭（Finland）、法國（France）、德國
（Germany）、希臘（Greece）、愛爾蘭（Ireland）、義大利（Italy）、盧森
堡（Luxembourg）、西班牙（Spain）及葡萄牙（Portugal）等，協約贊成
放棄其本國貨幣印製之發行權，自西元 2002 年 1 月 1 日起採用共用之單
一貨幣，並結束自 1999 年 1 月 1 日實施三年來的虛擬貨幣（Virtual
Currencies）交易地位，而正式以紙鈔與硬幣（Banknotes & Coins）兩種
實體發行。亦即自此正式取代歐洲原 12 個會員國個別貨幣之發行，總
金額計 3,150 億美元規模幣值，其中紙幣面額共 7 種，分別為：5 元、
10 元、20 元、50 元、100 元、200 元及 500 元等，共 150 億張紙鈔
（均以紫、黃、綠、紅、橘等顏色之純棉紙張加附各種不
同橋樑和拱門圖案之凸版印刷、浮水印設計、防偽
金屬線及發光變色油墨等多重功能，以防偽
造）。另 500 億枚硬幣，則分 8 種面值為：1、
2、5、10、20 及 50 等 6 種歐洲先令及 1、2
歐元〔背面崁印著（歐洲之星）的歐洲會員地
圖圖案〕供給歐元區 3 億人口使用（如圖 1-2），
其原 EMC 會員國家的國內使用貨幣則延至西元
2002 年 2 月 28 日走入歷史，自此喪失其合法地位。

圖 1-2　歐元（硬幣）

　　追溯歐元之成立過程，乃自 1957 年由法國、西德、比利時、盧森堡、義大利和荷蘭等 6 國簽署羅馬條約時，即確定建立歐洲共同市場經濟共同體之目標起，奠定其後歐元制度的基礎。迨 1978 年歐洲高峰會基於當時經濟環境亟思尋找良策，以解決歐洲貨幣制度的混亂局面，於是成立**歐洲貨幣制度／系統（EMS）**，並於次年（1979 年）正式開始運作，其時除英國之外，其他國家全部成為正式會員，亦使單一貨幣制度向前邁進一大步。隨後到了 1986 年，該會員組織簽署「單一歐洲法案」計畫實現單一市場，到 1992 年歐盟會員國再簽署「馬斯垂克條約」建立**歐洲聯盟（EU）**擴大單一市場規模，並通過共同的外國及司法政策。此時，除 1981 年加入之希臘和 1986 年加入之西班牙與葡萄牙外，隨後又再加入了瑞典、芬蘭及奧地利等會員國。

　　迨 1995 年之馬德里條約後，才為歐洲單一貨幣正式定名為「歐元」，並訂於 1999 年 1 月 1 日正式推出單一貨幣，其間於 1998 年**歐洲中央銀行**（European System of Central Bank，簡稱 ESCB）正式成立，並確定歐元之發行日期，此時重新正式加入歐元區（Euro- zone）的簽署國家，共包括奧地利、愛爾蘭、比利時、義大利、荷蘭、法國、德國、芬蘭、西班牙、葡萄牙及盧森堡等 11 國，而希臘復於 2000 年再行加入，及 1999 年 1 月 1 日確定歐元區成員國本國貨幣兌換歐元的永久匯率（歐元區國家貨幣兌歐元之匯率為：比利時法郎 40.3399、德國馬克 1.95583、法國法郎 6.55957、希臘德拉克馬 340.75、愛爾蘭鎊 0.787564、西班牙比塞塔 166.386、盧森堡法郎 40.3399、義大利里拉 1936.27、荷蘭基耳德 2.20371、芬蘭馬卡 5.94573、奧地利先令 13.7603 及葡萄牙愛司庫特 200.482 等）。歐元自此正式進入試用期，並以電子貨幣形式啟動，遂於 2002 年 1 月 1 日發行實體貨幣正式問世通行。

　　總而言之，從長遠來看，歐元之發行將讓歐洲地區經濟產生正面且深遠的影響，此亦即所以能促使各會員國願意將其貨幣政策權交予立場超然的歐洲中央銀行來處理之緣故，因此除有重建歐洲經濟穩定作用外，單一貨幣不但有助於不同國家消費者進行比價，也可使各會

員國之經濟表現更容易比較。就理論上而言，共同貨幣將讓歐洲更具效率和投資價值（由發行時1歐元兌0.8905美元，至2004年11月之1歐元兌1.2739美元），但歐元是否具挑戰美元爲世界首要貨幣地位，有待時間考驗來證明。觀諸歷史，貨幣聯盟成功的要件，其政治結合乃重要因素之一，而歐元區則不具財、政統合要件，且語言、文化等亦是另一障礙。此外，美國經濟成長率雖近年來頗受景氣低迷消磨，但一向明顯高於歐元區，企業獲利表現亦優於歐元區。凡此種種，將使此一聯盟成效備受考驗。

 # 1.8 外匯留存與存底

在自由外匯市場中，任何有外匯擁有者，將隨匯率的波動產生潛在影響，結果不是出現「兌換利益」就是「兌換損失」。因此不論個人、企業、銀行或國家（中央銀行負責管理）對外匯資金留存之運作就應格外小心慎重。亦即不管本身或負責該等外匯管理之相關人員，均應將它視爲自身利益關鍵之所在，加予慎密規劃與行事，不只應做到最基本的保值外，而且更應創造出利益。換言之，就是對於手頭上持有之外匯應加予有效的組合，並作適當的比重操作因應，才能進一步得到前述所提之造就效益。就國家而言，我國自1971年初以來，即由於出口導向經濟的實施，加上配合嚴格管制外匯措施，結果逐年累積相當的外匯存底。雖然在外匯存底之運用方面，除支應一般進出口外匯不足之差額，及隨時供應特殊外匯支出之需要和撥充特案或專案等進口物資外匯融資等用途，但外匯存底依然逐年累積增加，而其整體之操作雖一直由中央銀行外匯局負責調撥、運用與管理。但從1971年後，由於我國退出聯合國之故，初期基於環境特殊因素，資金存放國外有安全上的考量，遂改由台灣銀行外匯平準基金處及信託投資公司等單位名義負責對外操作，而此一作法延續到1985年，才基於對外金融關係漸趨穩固，資金安全保障無慮後，再全部歸還在中央銀行名

下繼續運作。至於有關外匯存底之操作方式，應以短期存放國外聯行孳息及投資國外貨幣市場工具或債券之買賣爲主。存放之地區，分別包括：美國、多倫多、倫敦、蘇黎世、法蘭克福、布魯塞爾、巴黎、阿姆斯特丹、新加坡、東京、香港等世界主要金融中心。

　　至於幣別則以美元成數占最高。依據國際貨幣基金會 1977 年之統計資料顯示，各國中央銀行所持有外匯中，如以平均計算之，則以美元占通籃貨幣組合最高，達 80.3%，其次爲馬克占 9.3%，再次爲日幣占 2.5%，分占其前三名。若進一步分析原因，可歸納如下之結論：(1)美元爲世界各國中央銀行所最偏好持有的通貨；(2)馬克與日幣雖未如美元之搶手，但一旦遇美元幣值跌落時，此二種幣別爲優先考慮持有的通貨；(3)已開發國家持有美元之比重比發展中國家爲高；及(4)已開發國家對外匯管理操作能力比發展中國家操作能力爲強。自 1977 年後，各國對上項通貨持有所占比重雖互有消長，但由於美元的使用一直在國際上最爲自由，國際貿易亦多以美元爲支付工具。因此，世界各國中央銀行持有的**外匯存底**（Foreign Exchange Reserves）絕大多數仍以美元爲主。「根據國際貨幣基金會之統計，2003 年年底全球央行的外匯存底資產中，仍以美元所占的比率最高，爲 63.8%」。（《經濟日報》，2004 年 11 月 30 日）唯近年來，由於美國龐大的經常帳赤字問題，始終不見好轉，甚至有更惡化現象，在「弱勢美元」政策相較「強勢美元」政策之對美國經濟較具振興催化作用和改善貿易逆差問題的情形下，因此美元弱勢短期內恐難改變，所以往後各國對美元之持有程度是否因此受到影響而改變有待觀察。

　　依據我國中央銀行 2007 年 6 月所公布之官方外匯存底爲 2,660.52 億美元，全球排名第四（由多年保持排名第三，已滑降退居第四），次於中國大陸 3 月份之 1 兆 2,020 億美元（居首），日本 4 月份之 9,111 億美元（居次），俄羅斯 5 月份之 2,841 億美元（第三），另緊追在後的南韓 6 月份之 2,502 億美元（《中國時報》，2007 年 7 月 6 日）。而我國近期外匯存底之變化分別爲 2006 年 9 月之 261,551 億美元，2006 年 10 月之 261,821 億美元，2006 年 11 月之 265,140 億美元，2006 年 12

月之 266,148 億美元，2007 年 1 月之 265,972 億美元，2007 年 2 月之 267,987 億美元，2007 年 3 月之 267,485 億美元及 2007 年 4 月之 266,540 億美元（中央銀行）。至於外匯存底之累積到底有何「利」、「幣」。前者除可提升一國之國際地位、強化一國之債信及穩定一國之幣值外，當一國遭遇危機時，不論對內、對外具有發揮高度的安定效益。不過，後者由於外匯存底愈多除可能引發央行的貨幣供給愈多造成通貨膨脹的隱憂外，因貨物外銷係以剝削國民消費爲代價，故就國民福利觀點而言，是國民的損失。

 # 1.9 我國外匯的供需範疇

　　政府自 1979 年 2 月 1 日起開始實施外匯市場操作，初期市場之外匯交易仍侷限在以進出口貿易爲主。因此在開辦當時，對於任何欲以本國通貨來換購外匯之限制，並未完全開放自由買賣。亦即對於任何外匯需求者（包括：一般性的出國觀光、接洽業務、考察、就醫、探親、應聘、留學、航運業、保險業及其他匯出匯款等）之兌購規定和以往並無太大差別。換言之，就是在外匯市場買賣的外匯，除出口廠商所得的外匯及進口廠商所需要的外匯外，其餘之一般性外匯需求，仍應依據相關辦法之規定，經政府有關當局之事先核准後，再透過指定銀行在外匯市場購買或向中央銀行或指定銀行結購。至於外匯供給，則應結售中央銀行或存入指定銀行中。（請參閱第 2 章第 2.8 節）

　　上述外匯供給或需要，依目前之規定，其金額達新台幣 50 萬元以上之等值外匯收支或交易，應經申報且不論其經自行提用、購入及核准結匯之外匯，如其原因消滅或變更，致全部或一部之外匯無須支付時，應依照中央銀行規定之期限存入或售還中央銀行或指定銀行。（「管理外匯條例」，第 6 條之 1 及第 17 條）

第 2 章　外匯市場

　　觀念上的「市場」型態，具有集體且具體之場地，專供大眾聚集從事交易者稱謂市場。而市場以專屬特定商品作爲進行買賣的場所，則另以市場屬性來稱謂，在傳統金融商品市場領域中之外匯市場即屬其中之一部分，只是此一市場因隨著時代的變遷和改變，無論其市場交易規模、交易範疇及交易方式等，亦均日益熱絡、擴大和進展，且發達頗爲迅速。因此市場型態亦隨而發生變化，至今使此一市場由傳統之具備實體場所的形式轉而僅具虛渺形式的交易市場。爲對此一市場有進一步的認識，茲詳細加予討論介紹如下：

2.1 外匯市場概況

　　我國外匯市場之建立，係繼匯率政策不再釘住美元及固定匯率政策採機動匯率制後之翌（1975）年成立，迄今已達二十七年。此間在國際化的推近趨勢下，及外匯管理條例的相繼修改放寬後，時至現今，如外匯的匯出、入款方面，在自然人一年度就可有500萬美元的結匯額度，企業更有1,000萬美元額度。在貿易方面，出口外匯所得亦已放寬到所得可在外匯市場出售或存放於外匯存款帳。進口所得需要的外匯亦可在外匯市場上自由結購或由外匯存款中支應，兼之外幣拆款市場之隨於兩年後（即1989年）相繼成立，而構成了一個完整的外匯市場架構，無論前者之顧客間的市場交易或後者之銀行間市場交易，可謂在政府致力推動外匯市場的穩定發展和規模上，均有顯著進步。但不可諱言，我國外匯市場規模和發展相較與亞太地區的其他幾處主要金融中心，仍然遜色許多。因此主管當局若有意將台北建立成爲亞太地區金融中心，在自由化、國際化目標下，本著原則自由例外管制的精神，加快開放措施，諸如引進國外貨幣經紀商、通訊設施、品質的提升、外語人才的培植、金融法規隨著引進新種金融產品的適時修訂和增加／吸引外銀參與拆款業務家數等，以提升市場規模，才能與香港的三百多家和新加坡的二百多家參與銀行之金融中心成數相

抗衡。

市場和型態

外匯市場（Foreign Exchange Market）一詞，就字義上講乃指外匯的交易場所（Bourse）。它與國內貨幣市場不同之處，前者屬於經由市場所進行的外國通貨之交換場合，且常超越國境界限的全球性循環交易體系；而後者則偏重使用本國貨幣之票券市場交易和屬區域性及國境內之買賣。就目前我國外匯市場而言，最普遍的買入外幣債權都得經向中央銀行或外匯指定銀行辦理，並按其所掛出之各種外匯牌價作為買賣計算依據，凡此都是市場上操作之通貨對象。此外，又因市場交割時間有快慢之不同，亦分為即期交割的**現貨市場**（Spot Market）以及遠期交割的**遠期市場**（Forward Market）兩種。具體而言，在外匯市場中的交易操作，係經由它的成員（包括外匯指定銀行、進出口廠商、中央銀行及其他之外匯供需者等）透過電話、電傳打字機（Telex）或電報（Cable）等方式來進行，並由銀行隨時就取得之世界各地匯率行情、其他可能影響匯率走勢、變動因素和訊息（如政治、經濟等資料蒐集）提供市場參與者之參考和研判，以利促使市場交易的活躍，進而達到貨幣流通功能和作為銀行業調節貨幣的管道。

總之，典型的外匯市場型態，在隨著時空背景的變遷和經濟社會發展的影響下，已由早期較具實體組織模式，演變為時下之近乎抽象的組織型態。也就是說，它不再具有一個確實存在而可供雙方進行買賣交易的具體場地（Market Place）。此乃與股票交易市場或商品交易場所最大不同之處。

外匯市場成員

外匯市場之形成，乃由下列各成員所組成，其中自一至四項，是我國外匯市場中的主要參與者，由五至八項，係在完全自由外匯制度

下的衍生產物。亦即上述各項全部屬於外匯市場的構成分子。

外匯銀行

外匯銀行（Foreign Exchange Banks）爲外匯市場的主要成員之一，因爲它爲外匯創造了市場，所以是外匯交易之媒介機構。通常外匯銀行一方面與客戶從事外匯買賣，而另一方面，就其外匯頭寸作主動性的調整措施。至於外匯銀行的營業範圍，大致雷同（請參閱第3章第3.1節）。

經營國際貿易的公司行號（或輸出、輸入廠商）

進出口廠商是參與外匯市場交易的主要客源之一。因爲**進口廠商**（Importer）購買外國物品的關係，所以需要外匯支付，在無自備外匯時，其外匯來源必經由外匯市場買入，所以它是外匯市場上最普遍且主要的外匯需要者。相反地，**出口廠商**（Exporter）由於輸出貨品到國外，而收取了外匯貨款，因需要台幣繼續備料生產起見，必須透過外匯市場將外匯賣出，所以它是外匯市場最普遍且主要的外匯供給者。

其他外匯供需者

在國際間的互爲交往過程中，除了上述的進出口貿易業者、製造廠商外，尚有其他的種種國際事務不斷在進行。例如，直接投資、航運業的運費、保險業的保險費、出入境旅費、留學學費、就醫、探親、應聘、匯出匯入款、外債買賣及外債本息支付等，因爲其收支所產生的外匯供給或需求，在在都必須透過外匯市場來進行交易。因此，此等亦是促成外匯市場活動中不可或缺的重要分子。

中央銀行／政府當局

中央銀行／政府當局（Central Bank / Govermen Authorities）乃掌理一國外匯業務的主管機關，故它依法指派並督導各外匯指定銀行

（Appointed Bank）辦理外匯業務事宜。在基於維護一國貨幣兌換外幣價值穩定原則下，即使實施浮動匯率制度，一旦市場發生大幅波動時，多少都會進場採取干預措施，以達到維持一個有秩序的外匯市場為宗旨。

外匯經紀商

外匯經紀商（Exchange Bill Broker）係介於外匯銀行間或銀行客戶間的外匯買賣之媒介業者（Intermediary），通常又分為**一般經紀商**（Exchange Broker）和**跑街掮客**（Running Broker）兩種。此種行業盛行於倫敦，主要因業者能掌握充分外匯訊息，並及時提供客戶市場行情，因此頗受買賣雙方當事者所樂於利用。當然，他們成立和存在的目的乃為客戶代洽外匯買賣，並從中賺取介紹佣金（Brokerage）的匯兌商人。

貼現商

貼現商（Discount House）的主要業務，為買賣遠期票據，並兼營其他之證券交易。早期即風行於美國和英國，票據通常包括：國內商業票據、外國匯票及國庫券等三種，其中以外國匯票一項最為此業經營者所偏好，原因係當急需資金運用時，容易被銀行接受為貼現申請之標的。

外匯交易商

外匯交易商（Exchange Dealer）經營商號，以買賣匯票為主要業務，其經營方式有多種，包括：先買後賣、先售後購或同時進行買賣均有之。但不外乎利用時間或空間的變化或差距來賺取價格上的差異。此種行業之經營者除商號外，亦有由信託公司或銀行來兼營，甚至亦有少數個人的經營者。

投機者

以買賣外匯作投機生意為目的的客戶，通常藉由其對匯率漲跌的敏銳預測，以買空賣空方法，由繳交少數保證金後，在外匯市場作期貨買賣生意（如外匯保證金交易），以獲取利潤之一種行業（李森介，1978）。

世界主要外匯市場

紐約外匯市場

紐約外匯市場，是當今世界上最大的外匯市場，它發跡於第一次世界大戰期間，其後取代獨占鰲頭的英國倫敦領先地位。目前不僅是美國國內外匯交易的中心，也是世界各國外匯結算的樞紐，其市場構成與倫敦類似，並無太大的差異。紐約外匯市場的交易對象，主要包括下列三種：

1. **銀行與客戶間的外匯交易**：為經營外匯業務之金融業者的交易員（Dealer），除負責與客戶間的外匯買賣事宜外，並應於每日營業活動結束前，基於外匯部位不致有過當的情形，而暴露匯率變動的風險，且顧及客戶的隨時需要考量下，慎重酌量保留適當的外匯頭寸於同業外匯帳戶。

2. **銀行與經紀商的外匯交易**：紐約銀行間的外匯交易，通常並不直接進行買賣操作，一般作法係透過外匯經紀商居中牽線。譬如，當一家外匯銀行須買入或賣出外匯時，只要將希望進或出的數目及價格通知經紀商即可。換言之，就是一切買賣手續均由中間人負責辦理。而銀行之採用此一方式，不外乎可節省時間，同時又可省卻人事開支。當然經紀商的存在目的是在於收取酬金並維繫。因此，一旦交易經由其撮合成功賣方就應支付

佣金爲酬勞。而外匯經紀商在接受銀行買賣委託後，有義務不透露委託人的身分或名稱。

3. **本國銀行與外國銀行的外匯交易**：經由本國銀行與外國銀行間的外匯交易，不但可獲得迅速且靈活的資金調度好處，而且一旦市場在外匯供需發生失衡的情況下，具有迅速矯正的功效。此外，由於外國中央銀行與貨幣機構的介入市場交易，在市場上亦占了相當重要的份量和扮演了積極的角色。當然紐約外匯市場也提供給外國銀行相當的便利性，促使了此一市場的活躍與發展。

德國外匯市場

在德國境內雖有 5 個大外匯交易所，但其中以法蘭克福（Frankfurt）居首，應算是最大，也是最主要的交易所之一。該國外匯市場主要成員，分別由 60 家銀行及 10 家經紀商所構成。在通貨交易方面，乃以美元爲主，其他如英鎊、瑞士法郎及歐元成立前之法國法郎及荷蘭幣居次。西德外匯市場的特色之一，就是經紀商在市場上扮演了一個相當重要的角色，因爲它們幾乎都能立即與其他國內各外匯市場中心取得聯繫和傳達訊息。至於市場的遠期交易期限，大半落點都侷限在 6 個月期以內者居多。

倫敦外匯市場

倫敦外匯市場，是目前世界外匯市場中唯一可與紐約外匯市場相互抗衡的世界金融中心之一，它不但是歐洲美元市場的交易中心（請參閱第 11 章第 11.1 節第二項），同時亦是世界僅次於紐約的最大且最忙碌的外匯市場。其參與外匯交易的銀行約二百多家，交易透過經紀商所進行的比率，約占市場總交易量之 70-80% 之間（包括銀行間的交易在內）。至於市場之期貨契約期限，大致與德國類似，一般約在 6 個月期以下居多，但偶爾仍有爲期達數年之長的情形。

⊞ 日本外匯市場

　　日本外匯市場的主要交易中心，以東京為主，其他如大阪或名古屋，因所占的交易量之比率甚低，故通常論及日本的外匯市場時，皆以東京為代表。其市場主要參與者，除外匯銀行外（共 180 家，其中包括 60 家左右的外商銀行），尚包含個人、團體、進出口商、船公司、保險公司及中央銀行（日本銀行）等。銀行與客戶間的交易時間，為上午 9 時起，至下午 3 時止。而銀行間的交易通常於中午用餐時段停止進行，亦即在此交易領域中區隔為兩個時段，一為上午的營業時段及另一下午的營業時段。至於銀行間的交易，則大半透過經紀商為仲介進行和促成。銀行對於每日與顧客群交易所產生的外匯部分，都不願承擔市場風險，而逐日軋平。亦即無論是處於賣超（Over Sold Position）或買超（Over Bought Position），都會隨時透過經紀商進行拋補或拋售動作，以規避風險的產生。今日日本雖然採用浮動匯率制度，但基於其整體經濟考量，一旦匯率過度波動時，日本銀行亦會透過一般外匯銀行或委託經紀商代為進場操作，以間接性的作法進行干預措施，來達到穩定匯率的目的或影響匯率的走向。

⊞ 新加坡外匯市場

　　新加坡位於馬來西亞之南端，是一個小島共和國，由於其地理位置優越，加以政府之銳意經營，工商、金融及貿易業均相當發達，其中金融業發展之迅速，尤引人注目，在其建國短短數年間，已發展成幾可與紐約、倫敦及蘇黎士等齊名的世界大金融中心之一，堪稱執東南亞金融之牛耳。

　　新加坡雖未設立中央銀行，但新加坡金融管理局（Monetary Authority of Singapore）的功能幾乎與中央銀行無異，各銀行在金融管理局均開設帳戶，而該局則藉由外匯及國庫券之買賣，吸收或供給民間資金。金融管理局規定澳幣、*比利時法郎、加拿大幣、丹麥幣、*法國法郎、*義大利里拉、日圓、*荷蘭幣、挪威幣、*葡萄牙幣、

瑞典幣、瑞士法郎、人民幣及美元等（＊已改為歐元幣制替代）外國貨幣為指定外匯，可在新加坡外匯市場自由買賣，進口商為進口貨物所需外匯，可以無限制地向銀行購買。出口商出售之貨款或其他來源所獲得之外匯，除在規定之範圍內投資於亞洲美元或存入銀行備用外，其餘均應結售給銀行。外匯市場每日分兩段時間營業，每週星期三下午及星期六休業。各銀行與經紀商之間設有專線聯絡，俾隨時報價買賣之用，銀行與客戶間的買賣外匯所發生的差額，除可透過經紀商補進或出售外，亦可在銀行間直接完成買賣交易。

 ## 2.2 我國外匯市場開闢之遠因

　　對外貿易是我國經濟的命脈，而我國對外貿易依存度之高，亦是世界少有國家現象之一。因此左右我國經濟之興衰，乃直接受制於出口貿易的強弱或消長。政府早有鑑於此，故數年前即著手致力於經濟貿易的拓展，並採取因應措施，遂造就近年來的台灣經濟奇蹟成效。亦因此在此過程中，由於對外貿易不斷地發展結果，使我國出口貿易逐年擴展旺盛，並造成進出口順差持續擴大，當時一方面面臨美元在東京外匯市場上的價格一路猛跌的壓力，財經當局眼看在固定匯率制度下，由於新台幣釘住（Peg）美元而隨美元貶值，對進口成本提高亦跟著壓力加大。另一方面中央銀行又依據「管理外匯條例」不斷收購外匯，造成持有的外匯資金不斷急驟累積，並由此所放出的新台幣發行量，卻又造成貨幣供給額大幅度成長，當局為及時抑制通貨膨脹所帶來的社會經濟衝擊，在配合台灣經濟長期發展計畫需要及國際金融走勢的變化考量下，毅然適時推行機動匯率制，允許外匯銀行接受外匯存款戶的設立，此即促成外匯市場的開闢始因。就制度本身而言，我國外匯市場的成立，乃是外匯制度上的一大改革。就影響面而言，對國內所有的進出口廠商或外匯供需者，都得適應並學習此一新制度的操作，以應付匯率隨時變化所帶來的風險，所以對廠商可以說是一種新挑戰和考驗。

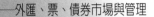
2.3 我國外匯市場建立的主要目的

　　我國建立外匯市場的主要目的，在於使新台幣之匯率能隨著國內外市場情況機動調整，以運用金融力量來調節進出口貿易，並達到國際收支均衡的功效。另一方面，廢止實施多年的外匯清算辦法，提供指定銀行、進出口廠商或外匯的收入者，均能持有自有的外匯，而不急於兌換為新台幣，有效緩和貿易鉅額出超造成中央銀行外匯存底大量累積及所帶來的通貨供給額（Money Supply）持續增高不下的壓力（如圖 2-1）。

　　根據統計，我國在 1978 年的經濟發展成果頗為輝煌，全年經濟成長率高達 12.7%（如圖 2-2），創歷年來之最高峰，尤其是進出口貿易額擴增為 230 億美元（如圖 2-3），出超達 17 億美元，在年底外匯累積已超過 65 億美元，不但造就台灣經濟發展與顯著的貿易成果外，亦

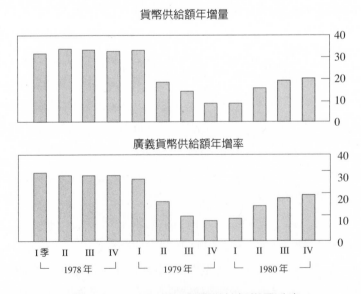

圖 2-1　1978-1980 貨幣供給年增量／率

註：貨幣供給是指貨幣的存量，亦即表示某一時日貨幣的數量。依央行統計，它包括政府及金融機構以外，公眾所保有的無限法償紙幣、輔幣、活期及支票存款的總額。

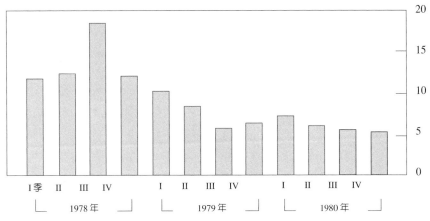

圖 2-2　經濟成長率

單位：百萬美元

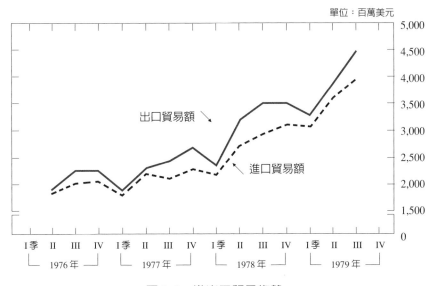

圖 2-3　進出口貿易趨勢

因此帶來不斷通貨膨脹的壓力，連帶對證券市場、房地產及物價等產
生刺激的作用。此外，鑑於國際金融走勢之變化和客觀環境的轉變因
素，更是外匯市場積極建立的用意。亦可說，因此帶給貿易業及工商
各界對於外匯操作和調度技巧更具靈活和成熟。

2.4 外匯交易中心與外匯經紀商

　　1979年2月我國外匯市場建立，外匯事務機構──**外匯交易中心**（Foreign Exchange Trade Center）即適時設置，當時主要任務之一，係由中央銀行代表及其指定之5家主要外匯銀行（包括台灣銀行、第一商業銀行、華南商業銀行、彰化商業銀行及中國國際商業銀行等）所組成的外匯交易中心執行小組成員負責會商每日市場交易匯率，以改變往常一貫實施之固定匯率制。而該中心的主要工作事項尚包括：(1)擔任銀行與銀行間外匯買賣之仲介，並彙總辦理有關交割事項；(2)編制實質有效匯率指數（Effective Exchange Rate）；(3)研討有關外匯交易之實務；(4)蒐集國外外匯市場之有關情報及提供各指定銀行參考；及(5)會商其他有關共同事項等。

　　迨1989年4月，由於市場操作逐漸成熟，故外匯政策亦隨之陸續開放而改變，並在銀行間的市場交易完全自由化後，匯率遂改由市場供需情形自行決定，於是外匯交易中心的功能繼之產生變化，此時以外匯交易中心為基礎成立之外匯經紀商籌備小組，除承受原外匯交易中心之業務外，並負責外匯經紀商之籌備事宜。隨即於1990年2月正式改制成立**台北外匯市場發展基金會**（Taipei Foreign Exchange Market Development Foundation），以財團法人組織的面貌取得法人資格，並設立台北外匯銀行聯誼會。

　　繼起於1993年，根據「外匯經紀商許可要點」正式成立，我國第一家專業外匯經紀商──台北外匯經紀股份有限公司，資本總額為新台幣1億9,900萬元，主要股東包括：本國之公、民營銀行、台北外匯發展基金會、在台外商銀行及國際貨幣經紀商等。經營項目，包括下列幾種：(1)外匯買賣業務；(2)換匯業務；(3)外幣拆款業務；及(4)衍生性商品等。而另由國內個人、法人及國外外匯經紀公司、金融機構等籌組的第二家外匯經紀公司──元太外匯經紀股份有限公司亦於1997年底相繼成立，使新台幣匯率即期市場打破一向單一收盤價的型

態（如表 2-1）。

2.5 外幣拆放市場

　　為推動台北成為區域金融中心，便利國內外匯銀行資金調度及提高外幣資產使用效率，**台北外幣拆放市場**（Taipei Foreign Currency Call Loan Market）乃基於此一目的，遂依據「財團法人台北外匯市場發展基金會台北外匯銀行聯誼會外幣拆款交易準則」積極進行籌備，經過一段時間審慎策劃後，於 1989 年 8 月間成立專門為外匯指定銀行因外幣資金之多餘或欠缺提供一個公認的調度場所。初期市場參與者，僅限加入「台北外匯市場發展基金會」之台北外匯銀行聯誼會會員之外匯指定銀行。隨於 1990 年 8 月為擴大市場規模，同意參與者增加至本國銀行海外分行、在台外商銀行之海外總行及聯行，並以基金會為拆款交易仲介人。初期之外幣拆款幣別暫以美元、馬克及日圓為限。為活躍拆借市場，中央銀行曾陸續提供種籽資金，以利外幣拆款市場之操作。至於基本拆款單位，美元及馬克以 100 萬元為單位；日圓之交易，則以 1 億日圓為單位。而拆款期限，則由隔夜（Over Night）至最長一年期不等。市場交易時間：美元及日圓，由週一至週五之上午 9 時至下午 4 時，而馬克至 5 時止。目前市場拆款幣別，除上述 3

表 2-1　新台幣對美元匯率

2004 年 12 月 3 日

經紀商	台北		元太	
日期	2004/11/30	2004/12/01	2004/11/30	2004/12/01
收盤	31.990	32.199	31.980	32.191
開盤	32.199	32.233	32.119	32.250
最高	32.199	32.250	32.119	32.250
最低	31.960	32.170	31.960	32.175
成交量最多	32.078	32.195	--	--
成交金額（億美元）	9.715	5.520	3.580	2.780

資料來源：台北外匯發展基金會、元太外匯經紀股份有限公司。

種外幣外，凡是指定銀行所掛牌之外幣均涵蓋為拆款標的，但仍以美元及日圓為主。至於拆款方式，為任何參與之銀行得在交易時間內就金額、期間及利率等向該聯誼會報價，成交後聯誼會立即告知借貸雙方銀行名稱及交易內容。其交割程序，由相關銀行依國際慣例自行辦理。此外，為使此一外幣拆款市場間接與世界各金融中心連成一體，先後與新加坡、香港及日本等貨幣經紀商簽定連線作業協定，以增加參與機構家數，及至 1994 年我國第一家專業外匯經紀商正式成立。

 # 2.6 外匯市場交易方式

　　我國外匯市場自 1979 年建立正式運作後，其外匯交易（Foreign Exchange Transactions）方式，一直劃分成 3 種市場型態，即：(1)銀行與中央銀行間的交易；(2)銀行與銀行間的市場交易（Inter-Bank Transactions）；及(3)銀行與客戶間的市場交易等 3 種（如**表 2-2**）。唯隨著外匯制度的陸續改革和外匯交易中心角色的更換，其任務和功能跟著發生變化，是之市場交易方式亦隨台北外匯市場發展基金會及外匯經紀公司的相繼成立，除銀行與顧客的初級市場交易方式維持原先型態外，銀行間（包括中央銀行）的市場交易，則大半變更透過經紀商之仲介業居間撮合而成，並充分發揮經紀商的專業功能和市場規模，不但加速市場國際化、自由化的腳步，有助於促成籌劃成為亞太金融中心的早日實現。

　　申言之，外匯市場交易之形成，不外乎一方面為客戶之外匯買賣透過指定銀行來進行，且其來源均與國際貿易事務有關之貨品輸出（入）業、勞務收支、國外投資或收入及其他之匯出、入款等範圍所產生的外匯供需為主，另一方面再配合其他銀行間之交易所組成之所謂廣義的外匯市場。雖然與我們通常所稱之外匯交易市場，僅單純指銀行間之狹義的市場交易範疇，有所不同。（郭金標，1975）

表 2-2　外匯交易統計（Amount of Foreign Exchange Transaction）

1982 年 2 月　　　　　　　　　　　單位：千美元

交易對象 期別 買入	銀行與國家間交易 Bank-Customers Transaction in F/X Market			
	即期交易		遠期交易	
	Buying	賣出 Selling	買入 Buying	賣出 Selling
1 日	73,058	78,798	200	4,266
2 日	76,484	81,251		2,213
3 日	81,674	62,329		2,847
4 日	83,966	70,770	805	2,408
5 日	84,830	47,598	3,000	2,807
6 日	55,094	28,974	144	1,462
8 日	66,281	69,435	547	738
9 日	68,442	76,181	1,500	873
10 日	93,141	75,885	724	2,814
11 日	90,319	58,556		848
12 日	75,617	61,824	70	455
13 日	51,122	31,981	2,695	537
15 日	73,418	105,995	2,202	110
16 日	76,837	70,334	150	202
17 日	78,676	71,564		488
18 日	74,218	93,479		2,868
19 日	86,917	68,005		2,227
20 日	46,279	41,591		733
22 日	69,121	88,814		1,684
23 日	74,276	69,695	2,964	3,030
24 日	85,842	73,016	582	813
25 日	74,964	59,399		1,404
26 日	80,249	93,802	269	478
27 日	61,579	42,282	125	405
30 日	91,005	114,680	34	
31 日	108,384	99,830	103	661
合計	1,981,793	1,836,059	16,114	37,371

註：美金以外其他外幣交易，其金額均拆算成美金合計提列。

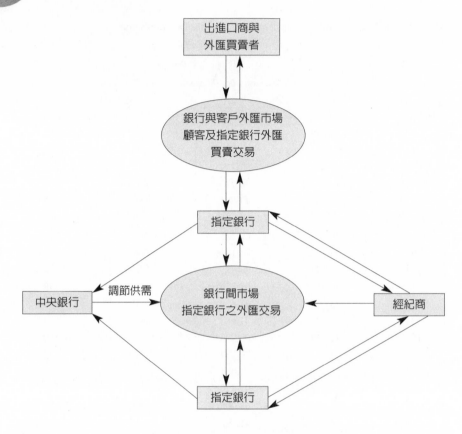

圖 2-4 外匯市場結構圖

 2.7 銀行的買匯與賣匯

　　外匯市場中對「買匯」、「賣匯」或「買方」、「賣方」說詞的認知，在市場剛建立之初期，常讓人對於前者（買、賣匯）立場之解讀，會發生困惑或容易造成誤解，因為交易參與之雙方（包括銀行與客戶）都有買、賣的情形發生，若雙方都欲站在本身的立場來說，容易讓第三者產生迷亂，尤其如在報章雜誌或公共場合上，未再加上某方參與者之買或賣時，最易產生困惑，特別若以客戶為主體者，則其

解讀將出現與實際反向的結果。當然，若能站在銀行的立場來看，自然就無爭議或被曲解的情形了。其理由乃市場貨品──外匯，無論是價格的訂定、供應或收購，都是以銀行為主導地位，亦就是不管客戶要買或賣，都必須透過銀行進行，而不僅廣大客戶群的單向需求。因此，對於有關此方面資料的報導與解讀，一律均以銀行的立場來講，自然就不再有困擾或誤解了。亦即，所謂之「買匯」就是指銀行向顧客買入外匯。而「賣匯」就是指銀行出售外匯給顧客。換言之，銀行的「買匯」就是客戶的「賣匯」。相反地，銀行的「賣匯」自然就是顧客的「買匯」。是之，我們此後在閱讀外匯買賣之報導或論及時，自然就不再有認知上的困惑或誤解了。譬如，由中央銀行（外匯局）定期對外發表之外匯交易統計資料，其所表示之即期或遠期交易數字，也就是指在某一時日或期間內銀行所從事外匯活動，由其向客戶所買進、賣出外匯之統計數字。如**表 2-2** 所示，分為銀行與客戶間之即期買入／賣出交易金額，以及銀行與客戶間之遠期買入／賣出交易金額，並按 3～10 天、11～30 天、31～60 天、61～90 天、91～120 天、121～180 天等不同期別統計表示。至於後者（買方、賣方）到底又如何來解讀？此時就可以任由銀行或客戶立場為主體來表明，並無「特定」應站在何者立場來表示和統一認同的問題，因相關報導在無特定的主題時，它不會被提及，自然就比較不會產生被誤解的情形了。

　　那麼什麼是銀行的「**賣匯**」（Selling）項目和「**買匯**」（Buying）項目？簡單而言，前者有如進口廠商向國外輸入貨品或國民出國旅遊、投資等，因需要支付／持有之外匯，而向指定銀行結購匯出或持有之外匯屬之。而後者，則如出口廠商之貨品輸出，將所收取或由國外旅客攜帶入境之外匯等，而結售予銀行者屬之。（詳請參閱第 2.8 節）綜觀上述之解說，讀者對於買匯或賣匯之說詞，自可獲得較為具體的認知。此外，由於外匯銀行之賣匯和買匯結果，將影響一國外匯數字的消長和通貨價格產生變化。如賣匯大於買匯時，則會造成外幣價格的上漲和本國幣值的下跌。反之，若買匯大於賣匯時，則會導致外幣價格的下跌和本國貨幣價值的上升。

2.8 外匯涵蓋之項目

　　國際間的任何互動與交流，外匯資金都會跟著發生流動，而影響資金移動的國際收支項目，歸納起來可分爲兩大類：一爲有形的貿易收支，另一爲無形的貿易收支。前者屬於商品交易的範疇，而後者則包含資本移動及勞務供給兩項。而由此兩類互動發生的結果，便會對國家整體國際收支情況產生不同程度的變化。一般而言，雖然前者所占的國際收支數額比率較大，而後者所占的數額比率較小，但若站在外匯管理的立場而言，不管何者都將一併加予控制，才能眞正達到外匯管理的目的和效果。

　　依照我國「管理外匯條例」之規定，指定銀行得向國內的自然人、法人、機關團體及出入境旅客買賣之外匯項目，可包括下列數項：

買入方面之項目

1. 出口或再出口貨品，或基於其他交易行爲取得之外匯。
2. 航運業、保險業及其他各業人民基於勞務取得之外匯。
3. 國外匯入款（包括自外匯存款結售之外匯）。
4. 在中華民國境內有住、居所之本國人，經政府核准在國外投資之收入。
5. 本國企業經政府核准國外投資、融資，或技術合作取得之本息、淨利及技術報酬金。
6. 其他應存入或結售之外匯。

賣出方面之項目

1. 核准進口貨品價款及費用。

2. 航運業、保險業與其他各業人民，基於交易行為或勞務所需支付之費用及款項。

3. 前往國外留學、考察、旅行、就醫、探親、應聘及接洽業務費用。

4. 服務於中華民國境內中國機關及企業之本國人或外國人，贍養其在國外家屬費用。

5. 外國人及華僑在中國投資之本息及淨利。

6. 經政府核准國外借款之本息及保證費用。

7. 外國人及華僑與本國企業技術合作之報酬金。

8. 經政府核准向國外投資或貸款。

9. 其他必要費用及款項。

 ## 2.9 銀行國外負債

　　所謂銀行之國外負債，係指國內外匯指定銀行，因業務需要以不同期別及幣別向國外之個人、機關團體或金融業者舉債之謂，如借款、透支等。政府為維持國內經濟之穩定，中央銀行早先曾訂定各外匯指定銀行之對「國外負債」餘額限制和門檻。唯近年來，基於實施外匯自由化政策考量，遂將此一施行長達十年之久的國外負債限額管理規定給予取消，但各指定銀行每日仍須將前一日國外負債總餘額，通知央行外匯局。另外再於每月月底將負債明細資料填製國外負債餘額表（如**表 2-3** 及 **圖 2-5**）呈報該局，作為政府對整體外匯政策走向之參考。其報表之主要內容包括：

1. *銀行同業存款*（Vostro Account / Due to Bank）──國外：為國外同業之總行或分行所存入之款項。

2. *透支銀行同業*（Vostro Account － O／D／Due from Bank － O／D）──國外：由國外同業提供允許透支額度下所動支之款項。

表 2-3　銀行國外負債餘額表

○○銀行台北分行

銀行國外負債餘額表

○○年○○月○○日　　　　　　　單位：千美元

項目	金　額
國外負債總餘額	×××
細項：	
1. 銀行同業存款——國外	×××
2. 透支銀行同業——國外	×××
3. 銀行同業拆放——國外	×××
4. 應付票據——國外	×××
5. 承兌匯票——國外	×××
6. 同業融資——國外	×××
7. 匯出匯款——國外	×××
8. 聯行往來——國外	×××
9. 國外發行票券	×××
10. 對國際金融業務分行負債	×××
11. 向央行拆借	×××
向央行轉融資——外匯局	×××
向央行轉融資——業務局	×××
12. 其他	×××

國外負債總餘額

減：1. 向央行業務局轉融通

　　2. 資本性中長期外幣融資

國外負債淨額

（有權簽章人簽章）

連絡電話：

連絡人：

3. 銀行同業拆放——國外：基於短期資金之調度，向國外銀行同業拆借款項屬之。

4. 應付票據——國外：支付國外之款項所簽發之票據。

5. 承兌匯票——國外同業匯票：由國外同業承兌本行所簽發之匯票。

6. 同業融資——國外：以票據或其他方式向國外同業的融資，但

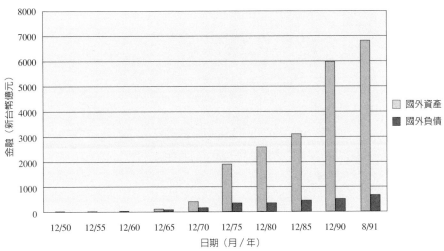

圖 2-5　金融機構國外資產、負債變化表

不包含前述之透支銀行同業——國外和承兌匯票——國外兩
項。

7. **匯出匯款——國外**：銀行應客戶之申請，以信匯（M/T）或票
匯（D/D）方式匯出國外之未解付帳款。

8. **聯行往來——國外**：國外聯行往來帳之貸差數字。

9. **國外發行票券**：本行在國外所發行之各種票據數字。

10. **對國際金融業務分行負債**：向本行或同業之國際金融業分行
（Offfshare Banking Unit, OBU）之負債。

11. **向央行拆借（轉融資）**：向央行拆借按日計息之短期款項，
及以放款轉向央行融資者屬之。

12. **其他**：不屬於前列各項之向國外的國人、機關及團體之負債
額屬之。

上項之國外負債總餘額應先減除向央行之轉融資及資本性中長期
外幣融資後之實際國外負債淨額，並每日填報外匯局。唯表中各類金
額均按當日匯率折算成美元表示之。

第**3**章　外匯（指定）銀行

外匯銀行（Foreign Exchange Bank），顧名思義，就是辦理外匯業務的銀行。依我國目前之銀行體制，並無專門從事外匯業務之專業銀行，而由一般商業銀行兼營其業務。亦即，任何之銀行業者欲兼營外匯業務時，應依據「中央銀行管理指定銀行辦理外匯業務辦法」之規定，向中央銀行（The Central Bank of China）提出申請，經審查核准後發給執照，才能正式開始辦理有關外匯業務之全部或一部，通常這些銀行，又稱為**外匯指定銀行**（Appointed Foreign Exchange Bank）。

 # 3.1 外匯銀行與業務範圍

目前國內外匯業務指定銀行，共有 70 家。其中包括 38 家國內銀行和 32 家外商在台分行。其設立程序，係由一般銀行依前述辦法之規定，經檢附相關證明文件等，具文向中央銀行提出申請，於經審查符合兼營條件後，始發給指定證書及核准外匯業務之範圍，才得掛牌正式營業。至於一般准許辦理之業務，計涵蓋下列外匯業務之全部或一部（中央銀行管理指定銀行辦理外匯業務辦法）。

1.出口外匯業務。

2.進口外匯業務。

3.一般匯出及匯入匯款。

4.外匯存款。

5.外幣貸款。

6.外幣擔保付款之保證業務。

7.中央銀行指定及委託辦理之其他外匯業務。

茲就 70 家受指定辦理外匯業務之銀行，分別以國內銀行和外商在台分行兩部分介紹如下：

國內銀行部分

項目	銀行名稱
1	台灣銀行（Bank of Taiwan）
2	彰化商業銀行（Chang Hwa Commercial Bank）
3	華南商業銀行（Hua Nan Commercial Bank）
4	第一商業銀行（First Commercial Bank）
5	台北富邦商業銀行（Taipei Fubon Commercial Bank Co., Ltd.）
6	上海商業儲蓄銀行（The Shanghai Commercial & Savings Bank）
7	國泰世華商業銀行（Cathay United Bank）
8	華僑商業銀行（Bank Of Overseas Chinese）
9	兆豐國際商業銀行（Mega International Commercial Bank Co., Ltd.）
10	合作金庫商業銀行（Taiwan Cooperative Bank）
11	臺灣中小企業銀行（Taiwan Business Bank）
12	中國信託商業銀行（Chinatrust Commercial Bank）
13	渣打國際商業銀行（Standard Chartered Bank (Taiwan) Limited）
14	臺灣土地銀行（Land Bank of Taiwan）
15	永豐商業銀行（Bank SinoPac Company Limited）
16	大眾商業銀行（Ta Chong Bank Ltd.）
17	聯邦商業銀行（Union Bank of Taiwan）
18	遠東國際商業銀行（Far Eastern International Bank）
19	台新國際商業銀行（Taishin International Bank）
20	玉山商業銀行（E. Sun Commercial Bank, Ltd.）
21	萬泰商業銀行（Cosmos Bank, Taiwan）
22	中華商業銀行（The Chinese Bank）
23	寶華商業銀行（Bowa Bank）
24	日盛國際商業銀行（Jih Sun International Bank）
25	元大商業銀行（Yuanta Commercial Bank Co., Ltd.）
26	台中商業銀行（Taichung Commercial Bank）
27	慶豐商業銀行（Chinfon Commercial Bank）
28	安泰商業銀行（EnTie Commercial Bank）
29	臺灣新光商業銀行（Taiwan Shin Kong Commercial Bank Co., Ltd.）
30	中國輸出入銀行（The Export-Import Bank of the Republic of China）
31	高雄銀行（Bank of Kaohsiung）
32	臺灣工業銀行（Industrial Bank of Taiwan）
33	中華開發工業銀行（China Development Industrial Bank）
34	陽信商業銀行（Sunny Bank）
35	華泰商業銀行（Hwatai Bank）
36	京城商業銀行（King's Town Bank）
37	板信商業銀行（Bank of Panhsin）
38	三信商業銀行（Cota Commercial Bank）

資料來源：中央銀行（2007）。「全國金融機構一覽表」。線上檢索日期：2007 年 10 月 25 日。http://www.cbc.gov.tw/images/08finlist/title.gif

外商在台分行部分

項目	銀行名稱
1	美商花旗銀行（Citibank N. A.）
2	美商美國銀行（Bank of America, National Association）
3	美國運通銀行（American Express Bank Ltd.）
4	泰國盤谷銀行（Bangkok Bank Public Company Ltd.）
5	加拿大商豐業銀行（The Bank of Nova Scotia）
6	新加坡商星展銀行（原新加坡發展銀行）（DBS Bank Ltd.）
7	日商瑞穗實業銀行（Mizuho Corporate Bank Ltd.）
8	美商美國紐約銀行（The Bank of New York）
9	法國興業銀行（Societe Generale）
10	日商三井住友銀行（Sumitomo Mitsui Banking Corporation）
11	荷商荷蘭銀行（ABN AMRO Bank）
12	德商德意志銀行（Deutsche Bank AG）
13	香港上海匯豐銀行（The Hongkong and Shanghai Banking Corp.Ltd.）
14	法商法國巴黎銀行（BNP Paribas）
15	英商渣打銀行（Standard Chartered Bank）
16	斐商標準銀行（The Standard Bank of South Africa Ltd.）
17	新加坡商大華銀行（United Overseas Bank）
18	香港商東亞銀行（The Bank of East Asia Ltd.）
19	美商摩根大通銀行（JPMorgan Chase Bank, N.A.）
20	比利時商富通銀行（Fortis Bank）
21	法商東方匯理銀行（Calyon Corporate and Investment Bank）
22	瑞士商瑞士銀行（UBS AG）
23	荷蘭商安智銀行（ING Bank, N. V.）
24	澳商澳洲紐西蘭銀行（Australia and New Zealand Banking Group Limited）
25	美商富國銀行（Wells Fargo Bank, National Association）
26	日商三菱東京日聯銀行（The Bank Of Tokyo-Mitsubishi UFJ, Ltd.）
27	比利時商比利時聯合銀行（KBC Bank N.V.）
28	新加坡商新加坡華僑銀行（Oversea-Chinese Banking Corporation Ltd.）
29	美商美聯銀行（Wachovia Bank, National Association）
30	菲律賓首都銀行（Metropolitan Bank and Trust Company）
31	美商道富銀行（State Street Bank and Trust Company）
32	英商巴克萊銀行（Barclays Bank PLC）

資料來源：中央銀行（2007）。「全國金融機構一覽表」。線上檢索日期：2007 年 10 月 25 日。http://www.cbc.gov.tw/images/08finlist/title.gif

3.2 外匯資金營運之限制

　　銀行的外匯資金之移動因素涵蓋有三：其一，被動地受進出口業者或一般客戶之外匯需求或供給的買賣外匯；其二，因上項之交易結果所產生的差異所採取主動性的外匯買賣；及其三，基於國際性的移動主動進行之買賣外匯等；不論如何，銀行在此過程中一方面應有避開匯率風險的作為；另一方面又要做到最有效且有利的運用以創造利潤。唯在面對賺取利潤報酬的同時，若無相當的控管或規範加予約束或限制，使銀行不致過分而積極的追求所謂高利潤風險的投資操作時，不慎發生嚴重的誤判和造成重大的虧損，如此不但讓銀行的永續經營遭受打擊，並造成金融市場震動，同時也會連帶影響社會經濟之發展和造成問題。簡言之，就是指定銀行在外匯市場操作之外匯資金，原則上應以國內承作外匯業務所需要者為限，對於其在國外營運之外匯資金，則不得參與任何投機性的套匯或遠期外匯交易。因此，中央銀行（外匯局）特地針對此項限制，訂定下列四項注意要點：

1. 存放國外銀行應以活期存款為原則，若因基於收益考量存入定期之存款時，其存款期間，亦應配合收存國內外匯定期存款之期限，以保持資金之流動性。
2. 購買國外銀行之「**定期存單**」（CD）或外國銀行政府機構在公開市場出售之「**國庫券**」（Treasury Bills）或「**公債**」（Gov't Bonds）。
3. 按照有關規定辦理外幣貸款供進口融資或外幣保證業務。
4. 國內同業外匯拆放。

3.3 外匯銀行最高持有額

在外匯市場開辦初期，中央銀行一方面允許指定銀行可以持有外匯以益運用。但另一方面，為顧及外匯銀行持有過多之外匯資金，在浮動匯率制度下易生風險，導致影響到銀行財務之健全，所以在市場開放初期，即規定個別之指定銀行持有不同數字之最高外匯限額。也就是說，各指定銀行之外匯限額，係以日終餘額來計算與管理。如指定銀行平時買賣外匯金額占市場全體外匯銀行買賣總交易量超過5%者，其最高可持有300萬美元或等值之外匯上限，個別銀行買賣外匯占全體銀行買賣總交易金額在5%以下者，其最高可持有150萬美元或等值之外匯的不同限制規定。

唯隨著外匯交易制度逐漸開放與辦法迭經修訂，其間亦曾一度依據「中央銀行對指定銀行外匯買賣及資金換兌辦法」之規定，放寬到以銀行買賣即期外匯暨遠期美元外匯可保留或待補買、賣累計金額之限制，為：(1)可保留即期買超外匯餘額分別為：3,000萬美元、6,000萬美元；及8,000萬美元等三種（即台灣銀行8,000萬美元。中國商銀（即今之兆豐國際商銀）、第一銀行、彰化銀行、華南銀行及台北富邦銀行等為6,000萬美元。其餘各銀行為3,000萬美元）；(2)可有待補即期賣超外匯餘額為300萬美元等規定。然而，此一政策到最後亦因自由化政策之施行而告終結，遂改變全由各外匯銀行視其本身之需要情形，自行訂定額度後報備央行核定。

此一管制措施之採用，除中央銀行要求對指定銀行外匯部位之持有額度訂定限額，並加以管理的作法，實際各外商銀行在台分行，同樣亦受到其本身國外總行之規範和約束。亦即，各不同國際銀行都會對其海外分行（The Overseas Branch）（包括地區主管及不同職位的外匯交易員）分別賦予不同操作權限及持有額度，其細則一般分為：(1)外匯交易日部位限制（Daylight Position Limit）、隔夜部位限額（Overnight Position Limit）；(2)債券（Securities）交易不同期間（for

Maturity 3yrs & 15 yrs or for 15 yrs & 30 yrs）之限制；(3)資金缺口
（Gapping）限制、貨幣市場（當地貨幣或其他通貨）和**資本市場**
（Capital Market Gap）操作及拆款等限額；及(4)**聯行間**（Interbank
Transaction）外匯、資金交易及貨幣市場等多方的限制規定（詳請參
閱**表3-1**之舉例和本章第3.5節之部位解說）。惟對部位之認定方式，
外國銀行多半採取長、短部位合併來計算和管理。而我國中央銀行當
初的規定，則以長、短部位之差／淨額為部位認定標準。

 # 3.4 外匯部位和拋補交易

　　外匯市場上的交易操作，最為普遍的不是外匯銀行與客戶間的買
賣，就是銀行與銀行間透過經紀商居中進行交易的方式。至於市場中
外匯的主要供、需者，不外乎以從事國際貿易者居多。是之，進、出
口商自然成為外匯銀行主要交往對象，亦因此扮演極為重要角色。然
而，銀行對外匯買賣結果，通常會產生買賣結餘（進出口商本身亦
然）。換言之，就是買進總數多於賣出總數時，即出現對該通貨的**超
買部位**（Overbought Position）情形。通常我們稱它為**長／正部位**
（Long Position）。相反地，如賣出總數多於買入總數時，便對該通貨
產生**超賣部位**（Oversold Position）情形，我們稱它為**短／負部位**
（Short Position）。唯無論其為長或短部位，我們通稱它為**外匯部位**
（Exchange Exposure/Exchange Position）。此一狀況如同商業複式簿記
中之 T 型會計帳戶的借貸方一樣，常會顯示出其不平衡狀態。亦就是
會有「借差」或「貸差」的情形發生。所以銀行之外匯交易結果，同
樣亦會出現收支失衡狀態，最後就有所謂之資金偏多／向於某一方面
的現象。在浮動匯率制度下，一旦經換算成本國貨幣時，因匯率之變
化關係，終將對銀行財務造成損、益後果。換言之，將導致銀行暴露
在匯率漲跌的外匯變動風險下，如果在此之前，銀行交易員未能及時
軋平（Square-Off Position）或作避險的操作，其結果不是產生損失，

表 3-1　外匯操作／持有權限表

Limits of Authority For Treasury Ops.	GM's Limit	Sub-delegation to: Mg. xxx	O1 xxx	O2 xxx
1. Foreign Exchange				
-Daylight position	XX	X	X	X
（sub-limit for minor curr.）	（1）	（0.25）	（0.25）	（0.25）
-Overnight position	X	X	X	X
（sub-limit for minor curr.）	（0.5）	（0.3）	（0.3）	（0.3）
2.Securities （up to 30 yrs）				
-Non-S$ instrument position	XX （1-3yrs）	XX	XX	XX
（Sub-limit for Fixed Rated Instrument）				
-For maturity > 3yrs & < 15 yrs）	NIL	NIL	NIL	NIL
-For maturity > 15 yrs & < 30 yrs）	NIL	NIL	NIL	NIL
-For rated bonds of AA/As rating or better & other bonds separately approved （up to 15 yrs）	NIL	NIL	NIL	NIL
-Sub-limit for non S$ convertible bonds	NIL	NIL	NIL	NIL
3. Gapping				
a）Money Market Gap （up to 1 yr）	XX	XX	XX	XX
（Sub-limit for curr. Other than local curr.for o/s ofcs）	（XX）	（X）	（X）	（X）
b）Capital Market Gaps （> 1yr & up to 5 yrs）	XX	NIL	NIL	NIL
c）Borrowing Transaction limit				
- up to 1 yr	XX	XX	XX	XX
- 1 yr & up to 5 yrs	XX	NIL	NIL	NIL
d）Swap transaction limit （> 1 yr & up to 5 yrs）	XX	NIL	NIL	NIL
4. Interbank Per Transaction Dealing Limits				
FX		X	X	X
MM		XX	XX	XX

Notes:
1) O1's limits are sub-delegated from Mg.'s limits.
2) O2's limits are in tum sub-delegated from O1's limits.

就是變成利得。所以，外匯銀行若對匯率走勢沒有把握，通常都不願意冒此不可預知的匯率變動風險，就得隨時注意進行操作，針對此一目的所採取的掩蔽措施，稱之謂**外匯拋補**（Exchange Cover）。而此一拋補動作乃為交易員日常外匯業務工作中的主要任務之一，也是影響銀行外匯操作賺、賠之關鍵作業之一。至於拋補處理適宜與否，則有賴銀行交易員（F/X Trader）之操作技巧和歷練，雖然無一定的標準法則可供恪遵，下面幾種簡單法則，若外匯交易員能基於銀行收益考量，就應審慎參考交互運用，如此才能替銀行帶來利潤，並降低遭受損害的機率。

1. 當銀行持有某種外匯過多，而他種外匯相對欠缺時，交易員即應適當加以調節。換言之，就是調撥過剩之資金來換取短缺之資金，或對賣超之外匯給以適當補進操作。

2. 當兩國間利率有差異時，交易員應及時將存放於低利率國家或地區之資金轉移到高利率的地方，以賺取利息差價（在不考慮匯率變動情形下）。例如，日本的利息高於美國時，就應注意將美國的資金移轉到日本，來賺取較高的利息。換言之，即是應及時賣出美元外匯，並買進日圓。當然，國際間外匯資金的移轉，可利用第三國的外匯營運，而未必一定限定由撥出國直接移至撥入國進行。

3. 應隨時留意某一國貨幣的升貶，一旦認為某一外匯有貶值因素存在時，就得及時將其拋售，以規避匯率風險。相反地，當看好具有升值潛力的外幣時，亦應及早加以購進，以獲取利益。（李森介，1978）例如，美元對新台幣趨向升值時，則對持有美元長部位者有利，因為可能有機會獲取兌換收益。反之，如美元對新台幣趨向貶值走勢時，則對持有美元長部位者會產生不利，因為終將有可能遭受兌換損失。

3.5 部位之計算

　　國際外匯事務有因貿易結果出現價款清理、一般匯款或債權債務的了結等終必引發正、負部位的問題，而導致外匯資產或負債產生消長變化。換言之，就是對某一些外幣因交易之終結，必然造成多買或多賣情況出現，由於外匯市場上之匯率瞬間千變萬化將會面臨匯價變動風險（除非能完全做到隨時軋平工作才能規避掉市場風險，但實際上是不可能的）。因此，如何隨時掌握存在風險的大小和部位增減變化的情形，有賴詳細記載加以瞭解。唯其登錄方式不一，基本上有如企業所設置的存貨簿類似，分別以借貸記載每筆交易數目、幣別等內容，俾使先求得一總餘額後，再計算出其淨餘額，方便提供組織為操作方向之參考。

部位計算

　　由於外匯銀行在外匯市場中具有、扮演著相當重要的任務和角色。因此，其每日與顧客間的營業操作結果，將導致外匯持有的消長，即前面所提之「買超」或「賣超」狀況（含即期和遠期交易），而且都會出現在各種不同幣別上的現象，交易室為便利管理與安全考量下，還會再按個別不同之通貨經加以合計後，並統一（通常為美元）對某一特定通貨幣值來拆算求取其總數。經此彙總後之部位數字，稱為**總和部位**（Overall Position），或者將各正、負部位分別合計再相抵而得出淨數，即是我們所稱之**淨部位**（Net Position）。對此兩種統計作法，前者為一般外國銀行對其海外分行部位授權的算法。而後者，則為中央銀行對各外匯銀行採用之外匯部位計算法。亦即，前者用來控管總操作量；而後者只考慮操作最後的部位消長。兩者似乎各有不同的看法和考量。

　　至於銀行總部對於各分行或各交易員／室持有外匯部位之控制作

法，係根據各營業單位／部門每日營業終結後，分別所提供之外匯買賣資料表（如**表 3-2**）加計後再和交易室之操作部分合計編製（如**表 3-3**）資料，然後再與「交割部門」（Settlement Dept.）所蒐集之全行資料之合併數字（如**表 3-4**）交叉核對，經覆核無誤後，即屬當日該銀行全體持有之各種外幣部位數目。（至於有關拋補操作之會計分錄，請參閱本章第 3.6 節）

💰 部位授權

外匯銀行通常對於外匯部門（交易室）之日常操作，均嚴格訂定規範來加以約束，除由不同部門／單位牽制其一切交易作業外（請參考**圖 3-1**）。另在金額數目上之持有亦有限制與管理，其主要用意是避免銀行暴露於鉅額的長、短部位，造成虧損的風險，因為一旦損失發生嚴重者，往往會導致銀行倒閉的後果。所以在各種不同的作業情形下，皆受到不同程度的限制。先前新加坡霸霖的外匯操作事件，即是極其明顯的例子，故其重要程度不喻可知。下面為幾種業務事項，自有必要在操作上加以限制，現分別詳加說明之：

1. **營業中限額（Intraday Limit）**：即規範交易室交易人員平日在營業時間中之操作限額。由於交易員所從事之交易，不論屬金融性的交易或與顧客間之商品性交易，雖然處處都為銀行的利益著想，但交易過程中往往都潛伏著匯率波動的風險。亦即基於此因之故，有必要一律對其「買入」或「賣出」之數額訂定其額度來加以控管。

2. **隔夜限額（Overnight Limit）**：即規範外匯交易室／人員每日營業結束後，對其未經軋平或所能保留之外匯部位／數目的限制，此類又可細分為，新台幣兌美元或其他外幣及美元兌其他外幣等，都會作不同的限制。

3. **遠期外匯部位（Forward Limit）**：即對銀行所從事之遠期外匯

金融市場
——外匯、票、債券市場與管理

表 3-2 單位／部門外匯買賣資料表

INETRNATIONAL BANKING CORPORATION, TAIPEI.
SUNDRY SHEET

NAME: _____   DATE: _____

PURCHASES								PURCHASES						
TYPE	FOREIGN CURRENCY		RATE	S$ EQUIVALENT				TYPE	FOREIGN CURRENCY		RATE	S$ EQUIVALENT		

表 3-3　交易家部位控管表（INTRADAY POSITION CONTROL SHEET）

○○銀行

DATE: _____

單位：仟

	US$				SGD				HK$							
Descrip-tion	Bought(+)Sold(-)	NewPosition	Approval	Descrip-tion	Bought(+)Sold(-)	NewPosition	Approval	Descrip-tion	Bought(+)Sold(-)	NewPosition	Approval	Descrip-tion	Bought(+)Sold(-)	NewPosition	Approval	
Opening																
Closing				Closing				Closing				Closing				

金融市場
——外匯、票、債券市場與管理

表 3-4　外匯部位彙總表

○○銀行

FOREIGN CURRENCY POSITION AT THE CLOSE OF _____

FOREIGN CURRENCY	DBU		RATE	OBU	
	LONG	SHORT		LONG	SHORT
U.S. DOLLAR (SPOT AND FORWARD)					
U.S. DOLLAR (SPOT/UNMATURED SPOT ONLY)					
AUSTRIAN SCHILLING					
AUSTRALIAN DOLLARS					
BELGIAN FROANCS					
CANADIAN DOLLARS					
DEUTSCHE MARKS					
FRANCH FRANCS					
HONGKONG DOLLARS					
JAPANESE YENS					
INGAPORE DOLLARS					
ATERLING POUNDS					
SWEDISH KRONA					
SWISS FRANCS					
MYR					
ITL					

PREPARED BY _____

APPROVED BY _____

54

交易數目的限制，當然包括預購（買入）或預售（賣出）之遠期契約部分都應計算在內。至於遠期外匯部位與即期外匯部位是否合併控管，則視各銀行內部的規定，對此各家銀行之做法稍異。

4.衍生性金融商品：即對從事衍生性商品外匯交易之限制，此種交易因風險性大，故銀行內部對授權數額通常偏低。

5.停損限額（Stop Loss Limits）：即對營業日中之交易的規範，由於匯率的波動難測，交易員應隨時評估部位損益情形（盈虧相抵），認為淨損失已達銀行規定可忍受之程度時，就應立即進行脫手殺出操作，以避免損失持續擴大，此一停損數字之計算，甚至還包括營業中之即期隔夜、隔夜遠期等在內。凡此在在都應要求詳加限制。

外匯交易控管流程圖

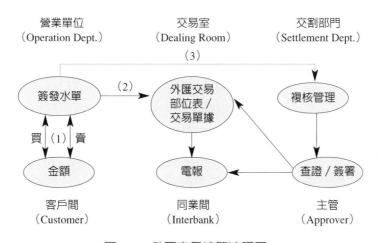

圖3-1　外匯交易控管流程圖

3.6 外匯部位的調整交易

外匯銀行在每日交易結果後，所發生的「買差」或「賣差」，此時銀行除根據本身之需要程度，及預測匯率走勢後，再決定是否作適量的拋補或繼續持有的考量。譬如，假設某一銀行有即期外匯「買差」部位5萬美元，按當初之成本為1美元對38元新台幣，今交易員預測美元將持續走貶，在經詢價比較後，以即時現貨匯率價位1美元對37.5元賣出，交易結果發生每1美元有0.5元的新台幣損失，總共5萬美元的外匯出售，合計損失25,000元新台幣（後市若如預期美元持續貶值時，其損失將不僅於此，而且還能加大）。又如某一外匯銀行在遠期外匯方面，於買進一筆6個月期的美金外匯期貨，共金額100萬元的部位數字，在外匯交易員無法正確預測匯率的走勢和變化後，為避免一旦匯率波動朝向不利時的風險。此時，便應同時賣出同額的6個月期遠期外匯給予軋平。同理，若遇遠期外匯預售過多時，就應同時預購補進等值之遠期外匯，以維持其部位的平衡。當然遠、即期部位亦可交互運用操作。

通常銀行交易室每日會依據各單位／部門所提供與客戶交易買賣資料（如**表**3-2）作為是否補進或賣出的參考。然後再透過外匯市場（經紀商或銀行間）尋求來源或出路進行操作。茲將銀行拋補操作之會計分錄表示如後：

💰 **即期外匯拋補交易**

1.買入成交時（Vale Date）：買入美元賣出新台幣
　　借 應收款─買入外匯─外幣（US$）
　　　　Receivable for F/X Bought ─ Foreign Currency
　　貸 外匯兌換戶（US$）
　　　　Foreign Currency Control Account

金融市場
──外匯、票、債券市場與管理

借 外匯兌換戶（US$）

    Foreign Currency Control Account

    貸 應付款─買入外匯─台幣（NT$）

        Payable for F/X Bought ─ Local Currency

2.買入交割時（Maturity Date）：

  借 聯行活期存款往來（US$）

    Interbranch ─ Demand A/C

    貸 應收款─買入外匯─外幣（US$）

        Receivable for F/X Bought ─ Foreign Currency

  借 應付款─買入外匯─台幣（NT$）

    Payable for F/X Bought ─ Local Currency

    貸 存放央行─無息（NT$）

        Depository Cash ─ Regulatory A/C Non.Int.Bearing ─ CBC

3.賣出成交時：

  借 外匯兌換戶（US$）

    Foreign Currency Control Account

    貸 應付款─買入外匯─外幣（US$）

        Payable for F/X Bought ─ Foreign Currency

  借 應收款─買入外匯─外幣（US$）

    Receivable for F/X Sold ─ Local Currency

    貸 外匯兌換戶（NT$）

        Foreign Currency Control Account

4.賣出交割時：

  借 存放央行─無息（NT$）

    Depository Cash ─ Regulatory A/C Non. Int.Bearing ─ CBC

    貸 應收款─買出外匯─台幣（NT$）

        Receivable for F/X Sold ─ Local Currency

借 應付款─買入外匯─外幣（US$）

Payable for F/X Bought ─ Foreign Currency

貸 聯行活期存款往來（US$）

Interbranch ─ Demand A/C

$ 遠期外匯拋補交易之銀行會計分錄

　　遠期外匯拋補交易之銀行會計分錄除須作即期交易時相同之分錄外，應再加做下列有關帳目：

1. 買入期貨訂約（僅掛貸方科目）時：

　　貸 外匯期貨買入─交易（US$）

　　Foreign Exchange Contracts Bought ─ Trading

2. 買入成交時：沖轉訂約時貸方科目，然後再作即期買入成交時相同的分錄，交割時亦同：

　　借 外匯期貨買入─交易（US$）

　　Foreign Exchange Contracts Bought ─ Trading

3. 賣出遠期訂約（僅掛貸方科目）時：

　　貸 外匯期貨賣出─交易（US$）

　　Foreign Exchange Contracts Sold ─ Trading

4. 賣出成交時：沖轉訂約時貸方科目，然後再作即期賣出成交時相同的分錄，交割時亦同：

　　借 外匯期貨賣出─交易（US$）

　　Foreign Exchange Contracts Sold ─ Trading

3.7 銀行外匯操作風險

　　銀行從事外匯交易，因投機或處理失當，而蒙受鉅大損失，結果造成倒閉的情事，時有所聞。以往經驗有如 1947 年美國法蘭克林國民銀行（Franklin National Bank）和德國何斯特銀行（Herstatt Bank）都是因此而起，實足引以為鑑。

　　然而，由於國際貿易之日趨繁盛和衍生性商品之推陳出新，競爭自然亦愈加激烈，外匯銀行相形之下，其所扮演主導的角色和吃重任務，亦隨之加劇。是之，銀行在外匯持有、運用或操作等方面，處處存在著相當的風險，但基於經營需要總不能減少這方面的活動來加以畫地自限，或因噎而來停止此方面之操作，甚至故步自封只顧一味地堅守於某部分之傳統業務項目，自非時下真正從事銀行業者經營之道。蓋吾人皆知銀行之經營目的在於營利，而且任何一項業務之經營都具有相當的風險性，最明顯的就是從事傳統的授信業務亦是如此，雖然外匯操作相較於其他業務風險較高，但只要事前作好規劃準備和風險控管，兼之操作人員具有豐富的專業知識、長年的實務經驗、敏捷的決斷力及敏銳的靈感等條件，並遵照國際貨幣市場管理家的方式或指引來進行操作，相信起碼能將風險減低，進而有效的達到安全控制與減少損傷，甚至還可創造出豐碩的利潤效果。

　　具體而言，外匯交易具有與一般業務的共同性風險（Risk）。諸如金融風險、業務風險及信用風險等。茲分別而扼要地敘述如后：

金融風險

在金融方面，外匯銀行有可能遭遇下列五種不同風險：

通貨變動的風險

在**浮動匯率制度**（Floating Exchange Rate System）下，通貨價格

的波動是顯而易見的匯兌風險，外匯銀行在這種情形下很難逃避隨時性的交易損失之發生。

遠期外匯部位未軋平時的風險

在外匯市場中，銀行從事遠期外匯交易時，同樣亦是具有相當的風險，其結果不是獲得利益，就是造成損失，既使無超額現象之存在也是一樣。

操作發生疏忽時的風險

操作風險（Operation Risk）通常係因制度訂定不當、人為疏失、監管不週或管理失當等因素所造成的，尤其在緊張而繁忙的外匯交易過程中，外匯操作人員因繁雜的事務，一不小心往往會產生作業上的疏失。如資金調度錯誤，結果致使帳戶發生透支情形或帳上餘額超出規定等。凡此，都足以使公司增加額外費用和開支。因此，為降低此方面的風險，可藉由訂定與執行內控及稽核等之相關規定，來因應或避開。

外國法規與變動風險（Legal Risk）

外匯銀行在與國外從事交易時，除應熟諳他國的金融法令外，亦應時時注意其修訂或變化，並提出因應，避免發生不必要的違規情事，而遭受財務與商譽的損失。此外對於雙方往來文件契約之訂定不清等，在在都可能帶來的潛在風險。

資金風險

外匯銀行每日營業結果，將會導致外匯帳戶之出現買超（正）或賣超（負）的情況，外匯交易員若未能及時採取平衡（square）措施時，都會產生此種的風險。

💰 信用風險（Credit Risk）

遠期外匯買賣契約的成立，雖奠定在認同的匯率和期間條件上，然而在浮動匯率情況下或其他原因，到期顧客若無法履約，將導致銀行遭遇損失的風險，所以銀行在從事此項業務時，除對客戶的營運和信用要充分掌握和瞭解外，應以徵提擔保品或要求投保等方式承作，自可減低其潛在風險，甚至可達到完全規避風險的效果。

今假設台灣之某一外匯銀行，以1美元對35元新台幣，預售給進口商甲公司500,000美元的遠期外匯，該外匯銀行為抵銷此一帳上部位，於是同時在外匯市場以相同數目進行操作，購入遠期美元來規避風險。當180天契約期滿時，美元的即期匯率跌落至34.9元新台幣。而進口商甲公司此時因經營不善，致契約無法履行。結果銀行不但無法和甲公司完成買賣交割事宜。同時又必須以35元的匯率價格買入50萬美元。另外，銀行為軋平其美元部位起見，又得以即期的匯價賣出該筆多餘的外匯。由此看來，我們可以瞭解銀行與顧客之遠期外匯買賣，既使銀行軋平其遠期外匯交易，但仍無法完全避開虧損的風險，因為從此例的操作經過，在經一買一賣的結果，最後使銀行共損失5萬元新台幣。因此，交易另一方的信用問題，有賴於契約成立前嚴謹的徵信作業來加以防範。

💰 業務風險

銀行從事外匯業務，除上述之種種風險外，還有業務上的風險，此項風險程度之大小取決於操作規模的異同。由於各家銀行對此項業務有其不同的看法和經營方式，在人員精簡或規模較小的銀行或許只要僱用少數1、2名人員來負責全盤作業即可。譬如，除處理與顧客間的交易事務外，還要進行部位軋平及後續事務等工作。但是對於交易點、站較多的銀行，人員作業劃分自然比較專精，工作相對變為雜細，管理上必然較為不易。凡此，若無作好完善的內控規劃就會在此

一方面產生較大的風險，而且此一風險往往較銀行之經營其他國內業務還高。此外，銀行又因應付此一業務的作業需要，而需添置較多專用設備、聘雇較多專業交易人員及提供較多的訓練機會等，甚至對交易員的品德及素質要求都比一般業務人員還高，其投資和花費相對亦提高許多。

 # 3.8 私人銀行業務

私人銀行（Private Banking）業務通常都由一些大型國際性銀行或金融集團所提供的一種金融服務。此一業務在歐美發展已近百年歷史，其接受對象全以巨賈富商為主，開戶的起碼條件都在 50 萬美元以上，並由銀行提供財產投資與管理。具體而言，它的服務範圍融合信託、投資、財／稅務諮詢、銀行服務（借貸）、遺產策劃等。全球私人銀行最為發達的就是瑞士。亞太地區的新加坡在發展私人銀行業務亦頗具成效，主要歸功於它具備安定的政治、低廉的稅率、豐沛的專業人才及而強而有力的法律框架，凡此都是它吸引世界各地富豪願意將資金委託其管理的主要原因。

💰 涵義

私人銀行業務乃金融業者提供具有一定程度之資金擁有者作為保本、理財或避稅等，不同目的的一種金融服務業務，或稱個人理財業務。換言之，私人銀行業務，係銀行因應各別不同客戶之需要，指派專人為其量身訂作的金融商品與服務，並從中獲取手續費收入的一種行銷服務業種。

💰　興起

　　私人銀行乃興起於十九世紀初葉的瑞士，由於該國政治中立，且訂定「保密法規」，規定銀行不得任意將客戶之財務內容提供予第三者，故頗能滿足一般顧客因受外匯管制、政治因素、通貨膨脹或逃避稅賦等不同需要和目的。因此，深受世界各地富有人士所歡迎，亦因此誘使往後各國之金融業相繼效尤，並競相投入營運。惟此業務隨著各國國情之不同，理財重點遂發生變化，誠如前述之創始國──瑞士，其主要服務目標，乃提供各國富商保存財富和逃稅為主。然當1940年代傳入美國之初期，其業務著重於放款授信，提供客戶擴張信用為重點，以創造財富為目標，而非以理財為主要業務，在美國急速發展之後，隨之觸角延伸至美洲其他地區及亞太地區，並均獲得相當成效。

💰　引進國內

　　台灣近數年來，由於經濟發展結果，在人民財富累積之後，在台一方面，外商銀行因民營銀行之相繼設立，面臨業務之競爭愈加激烈；另一方面，兼之傳統的銀行業務已不敷商賈富人之需要，在政府外匯管制政策之逐步放寬結果，此一業務漸受國人所接受和歡迎，其中更因外商銀行憑其專業知識和全球性服務網之優勢，在此市場規模搶得先機和業績。

💰　市場目標

　　銀行經營此一業務之對象，誠如前述，均屬富商之士為主，而此等人士之一般年收入，不乏約達六、七位數之美金者，或不含不動產之平均資產淨值在達25萬美元之企業家、公司行號之主管人員、會計

師、律師、醫生等等或因高遺產繼承人。凡此，不但不侷限於個人範圍，就是公司或其他之法人機構，比比皆是此等業務之銀行客源。

 服務內容

目前國內銀行經營此一業務之服務內容，大體上，分為理財和優惠兩項。前者提供客戶多種幣別存款、外幣未來走勢、經濟趨勢分析及保險節稅等服務。而後者，則提供客戶免匯款手續費、購買基金手續費優惠及購買債、票券利率優惠等。換言之，此等業務所提供的服務範圍，包括：(1)授信服務：提供不限用途之信用或抵押貸款；(2)現金管理：協助顧客將資金作適當的配置和運用，以獲取較高效益；(3)投資理財：幫助客戶從事財產管理、私人信託服務、合法避稅等理財服務，以增加顧客財富；(4)其他服務：提供各種金融資訊、財經分析、報告和研習活動，以增進客戶之金融知識。此外，對客戶匯款、外匯、保管箱及存款等之服務和優惠。

結語

綜合上面所述，對於銀行在從事外匯交易時，確實具有某些特殊的風險。因此，當一個銀行決定投入外匯市場，參與交易操作時，事先就應經過慎密的籌備、規劃和專業人材的培植等。而且在經營過程中，亦必須不斷地提供實務操作機會，以累積交易經驗，才能漸漸成長而強壯。亦唯有如此，才能培養出傑出的外匯交易員，終結才能為銀行創造出更豐富的利潤和績效。

84.08 ↑08.26
57.60 ↓01.05
36.65 ↑06.05
3.90 ↑40.90

1:00   2:00

第 **4** 章　外匯匯率

　　匯率如同貨品，以價格來表示商品價值，亦是彼此互換的兌價。換言之，匯率就是用以計算本國通貨與外國通貨彼此兌換的一種特定價格。在自由外匯市場的外匯價格受市場供給與需求不同程度的影響來決定，與管制下的匯率或調整式的釘住匯率制度各有不同，利弊亦互見。一國之匯率若常處於極度不穩定或升降幅度變化無常，不但影響外匯資金的擁入或流出頻仍，連帶亦波及貿易及經濟的變化。亦就是一切與匯率有關的國際經濟活動或事務將同遭牽動。

4.1 匯率之定義和表示方式

　　外匯匯率（Foreign Exchange Rate）就是外匯銀行掛出作為與客戶買賣外幣的衡量價位（或交易價格）。亦即本國貨幣（Local Currencies）與外國貨幣（Foreign Currencies）的交換比率。譬如，若我國新台幣與美國目前的匯率是 1 ∶ 32，亦就是美金 1 元的價格用我國貨幣計算等於 32 元的新台幣。（**圖**4-1 為我國歷年來匯率的平均變化）

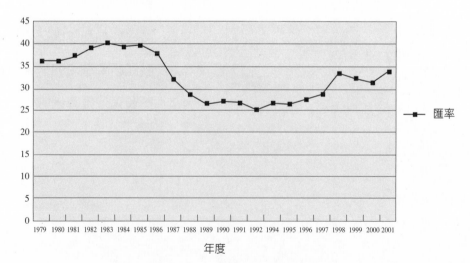

圖4-1　新台幣對美元年平均匯率變化表

具體而言，匯率的高低，在浮動匯率制度下，通常取決於市場供需而定。因為在完全自由化外匯市場上，兩種不同貨幣的交換正如同一般商品價格一樣，深受市場**供需定律**（Law of Demand and Supply）的支配，當供給過於需求時，價格自然下跌，需求超過於供給，價格勢將上升。所以說，匯率是一種價格的表示方式來作比喻是至為恰當不過了。對於此種由供需情形所決定的交換比率，稱為**匯兌市價**（Market Rate of Exchange），亦即是通常所稱的**匯率**。

對於外匯匯率的表示方式，通常可分為二種：

1.**接受匯率**（Receiving Quotation Rate）或稱間接匯率（Indirect Quotation Rate）：即1個單位的本國貨幣所能兌取到多少數量的他國貨幣之表示比率或稱之謂**外國率**。例如，新台幣1元可折換到0.02857美元。換言之，就是本國1單位貨幣，用外國貨幣計算的價格。目前世界除英國採用此法外，甚少有其他國家實施此一制度。

2.**給付匯率**（Giving Quotation Rate）或稱直接匯率（Direct Quotation Rate）：即1單位的外國貨幣所能兌取到多少數量的本國貨幣之表示比率或稱**本國率**。如美金1元可折換到35元新台幣即是。換言之，就是外國1單位貨幣用本國貨幣計算的價格。目前世界多數國家採用此法，也為我國多年來所採用的方式。

至於兩者間如何換算？在採用「接受匯率」制時，若想瞭解本國貨幣總數量到底可換算為多少之外幣時，只需將本國貨幣總數乘以1單位的「接受匯率」或採用給付匯率時，去除以1單位的「給付匯率」便得。在採用「給付匯率」制時，若想瞭解外國貨幣總數量到底可換算為多少之本國貨幣時，只需將外國貨幣總數乘以1單位的「給付匯率」或採用接受匯率時，除以1單位的「接受匯率」可得。

4.2 匯率的種類

外匯匯率依其所具性質之不同，可分為如下之幾種類別：

💰 依銀行之從事買賣分類

外匯匯率依銀行之從事買賣而言可分為買入、賣出二種（見**表1-1**，第11頁）。

買入匯率

買入匯率（Buying Rate of Exchange or Bank's Buying Rate）即外匯銀行買入外匯相對支付本國通貨的兌換比率，通常係出口商因輸出貨品所得之外匯或其他外匯持有者，在出售給外匯銀行時，所採用之換算比率而言，故一般又稱為**銀行買價**或**出口匯率**。

賣出匯率

賣出匯率（Selling Rate of Exchange or Bank's Selling Rate）即外匯銀行出售外匯之兌換比率，通常係由進口商因輸入貨品之外匯需求或其他外匯需要者，以本國通貨向外匯銀行購買外匯的換算比率，故一般又稱**銀行賣價**或**進口匯率**。

💰 依匯率之計算方式分類

依匯率之計算方式而言，又可將外匯匯率分為：

套算匯率或裁定匯率

在求出**裁定匯率**（Arbitrated Rate）時，被用以換算的匯率稱為**套算／交叉匯率**（Cross Rate）（如下例之歐元 1 ＝美金 1.2 及台幣 32 ＝

美金便是)。而裁定匯率是透過由已知的兩組匯率(各自對其中之一種共用之貨幣(匯率)——通常為美元)而求出的第三組匯率之謂。例如,已知 A 和 B 與 A 和 C 的兩組(A 為美元)個別匯率,然後經由此二組匯率〔例中之 NT$ / US$(基本匯率)和 US$ / Euro(交叉匯率)〕演算出第三組 B 與 C 兩者間的匯率,這個經新算出的匯率即是裁定匯率:

> 設:歐元 1 =美元 1.2
>
> 　　美元 1 =新台幣 32
>
> 　　因此,
>
> 　　新台幣 X =歐元 1
>
> 　　歐元 1 =美元 1.2
>
> 　　美元 1 =新台幣 32
>
> 　　亦即,
>
> 　　X = 1 × 1.2 × 32 / 1 × 1 = 38.4 / 1 = 38.4
>
> 　　結果,新台幣 38.4 =歐元 1

直接匯率或基本匯率

直接匯率(Direct Rate of Exchange)或**基本匯率**(Basic Rate)即指兩國貨幣直接兌換之匯率,或指一國之貨幣與某一特定的外國貨幣的匯率而言。前者如我國目前由各指定銀行每日牌告的各種外匯匯率;後者則如我國之新台幣之以某一特定的外國貨幣為基本匯率之謂,如新台幣與美元之匯率。

依交割時間的差別分類

匯率依交割時間的差別而言,也可分為:

現貨匯率

現貨匯率（Spot Rate）即外匯買賣成交後之當日或次 1、2 日內，應辦理交割採用之匯率。如目前由各指定銀行每日牌告匯率表中之「即期（買入或賣出）匯率」，即屬此種之匯率。

遠期匯率

遠期匯率（Forward Rate）即外匯買賣成交後，應在最短的 3 天以上至最長的 180 天以內，依約定實行交割的匯率。如目前由各指定銀行每日牌告匯率表中之「遠期（買入匯率或賣出）匯率」，即屬此種之匯率。

依匯率之結構不同分類

依匯率之結構不同而言，亦可將外匯匯率分為：

單一匯率

單一匯率（Single Rate System or Unitary Exchange Rate）即一國政府（中央銀行）對同一種之外匯，只訂有一種匯率或稱官定匯率。實施此種匯率時，除不同銀行所訂之買、賣匯率稍有差價外，並無第二種匯率存在，稱為單一匯率。實務上，雖銀行有時對大額外匯交易有不同的匯價或議價空間，但仍屬於此種匯率。

複式（多元）匯率

複式（多元）匯率（Multiple Exchange Rate）即一國政府對同一種之外國貨幣價格，制定了兩種或兩種以上的不同匯率。實施此種匯率的原因，通常乃配合貿易政策之需要而訂定，其主要目的在於管制進出口貨品或外匯收支。如進口方面，可按國內需要程度調整匯率；或出口方面，可按鼓勵程度之不同，分別規定其高低不同的結匯匯

率。此一制度大都實行於外匯管制的國家,也是我國早年曾實施過的匯率制度。

4.3 匯率之決定和變動

在完全自由而正常的外匯交易市場中,該國之貨幣對其他外國貨幣之匯率,全憑市場之供給與需要之多寡影響來決定,此一原則,如同財貨價格之決定一樣,全由該財貨的市場供需所左右。而在外匯市場上,亦同樣會匯聚許許多多的供給及需要的情況,於是匯率就從這些相互競爭影響產生結果。當外匯之供需與匯率不斷發生變化後,最後自然會傾向均衡狀態。就理論上言,在達到兩者相等時,其所構成之匯率價碼,稱為「均衡匯率」(Equilibrium Rate of Exchange)。一般而言,均衡匯率取決於下列三個基本原則:

1. 當一個國家的國際收支無發生鉅額的收支失衡,或者原有的黃金或外匯的準備無明顯的變動,在一期間內應能維持均衡的狀態,亦即是國際收支長期性的維持均衡。
2. 進出口貿易及外匯交易自由而正常,亦即其國際收支的均衡,並不假藉管制貿易或外匯來促成,而是在自由化之制度下所自然形成。若是經由此官方或人為干預來達成者,則其均衡並非真正的均衡。
3. 不以管制進口或國內經濟不景氣(如國內失業或通貨膨脹)作為代價而求取的國際收支均衡;亦即在能維持國內經濟安定的前提下,無通貨膨脹或緊縮的匯率。

為便於瞭解起見,就上述匯率取決於外匯供需論點(外匯的需要和供給相等)之理論,就「匯率的決定」來表示,如圖4-2之說明。其中,需要曲線D(Demand Curve)表示在不同的匯率下,一國之對外匯的需要(價格愈低,引發愈多的需要量;反之,需要量將愈呈減

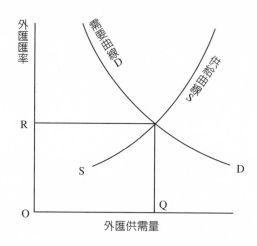

圖 4-2　匯率的決定（均衡匯率）

少）。供給曲線 S（Supply Curve）表示，在不同的匯率下，一國所能
獲得的外匯供給（價格愈高引發愈多的供給量）；反之，供給量將愈
呈減少。當 OQ 代表供需量時，則 OR 代表匯率，供給曲線由左下方
向右上方伸展，需要曲線由左上方向右下方向伸展，兩者相交於 E
處，然後由 E 點處分別劃出二線與「供需量」線和「匯率」線成相平
行的直線，即 OQ 與 OR 二點處，這時求得的 OR 即為「均衡匯率」，
而 OQ 這時恰為外匯的供需量，也就是市場上成交的數量，若其他情
形維持不變，則外匯匯率就不致高於或低於該一均衡點。不過正如前
面所提及的，在外匯市場上會有許多的供需情況出現。如某些原因造
成供給增加時，則 S 曲線將向右外方移動，假設需要維持不變時，此
時外匯匯率必將下跌；反之，如需要增加時，則 D 曲線將向右上方移
動，假設供給維持不變時，外匯匯率必將上漲。由上面圖解之說明，
我們知道構成均衡匯率的條件，應在供需都沒有發生變動的靜止狀
態。然而，實際經濟情況並非如此，供需兩者隨時都會有發生變動的
可能，或許只單方面的變動。如，供給不變而需要變動；需要不變而
供給變動；供給及需要兩者均都變動等情形的發生。凡此等等之變動
結果，都會導致相互影響，不過我們可以獲得一個結論，就是需要與
供給的變動是構成匯率變化的主因，需要與供給的均衡相等，又是匯

率發生制衡作用的結果。是之，三種情形相互牽制，並產生影響。

 4.4 影響匯率變動的因素

　　匯率既然決定於供需之情況，因此其變動自然隨由供求之變化而變動。也就是當外匯的「供給量」大於「需求量」時，將影響匯率的下跌（本國貨幣的升值）。相反地，外匯的「需求量」大於「供給量」時，將影響匯率的上升（本國貨幣的貶值）。是之，當外匯的供需量相等時，則匯率即誠如上節所述會維持穩定，那麼什麼是外匯的供給和需要事項？什麼是造成外匯供給與需要的變動因素？

　　前者主要可歸納為下列幾項之情形：

1. **進出口貿易之結購或結售**：包括貨品輸出入、運費的收支、保險費、佣金及勞務等。
2. **觀光**：包括旅遊或留學、本國人之出國或外國人來台等開支。
3. **投資收益之結購或結售**：包括本國人在外國投資或外國人到本國來投資之收益。
4. **差旅**：包括政府人員公事出國之開支、本國人員派駐國外或外國派來我國人員之開支。
5. **匯款**：包括國民、僑民之匯出匯入款。
6. **贈與或救濟**。
7. **其他外匯之結購或結售**。

　　至於後者之變動因素，一般包括：

1. 外匯供需不均。
2. 政府經濟、外匯政策的更動。
3. 套價的發生。
4. 國際支付、借貸發生變動。
5. 國民預期心理因素。

6.銀行進行拋售或購補操作。

7.其他之因素，包括政情變化、季節性因素、國際重大事件的發生等。

 ## 4.5 匯率變動和物價之變動

匯率與物價之互為影響和其關聯性之密切程度，可由下面情況獲得引證：一是物價變動影響匯率；一是匯率變動影響物價。前者比較間接而迂緩，但影響條件必須在自由貿易、自由外匯的制度下，才會存在。而後者，是直接而迅速，但無論在外匯是否自由或管制都是一樣。

一國對外貿易在相當自由的條件下，當物價急遽的發生變化時，勢必引起對外貿易的變化，因為在物價高漲時，對外輸出必受波及而削弱，進出口貿易會逐漸形成入超，國際收支急速惡化，結果導致外匯供給量減少，需要量增加最後演變成匯率上升（給付行市，Giving Quotation）。反之，在物價下跌時，因對外輸出可因此提升而增加，進出口貿易將逐漸出現出超，國際收支開始好轉，在外匯的供給量增加，需要量減少的情勢下，終將致使匯率下降。

當一國處於正常的狀態時，一旦匯率發生變化，對於國內物價往往會迅速產生反應，因一國匯率之上升（貶值），在進口國外貨物時，因需要支付之本國貨幣增多，終究會影響進口成本，貨物售價因而上漲，甚至可能逐漸帶動本國產品的價格隨同上漲。反之，因一國匯率之下跌（升值），因進口貿易在輸入貨品時，支付本國貨幣需要較少，可因降低進口成本，讓貨品售價因而下跌，結果帶動本國貨物的價格可隨之下跌。

綜觀上述，物價與匯率既然有交互影響與關聯性。因此，我們就可以得到一個結論，即匯率在穩定情況下，它可吸取外資，促進投資之增加和保護貿易之功效。在物價穩定情況下，對一國之企業而言，

它可以促使業者安心從事於生產，而消費大眾亦可因此獲得較為安逸舒適的生活（蘇溪銘，1997）。

4.6 我國匯率制度的變革

　　1970 年代以前，我國經濟並不振興，國際貿易亦不發達，外匯雖採用固定匯率制度，但並未產生任何不良問題。迨至 1971 年後，由於國內經濟快速成長，外貿出超所累鉅額外匯結果，必須增額發行通貨供給因應，導致物價上漲誘因，相對造成新台幣升值壓力。至此，匯率政策之改弦易轍已無可避免，就是改變勢在必行，遂經政府修訂管理外匯條例之部分條款，隨之於 1979 年 2 月 1 日開始實施外匯市場政策，改採浮動匯率政策（Floating Exchange Rate System），從此正式結束我國實施多年的固定匯率制度（Fixed Exchange Rate System）時代。由於此一制度的推行，不但象徵著我國外匯制度向前跨出一大步，而且朝向另一新的里程前進，雖然初期外匯市場的浮動匯率制度，近似管理浮動匯率（Managed Floating or Dirty Floating），但是自此匯率的訂定，已不再全由中央銀行單獨來負責決定，而改由外匯交易中心執行小組之會商後訂定，並通知全體指定銀行執行（包括即期美元最高及最低買、賣匯率及遠期美元各期別之匯率）。

　　此外，基於國家整體經濟政策考量，同時中央銀行為防止企業界一時未能完全適應匯率過度波動，而能維持一個較為穩定和處於一定水準的環境，又採取另一干預的變通措施──即設有中心匯率制和上下限干預點來加予限制，於市場匯率一旦遇到波動過於激烈時，便會進場採取干預措施。換言之，當匯率變動達到上下干預極點時，中央銀行即無限制的進場收購或拋售外匯，以避免影響進出口貿易業者的競爭力及成本。另一方面，外匯自此亦不再由中央銀行來承擔統收與統支的任務。也就是說，外匯取得不須再悉數結售予中央銀行，而准許外匯所得人有保留外匯之權利，並可存放於銀行中及在指定用途項

目和範圍內隨時運用其外匯，甚至可在外匯市場自由出售或轉讓。總而言之，政府對外匯制度的變革，已從以往的絕對管理方式，逐步開放，並邁向自由外匯市場的目標前進。也就是說，我國的外匯政策將隨著經濟、貿易的持續繁榮和發展，已漸次進行改革和開放，來達到一個健全而完善的自由外匯國度。（請參閱第5章第5.3節）

4.7 實質有效匯率指數

新台幣有效匯率指數編制的代表意義是：不但提供適時反應本國貨幣的合理價位，同時可藉以比較目前市場匯率與基期之變化情形，更可顯示一國經濟體系競爭力的重要資訊及相對物價變動等狀況。

定義

在選取雙邊「名目有效匯率」的做法下，因指數編算法的關係（1單位本國貨幣拆合外幣若干單位後與基期相較以表示升值或貶值）實無法真正反映一國通貨價值的變化，及對外經貿實力情形，要尋求一個比較能接近事實，並可評估一國通貨價值之變動，應是運用「實質有效匯率」指數❶的變動來觀察和衡量，將會更具合乎實際而理想的措施。而所謂有效匯率（Effective Rate Of Exchange），係指某一特定國家或地區的貨幣，以其他主要國家或地區的貨幣（一籃貨幣，A basket of Currencies）表示其價值。而其他主要國家或地區的貨幣在決定該一特定國家或地區貨幣的價值所占的比值，係依據各該主要貨幣所屬國家或地區在該特定貨幣所屬國家或地區的「貿易總額」中所占比率之大小來作決定。基於方便比較起見，其基期權數以100（均衡時期）作爲標準。亦即，當匯率處在正常而近乎理想的價位時，新台

---

❶即由貿易關係緊密國家貨幣所組成一個貨幣籃加權計算出之名目有效匯率指數後，再除購買力平價指數便得出新台幣實質有效匯率指數。

幣實質有效匯率指數即是 100，當指數處於此一情形下，就顯示新台幣處於合理價位。如指數高於 100 時，則表示新台幣高估（Over-Valuation / Effectively Revalued），此時新台幣應誘導趨向貶值。反之，當指數低於 100 時，則表示新台幣低估（Under-Valuation / Effectively Devalued），此時新台幣應誘使升值走向。然而，由於計算基期、貿易權數公式及一籃貨幣所選用的貨幣所屬國家等有所差異。因此，由各單位／機構所編製而成的實質有效匯率指數（如**表 4-1**）並不完全相同，但基本上之走勢應該是一致同向的。從另一方面而言，因物價資料與進出口貿易資料無法逐日取得，實質有效匯率指數便會產生落差，所以實質上僅可供作判斷匯率走向之一項參考指標而已。（金融新聞字典，1998）

表 4-1　有效匯率指數表

	出口比重為權數	雙邊貿易比重為權數	68 年 =100	出口比重為權數	雙邊貿易比重為權數	
外匯交易中心新臺幣實質有效匯率指數	98.47	99.28	72/10/3	103.10	101.94	經濟日報新臺幣有效匯率指數
	99.41	99.89	72/10/4	103.20	101.96	
	98.88	99.33	72/10/5	103.07	101.70	
	98.85	99.22	72/10/6	103.00	101.71	
	98.82	99.30	72/10/7	102.82	101.47	
	98.43	98.85	72/10/8	102.51	101.26	
	－	－	72/10/9	－	－	
	98.43	98.85	72/10/10	102.76	101.40	
	98.30	98.85	72/10/11	102.51	101.13	
	98.51	99.15	72/10/12	102.41	101.36	
	98.53	99.25	72/10/13	102.37	101.31	
	98.43	99.07	72/10/14	102.42	101.35	
	98.19	98.80	72/10/15	102.20	101.20	

說明：

1. 上述匯率指數：均以新台幣對 9 個主要貿易對手國貨幣為匯率比較基礎，匯率以外幣／新台幣表示。

2. 基期 68 年之匯率指數為 100，指數大於 100，表示新台幣對外加值高估；反之，即表示對外價值低估。

資料來源：外匯交易中心《經濟日報》。

💰 匯率指數之編製

　　目前國內包括中央銀行經建會、台北外匯經紀公司、工商時報或經濟日報等單位機構，皆有編製**實質有效匯率指數**（Index of Real Effective Echange Rate）。回顧我國外匯市場自 1979 年 2 月成立後，外匯交易中心（後改為台北外匯發展基金會）便開始編算新台幣實質有效匯率指數，初期其資料僅供匯率擬定小組作為訂定匯率之參考，並不對外公開。迨至 1982 年 11 月 10 日起，才正式開始逐日對外公布，並分「出口比重」（平均出口）和「雙邊貿易」比重加權的新台幣實質有效匯率指數，提供予工商各界及一般人士作為參考，以瞭解新台幣對外匯價位的動態和未來匯率走勢之評估。為使讀者進一步明瞭起見，茲綜合各項編製要目及原則，逐一介紹如下：

1. **指數基期年之決定**：以某年度為之或某幾年度之平均為之均有，只要能找到符合理論要求之條件即可（基本上是選擇該國國際收支或經常帳收支接近平衡之年分／時期）。亦即，一國經濟處於穩定狀態時。如早期外匯發展基金會即以 1992 年為基期，而工商時報便以 1980 年至 1982 年平均為基期的不同做法。

2. **新台幣名目有效匯率指數**（亦即新台幣對各種主要外幣匯率指數的加權平均值）：與國內外物價的相對變動情形予以調整編算後即得**新台幣實質有效匯率指數**。

3. **一籃通貨的選擇**：以我國主要貿易對手關係密切國家或地區之貨幣（如：美國、日本、西德、英國、加拿大、香港、新加坡、澳洲、韓國、法國、荷蘭、義大利、菲律賓、泰國、馬來西亞、紐西蘭、大陸及印尼等）納入組成，並按其上年度與我國的貿易值逐年調整貿易權數。算出**新台幣名目有效匯率指數**（Nominal Effective Exchange Rate Index）。

4. **加權平均法**：計算公式採幾何平均法或算術平均法；兩者通稱加權平均法。

5.計算期之匯率資料來源：除日圓採自東京外匯市場開盤匯率外，其他各幣別的匯率，係採自國內掛牌或國際（紐約外匯）市場或當地匯率。

6.躉售物價指數：物價指數以各國最近發表之躉售物價指數為主，如躉售物價指數資料不易取得之國家或地區，則改採消費者物價指數，並於每月底調整一次。

7.權數：常見的權數共有下列三種：

(1)以出口值比重為權數的指數，可供測重於出口競爭為目的時之參考。

(2)以雙邊貿易比重為權數的指數，可供測重收支平衡為目標之參考。

(3)以進口值比重權數之有效匯率指數。

　　總而言之，當我們評估匯率是否高估或低估時，除參考上述匯率指數外，其他客觀因素，如外匯存底、物價上漲及經濟之成長或變化等，仍須加入配合參酌分析，才能獲得更精準的結論。同樣，就是政府當局亦常會就前述的客觀因素併合判斷後，再進行參與匯率干預動作，故其憑以訂定匯率政策，並不一定會與各方所編製的有效匯率指數相吻合一致的。此外，亦由於各方編選指數時，其內容項目所引用基礎不盡相同，而結果必然會有差異性出現，這點讀者不可不察（《工商時報》、《經濟日報》）。

第 5 章　浮動匯率

世界上各個國家匯率制度的實施，常受國情的不同或環境因素的影響所牽制，因此各有其不同的實施方式，其中在採用**浮動匯率**（Floating Exchange of Rate）制度之國家或地區，其匯率因不受干預而隨市場之供需情況自由浮動，所以市場的任何對外匯的增加／減少或供給的減少／增加，將隨即引發外匯的上漲／下跌變動為此制度的特性。是之，採用自由浮動匯率的制度的市場匯價，自與實施固定措施的釘住制度或受政府的干預控制者大大不同。

我國匯率制度自 1969 年起開始實施固定匯率制後，歷經二十年的變化改革直至 1990 年年底後才正式進入自由浮動的階段，其過程變化對不同時期的國家經濟起落，有其不同程度的影響。下面為我國匯率制度的變革過程及實施浮動匯率制對工商界之影響，逐節分別加以研討。

 # 5.1 浮動匯率制度之實施

我國民間企業在外匯市場成立之前，由於政府長期實施固定匯率（Fixed Rate）政策，全無匯率變動風險的顧慮和習性，亦因此對於我國整體經濟能不斷成長與國際貿易之能持續擴張，確實發揮了相當的功效。此外，復因美國在此一期間中又為我國最大貿易夥伴及國際貿易計價單位亦多以美元為主，新台幣匯率採用釘住美元匯率之措施自然成為其中關鍵因素之一。

然而，隨著時代的變遷和國際經濟情勢的變化，美元對外幣值一度呈現下跌與不穩定期，遂引發國際貨幣體系的崩潰。追溯其遠因，乃美國自 60 年代以來，國際收支（International Payment）長期呈現鉅額赤字，而未能獲得改善，且自 1973 年爆發能源危機（Energy Crisis）的衝擊，導致國際貨幣市場動盪不安，實施多年以黃金為基準的固定幣值制度自此瓦解，隨之引發各主要國家紛紛採用浮動的匯率制度。

當時政府基於上述國際經濟變動情勢，而日圓此時又一再升值，

有感於我國對外貿易，在出口方面以美國居首。而進口方面，則以日本居冠的情況下，為穩定進口物資與謀取國內經濟之長期安定和貿易之繼續成長等考量。財政部除於 1978 年 7 月 11 日起宣布新台幣匯率升值外（由原 1 美元兌 38 元新台幣，調整為 1 美元兌 36 元新台幣）並進一步改變我國新台幣匯率一向釘住美元的做法，且自翌年 2 月起實施機動匯率制度，逐步走向自由外匯市場目標，以因應國際貨幣體系之變動。

5.2 央行的市場干預和目的

浮動匯率（Floating Rate）制度的實施，乃意味著固定匯率制的終結，而隨之而來的匯率訂價，將改由市場供需變化而自由調整計價（請參閱第 4 章第 4.3 節）。而我國新外匯制度實施初期，對匯率採取的方針和措施，係由固定匯率制逐步邁向完全自由外匯為目標，其過程應屬管理式的浮動（Managed or Controlled Floating）匯率制，亦即匯率的浮動不全然任憑市場供需情況來決定，其做法乃對美元匯率訂定「中心匯率」和設浮動範圍的「上下限干預點」（如限制銀行與顧客買賣即期美元匯率不得超過中心匯率上下 2 角，以及銀行與顧客買賣美元現鈔匯率不得超過中心匯率上下 4 角之限制等）。推本溯源，此種措施，實際上也是世界其他多數國家在實施完全自由匯率制度過程中所共有的現象，其用意在於邁入自由化前，因各國不同的國情或經濟政策的差異，有其不同程度的漸進調適階段，而追求最終其外匯價格能維持在一個合理而理想的水準下，並達到一國的經濟持續穩定為目標。

我國外匯制度，自 1979 年 2 月改革實施以來，政府為促使市場更趨向開放，且走向更加健全，俾使匯率變動顯得更具彈性和發揮應有的功能，雖然中央銀行於初期時，對匯率波動設定其上下限干預幅度，但隨著時間之漸進亦作了適度的調整改革和放寬，乃至最終完全

退出匯率訂價之參與。雖然如此，央行亦負有穩定匯率的責任，故在外匯交易自由化後，一般對外匯進出雖不再受到管理和限制，但仍具保留操縱市場匯率的權利與能力。亦即當市場交易發生劇烈變動時，就有必要進場進行干預措施。換言之，在外匯市場操作過程中如果發生一連串的鉅額交易，而導致新台幣作貶值性的調整或一連串的對新台幣作升值性的變化情況，且其波動之累積已達到相當程度，構成對國內經濟、物價走勢造成影響時，基於穩定政策之考量，自有必要採取行動，此時便會進入市場作必要性的外匯購買或拋售操作，來加以管理，以調節匯率。此時其目的不在於著重與他國貿易競爭為目標，而是對於國內本身將出現預警性之經濟情勢變化，而需要加以預防制止的必然反應和手段，此種操作之進行或明或暗或長或短，端視當時情況而定，因為這種干預措施及做法，係基於整體國家之利益為出發點，故自有其必要性和正當性。而此一措施，也是其他先進國家之官方，偶爾會於認為有必要時出面干預，所以應屬於常有之事。當然在完全自由化、全球化原則下，仍應盡量減少不當的干預來操控匯率走勢，才算符合此一制度之基本精神。

 ## 5.3 匯市之建立與匯率制度沿革

我國外匯市場自 1979 年成立以來，外匯自由化程度，已隨著時間和操作技巧的熟練漸次開放，並由限制性的浮動走向完全自由的途徑。回溯這段期間的演變過程，大略可歸納為後面幾個階段：

1. 自外匯市場建立開始（1979 年 2 月 1 日）起至同年 8 月 21 日止的第一階段，此時匯率之擬定除由中央銀行和 5 家指定銀行❶共同議商訂定外，同時亦訂定美元中心匯率。如當日新台幣對美元的中心匯率為 1：36，則規定上、下變動幅度各不超過 0.5%。

---

❶台灣銀行、中國國際商業銀行、第一銀行、華南銀行及彰化銀行等 5 家銀行。

亦即，上限爲 1 ： 36.18 元、下限 1 ： 35.82 元（如**圖 5-1**），在此同時並廢止外匯清算制度。

2. 自同年 8 月 21 日起至翌年 3 月 3 日止之第二階段，此時期之匯率議定機構，仍同第一階段全由中央銀行和 5 家指定銀行共同商議訂定，不過這次已將牌價波動的上下限差距擴大爲新台幣 0.5 元，讓匯率調整幅度升高。譬如此時中心匯率爲 1 ： 36.1 元。上限爲 36.1 元加 0.25 元、下限 36.1 元減 0.25 元。（如**圖 5-2**）亦即當日銀行與客戶之買賣匯率將在此範圍內進行。

3. 自 1980 年 3 月 3 日起至翌年 8 月 19 日止，此時不但取消新台幣對美元中心匯率之上下限外，中央銀行亦不再參與即期與遠期匯率的議訂作業。此外，由於新辦法的修正，規定在外匯交易

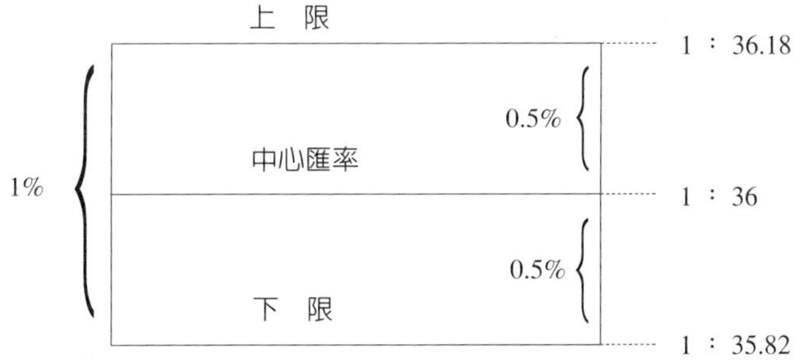

圖 5-1　美元中心匯率和牌價波動幅度（一）

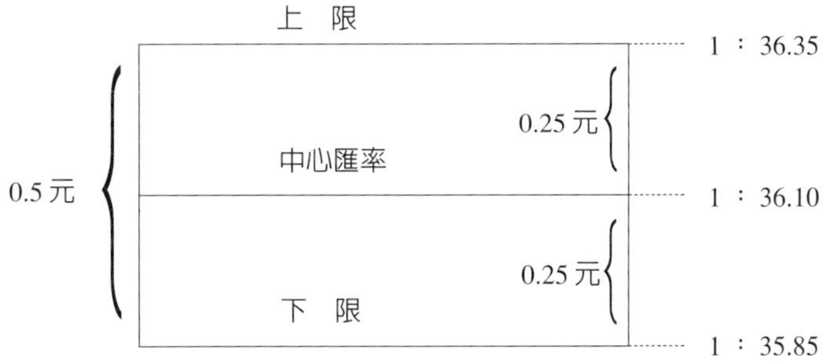

圖 5-2　美元中心匯率和牌價波動幅度（二）

圖 5-3 美元中價與波動幅度（三）

中心每次完成調整匯率後，再報請中央銀行備查，並改採每一營業日匯率之調整幅度，不得超過前一營業日之買賣中價上下各 1% 之限定。（如**圖 5-3**）

4. 自 1981 年 3 月 31 日起至同年 8 月 19 日止，外匯交易中心改變**遠期美元之訂價方式** ❶，也就是自此遠期匯率的訂定將依遠期美元供、需情況機動調整，並自即日起將遠期美元匯率由過去的「貼水」價格，調整為「升水」價格。（如**表 5-1**）至於其他幣別之遠期匯率，原則上係參考國外（紐約外匯市場）前一營業日之美元對各種貨幣之各該期別遠期匯率之收盤中價與台灣外匯市場當日美元對新台幣相同期別遠期匯率之買賣中價折算而得。

5. 迨至 1981 年 8 月 19 日起，因外匯交易中心通過「外匯交易中心操作方式改進要點」後，遂改以外匯供需情況及新台幣「實質有效匯率」作為議定調整匯率之主要依據，同時擴大每一營業

---

❶關於各期別美元匯率之訂定方法，係先訂出 180 天期遠期匯率與即期匯率之差距來計算（其差距幅度仍視市場之反應及交易情形決定），如**表 1-1**（見第 11 頁）匯率表所示之差距為 8 角。是之，對其他各期別之美元遠期匯率之訂價，則以 8 角作 180 等分，經化成日差後乘以各期別日數來計算出各該期別之匯率差距。因此，上述之 8 角除以 180 後為 0.00444，再乘以 10 得 0.0444 後加上即期買入匯率，即得 38.674 元為 10 天期遠期買入匯率。再如計算 60 天期時，則仍以 0.00444 乘以 60 得 0.2666 後加即期買入匯率，即得 38.897 元為 60 天期遠期買入匯率，其餘以此類推。

表5-1　遠期美元匯率

日　　　期		70年3月31日	70年4月1日
即期	買入	36.300	36.400
匯率	賣出	36.400	36.500
遠期匯率	10天　買入	36.290	36.400
	賣出	36.390	36.500
	30天　買入	36.289	36.433
	賣出	36.389	36.533
	60天　買入	36.288	36.467
	賣出	36.388	36.567
	90天　買入	36.287	36.500
	賣出	36.387	36.600
	120天　買入	36.286	36.533
	賣出	36.386	36.633
	180天　買入	36.285	36.600
	賣出	36.385	36.700

　　日調整美元即期匯率之幅度，以不超過前一營業日買賣匯率中價上下各2.25%（如圖5-4）。而新台幣實質有效匯率的計算，則以與我國主要貿易國的通貨為對象，並以各該國與我國的進出口貿易比重等為權數，及我國與各該國間購買力平價的變動等主要因素作為參考。

6.自1982年9月1日起，基於事實需要再次改制外匯市場操作辦

註：上、下調幅應以各不超過0.85元為限

圖5-4　浮動匯率中價波動幅度

法，此時對於新台幣匯率訂價方式，改以銀行間的交易為訂定之主要依據，其主要修正要點，共分為：

(1)以前一營業日之銀行間交易加權平均價格計算後訂定當日之中心匯率：

×月×日銀行間外匯交易

價格 $\left(\dfrac{NT\$}{US\$}\right)$	成交量 （百萬美元）
39.97	15
37.85	12
37.9	16
	43

加權平均價格

$$= 37.97 \times \frac{15}{43} + 37.85 \times \frac{12}{43} + 37.9 \times \frac{16}{43}$$

$$= \underline{\quad 37.9 \quad} \quad \text{次日美元兌新台幣中心匯率}$$

(2)凡對每筆交易金額在 3 萬美元以下，銀行向（對）顧客買入／賣出之價格不得低／高於中心匯率減／加新台幣 5 分之範圍。而每筆交易金額超過 3 萬美元者，得由各銀行在中心匯率上下差價各新台幣 1 角之範圍與顧客商議決定之。

(3)每一營業日之匯率升降幅度，仍以不超過中心匯率上下各 2.25% 為限度。

(4)中央銀行將採取以量制價方式於必要時進場買賣外匯來干預匯率。

7.自 1985 年 7 月 2 日起，銀行間外匯市場改以雙向報價方式掛牌買賣。

8.自 1986 年 7 月 15 日起，再就銀行與顧客「大額交易」（即 3 萬美元以上的議價範圍）由 1 角擴大為 3 角，現金交易改為上下 4 角。

9.自 1989 年 4 月 3 日以後，政府為加速經濟自由化、國際化再次調整市場操作方式，除廢止指定銀行買賣外匯辦法、中心匯率制度及每日即期匯率波動幅度的限制外，並將外匯交易中心改組為台北外匯市場發展基金會（目前為外匯經紀商）。此外，還

將小額交易金額之定義，由 3 萬美元以下降低至 1 萬美元以下，且其匯率由各指定銀行自行訂定。唯買賣差價仍不得大於新台幣 1 角。

10. 於 1990 年 12 月取消小額結匯議定匯率制，改爲由各指定銀行視本身對於外匯資金狀況與需要，和國際外匯市場行情自行訂定牌告價格。至此我國匯率自由化政策可謂已達到先進國家水準。

11. 1991 年 11 月 1 日起重建遠期外匯市場。同年 12 月 16 日央行決定實施我國廠商辦理大陸出口、台灣押匯。

12. 1992 年 4 月 8 日央行宣布自翌年 1 月起，大幅放寬金融機構承作外匯業務之管制，並核發簡易外匯執照。同年 9 月 26 日起，美元對馬克直接交易正式上線，此外並引進語音交易系統撮合交易。 同年 10 月 9 日放寬民間匯出、入款上限，由每人每年 300 萬美元提高爲 500 萬美元。

13. 自 1993 年 5 月 7 日起，台北外匯市場發展基金會開辦美元兌日圓即期交易，同時就此業務與新加坡連線作業。

14. 1993 年 8 月 9 日央行修正民間匯款辦法，規定公司戶之限額爲 500 萬美元。

15. 1993 年 8 月 11 日央行公布外匯經紀商許可要點，翌年 7 月 27 日我國第一家專業外匯經紀商「台北外匯經紀公司」正式開業。

16. 自 1995 年 5 月 25 日起，放寬指定銀行辦理進出口外匯、外幣貸款、外幣保證業務之承作對象之限制。

17. 自 1996 年 1 月 4 日起，將公司、行號每年自由結匯額度，由原先規定之 1,000 萬美元提高爲 2,000 萬美元。另改以「負面表列」方式，開放指定銀行辦理遠期外匯。

18. 自 1996 年 7 月 1 日起，取消遠期外匯限以一年以內辦理之規定，改爲必要時得展期一次，並對指定銀行外匯部位之管理，由銀行自訂限額。

19. 1996 年 9 月 23 日央行與財政部宣布調高外資投入國內股市比

率、全體外資投資單一個股比率由原先（同年 2 月 10 日實施）
之 20% 提高至 25%，單一外資投資單一個股比率從 7.5% 提高
至 10%。

20. 1996 年 12 月 16 日央行全面開放遠期外匯業務。同年 12 月 19
日財政部與央行宣布，個別外國專業投資機構投資國內證券額
度上限由 4 億美元提高為 6 億美元，同時外資本金匯出後循環
匯入期限也由三個月放寬為六個月。

21. 1997 年 5 月 7 日央行宣布開放銀行承作新台幣匯率選擇權業
務。同年 6 月 1 日起將公司、行號每年結匯額度，由原來的
2,000 萬美元提高為 5,000 萬美元。個人結匯額度維持 500 萬美
元或等值外幣不變，而且一次結匯金額未滿新台幣 50 萬元
者，得免填申請書。

22. 自 2002 年 1 月 1 日起，為符合 WTO 公平待遇原則，取消「外
國指定銀行以預售外匯方式辦理外銷貸款要點」，終結獨厚外
銀長達二十八年之久的超國民待遇外匯業務。

綜觀上面，我國外匯市場自成立以來，期間歷經沿革過程，在此
不算短的期間裡可以看出，我國外匯管理（實際管理外匯溯自 1949 年
起即採行）對匯率的訂定無論由初期當局的積極參與（降低非理性的
波動）到目前之全由指定銀行自行訂定外，就是民間對外匯取得或轉
移（目前企業和個人每年匯出款上限已提高到 5,000 萬美元及 500 萬
美元）之金額亦大幅放寬，其自由程度在亞洲地區雖仍不及香港地
區，但是就寬鬆程度而言，在亞洲地區國家中應算相當自由了。

 ## 5.4 浮動匯率制對廠商應有之認識

政府自 1978 年 7 月宣布採用機動匯率制，隨於翌年 2 月開辦外匯
市場，展開我國外匯制度改革新的一頁。因此，對多年來習慣於固定
匯率制度下之廠商值此變革，除在觀念上應認識其差別外，必須積極

作好面臨一個嶄新而不同的經營環境和方式，並於心理上做好準備。換言之，就是實施機動匯率後，應警覺到可能隨時遭遇或面臨潛在的匯率變動風險，才能規避不必要的損失。就實際而言，對個別貿易廠商已面臨下列幾項潛在隱憂：

1.匯率的變動將直接而明顯影響進出口商的經營成本和貿易拓展。也就是說，將增加貿易業者對於成本計算的不確定性，或對貨品價格的訂定將產生困擾。

2.外匯所得的出售或運用得當與否，將直接影響業者財務價值的消長。

3.遠期外匯市場買賣契約的訂定雖具避險的效果，但經營成本亦隨之增加。

4.投資者應負擔匯率變動風險。

總之，實施浮動匯率制度後，對廠商的影響在於風險與成本的增加。因此，具有豐富而熟悉的外匯智識及操作技巧的培養，可使風險減至最低，甚至還可創造出利潤的效果。實為面臨浮動匯率制度下的特性和重要課題。

 ## 5.5 工商界對匯率之因應策略

政府對於放寬外匯管制與建立外匯市場的主要目的，在於適應時代的潮流和需要，促使台灣逐漸走向自由化，亦就是讓匯率的調整能順應市場的供需來決定，進而發揮國際收支的調節機能，並對貨幣供給額作有效的控制，終結將使新台幣的匯率接近均衡的理想地步。然而，由於在浮動匯率制度下，雖不全然對廠商帶來負面影響，但是一旦面臨風險可能產生的衝擊，並不能棄之而不顧。是之，各廠商除應有此種的認知和警覺外，亦需要配合如下的幾種措施，才能規避風險和減低損失於不覺中。

1. 工商企業組織應設置專門部門或人才，以從事經濟情勢的研究。如對於國內經濟統計資料之蒐集（包括：外匯存底數字的增減、政府財經政策的動向、進出口貿易的消長及貨幣供給額等之變動），以及與我國主要貿易密切關聯國家或對手國通貨價位之動向（如美元、日圓、韓圓、英鎊、港幣、新加坡幣、馬克、瑞士法郎及人民幣等，均應隨時加以關注與訊息之掌握外，特別對美元在國際市場價格的變化尤其重要）都應加以瞭解，並正確判斷其未來匯率的變動趨勢。凡此，皆可提供擬訂經營決策時之參考與指導方針。

2. 企業在不影響產品品質的原則下，應乘此機會改進生產結構，力求生產成本的降低，並提高生產力來降低成本，以抵沖一旦匯率判斷失誤時所造成損傷之彌補。

3. 慎重選擇參與遠期外匯交易買賣，以避免遭受匯率走向不利所產生的風險，而廠商於進行交易之同時，亦應注意保證金或手續費負擔所帶來的成本增加問題。因此，就應事先仔細衡量匯率風險及要規避風險所增加成本的差距，然後當機立斷來決定應否參與預購或預售動作。

4. 企業組織應隨時調整本身的債權、債務部位，以謀公司之最大利益，在經由分析判斷匯率的動向後，若認為新台幣行情即將看漲（升值）時，應減少外幣債權或增加外幣債務。反之，若新台幣行情將被看低（貶值）時，應增加外幣之債權或減少外幣之債務。

此外，廠商於從事貿易過程中，亦可考慮與國外交易對象商議分攤匯率變動所帶來的損失部分。凡此，皆為從事國貿業者對匯率變動，規避風險所應認識的基本因應策略和手段。

第 **6** 章 外匯交易

外匯市場上的外匯買賣交易，實際就是本國通貨對外國貨幣的交易，具體而言，乃對外國貨幣擁有權之買賣行為。最普通的外匯買賣應以國際貿易為代表，若屬外匯買方即因國外之輸入貨品因清償貨款對外國應負的債務。而屬外匯賣方，則因貨物之輸出，因有貨款之收取，對外國通貨擁有了債權。外匯市場交易的活動，通常均透過外匯指定銀行為仲介（intermediary）來進行。因此，外匯交易實際上就出現於銀行與客戶間（或銀行與銀行間）的買賣關係事務。換言之，外匯銀行本質上的功能，係處於交易雙方專門從事外匯需求與供給為業的媒介機構。外匯買賣市場受時間因素的影響，市場交易分為即期市場交易和遠期市場交易兩種。

 ## 6.1 交易型態

外匯買賣的**交割**（Delivery）型態，以期限之長短可劃分為，**即期交割現貨買賣**（Spot Exchange Transaction）和未來交割的**遠期外匯買賣**（Forward Exchange Transaction）兩種。前者，為交易按敲定當日市場即期匯率行情，作為買賣計價依據，並於當日交割（Value Today）或明日交割（Value Tomorrow）、或二天內辦理即期交割（Value Spot）手續的一種外匯買賣，稱為即期交易。換言之，現貨交易就是於外匯買賣一旦成立後，一方即應交付外匯，而另一方便要同時支付國幣或另一通貨之謂（有關交易對象及範圍如**圖** 6-1 所示）。至於後者之交易，其訂約期限各有不同，由最短一星期起至最長不超180 天不等之到期日，並依交易日銀行所掛出之遠期匯率為未來交割依據。（請參閱本章第 6.3 節）

段

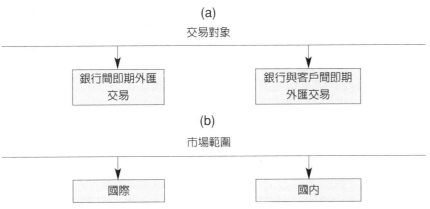

圖 6-1　外匯交易對象與範圍

　　至於市場的報價（出價及開價）方式，一般採取雙方向進行，即有買入價（Bid Rate）與賣出價（Offer Rate）兩式。例如，加拿大多倫多外匯市場之外匯買賣者，向銀行報出美元對加幣的匯價為： Can\$ / US\$　1.3897 － 3915　（即 1.3897 － 1.3915）。也就是說，在加拿大的買賣者願以 1.3897 的加幣來買入 1 美元，或以 1.3915 加幣賣出 1 美元，其中兩者之差價 Can\$ 0.0018 元，即為買賣利得。

 # 6.2 即期交易的操作依據

　　就銀行而言，在外匯市場上之即期買賣操作，係基於下列三種因素：

1. 商業性操作：銀行之日常營業過程會隨顧客的外匯買、賣需求（如出口商或其他外匯持有者之結售或進口商及其他外匯需求者之結購）。其結果必然導致銀行外匯部位出現正、負淨額的情形。此時銀行若不想持有淨外匯正、負部位頭寸時，就得透過外匯市場進行拋售或補進的操作，我們稱它為商業性操作。

2. 金融性操作：交易室（Dealing Room / Trading Room）基於為銀行創造利潤考量，在隔夜頭寸限額允許範圍下。一方面作好控制外匯頭寸的管理。另一方面，預設在停損點範圍內隨時做好軋平其多餘之頭寸準備，並對市場匯率的走勢下定正確之判斷，以決定持有外匯長部位或短部位的措施。換言之，就是當看好某一外匯時，就應進行買入或持有。而看跌某一外匯時，則應進行賣出或持短。

3. 套匯操作：利用不同市場或同一市場間，因匯率之不同，以買低賣高來賺取匯率差價的一種操作法。（請參閱本章第6.7節）

以下就即期外匯買賣交易操作，舉例加以說明。

實例說明

假設台灣某一新加坡外商銀行之交易室，基於操作需要於2002年3月15日經向其新加坡總行詢價結果，以1美元對1.4128坡幣之即期匯率價，買入350,000美元，並約定2002年3月19日辦理交割，其銀行之電報詢價及會計處理，分別為：

1. 交易電文：

　　　BUY USD / SELL SGD

　　XXXXXXXX+

　　　HIHI THERE　XXXX

　　XXX TAIPEI CLG

　　USD / SGD FOR USD 0.35 MIO VALUE SPOT PLS+

　　OK, AT 1.4128 WE BUY USD 0.35 MIO FROM U VALUE

　　MAR.19.2002

　　USD TO OUR ACC. WITH　XXXX BK　NY

　　SGD TO YOUR ACC WITH OUR ACC. .XXXX　PLS CFM+

2. 會計分錄：

　(1) 交易日（Contract Date）：

Dr. A/C Rec.Spot EX Sold 一 H.O. SGD 494,480

　　　　Cr. Spot Exch.Sold 一 H.O. SGD 494,480

Dr. Spot EX Bought 一 H.O. USD 350,000

　　　　Cr. A/C Pay Spot EX Bought 一 H.O. USD 350,000

(2)交割日（Value Date）：

Dr. Spot Exch. Sold 一 H.O. SGD 494,480

　　　　Cr. A/C Rec. Spot EX Sold 一 H.O. SGD 494,480

Dr. A/C Pay Spot EX Bought 一 USD 350,000

　　　　Cr. Spot EX Bought 一 H.O. USD350,000

Dr. SGD Conversion SGD 494,480

　　　　Cr. Our A/C With H.O. SGD 494,480

Dr. Nostro XXX Tpe OBU USD 350,000

　　　　Dr. USD Conversion USD 350,000

Dr. NT$ Conversion Fm USD NT$9,618,000

　　　　Dr. NT$ Conversion Fm SGD NT$9,618,000

6.3 遠期交易

　　所謂遠期外匯交易，乃交易之雙方約定在未來的某一特定日期或期間內辦理外匯買賣之結算而言。而外匯交易之成立，應以當初協議談妥時，由雙方簽訂之「遠期外匯買賣契約」[1]為基礎，始具效力（如**表 6-1**）。 此種交易在契約成立當初，兩方並無外匯或國幣的實際支付發生，而僅由顧客提供若干保證金（Margin）作為承諾未來履約之保證，等到契約約定之到達日期時（即雙方約定在未來之某一特定日期或期間內辦理交割，其交割日通常長於即期交易之交割日期），經客戶依約履行交割事務後（請參閱本章第 6.10 節），再取回保證金。

---

[1]遠期外匯契約（Forward Exchange Contracts）可分為兩種：一為一般性的遠期外匯契約（Outright Forward Contract）；另一為換匯交易（Swap Transaction）。

表6-1　預購遠期外匯申請書

向○○銀行台北分行預購遠期外匯申請書

申請人注意事項

台鑒：

本公司 ○○　　　TEXTILE CO., LTD.　　　電話號碼：_____

依本契約打定之遠期外匯匯率申請向美商運通銀行台北分行預購遠期外匯
乙筆計 US$18,155.80　　自本契約打定日起 90 天內交到。
茲聲明：(1)上述預購外匯款係支付進口貨物之需。

(2)本公司業與國外出口商

交打依 L/C, D/A, D/P 支付購入　　　　　　　　　計

總價　　　　　　　　輸入許可證文號：1HN2/00673
　　　　　　　　　　　　　　　　　70THJ-004308

(3)以上各節屬實，否則願受停止預購或預售遠期外匯申請權之處分。
請即審核辦理為荷。

中華民國　71　年　2　月　11　日　　公司簽章：

(以下由承辦銀行填列)

收件日期：

收件號碼：

　上項預購遠期外匯申請書業經審查合格，申請人並已依規定繳納保證金，
請即查照為荷，此致
美國運通銀行台北分行

承辦銀行簽章：

○○ 銀行台北分行
○○ International Banking Corporation

_____
Authorized Signature

1.嚴驗資格證件。驗後發還；
　①貿易商執照，或
　②工廠合格登記證
2.嚴驗貿易文件：
　①輸入許可證，或
　②買賣其成交證件
3.嚴驗印鑑。
4.匯率：依照預購遠期外匯契約書
　打定日之中央銀行外匯局掛牌之
　遠期外匯賣出匯率。
5.幣別：限中央銀行外匯局掛牌之
　遠期外匯貨幣。
6.本申請書一式共二份，簽妥時分
　由申請人、承辦銀行，各
　執乙份。

Initial Deposit Waived
Handling Charge NT$ 500
Received by

向○○銀行台北分行預購遠期外匯契約書

幣名：US$　　　戶名：○○　　　契約書號碼：

打約日期	外幣金額	匯率	新 台 幣	期限	交割日期
71,2,11	US$18,155.80	@38.080	NT$691,373.00	77	71, 4,29

申請人已繳交保證金（外幣）　　　匯率：　　　計 N.T.$　　　；退還日期：

交 割 紀 錄 表

交割日期	證件文號	已 交 割 款		尚 未 交 割 款		承辦人員簽章
		外幣金額	新台幣	外幣金額	新台幣	
		US$18155.80	NT$ 691,373.—	nil	nil	

注意事項：(1)本契約書不得轉讓、抵押。
(2)交割時申請人須提示本契約書，以憑辦理。交割限內，申請人得一次全額或分次交割。但因商務上展圖
　　而有其確證明者，得於到約割前一週，向承辦銀行辦理展期手續。
(3)一次全額交割或分次交割時，承辦銀行內應逐筆記載於交割記錄表內。
(4)全額交割後，本契約書由承辦銀行負責收回轉送外匯局註銷。

　　遠期外匯買賣成立的目的，在使進、出口廠避免遭受不利的匯率變動風險（升值或貶值），它事先可憑進、出口貿易文件／買賣契約再洽銀行辦理，並經審核符合同意後簽訂契約，這種交易方式與一般商品期貨之交易方式並無不同；遠期外匯的交割日期 ❶ 與價格都在契約訂定時即告確定，使進、出口商能在瞬息萬變的國際市場情形下，將匯率先行固／確定，以便貿易業者能安心從事買賣事務。譬如，出口廠商有一筆美元的商品交易，出貨期限約定 60 天期。此時廠商即可憑交易證件與銀行敲定預售合約，並按當日所掛出 60 天期美元牌告匯率為計價標的／依據，當 60 天到期出貨後，出口廠商即可憑出口文件向當初辦理契約之銀行申請押匯，並依原先約定的匯價兌領貨款。（請參閱本章第 6.10 節）

　　至於銀行與客戶間之交易操作實務見下列實例說明。

實例說明

　　假設台灣 A 銀行，於 2001 年 9 月 12 日受理甲進口商之申請，承作乙筆日圓預售遠期外匯交易，金額為 31,454,483，期間 42 天，（按 2001 年 10 月 24 日匯率為 1 元：0.2779 日圓，並於契約日依規定收取 3% 之保證金，計金額新台幣 262,236 元），其銀行之會計處理為：

　　1.交易日（Contract Date）會計分錄：

　　　　Dr. IDT　NT$262,236

　　　　　　Cr. Margin Deposit NT$ 262,236

　　　　Dr. A/C Rec. FWD EX Sold N/B Customer YEN 31,454,483

　　　　　　Cr. FWD EX Sold N/B Customer YEN 31,454,483

　　　　Dr. FWD EX Bought N/B Customer NT$ 8,741,201

　　　　　　Cr. A/C Payable EX Bough N/B Customer NT$ 8,741,201

---

❶遠期外匯的交割日分為固定日期（Odd Date）交割日與選擇日期（Optional Date）交割日兩種。前者指交割日期事前即已確定；後者指履行交割日期可任由顧客選擇在一定期間內之任何日期辦理均可。

2.交割日（Value Date）會計分錄：

Dr. FWD EX Sold N/B Customer YEN 31,454,483

      Cr. A/C Rec. FWD EX Sold N/B Customer YEN 31,454,483

Dr. A/C Payable EX Bough N/B Customer NT$ 8,741,201

      Dr. FWD EX Bought N/B Customer NT$ 8,741,201

Dr. YEN Conversion YEN 31,454,483

      Dr. IDT YEN 31,454,483

Dr. IDT NT$ 8,478,965

    Margin Deposit NT$ 262,236

    Dr. NT$ Conversion Fm YEN NT$ 8,741,201

 # 6.4 交割日之認定

關於即期交易和遠期交易之定義，已大略介紹如前三節。至於兩者之交割期限，基本上取決於日期長短之分，就即期交易而言，交割日分由當日、次日或交易日後第二個營業日（指銀行間之交易）等，其中第三種不但為國際外匯市場的傳統慣例之做法，而且亦是目前國內外匯市場所採用者（對於當日或次日交割者，可謂屬於例外情形）。茲將第二個營業日交割之認定，以實例說明如下：

即期交割日（Spot Value Dates）

交易日 （Contract Date）	交割日 （Value Date）	交割日適逢假日，則順延次一營業日
星期三	星期五	則改為下星期一
星期四	下星期一	則改為下星期二
星期五	下星期二	則改為下星期三
星期一	星期三	則改為星期四
星期二	星期四	則改為星期五
星期六（若國內外匯 市場不休市時）	下星期二	則改為下星期三

至於遠期交易之交割，依慣例「遠期交割日」（Forward Value Date）可分爲下列三種：

1. 特定交割日：由預購或預售之一方要求在未來的某一特定日期辦理交割事宜者。例如甲客戶於 9 月 5 日與銀行訂約時，即明確指定該筆交易須於 11 月 1 日爲未來交割日期。

2. 整月數交割：即其交割日訂定於某幾個整月份（如一個月期、二個月期……六個月期不等月份）後辦理。例如，有一筆二個月期之遠期外匯買賣，其契約日爲 9 月 1 日，則其交割日之計算法，應爲 9 月 1 日加上兩個營業日之兩個月後之相當日期辦理，亦即 9 月 3 日之二個月後。換言之，就是此筆交易應於 11 月 3 日辦理交割事宜。惟若 11 月 3 日爲非銀行營業日時，則順延至後一營業日辦理。

3. 某期間內任選交割日：進、出口商在無法預知其未來外匯取得或需要之確實日期時，則可選擇此一方式辦理。亦即選擇某一時段內之任何日期來辦理。亦即在客戶當實際取得外匯（如押匯）或需要外匯（進口結匯）時才辦理交割。

6.5 遠期匯率之訂定

　　遠期外匯匯率的定價，理論上是取決於兩種貨幣短期市場利率差距（無外匯管理和預期性投機因素存在之條件下）形成掛出的「升水」（Premium）或「貼水」（Discount）情況。換言之，若換匯點（Swap Point）爲正數時，則表示遠期外匯匯率升水；反之，若爲負數時，則表示遠期外匯匯率爲貼水；兩者相同時，則稱爲平水面。茲舉例說明如下。

　　假設目前台灣外匯市場之即期匯率爲 US$ / NT$ 28.65，而倫敦或新加坡銀行的三個月期美元同業拆款利率爲 6%，台灣貨幣市場三個月期台幣利率爲 4.5%，則其換匯匯率（Swap Rate）爲：

$$28.65 \times (4.5\% - 6\%) \times 90 / 360 = -0.1074 \cdots\cdots 換匯匯率$$

$$28.65 + (-0.1074) = 28.543 \cdots\cdots\cdots\cdots\cdots 遠期匯率$$

當我們求得之換匯匯率為負數時，則表示遠期匯率為貼水／折價。反之，若為正數時，則表示遠期匯率為升水／溢價。

上例為簡單之計算方法，我們亦可以較為複雜的公式來計算之：

即期匯率×利率差額×期間（遠期）／100×期間

$$即 28.65 \times (4.5 - 6) \times 3 / 100 \times 12 = -128.925 / 1,200 = -0.1074$$

在相同的即期匯率（US$ / NT$ 28.65），三個月期外匯市場的同業拆款利率（6%）和三個月期台灣貨幣市場利率（4.5%）條件下，今又假設銀行應客戶之要求預購（即顧客之預售）乙筆三個月期遠期外匯，計金額 100,000 美元，銀行為軋平頭寸會同時向同業借入為期三個月的同額美元，並在即期外匯市場以 28.65 之匯率賣出，然後將換取之新台幣 2,865,000 元出借，來達到避險的目的。因為在這三個月期間內不管匯率如何波動變化，對銀行而言匯率既已固定，自無匯率風險存在可言，唯一會產生差異的只在借入美金和貸出的台幣其應付、應收利息所產生的換匯差價罷了。

當三個月期到期時：

須償還美元借款本金及利息為：

$$US\$100,000 \times (1 + 6\% \times 90 / 360) = US\$101,500$$

及，收回新台幣貸出本金及利息為：

$$NT\$2,896,789 \times (1 + 4.5\% \times 90 / 360) = NT\$2,897,231$$

則，三個月期之遠期外匯匯率為：

$$US\$ = NT\$2,897,231 / 101,500 = NT\$28.5398$$

即，三個月期之遠期匯率　　US$ = NT$28.5441

即期匯率　　　　　　　　　28.65

三個月的換匯匯率　　　　　－ 0.1059

6.6 遠期外匯匯率之報價

　　相關「升水」（遠期匯率高於即期匯率）和「貼水」（遠期匯率低於即期匯率）已如前述。至於遠期匯率到底如何在外匯市場報價？一般之報價方式，可分為下列三種：

💲 直接報價法

　　直接報價法（Outright Forward Rate）即直接以匯率方法來表示匯率數字，目前我國外匯指定銀行無論即期匯率及遠期匯率都以此方式掛出，如即期的 US$ / NT$28.60 － 28.70 和一個月期的遠期 US$ / NT$ 28.90 － 29. 00 即屬此法。

💲 匯差報價法（Point）

　　以兩種貨幣（如外國貨幣與本國貨幣）之利率差距（Interest Rate Differential）乘上即期匯率和期間所得之「換匯點」數來報出的一種方式稱為**匯差報價法**。例如：假設三個月期美國利率為3%，而新台幣三個月期利率為1.5%，即期匯率為32元時，則換匯點為 32 × － 1.5% × 3/12 ＝ － 0.12，32 － 0.12 ＝ 31.88。反之，若三個月期美國利率為1.5%，而新台幣三個月期利率為3%，即期匯率為32元時，則 32 × 1.5% × 3/12 ＝ 0.12，32 ＋ 0.12 ＝ 32.12。若即期匯率（US$ / NT$28.65 － 28.75）「加」上此一換匯點數為「升水」，「減」去時即成「貼水」。實務上換匯匯率如前小後大，如 10 － 15（買－賣），則以即期匯率加上此換匯匯率後，得遠期匯率（28.60 ＋ 10 ＝28.70 買價，28.70 ＋ 15 ＝ 28.85 賣價），表示美元呈升水，台幣呈貼水。反之，如前大後小，如 15 － 10（買－賣），則以即期匯率減去此換匯匯率後，得遠期匯率（28.60 － 10 ＝ 28.50 買價，28.70 － 15 ＝ 28.55 賣價），表示美元呈

貼水，台幣呈升水。國外及銀行間之交易通常以此方式掛牌或報價。

年率法

　　以遠期匯率與即期匯率的差異，用年率百分比來表示報價為年率法（Percent Per Annual）。如某日台北外匯市場之美元即期匯率為 31.20，三個月遠期匯率為 31.70 時，則（31.70-31.20）／ 31.20 × 100 × 12 ／ 3 ＝ 6.41%，即為此種報價法，正數時為升水，負數時為貼水。

6.7 換匯交易

　　所謂換匯交易（Swap Transaction）或稱掉期交易係同時買進與賣出、或賣出與買入相等金額而不同交割日的某一貨幣之交易，其交易對象在所不問，亦即可為同一對象或不同一對象均可。通常作此操作的目的，乃銀行的交易員在調度資金情況下，為免遭受匯率變動的風險所進行的做法。

　　換匯交易的操作方式，可分為下列兩大類：

依交割期限分類

依交割期限可分為：

1. 即期對遠期（Spot Against Forward）：例如，賣出即期美元 1,500,000 元，同時買進遠期美元 1,500,000 元，其金額必須相等。（如表 6-2A 至表 6-2D 之交易單據所示）其中之即期賣出美元，係以長期借入款支應。

2. 遠期對遠期（Forward Against Forward）：例如，賣出三個月期美元以取得等值之日圓，同時又買進六個月的美元和賣出日圓。

表6-2A　交易單

○○銀行

					TELEX SENT	CHECKED	ENTRIES PASSED

SWAP

TRADER SLIP

№ ×××××

ORIGINAL

DEAL TYPE	**F**	**P**	SUB TYPE		⁊ M	DATE	Sept 25. 1985
BOUGHT FROM			First Commercial Bk Taipei				
CONTACT		Mr.				PHON ✓	TELX
BUY AMOUNT			NT$ 6 0.6f0,000.~				

RATE	° 40.46	VALUE	Sept 26.1985	USANCE	

SELL AMOUNT		US$ 1,500,000.00	

N. T. $ EQUIVALENT	

WE PAY	TO	US$	UID 013542	First Commercial Bk Taipei
THROUGH			Bankers Trust co N.Y.	
THEY PAY	TO	NT$	A/C # 1340	Our (Acct
THROUGH			Central Bk of China	

REMARKS:	

CONFIRMED BY	CONFIRMED WITH*	ACKNOWLEDGED BY	TRADER*

FX-002 0 1/2 5/83

註：＊為相關作業人員簽名欄。

表 6-2B　交易單

○○銀行

			TELEX SENT	CHECKED	ENTRIES PASSED

SWAP
TRADER SLIP

NO ×××××

ORIGINAL

DEAL TYPE			SUB TYPE		DATE
	F	**P**			_FW Sept 25, 1985_

BOUGHT FROM
First Commercial Bk Taipei

CONTACT		PHON	TELX
_Mr._		✓	

BUY AMOUNT
USD 1,500,000,00

RATE	VALUE	USANCE
_40.01_	_Mar. 26, 1986_	_181 days_

SELL AMOUNT
_NT$ 60,015,000.0_

N. T. $ EQUIVALENT

WE PAY　　TO　　　　　　　　　　　　_A/c 314_
　_NT$_　_First Commercial Bk Taipei_

THROUGH
　　　　Central Bk of China

THEY PAY　　TO　　　　　　　　　　_USD 210857_
　USD　_Our Act_

THROUGH　　　　　　　　　　_ABA 581_
　　　　DBS N.Y.

REMARKS:

CONFIRMED BY	CONFIRMED WITH*	ACKNOWLEDGED BY FX OPS	TRADER*

FX-002. 0. f/2 5/83

註：＊爲相關作業人員簽名欄。

表 6-2C 資金調撥單

○ ○ 銀行   **FUNDING MEMO**   NUMBER FD №   ×××××

TO: Funding Operations   **ORIGINAL**

Have arranged the following funding transaction.

Please process on the Value date as indicated.

Please return the confirmation copy to Funding Officer/Supervisor together with

appropriate supporting documentation Confirming the transaction was done. SWAP

Funding Transaction Type:

☑ Taking from	☐ Placing with	☐ Rollover with
☐ Borrowing from	☐ Interbank Transferring	☐ Other

From/with Bank/Financial Institution

Chang Hwa Commercial BK Taipei

Arranged Via

☑ Telephone

☐ Telex

Currency and Amount

US$ 1,500,000.00

Interest Rate % PA

@ 8-1/4 %

Value Date (From)

Sept 26, 1985

Maturity Date (To)

Mar. 26. 1986

Repayment Instructions

Their payment ○○ N.Y.
Our repayment ⟶ Chemical N.Y.

Reference
6.15.

For Funding Operations Use Only.

Confirm Transaction Processed

Date _____ Sept 25 85 _____

By* _____

Officially
Signed by _____

_____ Sept 25, 1985
DEALER*   DATE

FX-003. 0. 1/2 5/83

註：＊爲相關作業人員簽名欄。

表 6-2D 備忘單

26 Mar. '86

Swap 85' 4
(Ref. SS 183P
      PF 1840) **US$**

Customer's Name: FCB / CHCB 7p2.

Date	Loan No.	Rate	Principal Amount	No. of Days	Interest Accrued (US$)	Payn
26 Sept 85	FD3167	8-1/4%	USD 1.5M	181 days	USD 62,218.75	
Value date	26 Sept '85					
		NTD 60,015,000 × (8-1/4 % - 6.15 %) × 181 ÷ 360 = NTD 633,658.				
			CHCB Expense	Swap Interest		
26-30 Sept	5	USD 1,718.75	NTD 17,504. —			
1 - 31 Oct	31	10,656.25	108,527. —			
1 - 30 Nov	30	10,312.50	105,026 —			
1 - 31 Dec	31	10,656.25	108,527. —			
1 - 31 Jan 86	31	10,656.25	108,527 —			
1 - 28 Feb	28	9,625. —	98,015. —			
1 - 26 Mar	25	8,593.75	87,522. —			
		USD 62,218.75	NTD 633,648 —			
01-412-145-8	Deposit from CHB (G.7.7.)					
01-404-010-2	Accrued Interest payable - Bks (SWAP)					
00-710-443-5	Int paid on deposits from Bks (US$ fund)					
00-404-021-5	Interest payable in FCY (swap)					
00-680-400-6	Swap Interest					

CR-028 0 5/83

3.畸零日交易（Broken Date）：包括隔夜（Overnight）交易、明日對次日等。 例如，買入或賣出於第二個營業日交割的一種貨幣，同時賣出或買入於第三個營業日交割的同一種貨幣的交易。

依交易對象分類

依交易對象分為：

1.單純換匯交易（Pure Swap Transaction）：指交易對象為同一人，即買進時與賣出時均屬同一對象。
2.巧妙性換匯交易：指兩個交易出現買入與賣出交易為不同一對象。如甲銀行向乙銀行買入即期外匯後，另向丙銀行賣出同額之遠期外匯。

茲將買進遠期美元和賣出即期新台幣之會計分錄，分別介紹如下：

交易日／契約日（On Contract Date）

1.Dr. Spot Exchange Bought NT$

　　　Cr. A/C Payable under Spot Exchange Bought NT$

　Dr. A/C Receivable under Spot Exchange Sold US$

　　　Cr. Spot Exchange Sold US$

2.Dr. Forward Exchange Bought US$

　　　Cr. A/C Payable under Forward Exchange Bought US$

　Dr. A/C Receivable under Forward Exchange Bought US$

　　　Cr. Forward Exchange Sold

3.Dr. Profit / Lass on Foreign Exchange

　　　Cr. Interest Payable for FC（Swap）

　（Note: Swapping interest differential from US$ to NT$ which as this case is not at a lower yield hence it is an interest income on he

swap transaction）

4. Dr. Commitment — Deposit from Agent Contra US$

    Cr. Commitment — Deposit from Agent

（If the sale of US$ is not value today）

即期交易到期日／交割日（On Maturity of Spot Transaction）

1.沖轉契約日1、2和4之會計分錄

2.Dr. Agent（CBC）NT$

    Cr. NT$ Conversion from US$

3.Dr. US$ Conversion

    Cr. Agent（Nostro A/C New York）

4.Dr. Agent（Nostro A/C New York）

    Cr. Deposit from Agent

月底提存（Month end accruals）分錄

1.Dr. Interest Payable in FC（Swap）

    Cr. Swap Interest

（Being apportionment Paid on depreciation from Agent）

2.Dr. Interest Paid on depreciation fron Agent

    Cr. Accured Interest Payable

（Being accruals on Fixed Deposit from Agent）

3.Dr. NT$ Conversion from US$

    Cr. Profit／Loss of Foreign Exchange

（Being revolution of Foreign Exchange）

遠期交易到期日分錄（On Maturity of Forward Transaction）

1.沖轉交易日2之分錄

2.Dr. Agent US$

    Cr. US$ Conversion

Dr. NT$ Conversion from US$

 Cr. Agent NT$

（Being Purchase of US$）

3.Dr. Deposit from Agent

  Cr. Interest Paid on Deposit from Agent

4.Dr. Interest Payable in FC（Swap）

  Dr. Swap Interest

 # 6.8 遠期外匯投機交易

  遠期外匯買賣主要的目的，一般除了進出口商遠期外匯收支避險需要與銀行爲平衡遠期外匯頭寸的盈虛需要外，就是投機性的交易，而所謂**外匯投機**（Exchange Speculation），通常乃指利用遠期外匯交易所進行之一種謀利爲目的的操作，投機者基於未來匯率的可能變動影響（因升值或貶值）有機會帶來差價利益的效果。換言之，就是從匯率變動風險中牟取利潤。當投機交易進行時，並無實際的現金收付（最多僅需繳付少額保證金），而於契約實際到期時才計算其差數。所以投機者對匯率的走勢和預測，若無法充分掌握和把握或許結果會發生虧損。例如，美國某一外匯投機客預測英鎊未來有貶值的空間，因此預售乙筆爲期三個月期，金額 10 萬元英鎊的遠期外匯，假定其約定當時之遠期匯率爲 £ 1 ＝ US$1.6，經過數日後匯率果真誠如當初所預料，英鎊貶值爲 £ 1 ＝ US$ 1.55，此時投機客便買入與當初賣出時同額及同一到期（交割日）之英鎊期貨，當契約到期時，經過買賣相抵結果，該投機客在這筆交易中，總共獲得 5,000 美元的投機收益。

  由此例之說明，我們可獲得一個認知，就是投機交易的發生和成立，必須具備下面二個外匯制度的實施和配合。即：(1)應在實行遠期外匯交易之市場中；(2)市場的匯率須採取浮動匯率制之條件下，才得以進行。依目前我國實施之外匯制度，因受遠期外匯交易僅限於商業

111

性的關係，對於金融性之交易還不得承作的限制環境下，此一投機性的交易操作，在國內外匯市場中，暫難進行。（李森介，1978）

 ## 6.9 遠期外匯交易的目的

　　在商業性的交易活動中，遠期外匯買賣的功能，無論是對出口商或進口商，其目的都具有迴避匯率變動的風險，也是可減輕影響成本的一種手段。換言之，遠期外匯的買賣，可讓進、出口商對未知的交易結果變為確定。亦即，由於透過預約匯率，便可確鑿貿易成本和利潤，不但可使業者對將來匯率的可能調整變化不必有所顧慮外，同時亦可安心地去從事貿易業務之推展工作。因此，可以說遠期外匯交易對於進、出口業務的推廣大有助益。以 2004 年 11 月間新台幣匯率呈現強勁走勢情形而言，在美國自布希順利連任總統後，弱勢美元便開始發酵，匯率頓時間從「分」跳到以「角」計價，致一時間使以外銷為導向的廠商匯率風險大幅提高，此種情況對於原以微薄利潤經營的出口廠商，經此匯率大幅變動，不但對手中握有的美元部位或進行中的外銷未收貨款，均遭受到嚴重衝擊，影響結果可能將整年辛苦所賺，一時間化為烏有。因此，廠商事前若無就匯率之變化做好避險工作或及時將持有之外匯拋售，就得蒙受帳面損失或未來貨款收取大幅縮水。

　　目前國內各外匯指定銀行所掛出之遠期外匯期別，分由最短的 10 天期，到最長之六個月期不等（其中五個月期較少掛出）。所謂最長之 180 天的意思，就是契約如在今年 2 月 12 日簽訂時，則其預售或預購之遠期外匯，最遲應在今年 8 月 10 日辦理交割，唯客戶因正當理由到期無法履約時，銀行得視顧客的實際狀況予以展延。

　　茲就新台幣對美元在浮動匯率制度下，進口商對遠期外匯交易所產生的成本影響，舉例說明如下：

　　今假設台灣的某一進口商，欲向美國客戶進口價格 300,000 美元

的貨物，此時銀行所掛出之即期賣出匯率，為每 1 美元對 35.85 元新台幣，全部貨款總共新台幣 10,755,000 元，但當貨品於幾個月後運抵台灣，而進口商準備支付貨款辦理結匯時，此時新台幣幣值相較當初訂貨時已呈貶抑情況，即銀行掛出之即期賣出匯率已變成每 1 美元對 36.50 元，結果其原先預定要以 10,755,000 元新台幣支付貨款，至此只能兌到 294,657.53 美元，最後進口商還需補上其差價，計 5,342.47 美金才夠支付信用狀價款。由於此一交易的結果，最終業者須得多付出新台幣 195,000.15 元。

綜觀上例，對於實施遠期外匯制度的台灣進口廠商，若為避免匯率變動（台幣貶值）所帶來的風險時，就可在進口之當時與銀行簽訂遠期交易契約，預購該筆美元計價之遠期外匯，期間可以貨品到達之時或支付貨款期之長短而定。如此一來進口貨品之成本便可以獲得預先確定，而進口廠商就不致於未來萬一因匯率發生變動時，遭受不必要的損失，不過有一點應特別注意的，即是廠商是否應參與遠期外匯交易，則有賴業者對匯率變化應有的認識與正確判斷為前提。否則，不但徒勞無功，而且最後還有可能弄巧成拙（押錯方向）。總之，廠商透過「預售」或「預購」遠期外匯操作來規避匯率變動風險，對於固定成本及收益自有其一定程度的助益。但從事者對匯率走勢和看法，在平時即應多加研究才能獲得成效，特別大規模的廠商在平時就應成立「匯率小組」，並隨時討論外匯走向及操作策略，將避險工作發揮到最大的效果。

6.10 遠期外匯的交割方式

我國在外匯市場成立初期，對於遠期外匯之預售或預購，指定銀行與顧客間的交割方式，都是採用某一特定期間內之「任選日」辦理。譬如，契約之成立係以 31 ～ 60 天期來簽訂時，廠商只要在這段期間內之任何日期辦理，即告完成履約。是之，進口商（預購）或出

口商（預售）於訂約時，只要大略預估贖單還款期日或押匯日期就可，因此就顧客立場而言，甚為便利。惟隨著外匯政策的改革，客戶與指定銀行之遠期交易契約，演化為客戶得選擇「固定到期日」（固定交割日）或「任選到期日」（期間內任選交割日）之任一項來簽訂辦理，以配合國外金融市場之實務作法（大半以固定到期日方式之故）。此外，對之國內銀行習性與客戶間所承作之「任選到期日」之作法，由於易造成外匯指定銀行難以即刻沖銷部位的情形，導致產生匯率變動的風險和銀行難以準確地調度其外匯頭寸等不利因素，遂又規定凡選擇「任選到期日」買賣契約的業者，指定銀行得酌收少許之手續費（暫訂為年息千分之一）作為上述操作風險之補償。

茲將客戶與銀行簽訂「任選到期日」的遠期外匯買賣，客戶須負擔之手續費的計算，舉例說明如后：

今假設某一進口商在與銀行簽訂 90 天期「任選到期日」之遠期外匯交易契約後，而客戶於 72 天，即欲與銀行辦理交割事宜，試問此時銀行應向客戶收取之手續費幾何？即，契約金額（原幣）× 0.001 ×（90 － 72）/ 360 ×即期匯率＝手續費（新台幣）。亦即，廠商對此筆遠期外匯交易之總成本，應將上項費用加計進去才算合宜。

6.11 辦理遠期外匯之文件

外匯指定銀行於受理廠商申請預購、預售遠期外匯時，依規定除應由廠商填具申請書、契約書（如**表 6-1**）外，還須提出下列之文件，經銀行驗明後辦理並發還。計包括：

1.廠商資格證件：貿易商執照或工廠合格登記證。
2.貿易文件：包括商業文件或有關主管機關核准之文件（應經審慎查核）。如屬預購外匯者，應繳驗輸入許可證或買賣契約成交證件。預售外匯者，應繳驗出口信用狀、D/A 、 D/P 之輸出許可證或買賣契約成交證件。如申請人一時無法繳驗時，可憑其

他足以證明成交之函電先行辦理。申言之,就是凡具有實際外匯收支需要者,均得申請辦理遠期外匯交易,且其承作項目亦不受限制。惟下列之三種收支項目,目前尚未開放承作:

(1)個人勞務收支(含旅遊支出)。

(2)移轉收支(如捐贈、瞻養匯款)。

(3)個人、公司、行號或團體,因利用自由結匯額度所從事之投資理財活動。

3.核對印鑑:預購、預售遠期外匯申請書上之公司簽章欄,應由廠商簽蓋國貿局所核發之進、出口廠商印鑑卡上圖章或銀行外匯往來所留存之印章。

6.12 遠期外匯訂約、履約金額之認定

至於預購或預售遠期外匯可承作的金額,實務上之做法以不超過進、出口貨價為原則。也就是說,預購或預售之申請,以不超過進、出口貨價扣除進口原先已結匯部分價款或出口應付之外匯費用後,其實際可結購或結售之淨額為準。亦即,進口商申請預購時,若事先已繳交保證金時,應將進口金額扣除原先已結匯之 5% 或 10% 自備部分後之淨額為申請金額。而出口廠商,則應先將出口金額扣除保險費、佣金或信用狀上所規定之一切費用,而須以外匯支付者作為申請金額。對於其他項目之承作,則視實際情況而定。

遠期外匯買賣契約雖經訂定後,由於國際貿易事務往往有不可預料的情形發生,其中除可能有造成結果無法履約情事外,對之履約限額到底應達到何種程度才算符合要求或其寬容尺度到底如何?此則全憑個別指定銀行之認定,但多數指定銀行之實務做法,則以契約金額 5% 為寬容範圍。也就是說,在訂定之有效交割期間內,其交割金額若達契約金額 95% 以上者,便視為完全履約。對於訂約時事前曾要求繳交保證金者,其保證金應於履約後退還之。至於,對有正當理由而

無法履約者，於退還保證金之同時酌收若干之手續費。實務上，係逐筆於未履約部分金額之 1.25% 計收，惟最高為新台幣 2,500 元、最低新台幣 200 元為限。

6.13 保證金之繳納方式

關於進、出口廠商與外匯指定銀行訂定遠期外匯買賣契約時，是否一定需要繳交保證金之問題，各家外匯指定銀行做法不一，因此對收取標準（按訂契約金額徵提 3%）和退還辦法，也各有不同，全由銀行自行訂定辦理，然而目前因銀行競爭激烈，已有部分銀行不再收取，以爭取此一業務。未來是否一律實施免繳交作法，應與政府是否亦開放金融性交易有密切關聯。至於保證金之繳納方式，以新台幣現金（即按訂約日該外幣之即期賣出匯率拆算）最為普遍，其餘，如銀行定期存單、銀行支票、國庫券、公債或保證函等均可，並於履約後退還申請人。

總之，一般銀行在這方面的做法，如下：

1. 對於契約當時銀行曾要求申請人應繳交一定成數保證金之做法者，若客戶到期無正當原因不履約時，將沒收其保證金或提高其往後承位保證金之成數。
2. 對於如非廠商本身之過失，而致契約無法依時履行者，廠商可以另換新約展期辦理。

6.14 重訂遠期外匯交易新契約

貿易商因業務需要與指定銀行簽訂預購或預售遠期外匯契約後，由於特殊原因發生無法依時履約時，如屬商務上之原因或其他不可抗力的因素，導致與外匯銀行所簽訂的契約，一時間無法履行，而需要

延長交割日期時，申請人可在契約到期一週前，依契約規定向原簽約銀行提出說明，要求重訂新契約之申請，並檢具有關證明文件。此種特殊情況所發生的延期，其期限不受最長一年期的限制，且必要時得再准予展延之。

對於前面所提之「商務上原因」，一般係指非出之於廠商的過錯，並經指定銀行認定之正當理由。例如，貿易對手國家發生罷工或船期拖延等因素。至於後項所稱之「不可抗力原因」，則如遭受颱風侵襲，導致影響裝船而延誤交運期限屬之。

有關結清預購或預售差額之手續，乃契約到期日貿易商與銀行先在書面上作成結清記錄，再於未來實際辦理交割時結算其差額，原契約到期前以原訂匯率價格計算，新訂契約則按新匯率計算，於實際辦理交割時，再按新舊契約期間的比例清算。

假設出口商預售乙筆 60 天期遠期外匯，契約時之匯率為 36.06 元，金額計 300,000 美元，後因故辦理重訂新契約。今假定該新契約日之即期賣出匯率為 36.08 元，在同金額情形下，則出口商者應繳之差額為（36.08 － 36.06）× 300,000 = 6,000 元。反之，若重訂新契約日之即期賣出匯率變為 35.05 元，則（36.06 － 35.05）× 300,000 = 3,000 元，為廠商可收回之差額。

 # 6.15 出口信用狀之預售外匯

出口廠商在接到國外客戶開來之信用狀後，若因信用狀內容規定可以分批裝運時，不但可以就同一張信用狀分次申請辦理預售外匯外，而且也可以同時辦理不同期間之預售或分別訂定不同期限之預售契約。對之，出口廠商連續接到數張信用狀時，亦得彙集成一筆，向外匯指定銀行申請辦理預售。不過，此時必須辦理為同一期間。亦即，出口時必須在同一期日辦理。至於轉開國內信用狀（Local L / C）之申請預售外匯，則應由供應商（即 Local L / C）之受益人辦理為原則。

金融市場
——外匯、票、債券市場與管理

 6.16 遠期外匯市場操作實務

在浮動匯率制度下所產生的匯率風險，將是進、出口商經營貿易事務造成盈虧關鍵因素之一，而遠期外匯買賣，乃是進、出口商用來避免或降低風險損失可採取的防備措施和步驟。是之，廠商得以方便計算買賣成本，所以進行此一操作應是一種務實的做法。而廠商究竟處於何種情形下才應採取參與遠期外匯買賣？基本上，出口商對新台幣持升值（Revaluation）或外幣將貶值（Devaluation）的看法、或進口商預估新台幣有貶值或外幣將升值之顧慮時，經參酌整體經濟趨勢等其他種種因素，認為看法無誤後，始作成是否參與買賣的決定。

交易實務與成本之計算

有關交易實務和成本計算，以下舉實例與計算模式進行說明：

實例說明一

假設××年××月××日，某銀行所掛出之美元買入匯率，其中買入即期匯率（Buying Rates For Spot）為 35.90，則買入遠期匯率（Buying Rates For Forward）分別為：

10 天＝ 35.87 元　30 天＝ 35.86 元　60 天＝ 35.83 元
90 天＝ 35.78 元　120 天＝ 35.73 元　180 天＝ 35.68 元

試計算廠商預售 1 萬元之遠期美元外匯，其成本各為幾何？（採固定到期日方式）

1.牌價成本之計算：

【公式】匯率差價成本負擔＝（即期賣出匯率×契約金額）－（遠期賣出匯率×契約金額）

故：

$10 \text{ 天} = （NT\$35.9 \times 10,000）- （NT\$35.87 \times 10,000）= NT\$300$

$30 \text{ 天} = （NT\$35.9 \times 10,000）- （NT\$35.86 \times 10,000）= NT\$400$

$60 \text{ 天} = （NT\$35.9 \times 10,000）- （NT\$35.83 \times 10,000）= NT\$700$

$90 \text{ 天} = （NT\$35.9 \times 10,000）- （NT\$35.78 \times 10,000）= NT\$1,200$

$120 \text{ 天} = （NT\$35.9 \times 10,000）- （NT\$35.73 \times 10,000）= NT\$1,700$

$180 \text{ 天} = （NT\$35.9 \times 10,000）- （NT\$35.68 \times 10,000）= NT\$2,200$

2.保證金成本之計算：

【公式】保證金利息成本＝遠期賣出匯率（期別）×契約金額
　　　　×5%×利率（註）×期間

$10 \text{ 天} = 35.87 \times 10,000 \times 5\% \times 14.75 \times 10/360 = 73.50$

$30 \text{ 天} = 35.86 \times 10,000 \times 5\% \times 14.75 \times 30/360 = 220.40$

$60 \text{ 天} = 35.83 \times 10,000 \times 5\% \times 14.75 \times 60/360 = 440.40$

$90 \text{ 天} = 35.78 \times 10,000 \times 5\% \times 14.75 \times 90/360 = 659.70$

$120 \text{ 天} = 35.73 \times 10,000 \times 5\% \times 14.75 \times 120/360 = 878.40$

$180 \text{ 天} = 35.68 \times 10,000 \times 5\% \times 14.75 \times 180/360 = 1,315.70$

【註】5%保證金若屬業者自有資金時，即此利率就按銀行存
　　　款利率計算，倘使係向銀行借入者，則依放款利率計算。

3.其他交易成本之計算：

關於廠商5%保證金，若改由銀行出具「保證函」（Letter of Guarantee）時，是否應負擔保證費率，各外匯銀行做法不一，有的認為開具保證函乃是對放款優良客戶的一種優待，不另外收取費用。不過大多數銀行，則按出具期間長短收取手續費，並以三個月為一期。即三個月時收2.5‰、六個月收取5‰及一年期時收取1%。

【公式】保證函成本之計算＝期利遠期賣出匯率×契約金額×

5%×保證手續費利率×期間

故，假使出口廠商預收 180 天期之遠期外匯時，為：

$35.68 \times 10,000 \times 5\% \times 5‰ \times 180/360 = 44.60$

因此，出口廠商預售上例之遠期外匯總成本，為牌價成本「加」保證金成本之和，或牌價成本「加」其他交易成本之和。

實例說明二

假設××年××月××日，某外匯銀行掛出之美元賣出匯率，即期賣出匯率（Selling Rates for Spt）36 元，而遠期賣出匯率（Selling Rate for Forward），則分別為：

10 天＝ 35.97　30 天＝ 35.96　60 天＝ 35.93
90 天＝ 35.88　120 天＝ 35.83　180 天＝ 35.78

試計算廠商若預購美金 1 萬元之遠期外匯，其收益各為幾何？（採固定到期日方式）

1.牌價收益或成本之計算：

【公式】匯率差價上之收益（或成本）＝（即期買入匯率×契約金額）－（遠期買入匯率×契約金額）

故：

10 天＝（NT\$36 × 10,000）－（NT\$35.97 × 10,000）＝ NT\$300
30 天＝（NT\$36 × 10,000）－（NT\$35.96 × 10,000）＝ NT\$400
60 天＝（NT\$36 × 10,000）－（NT\$35.93 × 10,000）＝ NT\$700
90 天＝（NT\$36 × 10,000）－（NT\$35.88 × 10,000）＝ NT\$1,200

120 天＝（NT\$36 × 10,000）－（NT\$35.83 × 10,000）＝ NT\$1,700

180 天＝（NT\$36 × 10,000）－（NT\$35.78 × 10,000）＝ NT\$2,200

2.保證金成本之計算：

【公式】保證金利息成本＝遠期買入匯率（期別）×契約金額
　　　　×5% 利率×期別／間

10 天＝ 35.97 × 10,000 × 14.75 × 10/360 ＝ NT\$73.70

30 天＝ 35.96 × 10,000 × 14.75 × 30/360 ＝ NT\$221

60 天＝ 35.93 × 10,000 × 14.75 × 60/360 ＝ NT\$441.60

90 天＝ 35.88 × 10,000 × 14.75 × 90/360 ＝ NT\$661.50

120 天＝ 35.83 × 10,000 × 14.75 × 120/360 ＝ NT\$880.80

180 天＝ 35.78 × 10,000 × 14.75 × 180/360 ＝ NT\$1,319.40

3.其他交易成本之計算：

【公式】保證函成本之計算＝期別遠期買入匯率×契約金額×
　　　　5% 保證手續費率×期別

故，進口商預購 180 天期之遠期外匯時，為：

35.78 × 10,000 × 5% × 5‰ × 180/360 ＝ NT\$44.70

因此，假設進口廠商預購上例之美元遠期外匯總收益或成本，為牌價收益「減」保證金成本之餘數，或牌價收益「減」其他交易成本之餘數。否則，則為其預購成本。

　　由於國際金融市場（Finance Market）瞬息萬變。因此，在外匯市場中工商企業應時時關注各種影響匯率變動之相關訊息，以預測未來市場變化（即匯率的起伏升貶）。在不願負擔風險的情形下，即應與銀行簽訂遠期外匯交易，銀行在與客戶完成遠期交割結果，其帳面往往會呈現買超或賣超現象，亦即出現部位不平衡情況。茲就銀行於承

做遠期外匯買賣之會計處理介紹如下：

1. 當發生時，暫先以貸方科目掛帳：

    貸 外匯期貨買入（US$）

    Foreign Exchange Contract Bought-Trading ……（銀行之預售時）

    或

    貸 外匯期貨賣出（US$）

    Foreign Exchange Contract Sold-Trading ……（銀行之預購時）

2. 客戶簽發支票或以現金繳付保證金及手續費時：

    借 庫存現金 — 新台幣（NT$）

    Cash on Hand — Local Currency

    或

    客戶活期存款 — 無息 — 本國（NT$）

    Demand Deposit — Clients — Non Int.Bearing — Local Country

    貸 存入保證金 — 期貨買賣（NT$）

    Cash Collaterial & Margin Deposits — Local

    Country — Forward Contract ……（5%）

    期貨買賣手續費收入（NT$）

    Misc. Comm. & Frees — Loccal Cty.

    Forward Contract ……（每件 100 元）

3. 申請人履行契約辦理交割時，應沖銷原貸記科目，並將保證金退還客戶：

    借 外匯期貨買入（US$）

    Foreign Exchange Contract Bought-Trading ……（銀行之預售）

    或

    外匯期貨賣出（US$）

    Foreign Exchange Contract Sold-Trading ……（銀行之預購）

    借 存入保證金—期貨買賣（NT$）

Cash Collaterial & Margin Deposits -- Local

Country — Forward Contract ……（5%）

貸 庫存現金 — 新台幣（NT$）

　Cash on Hand — Local Currency

　或

　客戶活期存款 — 無息 — 本國（NT$）

　Demand Deposit — Clients — Non Int.Bearing — Local Country

6.17 外匯裁定和裁定方式

　外匯裁定（Arbitration of Exchange），又稱「**套匯**」或「**匯兌裁定**」。乃指在自由外匯市場中外匯銀行或外匯商在同一時間就二個（二角套匯）或二個以上之地區，對同一種外匯之交易，或在同一時間就三個（三角套匯）或三個以上之地區，對不同種類的外匯進行交易，而利用其匯率之差異關係，在低價格地區買入外匯，再於高價格地區賣出外匯，藉此操作以賺取匯率差價之謂。在外匯市場中套匯與外匯投機的結果不同。前者，有促進外匯供需均衡的作用。而後者，則形成反效果。亦即，將加深供需不均衡的程度。

　就一般而言，裁定可分爲下列二種較普遍的方式：

直接裁定

　此方式乃利用二個地區間因匯率之不同，同時分別向低價地區買進外匯，並在高價地區出售外匯，經此一買一賣來賺取匯率差價。由於這種外匯交易，係套匯者之直接參與交易，所以稱爲**直接裁定**（Direct Arbitrage），又稱**二角套匯**（Two - Point Arbitrage）。

　茲假設：

　台北在某一時日對美元之匯率爲： US$1 ： NT$36

　紐約在同一時日對新台幣匯率爲： NT$38 ： US$1

當不考慮其他費用時，若在紐約以 1 萬美元買入新台幣外匯後，即時將買入之新台幣匯至台灣，並在外匯市場買入 1 萬美元之外匯，其交易結果產生每 1 美元獲得 2 元新台幣的差價， 1 萬美元共計獲取 2 萬元新台幣的利潤。而外匯市場經此陸續套利發生後，一方面在紐約地區之新台幣，因需求的增加對美元匯率引發上漲；另一方面在台北地區之美元外匯，亦因需求之增加引導新台幣匯率的下跌。二個地區經由此種方式進行結果，最後匯率便會趨向平衡；亦即，二個地區之匯率可能同時變為 NT\$37 ： US\$1 。如圖 6-2 所示：

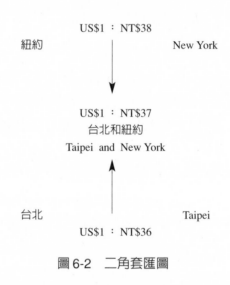

US\$1 ： NT\$38

紐約　　　　　　　　　　　New York

US\$1 ： NT\$37
台北和紐約
Taipei and New York

台北　　　　　　　　　　　Taipei
US\$1 ： NT\$36

圖 6-2　二角套匯圖

💰 間接裁定

間接裁定的方式是利用三個地區間的匯率不同，同時分別向低價地區買入，並在高價地區賣出，以賺取匯率差額，此種交易方式，因為經常須再透過第三地區進行，而套匯者並不完全直接介入外匯交易，所以稱為**間接裁定**（Indirect Arbitrage），又稱**三角套匯**（Three-Point Arbitrage）。

茲假設在匯率不均衡的情形下，又暫且不考慮其他費用問題時，

我們就台灣、美國及香港三個國家地區之裁定，舉例說明如下：

當台灣市場的新台幣對美元匯率為 US$1=NT$36、紐約市場的美元對港幣為 HK$1=0.2242，及香港市場的港幣對新台幣為 NT$1=HK$0.12 時。首先，以新台幣 3,600,000 買入美元 100,000，再以美元 100,000 買入港幣 446,030.33，最後再以港幣 446,030.33 買回新台幣，結果可得新台幣 3,716,919.40。其計算方式如下：

在台灣買入美元時，共付出 NT$3,600,000，並收入 US$100,000（3,600,000/36）。而在紐約買入港幣時，計付出 US$100,000，並收入 HK$446,030.33（100,000/0.2242）。最後在香港買入新台幣時，共付出 HK$446,030.33，收入 NT$3,716,919.40（446,030.33/0.12）。經此繞了一番的交易結果，可獲得利潤 NT$3,716,919.40 － NT$3,600,000 ＝ NT$116,919.40。

此例乃因三地間之匯率處於不均衡時，才具引發三地間的外匯裁定交易（套匯）誘因。由於這種異地間的外匯裁定交易，使新台幣對美元的需求增加，而使美元的新台幣價格上升；又因美元對港幣的需求增加，而使港幣的美元價格上升；港幣對新台幣的需求增加，又使新台幣的港幣價格上升等互動結果。然而，因為上項的裁定交易不斷的進行結果，導致其所獲取的利益會因此逐漸減低，直到最後完全消失為止，而停止套利交易之持續發生。

茲再假設，台灣、美國及香港三地區在經過持續的外匯裁定交易後，其匯率將變為如下的結果：

US$1=NT$36.018　　在台北

HK$1=US$0.2249　　在紐約

NT$1=HK$0.12345　　在香港

這時如果以 NT$3,601,800 買進美元，則可得 US$100,000（3,601,800/36.018），再以 US$100,00 買到 HK$444,642.06（100,000/0.2249），最後以 HK$444,642.06 買回新台幣，只得 NT$3,601,798.80，其金額幾乎與最初買入 US$100,000 時所支付

NT$3,601,800 相近，亦即此筆外匯交易幾乎沒有什麼利益可言，若再加上其他費用時，有時反而會造成虧損，因此三地間的裁定交易便不復存在。（請參閱圖6-3所示）

　　總之，套匯之所以能進行，不但必須處在自由的外匯市場制度下，而且套匯從事者還需在二地或二地以上，有外匯頭寸或連絡處才可，否則，套匯操作無從進行。至於如何計算三地間的匯率是否達到均衡狀態，係將三地區各該貨幣一單位之對其他外國貨幣〔即接收行市（Receivung Quotation）〕的連乘積數，若其結果為一時，此時因匯率已達均衡，不可能引起套匯，否則則處於不均衡狀態，其時若進行外匯裁定交易將有差額發生。（蘇溪銘，1977）

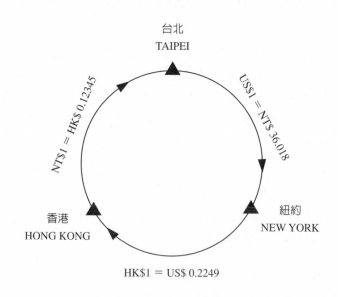

圖6-3　三角套匯圖

第7章 外匯存款

外匯存款屬投資理財商品之一，除利率外，投資風險為匯率變動或投資標的通貨升貶所帶來的匯差為重要考慮因素。目前我國外匯指定銀行所開辦之「外匯存款」（以現鈔、匯票、支票、外幣貸款或結匯款等項目）與早先銀行承作之「外幣存款」除名稱不同外，其存入內容亦有差異。前者係於 1987 年 7 月我國管理外匯條例修改放寬後，除前述之外匯項目為寄存來源外，並併入後者之原屬僅限自備外匯部分，遂改用時下之名稱，主要為配合改制後外匯自由化政策的精神，亦是屬於一種單純簡易的投資理財操作工具之一。

7.1 外匯存款之存儲

投資外匯存款，除具有固定的利息收入外，匯差是一項影響損益的重要因素。因此正確篩選投資具有升值潛力的強勢貨幣和高利率才是投資外匯存款致勝的關鍵所在。由於外匯存款不具擴張信用問題，投資風險在外匯投資工具中算是最小，因此為深受一般保守穩健型投資人所喜愛的一種理財工具。

💰 法源依據

依據「管理外匯條例」第八條之規定：「中華民國境內之本國人及外國人，除依第七條規定應存入或結售之外匯外，得持有外匯，並得存於中央銀行或其他指定銀行，其為外國貨幣存款者，仍得提取持有……」。因此，依此規定任何境內之個人、公司或團體等，可將持有之外國貨幣，向外匯指定銀行提出開戶之申請，設立**外匯存款**（Foreign Exchange Deposits）帳戶。

💰 存儲方式

外匯存款之存儲方式，可分為活期性及定期性兩種：

1. **活期存款**（Demand Deposits）：係依開戶所約定方式，隨時憑存摺（對未掣發存摺者，需按月寄發對帳單給客戶）或存、取款憑條辦理領取或寄存之一種存款方式。

2. **定期存款**（Time Deposits）：係寄存期間由至少一週或以上之畸零天期，及按不同月份寄存（由一個月期起至一年或二年期等），並由銀行簽發存單爲憑（如**表** 7-1），到期時就存單辦理領取本息之一種固定存期的存款方式。

表 7-1　定期存款單

定期存款單 **Time Deposit** **Receipt**	○○ **銀行台北分行** ○○ **International Banking Corporation** No.

金　額 AMOUNT $ 5,000.00　　　　美　金 US DOLLARS　　　日　期 ISSUED DATE: February 2,1980

茲 收 到 存 款 人 RECEIVED FROM DEPOSITOR Mr. Y. R. Wang

美 金 US DOLLARS　FIVE THOUSAND ONLY　　　　　　作 爲 定 期 存 款

存 放 期 限 訂 爲 AS A DEPOSIT FOR　Twelve Months　　期 間 自 FROM February 2, 1980
　　　　　　　　　　　　　　　　　　　　　　MONTH　DATE　YEAR

此 存 款 祇 可 在 美 國 運 通 銀 行 台 北 分 行 提 取，此 單
THIS DEPOSIT IS REPAYABLE ONLY AT THE OFFICE OF AMERICAN EXPRESS INTERNATIONAL BANKING
提 款，到 期 日 爲 February 2, 1981 WITH INTEREST AT THE RATE OF 12.5%
CORPORATION TAIPEI BRANCH ON

屆 提 款 時，此 存 款 單 必 須 由 存 款 人 背 書
PERCENT PER YEAR UPON SURRENDER OF THIS RECEIPT ENDORSED BY THE DEPOSITOR.

此 存 款 不 能 以 支 票 或 滙 票 方 式 提 款。
THIS DEPOSIT MAY NOT BE WITHDRAWN BY CHECK OR DRAFT.

截 息 日 期 爲 INTEREST CEASES ON

NOT NEGOTIABLE

○○ 銀 行　○○ 分 行
○○ International Banking Corporation

有權簽章人　AUTHORIZED SIGNATURE(S).

💰 存款利率

　　依各指定銀行自行訂定牌告之活期存款或不同期別之定期存款利率計付。活期利息（各指定銀行，若有訂定最低起息金額者，從其規定）每半年結息一次（每年 6 月 30 日及 12 月 31 日）。定期存款，乃於存單到期日時連同本息一併計付，由於利息發生必須扣繳利息所得稅，故於開戶時必須由客戶詳塡戶籍地址等相關資料（請參閱本章第 7.2 節之開戶手續）。

💰 **存款幣別**

原則上，以掛牌之外幣項目爲主，但各指定銀行因外匯業務規模不同，若有特別規定者，從其規定。

💰 **存款來源**

1. 依規定辦理由新台幣結構之外匯。
2. 外幣現鈔、旅行支票或外幣票據等。
3. 透過電匯或信匯所匯入之款項。
4. 外幣貸款。（不得兌換爲新台幣）
5. 出口押匯款。
6. 其他之外幣所得或收入。

💰 **銀行會計分錄之處理**

以下以匯入匯款通知書辦理活期性存款寄存之實例加以說明。

實例說明

1. 寄存時：
   借 聯行活期存款往來（US$）xxxxx
   　　Interbranch — Demand A/C
   　　貸 應解匯款（US$）xxxxx
   　　　Draft & Remittance Outstanding - All
   借 應解匯款（US$）xxxxx
   　　Draft & Remittance Outstanding - All
   　　貸 外匯存款戶 — 活期（US$）xxxxx
   　　　Foreign Exchange Proceeds A/C — Demand

2.提領時：

借 外匯存款戶 — 活期（US$）xxxxx

　　Foreign Exchange Proceeds A/C — Demand

　　貸 外匯兌換戶（US$）xxxxx

　　　Foreign Currency Control Account

借 外匯兌換戶（NT$）xxxxx

　　Foreign Currency Control Account

　　貸 庫存現金—新台幣（NT$）xxxxx

　　　Cash on Hand — Local Currency　或

　　　透支同業— 計息—本國—台銀（NT$）xxxxx

　　　Int. Beraing O/D — Local Country — BOT　或

　　　客戶活期存款—計息—本國（NT$）xxxxx

　　　Demand Deposits — Clients — Int. Bearing — Local Country

　　　或

　　　客戶活期存款—無息—本國（NT$）xxxxx

　　　Demand Deposits — Clients — Non Int. Bearing — Local Country

以下係以活期存款或匯入匯款轉存定期存款之實例加以說明：

實例說明

1.寄存時：

借 外匯存款戶—活期（US$）　xxxxx

　　Foreign Exchange Proceeds A/C — Demand　或

　　應解匯款　US$ xxxxx

　　Draft & Remittance Outstanding - All

　　貸 定期存款—客戶—本國（US$）　xxxxx

　　　Time Deposits — Client — Local Country

2.月底提存應付利息時：

借 外匯兌換戶（US$）　xxxxx

Foreign Currency Control Account

貸 應付存款利息 ─ 本國（US$） xxxxx

Int. Payable ─ Deposits ─ Local Country

借 定期存款利息支出─客戶 ─ 本國（NT$） xxxxx

Int. Expence ─ Time Deposits ─ Client Local Country

貸 外匯兌換戶（NT$）xxxxx

Local Currency Control Account

3. 到期本息轉入活存戶時：

借 定期存款 ─ 客戶 ─ 本國（US$）xxxxx

Time Deposits ─ Client ─ Local Country

應付存款利息 ─ 本國（US$）xxxxx

Int. Payable ─ Deposits ─ Local Country

貸 外匯存款戶 ─ 活期（US$）xxxxx

Foreign Exchange Proceeds A/C ─ Demand

外匯兌換戶（US$）xxxxx

Foreign Currency Control Account

借 外匯兌換戶（NT$）xxxxx

Local Currency Control Account

貸 扣繳稅金（NT$）xxxxx

Taxes Withhold at Source

兌換收入（NT$）xxxxx

Conversion Revenue Regular

 ## 7.2 外匯存款之立戶規定

　　關於「外匯存款」之立戶，依財政部 1987 年 10 月 5 日頒布之台財融第七六○七三三三五○號函規定，其開戶之條件辦法比照一般商

業銀行受理新台幣存款之相關規制辦理。並分定、活存不同方式寄存。至於其開戶手續、承作限制、提前解約之處理及其他注意事項等相關作業分別介紹如下：

$ 開戶手續

外匯存款開戶手續，各指定銀行要求顧客填具之文件，略有差異，一般除建立取款印鑑卡（Signature Card），印鑑卡須詳填戶籍地址、身分證統一編號、外國人或公司行號之存戶，應登記護照字號或稅籍號碼等相關資料；除此之外，並需檢附下列之文件：(1)開戶及存款總約定書（General Agreement）／申請書（如**表 7-2**）；(2)聲明書（Statement）；(3)公司執照（Certification of Incorporation）；(4)營利事業登記證（Business Registration）；(5)負責人身分證明或護照影本（Photo Copy of I.D. Card / Passport of Principal）；及(6)董事會授權書（General Resolution）等。

上項個人開戶無須公司執照、營利事業登記證及董事會授權書。法人開戶無須聲明書，但均須經銀行經辦人員辦妥對保手續後，開戶始算完成，並辦理寄存。

$ 承作限制

申請一般活期性存款，僅限於使用存摺及取款憑條付款，不得以支票存款（只限保險業設於台灣銀行之外幣存戶）及可轉讓定期存單之方式辦理。

$ 結購及結售限制

存款來源若以新台幣結購存入或自外匯存款提出結售為新台幣者，其結購及結售限制，均應依匯出、入匯款結匯之相關規定辦理。

表 7-2　開戶及存款總約定書

○○ 銀行 外匯逕期存摺存款約定書

立約定書人　　　　　　　　　　　（以下簡稱本人）今向

　　○○ 銀行　　　（以下簡稱貴行）開立「外匯逕期存摺存款」（以下簡稱本存款）戶，除遵守　貴行有關規定外，並願履行下列各項條款：

一、本人憑　貴行發給之「外匯逕期存摺存款」存摺以存取款，或依約定方式存取款，概不請求發給存單或其他憑證。

二、本存款兼具外匯活期存款（以下簡稱活存）及外匯定期存款（以下簡稱定存），其最低起存及起息額悉依　貴行之規定。

三、本存款之定存到期解約時，由　貴行將本金及未領之扣稅後利息轉入本存款之活存　　　　　號帳戶內，再憑活存取條或依約定方式提領。如結售為新台幣時並依中央銀行訂定之「外匯收支或交易申報辦法」及相關規定辦理。

四、本存款之活存及定存均按　貴行牌告利率計息，定存採固定利率單利計息。

五、本存款之存款利息，由　貴行依稅法規定扣繳利息所得稅。

※六、本存款之定存到期時，本人授權　貴行對該摺定存之□本金及利息 ＜未註明者，視同選擇本金＞照原存期自動轉續存。未續存之扣稅後利息轉入上開活存帳戶內，本人如欲解約或變更存期者，應於到期前至　貴行辦妥手續。

七、本存款之定存中途解約依期別採下列方式辦理：

　　(一)一週、二週、三週期定存中途解約者，均不計息。

　　(二)一個月期以上＜含一個月期＞定存中途解約，其利率依期別以起存日＜續者以續存日為起存日＞之　貴行牌告利率為準，並按下列方式計算：

　　　　1.未存滿一個月者不計息。

　　　　2.存滿一個月未滿三個月者，按實存期間，照一個月期定存牌告利率八折計息。

　　　　3.存滿三個月未滿六個月者，按實存期間，照三個月期定存牌告利率八折計息。

　　　　4.存滿六個月未滿九個月者，按實存期間，照六個月期定存牌告利率八折計息。

　　　　5.存滿九個月未滿一年者，按實存期間，照九個月期定存牌告利率八折計息。

　　　　前述中途解約按實存期間單利計息，並包括不足整月之零星日數。

八、本存款之存摺、印鑑遺失，本人當即通知　貴行，並依　貴行新台幣活期存款、定期存款之相關規定辦理掛失止付、印鑑變更或存摺補發。

九、本存款不得轉讓。本約定書適用於本戶名各類外幣幣別之帳戶，本人自外匯存款帳戶提存外幣現鈔，貴行將收取匯率差價。

十、本存款存摺與　貴行內部記載數額不符時，以　貴行記載之正確數額為準。

十一、本帳戶相關服務之對帳單(如外匯電話語音服務等)收取方式(請擇一勾選)：□親取□郵寄□傳真□自行查詢□E-mail寄送。

十二、匯入匯款或存入款項如因其他金融同業或　貴行之誤寫帳號、戶名、金額、操作錯誤或電腦設備故障等原因，致發生誤入本人帳戶或溢入情事或該匯入款項未能依匯款指示存入　貴行帳戶，一經發覺，貴行得立即追還並更正之。

十三、本人同意　貴行、貴行之母公司及其旗下子公司、貴行之往來金融機構、財團法人金融聯合徵信中心、財金公司及經財政部指定之機構或上述機構之會員，依其營業登記項目或章程所定業務需要等特定目的範圍內或依據法令之規定，得蒐集、電腦處理、傳遞及利用本人資料。

十四、本人 { □同意 □不同意 }　貴行得為宣傳推廣、共同行銷或提供服務等目的，將本人依「金融控股公司及其子公司自律規範」所稱之客戶資料提供予　貴行之母公司其旗下子公司、關係企業或與　貴行進行共同行銷之公司行號。

十五、本人如因本約定書而致涉訟時，同意以　貴行所在地之法院為第一審管轄法院。

十六、本人為外國人或外國法人者，如因本約定書而致涉訟時，願無條件適用中華民國法律。

十七、除本約定書之各項條款外，凡　貴行及銀行公會現在及將來所訂之一切規章，本人均願遵守之。

立約定書人：　　　　　　　　　　　　　　　（蓋原留）

營利事業　　　　　　　　　　　　　　　　　印　鑑

統一編號：

身　份　證

統一編號：

中　華　民　國　　　　　年　　　　　月　　　　　日

經副襄理	對保核章	經辦

❶即每年每人／團體匯出金額不得超過該項規定之上限 500 萬美元或等值外幣。公司／行號為 5,000 萬美元或等值外幣。在辦理完成結購手續後，銀行會製發水單交付投資者作為證明，並將款項存入外匯存款帳戶中，其手續與一般台幣存款戶之寄存一樣。

💰 提前解約

投資寄存者，除非以活期性作為存儲方式可隨時提取外，若以定期性辦理存儲，一旦客戶必須提前解約，其利息之支付各家銀行規定不同，一般比照台幣定存中途解約辦法處理居多。（請參閱**表 7-2**）

其他注意事項如下：

1. 存款利率由指定銀行自行訂定，並於營業廳張貼、牌告或以電子幕顯示告知。
2. 開戶條件可比照新台幣活期、定期存款相關規定辦理。
3. 不得辦理支票存款及可轉讓定期存單業務。
4. 存入方式可憑國外匯入款之通知、外幣票據、外幣現鈔、外幣貸款及新台幣結購外匯及存入之文件辦理。其以新台幣結購存入者，應依民間匯出款項結匯辦法之規定辦理。
5. 以外匯存款結售為新台幣者，應依民間匯入匯款結匯辦法規定辦理。
6. 開戶最低金額及提款方式由各指定銀行自訂。
7. 存款期限分活期及定期兩種。定期存款至少應在一個月以上。
8. 中途解約由各指定銀行內部規定辦理，不適用新台幣定期存款中途解約及逾期處理辦法之規定。
9. 得憑存單質借。
10. 客戶提、存外幣現鈔，如未約定或在牌告中註明者不得收取相關費用。

---

❶請參閱 1997 年 5 月 31 日中央銀行（86）台央外字第 50401325 號函。

11.活期存款由銀行簽發存摺爲憑，不掣發存摺者，每月月底寄發
對帳單。定期存款，由銀行簽發定期存單（如**表7-1**）。利息支
付時先扣繳外匯利息所得後，以淨額付予存款人。

12.各指定銀行應於營業場所揭示至少包括：美金、日圓、馬克、
英鎊及瑞士法郎等五種之存款利率。外國銀行在台分行，並應
揭示其本國貨幣之存款利率。

13.活期存款每半年結息一次。定期存款按寄存期間長短計息。

14.轉存比率，由中央銀行外匯局視情形規定辦理。

15.應逐日編製外匯存款日報，並於次營業日將本項業務所掣發之
單證隨交易日報送中央銀行外匯局。

7.3 外匯存款之特性

外匯存款之特性，大略可包括下列幾項：

儲存幣種多

投資者可憑自己喜好之外幣選擇辦理，因爲銀行所提供的外幣種
類相較外幣保證金交易爲多。

不易作爲短期性投資工具

由於結購時以銀行的掛牌賣價結匯，而出售時用銀行的買價結售
（除非購、售時均用中價辦理），所以一買一賣時，其匯款價差便反應
於成本，而且在一般情形下外匯市場若無特殊因素，短期間匯率之震
盪幅度不大，故適合作較長期性的投資。

💰 **僅能作多，卻不能放空**

外匯存款不似其他投資工具，在某種幣別未來看貶時，可先行放空，而只能在匯率有長期看升的走向時進場購進。

💰 **匯率波動影響投資收益**

外匯存款係將存款本金悉數結購為外幣，一旦台幣升值，而外幣相對貶值時，其本金所受侵蝕程度相較外匯保證金交易為甚，因為後者只是先將保證金部分換成外幣而已，故其所受影響之程度相對較輕。

💰 **幣種轉換**

外匯存款帳戶之投資者可做幣別間的轉換，寄存人若能掌握各國匯率走勢，可因此賺取匯差。

 7.4 基本認知

從事外匯存款之投資目的，除利息收入考量外，匯兌收益應是投資者另一關切重點，因為新台幣對外幣匯率的波動直接影響投資效益。換言之，當投資寄存期遇上新台幣貶值時，因到期或解約經兌換後，便可換到更多的新台幣。反之，在新台幣走向升值時，結果所能換取的新台幣就會愈少。因此，新台幣的升貶對投資本金將直接產生增減，所以投資者對影響匯率波動的幾項關鍵因素，如國家貿易收支（順差／逆差）、外資之進出、台幣利率和國外利率差距、貨幣供給量、通貨膨脹率及國人旅遊支出或勞務收支等情形，都應隨時加以關注。

　　就外匯投資的立場而言，外匯存款應屬最簡單和風險最低的一種理財投資方式。依據中央銀行統計資料顯示，截至 1994 年止，外幣存款之總餘額爲新台幣 1,700 億元，應算爲國人最爲普遍而熟悉的外匯投資操作。

84.08 ↑08.26
57.60 ↓01.05
36.65 ↑06.05
3.90 ↑40.90

1.00   2.00

第8章　國際貿易之概念

國際貿易最早起源於商品交易,其後才由時代的演進與交易範圍的不斷擴大,延伸到境外,而有國際貿易之發生,且自近年代後更有所謂之資本移動(如資本借貸及投資等)及勞務提供(如航運業之運費收入、保險業之保費收入及在外企業之利潤所得等)之出現,但此中間仍以有形的商品貿易占據一國整體國際收入中最為龐大,其重要性不言而喻。因此,對於凡是從事國際商品交易或金融事務之業者,不論銀行業或貿易商人,無不積極培植外語能力、國際貿易實務經驗之人才、熟稔國際貿易慣例及我國外匯和相關貿易法規等為首要,俾使更上一層拓展貿易事務及國際金融知識之領域。(王景陽,1970)

8.1 國際貿易之定義

貿易是一種貨物買賣行為。換言之,就是由買賣雙方構成的市場交易。而經向經濟部登記專門從事上項賣買的跨國公司、行號或從業者,一般稱為貿易商 / 貿易公司 / 進出口商。此種國與國間的買賣便是「國際貿易」。依我國現行規定,凡經登記為合格的貿易商,不但可從事進口貨品,同時亦可出口貨品。但一般出口商需要有一定的出口實績,才能申請為貿易商(除非一般生產事業或外銷加工廠)。是之,凡從事貨物之輸出的賣方稱為出口商(Exporter)。而從事貨物之輸入的買方稱為進口商(Importer)或貿易商。

8.2 國際貿易程序

國際貿易是建立在跨越國境的買賣雙方之交易,已如前述。然而買賣雙方,由最初處於陌生且不熟悉的情況下,到建立完全業務往來關係的過程中,其間勢必經歷市場調查(Marketing Research)、透過各種貿易刊物去尋找適當的市場(專業雜誌、廣告或參觀國際展覽等)

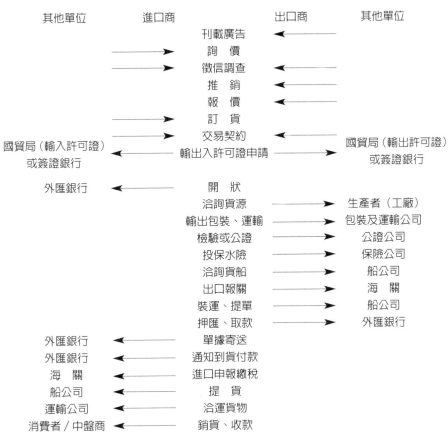

其他單位	進口商		出口商	其他單位
		刊載廣告 ←		
→	詢　價			
→	徵信調查 ←			
	推　銷 ←			
	報　價 ←			
→	訂　貨			
→	交易契約 ←			
國貿局（輸入許可證）←	輸出入許可證申請 →		國貿局（輸出許可證）	
或簽證銀行			或簽證銀行	
外匯銀行 ←	開　狀			
	洽詢貨源 →		生產者（工廠）	
	輸出包裝、運輸 →		包裝及運輸公司	
	檢驗或公證 →		公證公司	
	投保水險 →		保險公司	
	洽詢貨船 →		船公司	
	出口報關 →		海　關	
	裝運、提單 →		船公司	
	押匯、取款 →		外匯銀行	
外匯銀行 ←	單據寄送			
外匯銀行 ←	通知到貨付款			
海　關 ←	進口申報繳稅			
船公司 ←	提　貨			
運輸公司 ←	洽運貨物			
消費者／中盤商 ←	銷貨、收款			

圖 8-1　貿易程序簡略圖解

和交易對象，進而再經由詢價、徵信調查、報價、訂貨、簽約、開狀、備貨、出口、押匯、付款贖單等繁雜的程序（如**圖 8-1**），才算達成最後的交易。基本上，貿易的開拓過程是相當的艱難和費時。因此，雙方的誠信是建立往後長期往來的起碼條件。而一宗買賣貨品在獲取初步的認同後，在即將進入最後成交階段時必須就付款方式及價格條款兩種項目達成協議。

付款方式

國際貿易對於一宗貨品在達成交易前，必須先就貨品運交和付款方式取得共識後，才能再進行後續的作業，俗稱「成交」。換言之，就是進入最後的確定階段，此時雙方對交易內容應有所認清。如，貨物與貨款是否同時辦理〔即期信用狀／付款後交付單據（Sight L/C, D/A）〕？交貨先於付款〔遠期信用狀／分期付款／承兌後交付單據（Deferred Payment）〕？或付款先於收貨〔預繳外匯（Payment in Advance）〕？等三種情形，均應於成交前加予認同與確定。

價格條款

國際貿易中交易條件下的**價格條款**（Trade Terms），也是買賣雙方的另一種權利義務和準則，通常見諸於信用狀中，並作為雙方彼此對此宗交易的信守條款，故事前亦應加予確認，它又包括：

船邊交貨

船邊交貨（Free Alongside Ship，簡稱 FAS）即貨物之價格，含由賣方負責將貨物運送到買方指定的出口港之船邊交貨。換言之，賣方的貿易條件須負責將貨物運達至船邊為止才告終了。至於貨品搬至船上，則由買方負擔其搬運費用和辦理保險的一種交貨條件。

船上交貨

船上交貨（Free on Board，簡稱 FOB）即雙方事前約定在出口地指定的港埠，由賣方負責將貨品裝卸在買方指定的船隻上。至於貨品的水險及運抵進口港後之卸貨等一切費用，則歸由買方負擔。

運費在內

運費在內（Cost & Freight，簡稱 C&F）的貿易條件之賣方，除負

責船上交貨價外，還須加上貨品運抵至目的地卸貨港之運費在內，但不包括貨物運輸中之一切風險。

 運費和保險

運費和保險（Cost Insurance & Freight，簡稱CIF）價格條款下的貿易條件之賣方，除貨品之成本外，另外還須負擔貨物運輸之保險費及運費在內，應算是國際貿易最爲普遍的一種交易條件。就買方而言，最爲簡單便利；但就賣方而言，報價時應先瞭解保險費率及運費率的收取情形，以便利加計於報價成本中，故程序上不如買方之單純。

此外，尙有倉庫交貨價（EXW）、鐵路交貨價（For-Fot）、到埠船上交貨價（EXS）等多種價格條款，因較不常用，故予從略。

8.3 貿易之限制

根據我國貿易法之規定，貨品應准許自由輸出入，但基於下列情況之一者，經濟部得暫停對特定國家或地區、或特定貨品之輸出入或採取其他必要措施，並在原因消失後解除之：

1.天災、事變或戰爭發生時。
2.危害國家安全或對公共安全之保障有妨害時。
3.國內或國際市場特定物資有嚴重匱乏或其價格有劇烈波動時。
4.國際收支發生嚴重失衡或有嚴重失衡之虞時。
5.國際條約、協定或國際合作需要時。
6.外國以違反國際協定或違反公平互惠原則之措施，妨礙我國輸出入時。

上項除第五款外，其餘各款適用以對我國經濟貿易之正常發展有不利影響或不利影響之虞者爲限。而第四款或第六款在暫停輸出入或

採行其他必要措施前，應循諮商或談判途徑解決貿易爭端。

至於為確保國家安全，履行國際合作及協定，加強管理戰略性高科技貨品之輸出入及流向，以引進高科技貨品之需要，其輸出入應符合下列規定：

1.非經許可不得輸出。
2.經核發輸入證明文件者，非經許可不得變更進口人或轉往第三國家、地區。
3.應據實申報用途，非經許可不得擅自變更。

 # 8.4 信用狀

國際貿易的付款條件種類繁多，除最普通而常見之**信用狀**（Letter of Credit，簡稱L/C）外，尚有付款交單（D/P）、承兌交單（D/A）、電匯（T/T）、中期延付等不同方式，茲為便於瞭解起見特地針對信用狀的定義及內容等提出說明如下：

信用狀之定義

在國際貿易中簽發信用狀（Letter of Credit）應算最為普遍（如**圖8-2**）的一種交易方式，在作進一步瞭解進、出口外匯業務之前，先就信用狀作一簡略介紹。所謂信用狀者，乃銀行應進口商（買方）之請託，代其開發給出口商（賣方）的一種正式交易函件，繼由出口商依文中之規定，在指定的期間內、特定的條件和一定金額等之約束下輸出貨品，並於交運後憑其簽發之匯票向押匯銀行兌領貨款之一種國際公認且通行的文件。至於信用狀之種類，可按各種不同情況所簽發來加予區別，它可分為：**可撤銷與不可撤銷信用狀**（Revocable L/C & Irrevocable L/C）、**即期與遠期信用狀**（Sight L/C & Usance L/C）、**可轉讓與不可轉讓信用狀**（Transferable L/C & Non Transferable L/C）、**保兌**

INVOICE & DRAFT ARE TO BE DRAWN ON FULL CIF VALUE BUT THE BENE
FICIARY ARE TO BE PAID LESS 5% BEING COMMISSION DUE TO ALZEERA TRADING
EST P.O. BOX 346 BAHRAIN WHICH MUST BE SHOWN ON BANK SCHEDULE. B/LADING
MUST SHOW MEASUREMENT AND NETT/GROSS WEIGHT OF GOODS IN KILOS.

يونايتد بنك لميتد
(المؤسس في باكستان)

United Bank Limited

(Incorporated in Pakistan)
P. O. Box No. 546,
Manama, Bahrain.

Telex : GJ 247
Cablegram: Unitedbank

XXXXXXXX Irrevocable
Commercial Letter of Credit.
Without Recourse to Drawer hold special
In reimbursement, instruction from the opening bank
Dai-Ichi Kangyo B nk. T i ei
BABAL BAHRAIN ROAD BRANCH

Messrs. Y. R. WANG, CO., LTD
NO. 122662 HSING NING NORTH ROAD
TAIPEI TAIWAN (REPUBLIC OF CHINA)
TELE:7082226

No. BB/116
Date: 27.2.80

No. E-0-67308
MAR 6 1980
This advice conveys no engagement or obligation on our part.

DAI-ICHI KANGYO BANK
TAIPEI BRANCH

Dear Sirs,

At the request of Messrs MOHAMMAD SAYED KHALIFA BAHRAIN

we hereby establish our XXXXXXXX irrevocable Letter of Credit in your favour for the
amount of ABT US$.5885/- (USDOLLARS ABOUT FIVE THOUSAND EIGHT HUNDRED
EIGHTY FIVE ONLY)
available by your draft (s) on them at — sight without recourse for full invoice
value of shipment/s purporting to be1) ABT 1500 YDS SCREEN PRINTED MATT GEORGETTE
TEXTILES 44" IN WIDTH DESIGN NO. AS D-82200 IN 4 COLORWAYS.
2) ABT 2000 YDS SPUN RAYON (SCREEN PRINTED) TEXTILES 44" IN WIDTH
DEISGN NO.AS D.72170 IN 5 COLORWAYS. ABOVE MENTIONED ITEMS FOR COLOR
COMBINATION AND ALL OTHER DETAILS AS PER ORDER NO.AZ-1014 OF ALZEERA
TRADING EST P O BOX 346 BAHRAIN.
accompanied by the following document

Your signed invoice for full CIF value in quintuplicate certifying merchandise
to be of TAIWANESE origin.

Full set of Clean "Shipped on Board" Ocean Bills of Lading drawn or endorsed to the
order of United Bank Ltd., showing freight prepaid and marked notify openers and us giving
full name and address.

A policy or Certificate of Insurance in duplicate endorsed to the order of United Bank
Ltd., covering marine and war risks Institute Cargo Clauses (all risks) theft, pilferage short
and/or non delivery risks for the C.I.F. value of the merchandise plus 10%.

A certificate from the Manufacturer or the Producer or the Exporter to the effect that the
goods are not of Israeli Origin, that they do not contain any Israeli material and that they
are not being exported from Israel to accompany the documents.

Invoices must show the name of the Manufacturer or the Producer as well as the Exporter.
A certificate to the effect that Insurance has not been covered by a Company blacklisted
by the Israeli Boycott Committee.

Partial shipments NOT ALLOWED Transhipment NOT ALLOWED
All evidencing shipments from TAIWAN to BAHRAIN by STEAMER
BILL OF LADING. must be dated not later than 10.5.80
Bill of Exchange must be negotiated not later than 10.5.80
SHIPPING MARKS M.S.K/ORDER NO.AZ-1014/BAHRAIN INTRANSIT

Other documents to accompany the draft(s) :-

1. Certificate of Origin from Chamber of Commerce and/or any other similar institution in duplicate stating that the
goods shipped are of _____ TAIWAN _____

2. A certificate in duplicate from the shipping company or its agents stating that the
shipment has not been made on an Israeli flag Vessel and that she will not call at any Israeli port.

3. Packing List in triplicate.

4. Certificate of origin must be attested by any Arab Consulate/Embassy.

This credit is subject to Uniform Customs and Practice for the documentary credits (1974 Revisions) International
Chamber of Commerce Brochure No. 290.

Drafts must be marked Drawn under United Bank Limited Credit No. BB/11642
and amounts thereof endorsed on the reverse by the negotiating bank.

We hereby agree with drawers, endorsers and bonafide holders of drafts drawn under and in compliance with the
terms of this Credit that the same shall be duly honoured on due presentation.

Transmitted through DAI ICHI KANGYO BANK LTD TAIPEI TAIWAN
who are authorised to negotiate your drafts.

Yours faithfully,

Officer   Manager

ALL BANK CHARGES ON BENEFICIARY'S ACCOUNT.

圖 8-2　書信信用狀

與無保兌信用狀（Confirmed L/C & Unconfirmed L/C）和跟單與無銀單信用狀（Documentary L/C & Clean L/C）等。

💰 信用狀的關係人

信用狀的關係人，可包括以下幾種：（參考**圖**8-3）

1. 進口商／信用狀申請人（Buyer／Applicant）。
2. 出口商／信用狀受益人（Seller／Beneficiary）。
3. 開狀銀行（Opening Bank／Issuing Bank）：即簽發信用狀之金融機構。
4. 通知銀行（Advising Bank）：即將信用狀通知轉交予受益人之金融機構。

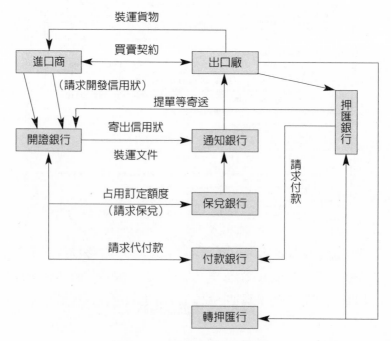

圖 8-3　信用狀關係人圖示

5.押匯銀行（Negotiating Bank）：即讓購出貨人所簽發之匯票的銀行。

6.保兌銀行（Confirming Bank）：即應開狀銀行之請求對其簽發之信用狀、保證兌付任務之銀行。

7.付款銀行（Paying Bank）：即償還銀行。

總而言之，信用狀交易一般至少涉及二家銀行，一為進口商所在地／國的（開狀）銀行，另一為出口商所在地／國的（押匯）銀行，通常乙件信用狀也許僅單純透過另一銀行由其扮演通知（信用狀交易中不可或缺之關係人之一）之任務而已（或加附承擔保兌的另一角色）。因此受託擔任通知之銀行，並不意味著亦應承擔購入出口商匯票的義務（除非押匯銀行與通知銀行是同一銀行）。至於再經由保兌之目的，乃應出口商特別要求增加而作成之，主要用意係對將來押匯收款有所顧慮時，可獲得另一信用卓著銀行提出保兌之承諾（如一旦開證銀行發生倒閉或不能兌付時，由保兌之銀行負責信用狀金額之支付任務）。換言之，保兌銀行不管在任何情況下，須負有讓購出口商單據之義務。是之，押匯銀行與承兌銀行之任務或責任，自有其差異性。

💰 信用狀的內容

誠如上述，信用狀在國際貿易雖廣被採用，但並無統一格式，不過無論以電報（Cable L/C）或郵遞（Mail L/C）方式開狀，其內容基本上應包括下面幾項：

1.開狀銀行（Issuing Bank/Opening Bank）：包含銀行名稱、地址、電話號碼或電傳、電報號碼等之開狀銀行相關通訊資料。❶

2.開狀日期（Issuing Date）：即開狀銀行開發信用狀的日期，或曰該信用狀之生效日期，此一日期並可作為表示銀行接受申請

---

❶請參閱統一慣例第三條。

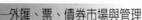

開發的證明日期。

3. 信用狀號碼（L/C Number）：為該信用狀簽發代表編號，可供日後進行查詢、照會等所用，為信用狀不可或缺要項之一。

4. 信用狀的類別（Type of L/C）：表明此信用狀係屬於可撤銷（Revocable L/C）或不可撤銷（Irrevocable L/C）者（按信用狀若未作此表明，應視為可撤銷信用狀）。❶

5. 通知銀行（Advising Bank）：受開狀銀行之委託將信用狀轉交予受益人的銀行，通知銀行通常於遞交信用狀時，均向受益人／領取人徵收通知費（按此信用狀之正本將作為來日出口商辦理押匯時，應具備文件之一）。❷（請參閱**表 8-1** 通知書樣式）

6. 受益人（Beneficiary）：即出口商（貿易商或製造商），也就是匯票之發票人。

7. 申請人（Applicant）：即進口商，亦即向銀行請求開發信用狀之人。

8. 信用狀金額（L/C Amount）：信用狀應表明一定幣別金額數字，且其大小寫數目應相符（按此一金額為出口商能出貨，並辦理押匯之最高限額），唯信用狀金額數字前若加附有 "Above" 字樣時，則其匯票金額可在信用狀標示金額之 10% 範圍內酌增（減）出貨。❸

9. 有效日期（Expiry Date）：即規定受益人提示單據請求付款、承兌或讓購之有效期限，但應注意其對押匯地或出口地之限制規定。❹

10. 匯票（Bill of Exchange/Bills/Draft）：由發票人簽發一定之金

---

❶ 請參閱統一慣例第三條。
❷ 請參閱統一慣例第四至六條。
❸ 請參閱統一慣例第三十四條。
❹ 請參閱統一慣例第十一、三十七、三十八、三十九及第四十一條。

表 8-1　通知書

○○ 銀 行 台 北 分 行
○○ International Banking Corporation

← MAIL TO

NOTIFICATION OF IRREVOCABLE DOCUMENTARY CREDIT	Number
	× × × × × ×

Place and date of notification: Taipei　**Mar 11, 1981**

Issuing Bank	Beneficiary
Banca Del Monte Di Biogna E Ravenn Bologna Italy	○○　　● Co Ltd x 7th Fl No 271 Sec 2 Shin Yi Rd Taipei

Ref. No. of Issuing Bank	Amount
20067/81	US$19,275.-

We have been informed by the aforementioned issuing bank that the abovementioned documentary credit has been issued in your favour. Please find enclosed the advice intended for you.

Please check the credit terms carefully. In the event that you do not agree with the terms and conditions or if you feel unable to comply with any of the terms and conditions, please arrange an amendment of the credit through your contracting party (the applicant for the credit).

[x]　This notification and the enclosed advice marked "X" are sent to you without engagement on our part.

(x) A preliminary cable advice of the above credit. (Full Cable)
(   ) The original of the above credit.
(   ) The cable confirmation of the above credit.
(   ) A preliminary cable advice of the amendment to the above credit.
(   ) The amendment to the above credit.
(   ) The cable confirmation of the amendment.
(   )

[ ]　As requested by the issuing bank, we hereby confirm the abovementioned Credit.

Kindly acknowledge receipt by signing and returning to us the duplicate copy of this letter.

Yours faithfully,

Authorized Signature

請在本聯簽章並繳納信用狀通知服務費 NTS 800 400/200
憑此聯換領上開文件
The above document(s) marked "X" will be released upon receipt of the acknowledgement and our handling and service charges of 800/400/200

Charges Received by (Teller Stamp)	Supervisor

We acknowledge receipt of the item described above.

_____

Customer's Official Signature

額委託付款人於指定到期日無條件支付給收款人或執票人❶
（如**表8-2**，見第152頁）。

11. 其他貨運單據：

(1)商業發票（Commercial Invoice）。❷

(2)提貨單（Bill of Landing）。❸

(3)保險單（Insurance Policy）：輸出價格若約定以FAS、FOB
或C＆F等價格條件辦理時，其保險應由買方負責。輸出條
件若以CIF或F＆I開出者，則由賣方提供保險單。❹

(4)領事發票（Consular /Invoice）：依進口商之需要而定，由
出口商向駐在當地之輸入國領事館索取申請。

(5)產地證明（Certificate of Origin）：應進口商之要求以證明
貨物之原產地。❺

(6)檢驗證明書（Inspection Certificate）：通常因進口商對出
口商輸出貨品是否依信用狀約定之貨品規格或品質裝運無
法掌握，遂由進口商指定出口地之代理人、公證行或公會
等機構進行檢驗後所簽發之報告。❻

(7)包裝單（Packing List）：記載各件貨物內容之明細表。包
括總件數／總重量、商業發票號碼、日期……。❼

(8)海關發票（Customs Invoice）。❽

12. 貨品內容：包括名稱及數量（Quantity ＆ Description of
Goods）。❾

---

❶請參閱票據法第二條。

❷請參閱統一慣例第三十二條。

❸請參閱統一慣例第十六至十九條、二十二至二十四條。

❹請參閱統一慣例第二十六至三十一條。

❺我國由經濟部商品檢驗局負責簽發，通常信用狀有此規定時，領事發票及海關發票可
以省略。

❻請參閱統一慣例第三十三條。

❼請參閱統一慣例第三十三條。

❽請參閱統一慣例第三十八條。

❾請參閱統一慣例第三十三條。

13.起運港口（DispatchPort of Loading）：即裝載貨品之出口港。

14.目的地（Destination）：貨品到達地。

15.裝運期限（Latest Shipping Date）：即限制貨物最後裝運日期。❶

16.分批裝運規定（Partial Shipment）：對貨物可否分批裝運之限制（Allowed or not allowed）。❷

17.轉運之規定（Transshipment）。❸

18.特別條款（Special Conditions）。❹

19.銀行簽章（Authorized Signature）或密碼（Test）：郵寄信用狀需經開狀銀行有權簽章人員之簽署，若以電報開發時，則使用密碼驗證（需經通知銀行或通匯銀行押碼來辨認是否相符）以證實該信用狀之真偽。

20.適用統一慣例／國際商會條款之規定／記載。

信用狀之功能

　　兩地間的生意往來，買賣雙方往往無法掌握彼此之間的信用和財務狀況。然而，為了交易能順利達成，乃借助國際貿易通用的一種信用交易工具（信用狀）作為媒介，使雙方能較無所顧忌地進行買賣。至於信用狀到底有何獨特之處？由下列之幾點功能應可獲得證實。

就賣方而言

1.交易可因此獲得確定：信用狀在開證銀行對付款、承兌及讓購（Negotiation）等承諾下，可使賣方對該交易獲得最終的確認，將可有效排除一旦進行貨品生產過程有隨時被取消的疑慮。

---

❶請參閱統一慣例第十五、二十、三十九、四十、四十三及第四十四條。

❷請參閱統一慣例第三十五、三十六條。

❸請參閱統一慣例第二十一條。

❹請參閱統一慣例第四十六條。

2.受益人可因此獲得融資：當賣方接獲買方開來之信用狀後，不但可憑其向銀行辦理外銷貸款，藉以便利廠商作為生產出口貨品購料資金，而且在貨物裝船輸出後，可即時向銀行辦理出口押匯取得貨款。

3.貨款收取可獲得保障：由於目前世界上仍有諸多國家實施外匯管制，而這些國家的進口商輸入貨品時通常須先取得該國政府的結匯許可後，才能透過銀行開發信用狀。因此，出口商一旦接獲進口商的信用狀，即表示將來一旦貨物出口後，貨款之收取應可獲得保障。

就買方而言

1.申請人可免先支付貨款：開證時銀行可給予進口商全額或九成融通便利，其餘則等到貨物到埠領貨時再行清償。若屬遠期信用狀（Usance L/C）者，貨款更可延長其償還期間，甚至到貨物出售取得貨款後再行歸還。

2.可控制出口商之交貨期限：由於進口貨品常受季節性影響、淡旺季因素或原料加工生產過程等關係，交貨日期無法確實掌握。因此，可由信用狀中加以訂定或規範，以控制出口時限或時效來限制賣方辦理押匯取得貨款。

3.貨品檢驗條款之運用：買方對賣方貨品是否能依契約所載條件履行（諸如貨物品質或數量）往往無法掌握，可透過信用狀加附檢驗條款來達成，以排除此一顧慮。

4.憑貨物單據和提單領貨：於買方贖單後即可取得貨物單據向海關提領貨品。換言之，取得貨物的單據，即等於可領到貨物是一樣的。

8.5 匯票

　　在外匯交易中用作收付的信用工具種類甚多，包括：貨幣（currency）、支票（check）、本票（Promissory Notes －銀行本票及商業本票）、匯票（Bill of Exchange / Drafts －銀行承兌匯票、銀行匯票、商業承兌匯票及商業匯票等）、債券（bonds）及借據等等。此中匯票乙項因具轉讓及流通方便之信用證券之一，因而在國際貿易中所發生的外匯收支多半使用匯票來作為買賣雙方債權、債務清理工具之一，因此乃闢本專節加予討論如后：

💰 定義

　　匯票（Bill of Exchange/Draft，簡稱 B/E），依我國票據法第二條，稱匯票者，謂發票人簽發一定之金額，委託付款人於指定之到期日，無條件支付與受款人或執票人之票據。換言之，匯票是一種命令付款的票據。國際貿易上之匯票由於跨國使用，即發票人或付款人之一方在國外者，所以依習慣上皆以英文文字表明為多，故亦可稱為「國外匯票」。（如**表** 8-2 ）

💰 匯票款式 ❶

匯票發案應記載下列事項：

1. 表明匯票之文字。
2. 一定的金額文字。
3. 付款人之姓名或商號：未載付款人以發票人為付款人。
4. 受款人之姓名或商號：未載受款人，以執票人為受款人；另執

---

❶請參閱我國票據法第二十四條對匯票應記載之規定。

表8-2　匯票

票人得以無記名匯票之空白內，記載自己或他人為受款人。

5.無條件支付之委託。

6.發票地：未載發票地，以發票人之營業所、住所或居住所所在地為發票地。

7.發票日：年、月及日。

8.付款地：未載付款地，以付款人之營業所，住所或居住所所在地為付款地。

9.到期日：未載到期日視為見票即付。

💰 匯票之關係人

由上項匯票記載內容，其基本關係人，包括：

1.發票人（Drawer）：以國際貿易之立場而言，即是出口商也就是簽發匯票的人。

2.付款人（Payer）：就是對匯票支付票款之人，亦即被發票的

人。

3. 受款人（Payee）：記名匯票上所記載之人或執有該票據之人。在國際貿易上原本屬出票之出口商，但經押匯受款（銀行先墊款）後，其權利已轉讓予押匯銀行。故最常見者其抬頭都記載成押匯銀行之名字。

4. 背書人與被背書人（Endorser and Endorsee）：為票據權利轉讓的行為，由背書人轉與受讓人（被背書人）。而背書再分為：記名背書（Special Endorsement）、空白背書（Blank Endorsement）及禁止再背書轉讓（Non-Negotiable Endorsement）等。

💰 匯票的種類

匯票的種類，可從各種不同的角度來區分，最常見之分類有下列三大類別。

⊞ 依付款人之不同分類

匯票依付款人之不同可分為：

1. 銀行匯票：銀行匯票（Bank Draft）指銀行應買票人之申購所簽發經承購人直接寄交外國之受款人持向當地之銀行（通匯銀行/聯行）領取票款之一種匯款票據。

2. 商業匯票：商業匯票（Bill of Exchange）指國際貿易上由出口商簽發命令付款人支付票款之一種票據。為國際貿易常用於收取貨款的一種方式。

⊞ 依附有單證之有無分類

依附有單證之有無，分為：

1. 光票：光票（Clean Bill）指不附單據或文件的票據，此種票據付款時只提示票據即可。如，銀行支票（Casher's Check）、公庫

支票（Treasury Check）、公司支票（Corporation Check）、旅行
支票（Traveller's Check）和私人支票（Personal Check）等。

2. 跟單匯票：**跟單匯票**（Documentary Against Payment Bill）指匯
票之付款人於付款時，應附有單據或文件。如，信用狀之貨運
單據（Shipping Documents）便是跟單匯票。它又分為付款交單
匯票（D/P）及承兌交單匯票（D/A）兩種。

依付款期限之不同分類

依付款期限之不同，分為：

1. 即期匯票：**即期匯票**（Sight Bill）指見票即付之票據。依據即
期信用狀開發之票據。此匯票不定期限，故通常於匯票上標明
"Pay at sight or Pay on demand" 字句。

2. 遠期匯票：**遠期匯票**（Usance Bill）指付款日期在將來確定的期
日。此種匯票又可分為見票後定期付款匯票（如經承兌後 30
天、60 天、90 天或 180 天後付款）及出票後定期付款（即簽發
後 30 天、60 天、90 天或 180 天後付款）兩種。前者標明
"Payable at … days after sight" 之字句；而後者標明 "Pay …
days after date" 之字句。

8.6 出口業務

貿易為我國經濟發展命脈，而出口的蓬勃成長，則為我國創造了
經濟奇蹟的聲譽（自 1953 年至 2000 年間每年平均經濟成長率達
8.1%）。2001 年我國經濟雖遭受國內外景氣頹弱之拖累，結果導致首
度呈明顯負成長的衰微。但總體貿易量仍高達 2,301 億美元（其中進
口為 1,072 億 3,200 萬美元，出口為 1,228 億 6,800 萬美元）權衡其中
以出口占高比率的外匯存底，截止 2007 年 5 月前依然高居世界第三大
國，可見以出口導向為主的島國經濟型態，對國家經濟發展的重要

性，爲使讀者對進出口貿易有更深一層的認識。茲以 8.6 節「出口業務」及 8.7 節「進口業務」兩篇幅，分別介紹如后：

出口簽證之種類

預繳外匯

預繳外匯（Advanced Settlement of Exchange）乃貨品輸出列前先由買方將貨款匯交給賣方的一種輸出方式（較爲普遍者，有 D/D Demand draft 和 T/T Telegraphic 二種），通常均爲信用卓越之出口商。當出口商於結售該筆外匯時，應聲明輸出貨品名稱、出口條件及指定簽證銀行等，並填寫預繳外匯證明書，作爲將來輸出簽證之憑證。預繳外匯證明有效期間，自發給外匯水單之日起算 180 天內辦理輸出（非有特殊理由，否則不得展期），且不得轉讓出口；在貨物輸出後，出口商應將所有出口貨物單據，直接寄交國外買主，以便提貨。

信用狀

在所有貨品出口項目中，以信用狀（Letter of Credit，簡稱 L/C）方式辦理，應是最普遍的一種輸出方式。當外匯銀行收到認可的國外同業所開發的不可取銷信用狀後，即由通知銀行（Advising Bank）轉知信用狀收益人（Beneficiary），出口商即應依信用狀條款，填製「輸出許可證申請書」，辦理出口簽證。在貨品裝船出口後，備妥全部出口單據，送指定銀行辦理出口押匯。

託收（付款交單）

託收（付款交單）（Document Against Payment，簡稱 D/P）方式之出口，較之其他貿易方式風險性大。辦理此種方式之輸出通常由出口廠商填具全套「輸出許可證申請書」後，向簽證機關辦理出口簽證。於貨品出口後，備妥各項有關單據，委託外匯銀行轉寄國外同業

託收貨款（託收申請書及託收通知書請參閱**表8-3**、**表8-4**），俟款項收妥後，再轉入出口商外匯存款戶。

表 8-3 託收申請書

APPLICATION FOR COLLECTION OF DOCUMENTARY DRAFTS No. _____

TO: X X International Banking Corporation
     TAIPEI

Taipei _____ 19 ____

Checked into Coll. Reg.
Date   Accountant
(FOR OFFICE USE ONLY)

Dear Sirs:

Please transmit the item(s) named hereon for collection or purchase for my/our account at my/our risk through such bank as you may select deducting from the proceeds any and all collection and other charges, which, if not paid by drawees, will be reimbursed by me/us.

In handing you this/these item(s) for collection, or purchase I/we agree that American Express International Banking Corp. Taipei, acts only as agent and assumes no responsibility for acts, omissions, neglect or default on the part of the correspondent selected, or for any delay in or failure to present this/these item(s) for acceptance or payment due to causes beyond our or their control or for item(s) lost whilst in transit. I/We further agree that American Express International Banking Corp. or its agents assume no responsibility in connection with any funds received in payment of this/these collection(s) which may be temporarily or permanently affected by any present or future government orders or laws, levy or tax, by embargo, moratorium, exchange restrictions or by any causes beyond your or your agents control and if the bill be at any time unpaid, American Express International Banking Corp. Taipei may reimburse them-selves for any advances made by their agreeing to purchase this bill.

Details of Documents.

............Draft No............dated............for............
............drawn on............
............B/L No............of............S.S............
............Invoice No............dated............for............
............Ins. Pol. No............dated............of............

SPECIAL INSTRUCTIONS ....

Cable } Advice of Payment   Yes } Protest for
Mail   No   non-acceptance/payment

Deliver documents against } Payment
                            Acceptance   Signature ....

We acknowledge receipt of the above described item.

X X International Banking Corporation

Taipei, _____ 19 ____   ....

....

表 8-4　託收通知書

XX **International Banking Corporation**
Taipei Branch
Cable: Amexbank•P. O. Box 1753, Taipei, Taiwan　DATE:

ALWAYS QUOTE OUR

AIR
MAIL
TO
→

SUPPLEMENTING THE ORIGINAL OF THIS COLLECTION LETTER WHICH WAS SENT YOU ON THE ABOVE-
MENTIONED DATE. WE ARE NOW HANDING YOU HEREWITH. THE BELOW-LISTED DUPLICATE DOCUMENTS.

TRACER DATE

DRAFT DATE AND NO.	DRAWEE	DRAWER	TENOR	AMOUNT

	DOCUMENTS					PLUS: OUR CHARGES

DRAFTS	BILLS OF LADING	CONSULAR INVOICES	INSURANCE CFTS.	INVOICES	INSP. CERTF.	WT. CERT.	AIRMAIL POSTAGE
ORIG. DUP.	ORIG. DUP. TRIP.		ORIG. DUP.	ORIG. DUP. TRIP.			
CERT. OF ORIGIN	PARCEL POST RECEIPTS		OTHER-DESCRIBE				

INSTRUCTIONS COVERING THIS ITEM APPEAR BELOW MARKED "X"

☐ DELIVER DOCUMENTS AGAINST PAYMENT.
☐ DO NOT PROTEST. ☐ PROTEST.
☐ ADVISE ACCEPTANCE BY
☐ IF DRAFT REFUSED ON ARRIVAL OF GOODS, WAREHOUSE AND INSURE AGAINST FIRE AND THEFT, FOR &
☐ MAILING/CABLING PARTICULARS AT OUR EXPENSE
☐ REMIT PROCEEDS BY AIRMAIL/CABLE FOR CREDIT TO OUR ACCOUNT WITH AMERICAN EXPRESS INTERNATIONAL BANKING CORP., UNDER AIRMAIL/CABLE ADVICE TO US.

☐ DELIVER DOCUMENTS AGAINST ACCEPTANCE.
☐ HOLD ACCEPTED DRAFT AND PRESENT AT MATURITY.

☐ PERMIT PAYMENT/ACCEPTANCE ON ARRIVAL OF GOODS.
☐ RETURN ACCEPTED DRAFT TO US.
☐ ADVISE NON ACCEPTANCE/NON PAYMENT (GIVING REASONS) BY
☐ ADVISE PAYMENT BY CABLE.

☐ AIRMAIL PROCEEDS BY
☐ CHECK ON NEW YORK
☐ WAIVE CHARGES IF REFUSED.

☐ AUTHORIZE US BY AIRMAIL TO DEBIT YOUR DOLLARS ACCOUNT
☐ DO NOT WAIVE CHARGES.
☐ ALL CHARGES FOR ACCOUNT OF DRAWEE
☐ ALL CHARGES FOR ACCOUNT OF DRAWER.

SPECIAL INSTRUCTIONS ▶

EXCEPT AS OTHERWISE EXPRESSLY STATED THIS COLLECTION IS SUBJECT TO THE UNIFORM RULES FOR
THE COLLECTION OF COMMERCIAL PAPER, INTERNATIONAL CHAMBER OF COMMERCE BROCHURE 254
ORIGINAL-COLLECTION LETTER　　P. T. O.
FORM E-012 REV. 7/78 400 TAI

託收（承兌交單）

　　託收（承兌交單）（Document Against Acceptance，簡稱 D/A）方式之出口，最怕買主之信用不佳，一旦不履行付款義務時，則出口外匯勢必遭受擱置。而採用此種方式辦理簽證時，應繕打全套輸出許可證（簡稱 C.B.C.）後，向指定簽證銀行辦理出口簽證。除依規定限於一個月內，應向指定簽證銀行辦理出口外，對承兌期限，不論任何地區，均以 180 天為原則。有延長之必要時，應報請核准同意後，再辦理簽證。

　　出口商將貨物裝運後，將各項單據送交銀行，再由承辦銀行把有

關單據寄予國外同業，請求買主將遠期匯票加以承兌，並交出提貨單據，等匯票到期收取外匯後，再由承辦銀行支付出口商。

⊞ 寄售

寄售（Consignment）乃貨品寄交國外代理商或經銷商，委託其銷售，俟貨物出售後，再收取貨款。此種方式之出口，由於風險性大，故規定對同一地區貨品寄售，有其最高金額的限制。出口商於辦理簽證時，除應填具全份的「輸出許可證申請書」外，並應附指定銀行的同意書，且僅限於向台銀國外部辦理簽證。

⊞ 不結匯出口

不結匯出口（No Exchange Surrendered）方式，依規定其輸出價值以在美金 500 元以下之樣品、餽贈或廣告品為限，若屬於准許出口類者，原則上不必辦理出口簽證，可逕向海關申報驗放；其金額超過美金 500 元時，應向貿易局辦理簽證。

💰 出口結匯方式

銀行辦理出口外匯業務之範圍，可包含信用狀通知、保兌、結匯及託收等，其中押匯及託收因涉及外匯兌換問題，故為本節討論重點。按，前者屬於一種授信行為，為廠商於貨品裝船輸出後，依信用狀條款之規定，即可檢附各種單據、簽發匯票向外匯銀行辦理押匯取款，然後由外匯銀行將廠商辦理押匯時所提出之各項單據〔如匯票（Bill of Exchange）、商業發票（Commercial Invoice）、提單（Bill of Lading）、保險單據（Insurance Policy）、產地證明（Certificate of Origin）、檢驗證明書（Inspection Certificate）及領事發票（Consular Invoice）等〕整理備齊後，寄送國外聯行或同業（依信用狀上之指示）收取墊款。（其收款方式有直接向信用狀上所指示之付款人求償；有以電報指示開證行入帳、或請開證行於審核單據後將價款匯入押匯銀

行指定之往來銀行帳等）惟此間由於押匯銀行郵寄上述押匯單據過程，有時可能發生遺失、遲延送達或因單據內容不符信用狀的規定，甚至有進口商心懷惡意來詐騙等情事發生。所以，結果有可能造成無法收款或對方借口拒付。凡此，對押匯銀行來說，對其事先的押匯墊款，實際擔負相當程度的風險。至於後者，因其不沿用信用狀方式付款（如代收附有單據之付款交單 D/P、承兌交單 D/A 或代收票據——未附其他任何單據之光票託收等），因銀行對出口貨品並無事前墊付款項情形，自不發生如授信所負擔的風險。此乃兩者最大之不同，為使讀者對於出口結匯方式，能獲取更深一層瞭解起見。茲詳細分別介紹如后：

信用狀之接收

實務上，一般信用狀的寄送，均由開狀銀行寄／傳送予出口地的通知／往來銀行，再由通知銀行以書面（如**表8-1**）通知受益人前來銀行領取， 銀行通常於交付信用狀時，會向領取人收取通知費用。相對地，銀行應於轉交前對信用狀負有真偽驗證的工作（如郵遞信用狀上簽章之核對及電報信用狀密碼之核押）。因此，對於有疑問之信用狀（簽字或密碼無法證實），應於通知書上加以註明，以提醒受益人之注意。而受益人於領到信用狀後，亦應審閱信用狀內容與條款是否與當初買賣合約之協議相符，否則應洽請通知銀行要求對方加以更正；若對開狀銀行之信用有疑慮時，應要求對方另找通匯銀行加以保兌。此外，亦應注意開狀銀行對信用狀之保證字句，否則就要求加以澄清，以求慎重。

信用狀的保兌

信用狀的保兌係指國內之指定銀行因應國外同業／聯行之委託，就其所簽發之信用狀為通知外再加予保兌承諾之謂。當銀行辦理保兌

時，應於信用狀之上加蓋「保兌」（Confirm）字樣，而信用狀一旦經由保兌後，日後如開證銀行發生問題不能付款時，保兌銀行對受益人或讓購之銀行，負有絕對付款的義務。信用狀之所以需要附加保兌，通常係應出口商（即受益人）之請求，故保兌應付之手續費自然由受益人負擔（間亦有由進口商負擔者）。

銀行辦理保兌時之帳務處理：

1.保兌時：

借 應收保證款項 — 信用狀保兌
　　貸 保證款項 — 信用狀保兌
借 聯行往來
　　貸 手續費收入 — 信用狀保兌

2.解除時：

借 保證款項 — 信用狀保兌
　　貸 應收保證款項 — 信用狀保兌

💰 信用狀之修改

出口商於接到信用狀後，經審閱時發現內容有需要修改之項目時（請參閱本章第 6.7 節之信用狀之修改），應洽請對方之進口商，向原開狀之銀行加予修改，經受理後，開狀銀行會將修改事項通知國內之通知銀行，再由通知銀行轉知／交出口商（如**表 8-5**）

💰 信用狀之轉讓

信用狀之最初受益人（Original Beneficiary）於接獲信用狀後，原則上，不准轉讓予第三者，但受益人因本身不提供貨品，且符合下面之情形時，得予辦理轉讓。但限於信用狀載明有可轉讓之文句（Transferable），並以一次為原則（Can Only be Transferred Once）。意即第二受讓人不得再轉讓予另一第三人（Can not transfer to a third ben-

表 8-5　信用狀修改通知書

```
◆
11349 ○○ BANK
MS                                  ○○ International banking Corp., Taip:

FROM: BANCO DI ROMA - MILANO
TO : ○○                 INT. BANKING CORP. TAIPEI

OUR CREDIT 0843/4872A YOURS 80/57241 AMENDED AS FOLLOWS:
- NOW SHIPMENT MAY BE EFFECTED FROM ANY TAIWAN PORT
  INSTEAD OF FROM TAIPEI PORT
OTHERWISE UNCHANGED.
MERICI-IMP.L.EN. DEC. 18, 1980 BANCO DI ROMA - MILANO
       UNAUTHENTICATED 押碼
       通知銀行證實未符注明此項目 untested

310004 BRM MI I
11349 AMEXBANK
......
```

eficiary)。轉讓可一次全部讓予一受讓人，亦可分開轉讓給數人〔但
應注意載明有**可分批裝運**（Partial shipment allowed），或**不得分批裝運**
（Partial shipment prohibited）文句區別〕，且信用狀之轉讓，必須依照
原條件規定辦理，並注意下列之例外限制，開證申請人認為第一受益
人可被替代、信用狀金額和單價應較原價減少和信用狀有效期限和裝
船日期應較原規定縮短。

💰 即期信用狀出口押匯

　　在外匯制度改制後，由於中央銀行已取消原先與各指定銀行之外
匯清算辦法。因此，出口廠商在新制度下，當廠商向銀行辦理出口押
匯時，除根據信用狀所載條件，檢具各項輸出單據（包括：信用狀正
本 L/C、匯票 Bill of Exchange、提單 Bill of Lading、商業發票、包裝
單 Packing List、產地證明書 Certificate of Origin、保險單 Insurance
Policy、檢驗證明書 Inspection Certificate、輸出許可證申請書及統一
發票收執聯等）到銀行辦理押匯，經銀行審查單據合格後，廠商若欲
將結匯款結售為新台幣者，則按當日掛牌之即期匯率及利率計收後，
便可將押匯款先撥付給客戶（亦可存入客戶之外匯帳戶或償還外銷貸
款）。因此，出口押匯對銀行而言，是一種間接授信的行為，所以銀

行在初次接受出口廠商提出押匯申請時，依內部作業之規定，均應經過一番之信用調查程序。而且，如認為有必要時，也會要求客戶提供擔保品或增加保證人等作為條件，以確保墊款之安全無慮。此外，銀行亦對每一押匯客戶個別訂定一般性押匯額度及瑕疵額度等，來加以控管。通常在客戶第一次申請往來時，除需簽妥質押權利總設定書（General Letter of Hypothecation）外，還要提供印鑑卡（Signature Card）、公司執照及營利事業登記證影本後，始得辦理押匯。

銀行接受客戶即期信用狀押匯之會計分錄如下：

1.發生時：

(1) 借 應收款 — 同業 — 外國（US$）xxxxx

　　Account Receivable — Bank — Foreign

　　貸 其他本國應付款[1]（US$）xxxxx

　　Other A/C Payable / Local Country

　　其他外國應付款[2]（US$）xxxxx

　　Other A/C Payable / Foreign

　　活期放款 — 客戶（US$）xxxxx （或）

　　Demand Loan — Clients

　　外匯存款戶 — 活期（US$）xxxxx

　　Foreign Exchange Proceeds A/C — Demand

　　外匯兌換戶（US$）xxxxx

　　Foreign Currency Control Account

(2) 借 外匯兌換戶（US$）xxxxx

　　Foreign Currency Control Account

　　貸 出口押匯手續費收入[3]（NT$）xxxxx

　　Commission — Negotiation of Commercial Credits

---

[1]其他本國應付款：保險費（Premium）。

[2]其他外國應付款：佣金（Commission）。

[3]出口押匯手續費收入：按押匯金額1‰收取，最低為新台幣100元。

郵電費收入 [1]（NT$）xxxxx

Miscellaneous Other Revenues — Cable & Mail Charges

其他本國什項應收款（NTS$）xxxxx

Other Misc. Receivable — Local Country

其他手續費收入 [2]—本國（NT$）xxxxx

Miscellaneous Commissions and Fees — Local Country

客戶活期存款— 無息 [3] — 本國（NT$）xxxxx

Demand Deposits — Clients — Non Int. Bearing — Local Country

客戶活期存款 — 計息 — 本國（NT$）xxxxx

Demand Deposits — Clients — Int. Bearing — Local Country

2.銷帳時：

(1) 借 聯行活期存款往來（US$）xxxxx

Interbranch — Demand A/C

貸 外匯存款戶—活期（US$）xxxxx

Foreign Exchange Proceeds A/C Demand

(2) 借 外匯存款戶—活期（US$）xxxxx

Foreign Exchange Proceeds A/C Demand

其他外國什項應收款 [4]（US$）xxxxx

---

[1] 郵電費收入：按實收取費用，香港地區 100 元；亞洲地區 220 元；歐、美洲 300 元。

[2] 其他手續費收入：金額× 12.75 × 15 天× 35.95 / 36,000 。

[3] 客戶活期存款—無息：出口推廣費用（現已取消）。

[4] 其他外國什項應收款為外匯收妥後發生之差額（如 Cable Charge）掛此科目，然後再向客戶收取。並作下面的分錄：

a.借 外匯兌換戶（US$）xxxxx

Foreign Currency Control Account

貸 其他外國什項應收款（US$）xxxxx

Other Misc. Receivable — Foreign

b.借 其他本國什項應收款（NT$）xxxxx

Other Misc. Receivable — Local Country

貸 外匯兌換戶（NT$）xxxxx

Foreign Currency Control Account

Other Misc. Receivable — Foreign

貸 應收款 — 同業 — 外國（US$）xxxxx

Account Receivable — Bank — Foreign

　　除上述之信用狀（Sight L/C）押匯分錄外，尚有遠期信用狀（Usance L/C），因為憑這種方式輸出之信用狀，由於出口商所開具的匯票多屬遠期，故會發生利息負擔問題，因此可再劃分為：(1)賣方遠期信用狀（Seller's Usance），即匯票利息由賣方負擔；和(2)買方遠期信用狀（Buyer's Usance），即匯票利息由買方負擔。茲就其會計分錄，詳加敘述如后：

1.發生時：

　(1) 借 貼現票據 — 本國 — 買方 （US$） xxxxx

　　　　Bills Discounted — Local Country — Buyer's A/C

　（或）

　　　借 貼現票據 — 本國 — 賣方 （US$） xxxxx

　　　　Bills Discounted — Local Country — Shipper's A/C

　　　貸 其他本國應付款 （US$） xxxxx

　　　　Other A/C Payable / Local Country

　　　　其他外國應付款 （US$） xxxxx

　　　　Other A/C Payable — Foreign

　　　　活期放款 （US$） xxxxx

　　　　（或）

　　　　Demand Loans — Clients

　　　　外匯存款戶 — 活期 （US$） xxxxx

　　　　Foreign Exchange Proceeds A/C Demand

　　　　外匯兌換戶 （US$） xxxxx

　　　　Foreign Currency Control Account

　(2) 借 外匯兌換戶 （NT$） xxxxx

　　　　Foreign Currency Control Account

貸 出口押匯手續費收入 （NT$） xxxxx

Commission － Negotiation of Commercial Credits

郵電費收入 （NT$） xxxxx

Miscellaneous Other Revenues － Cable & Mail Charges

其他本國什項應收款 （NT$） xxxxx

Other Misc. Receivable － Local Country

其他手續費收入－本國 （NT$） xxxxx

Miscellaneous Commissions and Fees － Local Country

客戶活期存款 － 無息 － 本國 （NT$） xxxxx

Demand Deposits － Clients － Non Int. Bearing － Local Country

（或）

客戶活期存款 － 計息 － 本國 （NT$） xxxxx

Demand Deposits － Clients － Int. Bearing － Local Country

預收他行承兌票款利息 （NT$） xxxxx

Unearned Discount

2.當接到國外對方銀行承兌通知時之會計分錄：

借 他行承兌 （US$） xxxxx

Bakers Acceptances － Foeign

貸 貼現票據 － 本國 － 買方 （US$） xxxxx

Bills Discounted － Local Country － Buyer's A/C

（或）

貼現票據 － 本國 － 賣方 （US$） xxxxx

Bills Discounted － Local Country － Shipper's A/C

3.到期進帳時之會計分錄：

(1) 借 聯行活期存款往來 （US$） xxxxx

Interbranch － Demand A/C

貸 外匯存款戶－ 活期 （US$） xxxxx

Foreign Exchange Proceeds A/C Demand

(2) 借 外匯存款戶－活期 （US$） xxxxx

Foreign Exchange Proceeds A/C Demand

貸 他行承兌 （US$） xxxxx

Bakers Acceptances － Foeign

應收放款息❶－國外 US$ xxxxx

Int. Receivable － Loans － Foreign

外匯兌換戶 （US$） xxxxx

Foreign Currency Control Account

（Buyer's A/C）

(3) 借 外匯兌換戶 （NT$） xxxxx

Foreign Currency Control Account

貸 他行承兌票據利息收入 － 外國❷－美金

－其他外幣 （NT$）

Int. Income-Bankers Acceptance － Foreign － US$

在 Shipper's A/C 發生時，所預收之全期（部）利息（即預收他行承兌票據利息收入科目），每日應沖銷分錄為：

借 預收他行承兌票據利息 （NT$） xxxxx

Unearned Discount

貸 他行承兌票據利息收入－外國－美金－其他外幣（NT$）

Int. Income-Bankers Acceptance － Foreign － US$

上面係即期、遠期信用狀，銀行受理押匯時之會計分錄，不過當文件發現有瑕疵（With Dis-crepancy）時，因收款堪慮，則發生時之會計分錄應改為：

---

❶分錄之應收利息（即應收放款息），係在國外實際進帳後，將每日之提存預估作沖轉分錄。

❷利息收入即他行承兌票據利息收入 － 外國，係超過之零星天數直接以此科目掛帳。

應收款 — 同業 —外國 （US$）xxxxx

Account Receivable — Bank — Foreign 改

Advances-Sight-Local Country — EXP

貼現票據 —本國—買方戶

　　　　　　—賣方戶

Bills Discounted — Local — Buyer's A/C

　　　　　　　　 —Shipper's A/C 改 Advances — Time —

　　　　　　　 Local Country — EXP

出口託收

出口廠商以不憑信用狀方式出口時，即應於貨品裝運輸出後，檢具運貨人所簽發之提單（以託收銀行為抬頭人）連同匯票（Bill of Exchange or Draft）及全套貨運單據（Shipping Documents，如提單或保險單等），委託銀行辦理出口貨款之託收工作。一般稱為**跟單託收**（Documentary Remittance）與無需附隨任何單據的**光票託收**（Clean Remittance）（如支票、本票、匯票）有別。換言之，此處所謂之託收，即指託收之商業票據（Commercial Paper）應附有單據，它又包括付款交單（D/P）託收及承兌交單（D/A）託收兩種。前者，為跟單匯票之付款人（或稱被發票人，亦即進口商）於付款後方可取得貨物單據，憑據提領貨品，故稱為付款交單（Document Against Payment）（請參考**圖8-4**）。而後者，為出口廠於貨物輸出後，簽發以進口商為付款人之遠期跟單匯票，經其於該跟單匯票上承兌後，進口商即可取得貨物單據，憑以提領貨品。在匯票到期時，才支付貨款之一種交易條件，稱為承兌交單（Document Against Acceptance）（請參考**圖8-5**）。此等出口方式之託收，其相關之當事人，共涵蓋下列幾項：

1.委託人：即匯票之簽發人或稱出口商。

2.託收銀行：即受委託人之委任，將匯票寄往國外往來銀行，向進口商洽收票款之出口地銀行。

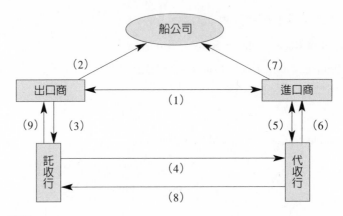

說明：
（1）交易成立。
（2）貨物交運並領取提貨單。
（3）託收貨款並交付提貨單、匯票等。
（4）寄發提貨單、匯票等單據並委託收款。
（5）通知贖單並付款。

（6）交付提貨單等單據。
（7）憑提貨單領取貨物。
（8）通知進帳。
（9）付款。

圖8-4　付款交單流程圖

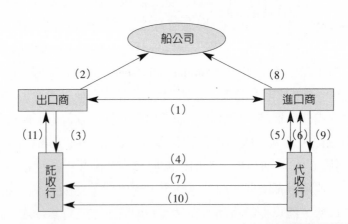

說明：
（1）交易成立。
（2）貨物交運並領取提貨單。
（3）託收貨款並交付提貨單、匯票等。
（4）寄發提貨單、匯票等單據並委託收款。
（5）通知承兌並予承兌。

（6）交付提貨單等單據。
（7）承兌通知。
（8）憑提貨單領取貨物。
（9）匯票到期付款。
（10）通知進帳。
（11）付款。

圖8-5　承兌交單流程圖

3.代收銀行：即進口地銀行應託收銀行之請求，就其寄達之匯票轉向進口商收款／承兌之銀行（代收銀行若提示不便時，可再委託另一第三銀行辦理代向被發票人收款）。

4.付款人：即國外進口商或稱被發票人。

上項出口地之銀行於接受申請人（即委託人）之「出口託收申請書」（如**表**8-3）後，除前述有關之單據外，還應提出商業發票、輸出許可證海關回單聯及統一發票等文件一併交付銀行，然後再由託收銀行填具「託收通知書」（如**表**8-4）寄往國外之代收銀行收款，等接到國外銀行收妥款項通知後，即可將貨款撥付予出口商。至於出口商因在貨品出口期間，如急需獲得資金週轉時，可利用輸出保險辦法之規定提前獲得融資的便利。

出口託收時銀行之會計處理

銀行受理時並不作分錄，而僅在帳本上作記錄登記，於接到國外進帳報單時，再作傳票登帳，其分錄為：

借 聯行活期存款往來[1]（US$）xxxxx

　　Interbranch — Demand A/C

　　外匯兌換戶[2]（US$）xxxxx

　　Foreign Currency Control Account

　　貸 其他本國應付款[3]（US$）xxxxx

　　　　Other A/C Payable/Local Country

　　　　其他國外應付款[4]（US$）xxxxx

　　　　Other A/C Payable — Foreign

　　　　活期放款—客戶（US$）xxxxx

---

[1]聯行活期存款往來：係實收數。

[2] 外匯兌換戶：差額部分。

[3] 其他本國應付款：保險費（Insurance）。

[4] 其他國外應付款：代理商佣金（Agent Comm.）。

Demand Loans — Clients

（或）

外匯存款戶— 活期 （US$） xxxxx

Foreign Exchange Proceeds A/C Demand

借 聯行活期存款往來 （US$） xxxxx

Interbranch — Demand A/C

貸 外匯兌換戶 （US$） xxxxx

Foreign Currency Control Account

借 外匯兌換戶 （NT$） xxxxx

Foreign Currency Control Account

貸 外匯兌換戶 （NT$） xxxxx

Foreign Currency Control Account

郵電費收入 （NT$） xxxxx

Miscellaneous Other Revenues — Cable & Mail Charges

進出口託收收入 （NT$） xxxxx

Collecion Revenue — Documentary

💰 逾期押匯款之催收

押匯銀行將單據寄出後，應隨時注意預定國外可進帳日期，若超過一個月仍未接到進入帳通知時（Credit advice），應作逾期轉帳處理，並發出催詢函（Tracer）給付款銀行（如表 8-6），若押匯金額超過 1 萬美元者，應以電報催詢。一旦國外要求以減價、延期或分期償還等方式回應，須徵得出口廠商之同意。若遭受國外銀行拒付時，銀行應盡力協助客戶解決，對於無法解決者，應適時向出口商追還押匯款本息，以確保銀行之債權。

表8-6　催詢函

催收電文

PLS ADVISE THE FATE OF OUR NEGOCIATION B — 79 ----------------FOR US$
---------------- DRAWN UNDER YOUR L/C N0.

XXXX BANK, TAIPEI

至於付款銀行與開證銀行（Issuing Bank）並非同一家時，其電文為：
前同，STOP. DOCUMENTS WERE TRANSMITTED TO YOU FOR PAYMENT
BY,_____, TAIPEI UNDER THEIR REF. NO.------------------- AND YOU HAVE
BEEN REQUESTED TO REMITT THE PROCEEDS TO CREDIT OUR ACCOUNT WITH
OUR NEW, YORK OFFICE.

逾期未進帳時銀行之會計處理

當逾期（Past Due）未進帳時，銀行之會計處理為：

借 逾期活期放款 — 外國（US$）xxxxx
　　Past Due Demand Loans — Foreign
　　貸 應收款 — 同業 — 外國（US$）xxxxx
　　　　Account Receivable — Bank — Foreign

另外，在發出催收電文之同時，並向客戶收費，其分錄如下：

借 其他本國什項應收款（NT$）xxxxx
　　Other Misc. Receivable — Local Country
　　貸 郵電費收入（NT$）xxxxx
　　　　Miscellaneous Other Revenues — Cable & Mail Charge

173

8.7 進口業務

　　國際貿易分為進口及出口，其中出口各國多採獎勵措施，而進口物質雖具有發展國內經建、產業保護、平穩物價及扶植國內生產事業發展等效用，但仍將加以限制。就我國貿易管理相關法令之規定，對進口貨品分為准許進口類、管制進口類或禁止進口類等，並以輸入許可證之取得為依據，在結匯方面分為開狀、贖單及託收等不同層次，依目前我國管理外匯條例之規定，其收支不受管制。換言之，就是進口商之進口貨幣得由新台幣結匯支付、外匯存款逕行撥支、出口所得抵沖支付或用外幣貨款金額來支付等均可。茲就進口業務有關處理事務說明如下：

💰 進口簽證

📊 類別

　　與出口貿易處於反向和相對立場的國際貿易—進口業務，雖不似出口貿易可賺取外匯資金，然我們皆明白台灣因地理位處海島，本身自然資源受到環境的影響和限制，為求對外貿易積極發展，乃有賴國外原料之輸入，再經由加工後之外銷，以提升國際貿易和經濟之發展。換言之，我國的產業型態，除一方面須拓展出口貿易來易取進口資源所需要的外匯外，他方面又得進口原料加工，以推展進出口業務。故兩者之對國家經濟發展具有相輔相助之效。至於進口簽證方式雖與前節之出口業務雷同，但依然再簡略贅述如后：

1.開發信用狀：進口廠商要輸入貨物，經簽證獲得輸入許可後，（除免簽發許可證之進口貨品外，案件須檢附交易文件）即可憑證向外匯指定銀行提出申請開狀，並填具**開發信用狀申請書**（如**表**8-7）（Application for Commercial Letter of Credit）、信用

狀約定書（如**表**8-8）（Commercial Letter of Credit Agreement）
及其他必要費用（如手續費及郵電費等）。至於開發之信用狀，
則可分爲即期（Sight L/C）及遠期（Usance L/C）兩種（後者原

表8-7　開發信用狀申請書

APPLICATION FOR COMMERCIAL LETTER OF CREDIT

○ ○ **International Banking Corporation**   *Date* _____
Commercial Banking Office
TAIPEI, TAIWAN

Gentlemen :
　The undersigned hereby request(s) you to open by ☐ Airmail/ ☐ Cable your irrevocable credit as follows :

In favor of _____

For account of _____

Up to the aggregate amount of _____

Available by draft(s) drawn at _____ sight for full invoice cost on you or your correspondents,
at your option, when accompanied by the following documents (mark documents required) :
☐ Signed commercial invoice with _____ copies all mentioning import permit No. _____
☐ Packing List
☐ One original supplier's certificate duly completed and signed.
☐ Full set of clean on board ocean bills of lading made out to the order of   **AMERICAN EXPRESS INTERNATIONAL
　BANKING CORP. TAIPEI**, marked "Freight ☐COLLECT/ ☐ PREPAID" notify buyer.
☐ Clean airway bills of lading consigned to **AMERICAN EXPRESS INTERNATIONAL BANKING CORP. TAIPEI**,
　marked "Freight ☐ COLLECT/ ☐ PREPAID" notify buyer.
☐ Sea/air parcel post receipt consigned to **AMERICAN EXPRESS INTERNATIONAL BANKING CORP. TAIPEI**, postage
　prepaid notify buyer.
☐ Insurance policy or certificate, in duplicate, endorsed in blank, for 110% of the invoice value, covering.
　☐ INSTITUTE WAR CLAUSES, ☐ INSTITUTE CARGO CLAUSES (W.A/F.P.A/ALL RISKS) ☐ S.R. AND C.C. CLAUSES
　☐ TP AND ND CLAUSES, _____
　　　　　　　　　(IF ADDITIONAL INSURANCE IS REQUIRED, STATE RISKS TO BE COVERED)
☐ Other documents, if any :

Purporting to evidence shipment(s) of : _____
_____
_____
_____ FOB/FAS/C&F/CIF

Shipment from _____ to _____ Insurance to be covered by ☐ buyer ☐ shipper
Partial shipments ☐ permitted ☐ not permitted.
Transhipments ☐ permitted ☐ not permitted.   This Space for Bank Use Only
Shipment(s) must be effected not later than _____ L/C No. _____
Draft(s) must be negotiated not later than _____
Special instructions : (If any)

表8-8　約定書

In consideration of your opening the credit as requested herein, the undersigned agrees as follows:

1. DRAFTS PAYABLE IN UNITED STATES CURRENCY. The undersigned agrees to pay you in United States currency at you office at 42, Hsu Chang Street, Taipei, (a) on demand the amount of sight drafts, which may be drawn in United States currency under the credit, and (b) one business day prior to maturity the amount of time drafts which may be drawn in United States currency under, the credit, or, if not payable at said office, in time to reach the place of payment one business day prior to maturity in the ordinary course of mail, or, at your option, on demand any time either before or after maturity.

2. DRAFTS PAYABLE IN FOREIGN CURRENCY. The undersigned agrees to pay you at your office at 42, Hsu Chang Street, Taipei (a) on demand the equivalent in United States currency of the amount of sight drafts which may be drawn in foreign-currency under the credit, at your then selling rate of exchange for cable or telegraph transfer to the place where and in the currency in which such drafts are payable, and (b) one business day prior to maturity the equivalent in United States currency of the amount of time drafts which may be drawn in foreign currency under the credit at your then selling rate of exchange for cable or telegraph transfer to the place where and in the currency in which such drafts are payable or, if not payable at said office, in time to reach the place of payment one business day prior to maturity in the ordinary course of mail, or, at your option, on demand any time either before or after maturity. In substitution for the payment described in this paragraph of time drafts and at you option, the undersigned agrees to pay you on demand the amount of time drafts in the currency in which the draft is payable.

3. COMMISSION INTEREST AND OTHER CHARGES. The undersigned agrees to pay you on demand your commission, all expenses and charges paid or incurred by you (including expenses of collection, or of exercise of any rights as to security or otherwise, and legel fees) any correspondents' charges, and interest from date of payment to date of reimbursement.

4. PRESENTATION OF DOCUMENTS. Except as otherwise expressly provided herein, you and/or your correspondents may

(a) Receive and accept as "Bill of Lading" any document(s) issued or purporting to be issued by or on behalf of any carrier which acknowledge(s) receipt of property for transportation, whatever the specific provisions of such document(s), and any such bill of lading issued by or on behalf of an ocean carrier may be accepted by you as an "Ocean Bill of Lading" whether or not the entire transportation is by water;

(b) If the credit specifies shipments in installments within stated periods and one or more shipments are not made by the designated date, honor drafts relative to subsequent shipments made on time;

(c) Accept or pay as complying with the terms of credit any drafts, otherwise in order, which may be signed be, or issued to, the administrator or executor of or the trustee in bankruptcy of, or any receiver of the property of, the party 'in whose name the credit provides that any drafts should be drawn.

The undersigned will inform you promptly whether or not discrepancies reported to you by the undersigned are waived.

5. LICENSES. The undersigned will procure promptly necessary import, export or shipping licenses for the property covered by the credit, comply with all governmental regulations, foreign or domestic (including exchange regulations) with regard thereto or the financing thereof, and furnish to you, at your request, certificates evidencing the foregoing, and on demand, pay to you any amount you may be required to expend in respect thereto.

6. INSURANCE. The undersigned will at its own expense at all times keep fully insured with responsible companies acceptable to you, all property to which the credit relates against fire, loss at sea, war risk or any other risks to which said property may be subject, assign the policies or certificates thereof to you or make loss payable to you, at your option, and furnish you upon request evidence of compliance with the foregoing. If you at any time deem such insurance inadequate for any reason, you may procure such insurance as you deem necessary at the expense of the undersigned.

7. GENERAL LOAN AND COLLATERAL AGREEMENT. The provisions of the general loan and collateral agreement heretofore executed by the undersigned and on file with you are hereby incorporated by referance in this agreement and shall be applicable hereto.

8. TRUSTS RECEIPTS. If any property shipped or documents representing the same are released by you to or upon the order of the undersigned when any obligation of the undersigned to you remains outstanding, the undersigned will sign and deliver to you on demand trust receipts therefor, or other security instruments, and statements of trust receipt financing, or other financial statements complying with applicable law and in such form as you may request, and pay all necessary filing fees. Your rights herein are in addition to your rights under any applicable law.

9. RESPONSIBILITY OF YOU AND YOUR CORRESPONDENTS. Neither you nor your correspondents shall be responsible for (a) the acts or omissions of any beneficiary of the credit or transferce of the credit, it transferable; (b) the existence, nature, amount, condition or delivery of the property purporting to be represented by documents, or any variance from descriptions therein or the existence of any liens or encumbrances upon such property; (c) the nature, validity, form, sufficiency, genuineness or collectibility of any documents (including insurance) or instruments, or of any endorsement thereof; (d) any irregularity in connection with shipment, including any default, oversight or fraud by the shipper or any others in connection with the property or documents or the shipment, non-shipment or transmittal thereof, or delay in arrival thereof, failure to arrive or failure to give notice of shipment on arrival thereof; (e) the obtaining, character, adequacy, validity or genuineness of any insurance or the solvency or responsibility of any insurer; (f) errors, omissions, interruptions or delaysin transmission or delivery of any messages, however sent and whether or not in code or cipher; (g) any act or omission or insolvency or failure in business of any other person (including any correspondent); and (h) without limiting the foregoing, any act or omission in good faith.

The undersigned will indemnify you and hold you harmless from all loss, damage, liability or expenses by reason of any act or omission pursuant to the instructions of the undersigned, or otherwise arising from or in connection with the credit, and the occurrence of any one or more of the above contingencies shall not affect or impair your rights and powers hereunder or the obligation of the undersigned to reimburse you hereunder.

10. RIGHTS CUMULATIVE: NO WAIVER. The rights and remedies herein expressly specified are cumulative and not exclusive of any which you would otherwise have. No delay by you in exercising any right or remedy hereunder shall operate as a waiver thereof, nor shall any single or partial exercise thereof preclude any further exercise thereof or the exercise of any other right. No right or remedy hereunder shall be deemed to have been waived unless you shall have signed such waiver in writting, nor shall any such waiver, unless otherwise expressly stated therein, be applicable to any matters occuring subsequent to the date thereof or to any continuance of the matters waived after such date.

（續）表 8-8　約定書

11. MODIFICATION OF CREDIT AND/OR REFINANCING OF TSANSACTIONS EFFECTED THEREUNDER. In case of any extension or renewal of the credit, increase or other modification of its terms, or the further financing or refinancing of any transaction effected under the credit as, for example, on a temporary advance, banker's acceptance' or loan, with or without further documentation or agreement, this agreement shall continue to be binding upon the undersigned in all respects with regard to the credit as so extended, renewed, increased or modified and to any transaction so financed or refinanced.

12. UNIFORM CUSTOMS The undersigned agrees that the credit is to be subject to the uniform customs and practice for commercial documentary credits of the International Chamber of Commerce in effect at the time of the execution of this application except as to matters which are specifically provided for herein.

13. BINDING EFFECT. This agreement shall be binding upon the undersigned, the heirs, executors, administrators, successors and assigns of the undersigned, and shall inure to the benefit of, and be enforceable by you, your successors, transferees and assigns. If this agreement should be terminated or revoked by operation of law, the undersigned will indemnify and save you harmless from any loss which may be suffered or incurred by you in acting hereunder prior to or subsequent to the receipt by you, your successors, transferees or assigns, of notice in writing of such termination or revocation. If any party hereto shall be a partnership, this agreement shall remain in force and applicable notwithstanding any change the in individuals comprising the partnership and shall include any altered or successor partnership, but the predecessor partnerships and their partners shall not thereby be released from any liability.

14. **Agreement for Usance Credit**(遠期信用狀約定書) the undersigned promises to strictly observe the following special conditions , and also promises to carry out all the duties on the part of the undersigned and to indemnify your Bank from any loss or damage which may arise in connection with this transaction.

(1) The undersigned hereby authorizes you or your correspondent bank to accept draft(s) on our behalf provided that the draft(s) is/are drawn in conformity with terms of this credit.

(2) The usance charges accrued from usance draft(s) under this credit shall be paid by us in currency of the draft at the rate of_____ percent per annum for_____days (from the date of acceptance to the date of maturity) for the face amount of draft(s).

(3) When the relative shipping documents under this credit have arrived at your Taipei Branch, we undertake to surrender to your Bank, immediately and unconditionally upon your written or oral request, our promissory note(s) in the same currency of the draft, made out to the order of your Bank, in the amount of invoice value plus usance charges, and payable on the same date of the maturity of the draft(s) held by your New York Agency.

(4) On the date of maturity of the import draft(s) the undersigned promises to settle with your bank in New Taiwan Dollars the cash equivalent to the draft(s) amount and the relative usance charges, calculated at your selling rate prevailing on the date of maturity.

Very truly yours

_____
（進口結匯用章）

NOTE: This applications must be in strict accordance with the conditions, specifications etc. as set forth in the import license issued by the competent authority of the Chinese Government in this connection. American Express shall not be held responsible for any delay in issuance of L/C due to the negligence on the part of the applicant in conformity with this request. American Express reserves the right to alter or even delete any party or parts of this application so as to be consistent with the license.

則以不超過 180 天爲限）。

2. 託收——付款交單 D/P：進口商於當地銀行接獲出口商簽發之跟單匯票及貨運單據通知時，應備妥款項辦理結匯，並領取貨運單據進行報關手續，以便提領貨物。

3. 託收——承兌交單 D/A：此種方式之進口與付款交單不同者，係匯票先經進口商承兌後，銀行即可將貨運單據交付客戶提貨，貨款則等到匯票所載到期日時，再由進口商結購外匯來償還。惟期間乃以不超過 180 天爲限。

4. 寄售：略（請參閱本章第 8.6 節）。

5. 不結匯進口：略（請參閱本章第 8.6 節）。

進口廠商一般輸入貨品，除限制輸入項目及大陸物品進口另有規定外，免除輸入許可證者包括：非限制輸入貨品；經海運、空運或郵包寄送進口貨品；其離岸價格在美金 2 萬元以下或等值者；憑外交部簽發在華外交等機構與人員免稅申請書辦理免稅公、自用物品進口者；入境旅客及船舶等服務人員攜帶行李物品，其量值在海關規定範圍內者；經立案之私立學校、政府機關與公營事業及經登記為出進口廠商等。

電子簽證

政府為簡化進口簽證和加速貨品通關作業手續，對進口廠商之進口貨品之簽證，於 1999 年末除原人工書面申請作業外，增加實施電子簽證，以透過網路辦理取得輸入許可證。對於進口廠商在辦理上項之作業前，除具備基本的電腦設備外，還應向貿易局申請，並取得 User ID 及 Password（使用者識別碼及密碼），然後才能進入貿易局網址（http://www.trade.gov.tw/）經由該系統將資料登錄後傳輸辦理和申請狀況之查詢（核准與否）。案件一經核准後，貿易局會將輸入許可證以郵遞方式寄送予申請人。對於輸入許可證之修改、註銷或遺失補發案件及戰略性高科技貨品輸入許可證申請案件等，則不宜以電子簽證方式申辦。

簽證規定

簽證輸入貨品，應注意之規定如下：

1.套打全份輸入許可證申請書。
2.輸入許可證有效期限，為自簽證之日起六個月。
3.預期進口貨品不能於有效期限內裝運者，得檢附證件敘明理由申請核發較長有效期限之輸入許可證。
4.輸入貨品應於輸入許可證有效期限屆滿前自原起運口岸裝運，其裝運日期以提單所載日期為準。
5.輸入貨品不能於輸入許可證有效期限內自原起運口岸裝運者，申

請人得於期限屆滿前一個月內申請延期，次數不得超過二次。

6.輸入許可證遺失申請補發，以原證遺失時貨品全部或部分尚未
　報運進口者為限。

💰 輸入管理

在推動貿易自由化與透明化原則下，我國進口限制或管理，本著
原則准許，例外限制。換言之，貨品進口除因國際條約、貿易協定或
基於國防、治安、文化、衛生、環境與生態保護或政策需要給予限制
外，准許自由輸入。是之，在此原則下，限制輸入貨品包括管制輸入
貨品和有條件准許輸入貨品兩項。前者之項目貨品非經專案核准發給
輸入許可證，不得輸入。而後者之項目貨品有其一定核准條件，除檢
附相關主管機關同意文件，經申請核發輸入許可證後，始得輸入。

💰 申請開發信用狀

📉 開發申請

進口廠商向銀行申請開發信用狀，應憑輸入許可證（Import
License，簡稱I/L）填具信用狀開發申請書，如**表8-7**（包括受益人全
名及地址、信用狀種別、信用狀金額、信用狀是否有效支付予押匯或
承兌、重點載明貨品的數量和單價、運費是否預付、詳細的文件要
求、裝、卸貨港／地、分批裝運之規定、最後裝運日期、有效日期、
通知方式、可否轉讓、提單或裝運文件簽發後押匯期限規定等）連同
往來銀行規定繳納信用狀金額之10%或15%部分的保證金（或全額保
證金）之結匯款，其餘部分取得銀行外幣墊款辦理。其屬遠期開發
者，則應於申請簽證時，在I/L上之付款方式／期限項下註明Buyer's
Usance or Seller's Usance及日期（90天、120天及180天等）外，並
取得銀行額度後，始得辦理。

⊞ 開發方式

　　信用狀開發分為電報開發（Cable）和航空郵寄開發（Airmail）兩種。開發之內容均憑申請書及輸入許可證資料繕打。以電報開發時，若屬簡略電文者（Brief Cable）僅填載其主要項目，並註明 Detail to Follow.；以全文電報者開發（Full/Detail Cable），應就所有信用狀內容全部載明，並於電文末端加註： This cable operation credit instrument，加上押碼後發送。若屬航空郵寄方式開發時，則應經銀行內部有權簽章人員之簽字後，始可付郵。

⊞ 開發信用狀會計帳務之處理

　　相關進口業務銀行內部會計帳務之處理如下：

　1.開發時：

　　　借 應收信用狀款項（外幣）─ 國外 （US$）xxxxx
　　　　貸 信用狀款項（外幣）─ 國外 （US$）xxxxx
　　〔註〕即／遠期信用狀均作相同之分錄。
　　　借 兌換（外幣）─ 即期 （US$）xxxxx
　　　　貸 存入保證金（外幣）❶─ 進口 （US$）xxxxx
　　　借 現金／活期存款（新台幣）（NT$）xxxxx
　　　　貸 兌換（新台幣）（NT$）xxxxx
　　　　　手續費收入（新台幣）─ 郵電費 （NT$）xxxxx

　2.修改時：

　　　借 現金／活期存款（新台幣）（NT$）xxxxx
　　　　貸 手續費收入（新台幣）─ 郵電費 （NT$）xxxxx
　　　　　手續費收入（新台幣）─信用狀修改費（NT$）xxxxx

　3.到單轉帳時：

　　(1) 即期信用狀

　　　　借 信用狀款項（外幣／即期）─ 國外 （US$）xxxxx

---

❶非全額結匯。

貸 應收信用狀款項（外幣／即期）─國外（US$）xxxxx

借 存入保證金（外幣）─ 進口（US$）xxxxx

進口押匯（外幣）（US$）xxxxx

　　貸 存放國外同業（外幣）（NT$）xxxxx

(2) 遠期信用狀（買方負擔利息時）

借 信用狀款項（外幣／遠期）─ 國外（NT$）xxxxx

　　貸 應收信用狀款項（外幣／遠期）─國外（US$）xxxxx

借 存入保證金（外幣）─ 進口（US$）xxxxx

短期放款（外幣）─ 進口遠期信用狀（US$）xxxxx

　　貸 存放國外同業（外幣）（US$）xxxxx

4.贖單時──償還墊款及利息，A：

(1) 即期信用狀

借 兌換（外幣／即期）（US$）xxxxx

　　貸 進口押匯（外幣）（US$）xxxxx

借 現金／活期存款（新台幣）（NT$）xxxxx

　　貸 兌換（新台幣／即期）（NT$）xxxxx

　　　　利息收入（新台幣）進口押匯息（NT$）xxxxx

贖單時──單據未寄到而提前還款，B：

借 兌換（外幣）（US$）xxxxx

　　貸 存入保證金（外幣）─ 進口（US$）xxxxx

借 現金／活期存款（新台幣）（NT$）xxxxx

　　貸 兌換（新台幣／即期）（NT$）xxxxx

　　　　利息收入（新台幣）進口押匯息（NT$）xxxxx

贖單時──擔保提貨後正本單據寄達，C：

借 信用狀款項（外幣）─ 國外（US$）xxxxx

　　貸 應收信用狀款項（外幣）─ 國外（US$）xxxxx

〔註〕即／遠期信用狀均作同樣分錄。

借 存入保證金（外幣）─ 進口（US$）xxxxx

　　貸 兌換（外幣）（US$）xxxxx

借 進口押匯（外幣）（US$）xxxxx

　　貸 存放國外同業（外幣）（US$）xxxxx

(2) 遠期信用狀：贖單時不作分錄，於到期償還墊款及利息，並由買方負擔利息：

借 兌換（外幣／即期）（US$）xxxxx

　　貸 短期放款（外幣）— 進口遠期信用狀（US$）xxxxx

借 現金／活期存款（新台幣）（NT$）xxxxx

　　貸 兌換（新台幣/即期）（NT$）xxxxx

　　　利息收入（新台幣）進口短期放款息（NT$）xxxxx

信用狀之修改

信用狀一旦開出發送後，若申請人要求修改內容時（除其修改項目涉及輸入許可證內容之條款應先取得更改核准之許可外），銀行即可逕行辦理。一般常見之修改項目，不外乎下列幾種情形：

1. 更改受益人名址。
2. 裝船日期及信用狀有效日期之延長。
3. 金額及貨品之增減。
4. 保險種別之變更。
5. 運輸方式、裝船或卸貨地之變更。
6. 提單抬頭人之修改。
7. 分批裝運規定之修改。
8. 其他事項：如貨品名稱、規格變更、信用狀保兌、轉讓或註銷……等項目之修改。

贖單

進口廠商於接獲進口單據通知後，若屬即期者，廠商應即備付墊款及繳納進口押匯利息，銀行才會交付提單憑以報關領貨。若屬遠期

者，其與即期最大不同之處，乃提貨時無須即刻償還墊款便可以擔保提貨或副提單背書方式辦理。至於其餘之贖單手續與即期大致相同。

擔保提貨

出口廠商將貨品寄運後，便可轉向銀行辦理押匯，此時在進口地之進口商有時會有貨物比單據早先寄達之情形，而進口人又欲及早提領貨品時，就得要求銀行先行給予擔保，以便提貨。唯若屬即期信用狀者，廠商應先償還外幣墊款及利息後，銀行才會於擔保提貨書上背書，並連同其餘之文件交付廠商辦理報關。而銀行將待正本單據寄達後，再向輪船公司換回**擔保提貨書**（Letter of Indemnity），作為解除保證責任之銷案。若單據寄達早於貨品到埠時，廠商即可在辦理贖單償還外幣墊款後，取得提貨單及所需各項貨運單據，辦理提貨。

進口託收

付款交單

進口廠商應先辦妥付款交單（Documents Against Payment，簡稱D/P）方式進口之輸入許可證後，再向銀行繳付貨款的結匯手續，才能取得貨運單據，憑以報關。

承兌交單

承兌交單（Documents Against Acceptance）方式之進口和付款交單處理方式大致相同，所不同者乃進口廠商於接到通知書時，應先向銀行辦妥匯票之承兌手續後，才能取得報關單據。

銀行內部帳務之處理

銀行內部帳務處理如下：

1.單據到達時：

借 應收代收款（外幣）

貸 受託代收款（外幣）

〔註〕D/A、D/P 之分錄相同。

2.承兌交單方式於承兌時：

借 現金／活期存款（新台幣）

貸 手續費收入（新台幣）－郵電費

手續費收入（新台幣）－進口託收（D/A）

3.結匯時：

借 受託代收款（外幣）

貸 應收代收款（外幣）

〔註〕D/A、D/P 之分錄相同。

(1) D/A：

借 兌換（外幣/即期）

貸 存放國外同業（外幣）

借 現金／活期存款（新台幣）

貸 兌換（新台幣／即期）

(2) D/P：

借 兌換（外幣/即期）

貸 存放國外同業（外幣）

借 現金／活期存款（新台幣）

貸 兌換（新台幣／即期）

手續費收入（新台幣）－進口託收（D/P）

8.8 應收帳款收買業務

　　由金融業者或專門從事對出口廠商因貨品之輸出，因條件採用付款交單或承兌交單或記帳方式銷貨，由出口廠商／銷貨者，就其應收

未收款項之債權讓與收購為業務者（Factor Company，即受購人），而提早取得外銷營運資金的一種業務（Factoring）。應收帳款之受購人，一旦受理承辦此一業務後，[1]即應承擔進口商或進口國之一切信用或政治風險。而應收帳款之收買業務之成立基礎，須建立在出口廠和收購人彼此兩方，訂定契約關係為前提。是之，協議達成前，出口廠商應先將貨品輸入者的相關資料提供給收購人，作為辦理徵信調查之用和核定額度之依據。

　　至於實際作業程序，係出口廠商於貨品發送後，應將貨運單據交付買收人，再由其轉交進口商和收取款項，待進口商償還貨款時，收買人再於貨款中扣除手續費（若事前辦理有融資時，再將此部分併計扣除）後，將餘款撥交出口商。對於應收帳款之收買業者，除代理收取貨款之業務外，還包括債權管理、催收及諮詢等項目。對出口廠商而言，因借助其功能之發揮，故可節省本身管理的費用之開銷。茲將其作業流程，圖示如圖8-6：

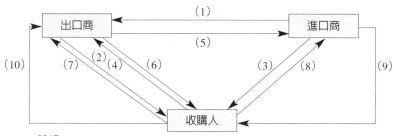

說明：
（1）訂單。
（2）提供進口商資料。
（3）徵信調查。
（4）訂定契約，核定額度。
（5）發貨。
（6）交付貨運單據及發票。
（7）融資。
（8）寄出單據及收款。
（9）支付貨款。
（10）付款。（付清尾款）

圖8-6　應收帳款收買作業流程圖

---

[1]應收帳款收買業務之承購期限係自貨物裝船日或國外買主提貨日起，迄國外買主付款日為止。而其承作方式分為無追索權和有追索權。前者指承購人在國外買主發生信用風險時，自己承擔債務風險、申請廠商不須負償還義務。而後者，指國外買主發生信用風險時，若事前未辦理輸出保險者，申請廠商須負償還義務。

第 9 章　輸出融資與保險

9.1　輸出融資

9.2　輸出保險

國際貿易中之出口貿易，因貨品輸出而有外匯收入，結果不但可助長業者之業務發展，而且亦可增強整體經濟的利益等效果。目前世界經濟發展雖然普通偏向自由貿易原則，但國際間對於進口貿易和出口貿易之發展，仍有偏執，故有進口高關稅問題和獎勵出口措施，即使名義上有出口貿易管理辦法，且包括品質、價格或數量等各種限制，但最終目的實際在於促進輸出之發展，而輸出入融資及保險業務主要乃著重於推動出口貿易。

 # 9.1 輸出融資

為配合政府政策以襄助國內廠商拓展對外貿易和促進國際經濟合作為宗旨，輸出融資就是屬於一種專門提供廠商金融需求，以增進經貿發展及金融發達之業務，茲就其主要業務項目逐一介紹如後：

中長期輸出融資

為促進國外採購我國機械設備等，並增強我國廠商外銷競爭力，以優惠利率對我國廠商在輸出機器設備、製造整廠及其他資本財交易時，因收回期限長，基於協助國內廠商拓展國外市場，即可獲得所提供之貸款，而外國買主可享受分期付款的便利之一種銀行業務，此一融資內容如**表9-1**：

表9-1　輸出融資一覽表

	賣方信用融資	買方信用融資
申請人	1.依法登記之國內製造廠商或工程公司。 2.受上項製造廠商委託出具相當資格之公民營貿易業者。	外國買主。
標的範圍	1.機器設備、整廠設備及其他經認可之資本財。 2.經政府核定獎勵之產品（如精密儀器、設備、高級電子產品、醫療、環境器材設備……）。	全左。

（續）表 9-1　輸出融資一覽表

	賣方信用融資	買方信用融資
標的範圍	3.其他工業產品及技術服務。	
條件	1.方式： 產品之國內自製率不得低於 40%。對自製率超過 40% 未達 50% 者，融資額度以不超過外銷合約 FOB 價款 70% 為限；自製率超過 50% 者，融資額度以不超過外銷合約 FOB 價款 85%。	認可之銀行所開具之擔保信用狀或分期付款信用狀。
	2.金額： 舊製之整套機器設備或整廠設備出口，由經公信機構鑑價後參酌融資金額。	貨價之 85%（至少須支付貨款之 15% 作為訂金）。
	3.利率： 以承辦銀行（輸出入銀行）中長期出口貸款利率固定計息。（中小企業可享減碼優惠）	可選擇固定或浮動利率計息。
	4.擔保： 免。	由外國買主提供認可之銀行保證〔如買主簽發之本票（Promissory Note）〕，並經認可之銀行開具一年期以分期付款信用狀（Deferred Payment L/C），並由開證銀行承兌信用狀項下各期匯票作為擔保。
	5.輸出保險： 向承辦銀行（輸出入銀行）投保中長期延付輸出保險，並以其為受益人。	免。
	6.融資幣別： 新台幣或美元（由廠商自行決定）。	美元。
	7.償還期限： 視不同貨品由三年至十年，特殊需要得視個案延長。	依約定條件。
	8.償還方式： 通常每半年一期，分期平均攤還本息，有約定者依其約定。	仝左。

$ 海外投資融資

　　本業務係提供廠商拓展外銷市場、擴張海外事業經營版圖之一種中長期融資業務。貸款額度最高可達投資或併購金額的八成，期限由三至七年，得視收回情形酌予寬限，其寬限期內，只還利息不還本金。貸款幣別以新台幣或美元為原則。亦得申貸其他之外幣。美元利率按撥款日前三個營業日之六個月期倫敦銀行間拆放款利率為基準加碼計息，每六個月調整一次。新台幣依承辦銀行（輸銀）基本放款利率加減碼機動計算。貸款本金六個月為一期，分期平均攤還。利息則每三個月支付一次。

$ 短期出口貸款

　　凡國內依法登記直接從事生產之製造廠商或符合一定資格之公、民營貿易業者，因出口我國產製或組裝之貨品或勞務，可透過輸銀辦理短期出口貸款（期間最長一年）。此一業務主要目的，係配合政府鼓勵我國機器設備及新興工業產品生產及拓展海外市場之輸出政策，積極提供廠商產銷週轉資金，以促進外銷競爭力。其融資方式分為：(1)裝船前之融資；(2)裝船後之融資；及(3)裝船前後合併融資（如圖9-1及圖9-2）。融資金額以不超過 L/C 、輸出合約或訂單金額之85%，但遠期付款 L/C 輸出得為開狀銀行承兌匯票金額或開狀銀行 SWIFT 承諾付款通知金額（但必須扣除利息等必要費用）。貸款幣別，裝船前為新台幣，裝船後為新台幣、美元或其他之外幣。新台幣，按動支前一營業日之台灣票券次級市場 180 天期買賣平均利率加碼計算，每六個月調整一次。美元，按動支前二個營業日之六個月期倫敦銀行間拆放款利率為基碼加碼固定計息。貸款期限以即期付款信用狀出口者，依 L/C 有效日為準；以遠期信用狀或擔保信用狀出口者，依 L/C 項下規定之付款日為準；以出口合約或訂單出口者，依買賣雙方約定之付款日為準；還款就以外銷所得償還。

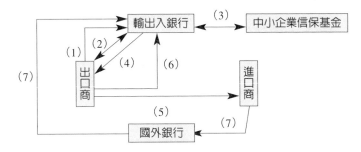

說明：

（1）申請融資（提供基本資料，以便辦理徵信等作業）。

（2）提供撥款文件（合約或訂單等）及信保表格。

（3）信保基金（六成）保證。

（4）撥款。

（5）產品出口。

（6）辦理出口押匯。

（7）收款（扣償墊／貸款）。

圖 9-1　裝船前融資

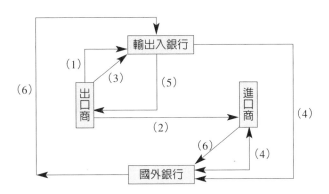

說明：

（1）申請融資（提供基本資料，以便辦理徵信等作業）。

（2）產品出口。

（3）裝船文件及匯票。

（4）匯票承兌。

（5）撥款。

（6）收款（扣償墊／貸款）。

圖 9-2　裝船後融資

9.2 輸出保險

輸出保險之宗旨，在保障國內出口廠商從事輸出貿易或本國公司從事海外投資時，因政治危險或信用危險所致損失負賠償責任。其主要業務項目包括：

應收帳款輸出信用保險

應收帳款輸出信用保險乃對國內廠商在一年期以下以付款交單（D/P）、承兌交單（D/A）方式或記帳（O/A）等付款條件之下因出口貨物或提供服務之國際應收帳款到期無法收回，或遲延付款造成資金週轉困難，為簡便手續起見可透過網路辦理（包括：要保、徵信、索賠等）。由於本項業務之作業係與國外知名輸出信用保險公司合作，不但可快速對國外進口商核保手續，同時可加強拓銷國外市場及風險管理能力。本保險以國家範圍可分為：選擇型保單及全球型保單兩種。前者之承保國家限以 OECD 會員國家中之美國、加拿大、日本等27 國為原則。後者則以全球國家地區為對象。選擇型保單僅承保對國外進口商，不依約付款所致損失的信用危險，而政治危險則不在承保範圍。保費由出口廠商自行訂定之承保總額度與最高賠償責任金額來決定。而全球型保單除承保因國外進口廠商不依約付款之信用危險外，必要時可加保政治危險。保費則以出口廠商自估未來一年內之外銷金額作為核定承保總額與理賠上限，並以承保總額乘以保險費率為廠商全年度應負擔之預估保費。

信用狀出口保險

為鼓勵出口廠商與國外買主約定，以不可撤銷即期信用狀（Sight L/C）或不可撤銷遠期信用狀（Usance L/C）付款方式出口，擔心開狀

銀行到期時無法如期付款利用輸出信用保險，以降低貿易風險。**信用狀出口保險**（L/C Export Credit Insurance）以 L/C 金額與信用狀項下匯票金額，採孰低者為保險價額。其中政治危險之保險價額可達 100％；信用危險則依國外開狀銀行信用狀況而定，承保比率為保險價額 85-90％（不得僅投保政治危險）。保險期間，以被保險人之貨物裝運日為始日，末日則按雙方所約定之付款日止。保險費，以保險價額乘保險成數乘保險費率（按保險期間長短及國家風險分：Ａ、Ｂ、Ｃ、Ｄ四級）。

💰 中小企業安心出口保險

中小企業安心出口保險乃指對出口廠商以一年期以下之付款交單（D/P）、承兌交單（D/A）或不可撤銷遠期信用狀付款方式輸出價貨物，並與國外進口商簽訂有買賣契約者。其貨物不論由本土或第三國出口供應者之交易，因信用或政治危險為保險對象。其保險責任期間，自輸出貨物裝船日起至預計貨款收回日止。而保險金額則依所評定進口商信用分六等級承保。至於費率，則按付款條件之保險期間長短及進口地政治經濟情況等綜合評估釐訂出基本費率後，再參酌進口商之信用狀況，由基本費率中依信用等級標準，作增減決定之，以 Usance L/C 方式輸出者，則比照 D/A 方式之 25％ 辦理。

其辦理程序為：

1. 由出口廠商向輸銀提供進口商之徵信資料，並填具要保書及告知事項表。
2. 輸銀憑徵信結果及出口廠商所填之國外進口商信用限額書核定進口商信用限額。
3. 輸銀簽發進口商信用限額核定通知書。
4. 出口廠商領取進口商信用限額核定通知書及保險單。
5. 出口廠商填送貨品輸出通知書。

6.輸銀簽發保險證明書。

7.出口廠商繳付保險費並領取保險證明書。

8.事故發生向輸銀請求保險金給付。

9.收取貨款後向輸銀繳送結匯證實書影印本，而輸銀恢復進口商
信用額度。

💰 海外投資保險

本國公司經投審會核准或核備，在取得被投資國之許可者，對投資之股份或持股或其股息或紅利，因有被沒收危險、戰爭危險或匯款風險等為承保對象之一種保險。其保險期間自匯付投資股份或持分之日或輸出機器等之日起算，以不超過七年為原則，期間之長短可由被保險人自由選定。但有需要較長期限者，得經同意後，以十年為限。保險費率按投資地區風險不同，共分 ABCD 四類，以新台幣每百元為 0.65 至 0.95 不等 ❶。但對東南亞地區投資之費率可減 0.15%。

其辦理程序為：

1. 本國公司向輸銀提供主管機關核准或核備書及填送要保書。

2. 輸銀核保並簽發保險單。

3. 繳付保險費領取保險單。

4. 事故發生向輸銀請求保險金給付。

💰 其他之保險

1.中長期延付輸出保險：此種保險係對輸出整廠設備、機器產品等業者，因輸出有政治或信用風險之顧慮，其分期償付在一年期以上，對貨物裝運或技術提供前，已收到總價 15% 以上之預

---

❶1997 年 5 月 9 日財政部台財保第 860244926 號函核備修訂。

付款者，並取得承辦銀行認可之銀行付款保證或輸出契約當事
人為國外政府機構之交易為承作對象。

2.記帳方式輸出綜合保險和託收方式輸出綜合保險：記帳方式輸
出綜合保險係由本國出口廠商以 Open Account 記帳方式與國外
進口廠商簽訂買賣契約的輸出貨物者於保險期間因信用及政治
危險事故發生所導致之損失賠償。而託收方式輸出綜合保險則
由出口廠商以付款交單或承兌交單方式與國外進口商簽訂買賣
契約輸出貨物者，因政治或信用風險所導致之損失賠償。兩者
之要保手續如圖 9-3 所示：

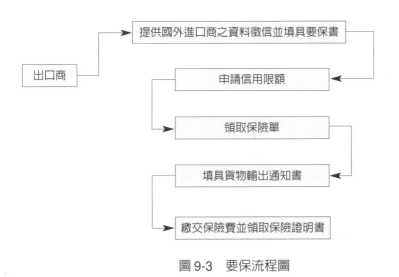

圖 9-3　要保流程圖

第 **10** 章
國際通匯與匯兌業務

　　國際匯兌（Foreign Exchange），簡單而言就是國際支付事務，處於國際事務日愈繁瑣的今日，無論經濟交流或其他一切交流事項，因國際匯兌的存在就不需要動輒搬移現金來處理，而能達到清算彼此間債權債務的效果。因此，國際匯兌之重要性自不在話下，而專門負責此一業務之處理，自然就有賴雙方國家之外匯銀行居間進行，是之連帶就有所謂之通匯關係之建立，而銀行因國外通匯網之疏密，對於一家銀行在發展國際事務上關係密切，因為無通匯關係之存在，就談不上業務往來，其外匯事務就得事事輾轉委託其他有通匯關係之銀行辦理，不但影響經營效率和浪費時間，成本亦隨而增加，對之銀行業務日愈競爭的今日，國際化經營的目標自然無從進行，因此國際通匯網之廣為建立，不但對外匯銀行業務之發展具直接而關鍵性的影響，同時對一國之外貿發展亦相對重要。

10.1 通匯關係之建立

　　在人際關係愈形密切的現代社會中，國際成員間彼此的聯繫，亦因之縮短了差距，更因如此，二國間匯兌業務往來及其他一切之外匯事務，自然日愈增長而繁忙。是之，處在此情況下，國與國間資金之轉移隨之繁密，對此有賴銀行業居間進行的通匯建立，才能達到結算彼此間外匯收支的目的，故銀行建立通匯往來，在彼此聯繫上之重要性，不言而喻。否則，不但彼此間的交往將受到影響或阻塞，進而對國與國的工商發達連帶會產生不利的影響。因此，在繁雜的國際外匯事務中，由銀行所配合建立之通匯關係，對一國整體經濟的發展，自有其一定的效益。

 ## 10.2 金融業介入國際據點

　　由於我國對外貿易依存度高（輸出金額占全國生產毛額 50% 以上），所以政府在外匯市場建立後，繼於同年 11 月起在對外貿易推展方面，又積極開拓東歐共黨國家的直接貿易往來，朝向外銷市場多元化的貿易政策發展。此外，亦採取一連串的配套措施，尤其金融機構在這方面也扮演相當重要的角色，即由中央銀行首先指定台灣銀行開辦與東歐銀行建立國際通匯關係，以協助廠商開拓外銷有利的市場，為我國金融業介入國際金融事務領域之第一步。

　　基於貿易為我國的經濟命脈，而外匯銀行又是貿易的橋樑，更是銀行業務之重要項目。是之，外匯銀行積極介入國際業務之迫切性，自然不容遲緩。因此政府起頭一方面，除鼓勵銀行加強建立海外通匯網站外；另一方面，又逐步准許國內銀行加緊開闢國外分支機構之據點，使我國銀行之業務領域更加廣闊，進而伸展到國際金融舞台，以彌補一般通匯關係的有限服務範圍，和促使銀行外匯業務之營運更為靈活和富彈性。此外，對於增加銀行國際資金調度能力和效用、爭取貿易時效和機會等，亦均將隨之浮現效益。雖然如此，起初由於我國國際地位的特殊處境和受制於國際金融人材培植相對緩慢等因素所影響。因此，海外分支機構之設立一直不曾普及❶。

---

❶台灣銀行之紐約、洛杉磯、倫敦、香港、東京、新加坡及南非等分行；土地銀行之洛杉磯及新加坡分行、香港辦事處和上海及胡志明市代表人辦事處；合作金庫銀行之馬尼拉、洛杉磯及西雅圖等分行、比利時子行台灣聯合銀行、香港代表辦事處和北京代表人辦事處；第一銀行之關島、紐約、洛杉磯、溫哥華、多倫多、新加坡、金邊、胡志明市、倫敦、香港、東京、帛琉及薩爾瓦多等分行、美國第一銀行、第一銀行工業市分行、第一銀行矽谷分行、第一銀行爾灣分行及第一銀行亞凱迪亞分行等、上海代表人辦事處和曼谷、河內代辦事處；華南銀行之洛杉磯、紐約、倫敦、香港、新加坡、胡志明市等分行、深圳代表處及河內代表辦事處；彰化銀行之新加坡、紐約、洛杉磯、東京、倫敦及香港等分行和昆山代表處；上海銀行之越南同奈代表人辦事處；富邦銀行之紐約、洛杉磯及香港分行；國泰世華銀行之洛杉磯、納閣島、香港及茉萊分行、馬尼拉、曼谷、新加坡、上海、胡志明市及河內代表人辦事處、子行越南世越

　　反觀已開發國家之外商銀行，如日本之第一勸業銀行早已在1965年間就進入台灣成立分行，以及往後在台灣經濟成長，塑造經濟奇蹟之八、九〇年代期間，多國籍外商銀行亦相繼進入台灣，無不主要因著雙邊貿易需要而來。因此，台灣更應在高度的經濟成長情形下，除基於國際貿易量增加因素和雙邊投資關係需要外，就銀行國際化、新種產品引進和服務品質的提升等，對海外通匯網之廣為建立及據點的擴增，更格外顯得重要。特別我國於2002年加入WTO後，對外貿易及投資更需要銀行居間協調與進行。

銀行、世越東大、同奈、海防、芹苴、平湯及河內等分行、世越銀行海防分行Nomura、世越銀行河內分行Ciutra及世越銀行同奈分行仁澤等辦事處和國泰世華吉隆坡行銷服務處；中國輸出入銀行之雅加達，波蘭華沙及巴西聖保羅等代表人辦事處；兆豐國際商銀之紐約、芝加哥、洛杉磯、巴拿馬、巴拿馬箇朗自由區、東京、大阪、新加坡、馬尼拉、胡志明市、香港、矽谷、納閩、雪梨、布里斯本、墨爾本、巴黎及阿姆斯特丹等分行兆豐國際、吉隆坡行銷辦事處、巴林代表處、倫敦代表人辦事處、泰國兆豐國際商銀大眾股份公司曼谷總行、春武里分行及挽那分行、加拿大兆豐國際商銀多倫多總行、溫哥華分行、華埠分行及列治文等分行；台灣中小企銀之洛杉磯、香港及雪梨等分行；新光銀行之新光財務（香港）有限公司；聯邦銀行之胡志明市辦事處、香港代表人辦事處及香港財務子公司；中華商銀之香港代表人辦事處；遠東銀行之香港分行；元大銀行之香港代表人辦事處；永豐銀行之香港、洛杉磯、澳門、九龍及胡志明市等分行、澳門北關支行、越南辦事處、永豐金（香港）財務有限公司、子公司美國遠東國民銀行；Arcadia Br., SF Richmond / Sunset, City of Industry, Oakland Br., Cupertino Br., SanJose Br, Fremont Br., Beijing Rep. Office, Sanfrancisco Main Br., Pasadena Br., Newport Beach Br., Monterey Park Br., Los Angeles Chinatown, Irvine Br., Alhambra Br., 及 L.A. Main Br.,等；玉山銀行之洛杉磯及香港分行；台新銀行之台新國際商銀香港分行、台新國際香港財務有公司及胡志明市代表人辦事處；眾銀之眾銀財務（香港）有限公司；中國信託商銀之新德里、香港、紐約、東京、胡志明市及九龍等分行、印尼子銀行Karawaci, Mangaa-duaSub, Kelapa Gading, Cikarang，泗水及萬隆等分行、菲律賓子行Cebu Downtown, Cebu Mandaue, Davao, Angeles, West Avenue, Valenzuela, Sucat, Subic, Leviste, Buendia Pasong Tamo, Ortigas, Marikina, Mabini, Kalookan, Greenhills, Cebu, Cavite, Carmona, Binonda, Ayaala, Rada 及 Alabang 等、美國中信銀行 Fremont, Diamond Bar, East Hanover, Westminster, Rowland, Midtown, Chinatown, Flushing, Elmhurst, Brooklyn, Edison, Torrance, Industry, San Marin, Cupertino, Monterey, Cerritos, MiLpitas, Arcadia, Irvin，聖蓋博分行及西雅圖分行、洛杉磯代表人辦事處、河內辦事處、中國信託商銀萬通銀行財務（香港）有限公司、中國信託（菲律賓）外匯公司、中國信託商銀菲律賓子行、中國信託商銀加拿大子行、中國信託商銀印尼子行、中國信託商銀美國中信銀子行；慶豐商銀胡志明市支行、河內分行。（金管會，2007.05）

10.3 匯兌業務簡介

　　匯兌為銀行主要業務之一，誠如上述，就其擴及範圍而言，分為國內匯兌及國外匯兌兩種，其中之國內匯兌因不涉及外匯問題，因此並非在此處之討論對象，而國外匯兌，以銀行作業方式，一般包含匯款、光票買入、託收、代售旅行支票、結匯等等業務，因此其處理程序複雜性之高，自非國內匯兌所可比擬。由於國際間因商品交易、投資、借貸或交流等之發生，亦就連帶引發了收支問題或債權、債務處理事宜，據此產生了上述種種情形，而此等事項問題的解決，銀行在這方面扮演了極其重要的角色。茲就其定義、類別及其他相關匯兌業務，分別介紹如下：

💰 定義

　　兩地間資金之轉移，係透過中介者（銀行與同業間）之居間進行，以達成任務者，稱之為匯兌。而匯兌作業之執行，須經由雙方事前的協議而達成，並完成簽訂通匯合約後，才進行互為代理彼此間款項之收、付業務，並於最後完成清算借貸手續。對此一作業之進行，若發生於同一境內者，稱之為國內匯兌❶；相反之，其轉移交易之進行，若發生於二個不同之國度間，且處理程序涉及二種不同貨幣及兌換者，稱為國際匯兌（為本節之討論範圍）。

　　有關銀行業之國際匯兌業務，除涵蓋外匯之買賣或彼此間之拆借、放等交易外，它還包括：匯出匯款、匯入匯款、光票託收、光票買入及兌付、旅行支票之售兌和進出口業之結匯等各項銀行主要業務。

---

❶國內匯兌通常不涉及外匯兌換問題，作業程序較為簡單，在此不列入討論範疇。

匯兌之類別

匯出匯款及匯入匯款

在瞭解匯兌含義後,可由**圖 10-1** 之圖解認識到資金之移轉過程和其關聯性。亦即,此一交易牽連到匯款人、匯出行、收款人及解款行等相關資金流向。而所謂**匯入匯款者**(Inward Remittance,簡稱 I/R),即國外銀行(Offshore Banking)以正式書函(Remittance Letter)或電文(Telex)通知境內之本國銀行〔即解款行(Payment Bank)〕,將某一特定金額之款項解付予指定之受款人或特定之人的一種銀行業務之謂。反之,凡由境內之本國銀行〔即匯款行(Remittance Bank)〕應申請人(Applicant)之請託,將款項透過國外同業〔通匯銀行(Correspondence Bank)〕,將某一特定金額之款項解付予境外指定之受款人(Payee)者,稱之為**匯出匯款**(Outward Remittance,簡稱 O/R)。

有關此種兩地間款項之移轉,其銀行會計帳目處理為:

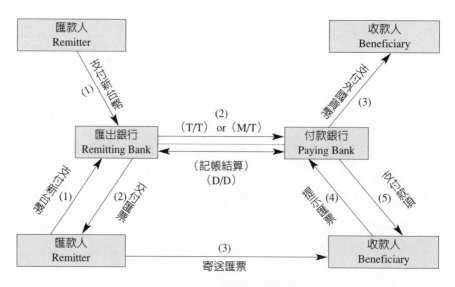

圖 10-1　國外匯兌流程圖

1. 匯入匯款之會計分錄：

   (1) 當接到國外通匯銀行通知時：

      借 聯行活期存款往來（US$）xxxxx

         Interbranch — Demand a/c

         貸 應解匯款（US$）xxxxx

            Draft & Remittance Outstanding all

   (2) 解款行折付新台幣存入受款人帳戶時：

      借 應解匯款（US$）xxxxx

         Draft & Remittance Outstanding all

         貸 外匯兌換戶（US$）xxxxx

            Foreign Currency Control Account

      借 外匯兌換戶（NT$）xxxxx

         Foreign Currency Control Account

         貸 客戶活期存款 — 本國 xxxxx

            Demand Deposits Client — Local Currency

2. 匯出匯款之會計分錄：

   借 庫存現金 — 台幣（NT$）xxxxx

      Cash on Hand Local Currency

      貸 外匯兌換戶（NT$）xxxxx

         Foreign Currency Control Account

         郵電費收入（NT$）xxxxx

         Miscellaneous Other Revenues — Cash & mail Charges

   借 外匯兌換戶（US$）xxxxx

      Foreign Currency Control Account

      貸 聯行活期存款往來（US$）xxxxx

         Interbranch — Demand A/C

    上項匯款作業不論匯入或匯出，依解款之快慢，通常可分為下列幾種處理方式：❶

---

❶按目前國內基於外匯管制措施關係，事關外匯收支或交易，其金額需受管理外匯條例第六條之一的約束和規範。

■電匯

電匯（Telegraphic Transfer，簡稱 T/T），即由匯款銀行以電報（Telex）或透過環球銀行財務系統（SWIFT，自動押碼辨識）通知，並委請通匯銀行代其付款，將款項解付給受款人之一種匯款方式，通常付款銀行在解款前應先完成密碼●（Test Key）之解算／核對無誤後，才可通知受款人領款（如**表 10-1**）。此種方式之匯款最為快速，故費用通常較之採用其他方式之匯款為高，因申請人除應支付銀行一般之手續費外，還另需負擔電報費之故。

表 10-1 匯入匯款通知書

○○銀行台北分行
○○ International Banking Corporation

Nov. 21,　, 79 , 19

信匯／電匯匯入匯款通知書
ADVICE OF MAIL/CABLE TRANSFER RECEIVED

OUR REF # IR 78-79-808

受款人 Beneficiary:

Mail To → X X Trading Co.,
A/C#1213

金　額 Currency & Amount　US$7,645.00*
折合新台幣 NT$ Equivalent
匯　率 Rate:

匯款銀行 Remitting Bank

Amexbank Naha　　c/t#00001

摘要 匯款人 Reference/Remitter:　Kyodai Kagu

有權人簽章 Authorized Signature (s)

Notice:
1. 茲宣須交台端下列匯款一筆，請逕攜送言身份證件及印章逕來領款
We have received a remittance in your favor, To collect please bring this advice and satisfactory proof of indentity. to this branch at your earliest convenience
2. 如係公司行號請攜出口政商印把卡（或營業執照）及英文印章。
If you are a business firm, please bring your Export Signature Specimen or business licence and company chop in English.
3. 台端台台日牌價折付新台幣。
NT$ payment will be made at the prevailing rate of exchange on the date of payment
4. 請於十五日內來行洽領，逾期退回原匯款銀行。
Unless otherwise instructed by you within 15 days from the date of this advice, this remittance will be returned to the remitting bank for their disposal.
FORM R-016 REV. 10/79 500 TAIPEI (L.C)

一般電匯時，銀行拍發電報之電文如后：

×××× PAY DLS EIGHTTHOUSAND EIGHTHUNDRED SEVENTYFOUR YOURSELVES FOR CREDIT ACCOUNT NO. ××× ×× ×××× CO., LTD ORDER ×××× ●TEST ××× × FOR USDLS 8,874

●請參閱表 10-9，見第 224、225 頁。

　　若經本行轉付其他銀行之客戶者，此種情形一般係匯出行與解款行無直接通匯關係者，其電文如后：

×××××WITHOUT CHARGES TO US ADVISE PAY USDOLS 100,000 TO ××× ××× COMMERCIAL BANK NANKING EAST ROAD BRANCH 106, SEC. 3, NANKING EAST ROAD TAIPEI TAIWAN FOR CREDIT OF CURRENT SAVING ACCOUNT NO ××× × OF MR, ×× ×× ×× ORDER ×××××× ENTERPRISES LTD STOP IN COVER WE TELEX CREDIT YOU THRU NYA STOP TEST ×××

■信匯

　　信匯（Mail Transfer，簡稱 M/T），係由匯款銀行以付款委託書（Payment Order）方式（如**表 10-2**），郵寄通知解款銀行將款項解付予受款人之一種匯款方式。此種方式之匯款，通常付款銀行會核對委託書上委託銀行有權簽章人員簽字無誤及國外銀行進帳通知書到達後，才連絡受款人前來領取款項。

■票匯

　　票匯（Demand Draft，簡稱 D/D），即由匯款銀行簽發以付款銀行為付款人之匯票交付匯款人自行寄交受款人，再由持票人持往付款銀行領取匯款之一種匯款方式，通常匯票上之銀行有權簽章人員之簽章，同樣亦會經過核對無誤後，始能解付票款。

■旅行支票

　　旅行支票（Traveler's Check，簡稱 T/C），乃由銀行或專營之金融機構所印製發售，專為提供給旅行者使用之一種通行世界各地的特種支票，持有人不但省卻攜帶現鈔的不便和風險，同時又不受使用期限之限制（一般支票有時效性問題）。亦即，一旦持有可永久使用有效。目前台灣各外匯銀行所出售之旅行支票，計有美國運通公司（如**表 10-3**）、美國花旗銀行及美國商業銀行等數家所發行之不同面值和

表 10-2　付款委託書

THE FUJI BANK, LIMITED

FOREIGN BUSINESS OPERATIONS DIV., TOKYO
OTEMACHI 1-CHOME, CHIYODA-KU,
TOKYO, JAPAN 100

CAB ADDRESS
"FUJI BANK"
TOKYO
× × × × ×

ORIGINAL
PAYMENT
ORDER

GB192 3600

DATE

IN REFERRING ALWAYS
QUOTE OUR REFERENCE NO.

MAIL TO American Express International Banking Corp.
Taipei, Taiwan

PLEASE ADVISE AND PAY / CREDIT
TO THE BENEFICIARY WITHOUT ANY CHARGES
TO US / BENEFICIARY

VALUE DATE		AMOUNT	US0192.60
BY ORDER OF	XXX CO., LTD.		
BENEFICIARY'S ACCOUNT WITH			
	A/C NO.		
BENEFICIARY	XXX CO., LTD. HUA TAI BLDG, ROOM G, 7TH FLOOR, NO. 24, CHI LIN ROAD, TAIPEI, TAIWAN		
DETAILS OF PAYMENT	RE YOUR INVOICE No.680276		

IN REIMBURSEMENT

WE HAVE INSTRUCTED THE BANK MENTIONED BELOW BY AIRMAIL

American Express International Banking Corporation,
New York, N.Y, U.S.A.

TO PAY / CREDIT THE SAME AMOUNT TO YOUR
( ) ACCOUNT WITH
(

RW

S. XXXX
M-104

AUTHORIZED SIGNATURE

外1742A—(現外1050(東)(外) 54. 5 B 5 (千)

表 10-3 美國運通旅行支票

幣種最爲普遍,其中又以美元最爲普及。計包括: 10 元、 20 元、 50 元、 100 元及 500 元等多種之面值。其餘尚有加拿大、瑞士法郎、英鎊及日圓等。

此外,尚有地區性的旅行支票。如先前由台灣銀行發行之新台幣旅行支票即是,其面額,包括新台幣 500 元、 1,000 元及 5,000 元等三種,並分別以淺紫、棕紅及咖啡等不同顏色印製,加予區分。唯其有效期限只限定一年,有別於通行國際上之其他外幣旅行支票,且其兌領處,亦僅限於台灣銀行之全省各分支機構或其通匯銀行,而不得攜帶出國境使用,由於種種之限制,故自發行後,市即逐年式微,現已成爲歷史產物。

上述三種之匯款方式,應以電匯最爲便捷而快速,故爲一般商界所樂於採用。至於有關各種匯款之流程可參閱圖 10-1。

⊞ 光票買入或託收

為一種客戶所持有而無附貨運單據，其付款地在國外的票據，通常透過外匯指定銀行以託收或買入方式處理。因為此類票據種別繁多，常見者有由銀行、公司或個人所開立的匯票、本票、支票或旅行支票等，甚至還有到期外國公債及息票或旅行信用狀項下之匯票等（Bank Draft、Money Order、Banker's Check、Casher's Check、Matured Bonds & Coupons、Treasury Check、Traveler's Check、Promissory Note ..etc）。因此等票據本身信用無從查起，若由銀行買入所負之風險甚大，故通常銀行對此類票據之處理方式，除非往來優良客戶所持有或者出自銀行所簽發者，才願意買入（唯仍應注意票據有無被塗改、票據上之發票日期是否已逾越六個月、票據是否經過背書、票據上之日期是否到期、票據上要項之記載有無問題、票據有無記載受款人姓名或名稱、票面、票背有無記載禁止流通地區等），並應先徵提客戶所填具之光票買入約定書（如**表10-4**），以取得書面保障（因為依據美國統一商法之規定票據雖經付款銀行付款，但一定期間內仍可再辦理退票），否則均經由託收方式辦理，俟經寄送國外銀行收妥票款後，才支付給客戶。

對於前面由銀行以買入方式處理之光票，通常亦需先扣除墊款利息及手續費後，才將餘數撥入客戶帳內。有關銀行之作帳分錄為：

1.買入光票並存入外匯存款戶之會計分錄：

　(1) 買入時：

　　　借 買入匯款 — 國外

　　　Clean Bill Purchase — Foreign

　　　貸 外匯存款 — 活期（定期）

　　　　Foreign Currency Deposits A/C — Demand

　　　　利息收入 — 買匯息

　　　　Interest Income — Clean Bill Purchase

　　　　手續費收入 — 郵費

表 10-4A　光票申請書

○○ **銀 行 國 外 部**

光 票 申 請 書
CLEAN BILLS APPLICATION

○○銀行國外部台鑒
To: ○○ *Bank of China*
Head office-Foreign Dept., Taipei

日 期 Apr. 06, 1980
Date

金　　額 US Dollars Eight Hundred Ninety Six and Cents Fifty Only.
Amount

號　　　　碼
Check Number　5237866

出 票 日 期
Issuing Date　Apr. 01, 1980

付 款 人
Drawee　American Express International Banking Corporation H. K. Br.

出 票 人
Drawer　Q. Q. Company Limited

抬 頭 人
Payee　Mr. Y. R. Wang

申 請 人 姓 名 (請正楷書寫)
Applicant's Name (Please Print)　Mr. Y. R. Wang

申請人蓋章
Applicant's Singnature

申請人地址及電話號碼
Address & Tel. No.　No.2, Nanking E. Rd. Sec.2, Taipei (Tel;7777777)

申 請 人 身 份 證 號 碼。
Identification Paper No.　A100000000

申請代收買入外幣票據約定書

立約定書人（以下簡稱立約人），茲為申請買入、連同代收（包括託收）外幣票據，及其所屬各分支機構（以下簡稱貴行）訂立本契約，立約人及保證人願遵守下列各條款：

保證人（以下簡稱保證人）與○○銀行股份有限公司（即○○銀行及其所屬各分支機構，以下簡稱貴行）

一、立約人申請貴行代收或買入之外幣票據，經選、變或現兌情事，倘經核實其有上述情況，立約人願即另提妥適資力之擔保。

二、立約人申請貴行代收或買入之外幣票據與退票，或經貴行付述後，非因貴行之過失或遺失或毀損時，立約人願即負全部責任。

三、立約人申請貴行代收之外幣票據負經貴行付述後，述後倘因非因貴行本身之過失而致遺失或毀損，遺失或毀損之責任由立約人願即負所起之。

四、後果立約人概與貴行無關負責。且委託代收或買入之外幣票據應負其義務，立約人願即負全部責任。

五、立約人申請貴行代收或委託貴行代收之外幣票據，倘未能兌現而遭退票時，除立約人提領票款後，一經貴行通知者，

六、外幣票據由貴行代收，以資作為代收之外幣票款，定後收安退帳，退帳後仍不論何時，立約人願即負補償回票款。

七、立約人字行所記之外幣票據，其記載，此記載於票據之利息、手續費及郵費概由立約人負擔，貴行亦有行使留置權、得併有效文交換及退述立約之狀況，行立約人字行退還任何狀之述，立約人願即負各項票款。

八、立約人字行退還任何狀之述或委託代收之外幣票據，其貴行退還原狀或補償回償務之義務亦得併有效文交換。

九、立約人認為得清償買入之外幣票據者同意調查微信資料（含連帶保證人財力資料）、貴行提供各項財團法人金融聯合徵信中心建檔，立約人之資料同意財團法人金融聯合徵信中心建檔。

立約人同意貴行將立約人項目目或其他貴行對立約人財團法人之特定目的之機構建檔。立約人並同意貴行業務往來目的範圍內為蒐集、處理、國際傳遞及利用之。

立約人願遵守國際商會於一九九五年修訂一九九六年一月實施之「託收統一規則」（The Uniform Rules for Collections, 1995 Revision Icc Publication No. 522簡稱URC 522）各條款規定。

十一、保證人願保證立約人切實履行本約定書所訂之各條款，如立約人有不履行貴行時本約得向保證人連帶負責，本約定書保證人並獨未清償全部債務。

務。   此　　致
○○銀行

表10-4B 光票買入／代收約定書

Miscellaneous Other Revenues — Cash & Mail Charges

手續費收入 — 光票買入

Miscellaneous Other Revenues — Clean Bill Purchase

(2) 國外進帳時：

借 聯行活期存款往來

Interbranch — Demand A/C

貸 買入匯款 — 國外

Clean Bill Purchase — Foreign

2. 光票託收之會計分錄：

(1) 受理時：

借 應收代收款 — 光票託收

貸 受託代收款 — 光票託收

(2) 國外進帳時：

借 受託代收款 — 光票託收

貸 應收代收款 — 光票託收

借 聯行活期存款往來

Interbranch — Demand A/C

貸 其他應付款

Other A/C Payable

(3) 解付時：

借 其他應付款

Other A/C Payable

貸 外匯存款 — 活期（定期）

Foreign Currency Deposits A/C — Demand

手續費收入 — 郵費

Miscellaneous Other Revenues — Cash & Mail Charges

手續費收入 — 光票託收

Miscellaneous Other Revenues — Clean Bill Collection

10.4 外幣收兌處

　　中央銀行基於掌理全國外匯業務之職掌，除指定可辦理外匯業務之銀行業者外，對於非經指定之銀行。如觀光旅館、旅行社、百貨公司等行業，以及其他從事國外來台旅客服務之機關團體，因其業務有收兌外幣之需要時，得依「外幣收兌處設置及管理辦法」之規定，向台灣銀行申請發給外幣收兌處執照，憑以辦理該項業務，其收兌作業，除需依中央銀行訂定之「外匯收支或交易申報辦法」辦理外，對於收兌外幣匯率之適用，規定參照指定銀行買賣外幣價格辦理，並應將美元匯率按日於營業場所揭示公告，另於每季結束後，向台灣銀行列報該季之收兌金額。然而，對此規定央行為更進一步帶動觀光業之發展，便利外國旅客需要，又於 2005 年 3 月再度修訂上項辦法，擴大適用範圍，包括：開放便利商店、國家風景區管理處、旅遊中心、火車站、寺廟及博物館等行業場所，得申請經辦此一業務，唯每筆兌換外幣金額最高限定為 1 萬美元（或等值其他外幣）。至於其買賣價差，同樣受相關法令之限制，手續費自訂。

10.5 外匯之結購／售

　　我國外匯制度在改制前外匯管理相當嚴格。如一般出國、留學、探親或旅遊都只准許以小額匯款方式處理，而且最早只限在每一季可結購 50 元美金再慢慢放寬到每年 5,000 美元，就是貿易業之出口押匯所得亦須賣給指定銀行或中央銀行。進口所需外匯亦須憑輸入許可證方可辦理結匯輸入。唯自外匯市場建立後，經歷二十餘年的逐步開放，一直至目前之國民年滿 20 歲每年已可結購／售到 500 萬美元，一個企業公司一年更可結購／售到 1,000 萬美元，而且在自然人方面於等值 50 萬元新台幣以內之結匯，可免填具申報書手續相當簡便。至於

在進出口方面，對於任何結購／售則採用申報制，相較外匯市場成立前之種種限制和約束，已是不可同日而語，本節特就目前之結購／售辦法加以介紹如后：

💰 外匯收支與申報

依據管理外匯條例第六條之一及外匯收支或交易申報辦法規定。凡依我國法令在我國設立或經我國政府認許並登記之公司、行號或團體及在我國境內居住年滿 20 歲或領有國民身分證或外僑居留證之個人，有下列情形之一在外匯收支或交易金額達新台幣 50 萬元以上之等值外匯收支或外匯交易，結匯申報義務人得於填妥「外匯收支或交易申報書」[1]（如**表 10-5**）由指定銀行確認申報記載事項與有關合約等證明文件相符後始得辦理：

1. 出口貨品或提供勞務之外匯收入。
2. 進口貨品或依我國法令在我國設立或經我國政府認許並登記之公司、行號或團體償付勞務貿易費用之外匯支出。
3. 經有關主管機關核准直接投資及證券投資之外匯收入或支出。
4. 依我國法令在我國設立或經我國政府認許並登記之公司、行號或團體及在我國境內居住、年滿二十歲領有國民身分證或外僑居留證之個人、其一年內累積結購或結售金額公司及行號未超過 5,000 萬元或等值外幣、團體及個人未超過 500 萬美元或等值

---

[1] 申報書之填列若屬公司、行號者，應註明統一編號，團體者應註明設立登記主管機關名稱、登記證號及加填稅捐稽徵單位之扣繳單位統一編號。年滿 20 歲之國民應填列國民身分統一編號；居留之外僑應於「外國人」項下註明居留證號碼、起迄日期及出生日期，領有居留證之華僑，則於我國國民項下註明居留證號碼及出生日期；未領居留證之外國自然人除由本人持護照親自辦理外，應於外國人項下填列其國別及護照號碼，並註明無外僑居留；未經政府認可之外國法人除應授權在台代表人或國內代理人代為辦理結匯，並敍明代理之事實，其屬於外國金融機構時，應授權國內金融機構，以申報義務人身分代為辦理，並敍明代理之事實。對於委託代辦案件，除應查驗委託人及受託人之身分證明文件外，並應確認委託之事實。

表 10-5　外匯收支或交易申報書

○○銀行　○○Bank

外匯收支或交易申報書（結購外匯專用）

Foreign Exchange Transaction Declaration (For use of purchasing foreign exchange)

□結購外匯直接匯出　　□結購外匯轉匯國內他行　　□結購外匯存入外匯存款
outward remittance to overseas　　outward remittance to local banks　　purchase for deposit in local foreign exchange A/C

□結購外幣現鈔或旅行支票　　□其他（請註明用途）：＿＿＿＿＿＿＿＿＿
purchase of foreign currency notes / traveller cheques　　Others (Please mark usage)

一、申報日期：＿＿＿＿年＿＿＿＿月＿＿＿＿日
　　Date of Declaration　　Y　　　　M　　　　D

二、申報義務人：＿＿＿＿＿＿＿＿＿＿＿＿＿＿＿
　　Applicant

三、申報義務人登記證號：＿＿＿＿＿＿＿＿＿＿＿＿
　　Applicant's registration No.

　　□　公司行號：統一編號：＿＿＿＿＿＿＿＿＿＿
　　　　Company : Registration No.

　　□　團　體：統一編號：＿＿＿＿＿＿＿＿＿＿
　　　　Association : Registration No.

　　　　（無統一編號者）設立登記主管機關：＿＿＿＿＿
　　　　(Without Registration No.) Approved Authorities for establishment
　　　　　　　　　　登記證號：＿＿＿＿＿＿
　　　　　　　　　　Approved No.

　　□　我國國民：身分證統一編號：＿＿＿＿＿＿＿＿
　　　　ROC Nationals : I.D. No.
　　　　出生日期：＿＿＿＿年＿＿＿＿月＿＿＿＿日
　　　　Date of Birth　　Y　　　　M　　　　D

　　□　外　國　人：外僑居留證號碼：＿＿＿＿＿＿＿
　　　　Alien Resident Card No.
　　　　出生日期：＿＿＿＿年＿＿＿＿月＿＿＿＿日
　　　　Date of Birth　　Y　　　　M　　　　D
　　　　居留證發給日期：＿＿＿＿年＿＿＿＿月＿＿＿＿日
　　　　Date of Resident Card Issued　Y　　　M　　　D
　　　　居留證到期日期：＿＿＿＿年＿＿＿＿月＿＿＿＿日
　　　　Expiration Date of Resident Card　Y　　M　　D
　　　　（無外僑居留證者）國別＿＿＿＿＿護照(證照)號碼＿＿＿＿＿
　　　　(Without Resident Card) Nationality　　Passport No.

四、外匯支出或交易性質：（性質超過一種者，應加填每種性質之金額）
　　Type of foreign exchange : (When more than one, please list type & amount separately)

　　□　進口貨品價款（□已進口　□未進口）
　　　　Import proceeds　　Imported　　Yet to Import
　　□　公司、行號、團體償付非居住民勞務支出
　　　　Service expenditure paid to non-resident by Corporation、Business Entity or Association
　　　　（應具體詳填性質，請參閱背面說明一）
　　　　(See reverse side No. 1 for detailed description)

　　□　其他匯出款項 Others (See reverse side No. 2 for detailed description)
　　　　（應具體詳填性質，請參閱背面說明二）

五、匯款金額：＿＿＿＿＿＿＿＿＿＿＿＿＿＿＿
　　Amount (Please do not alter)

六、受款地區國別＿＿＿＿＿＿＿＿＿＿＿＿＿＿＿
　　Country of remittance's destination

　　　　　茲具結以上所報均屬真實
　　(we/I hereby confirm that the above particulars declared are true and correct)
　　　　　　　此　致
　　　　　　　　To
中央銀行
Central Bank of China ＿＿＿＿＿＿＿＿＿＿

　　　　申報義務人及其負責人簽章
　　　　　Signature / Seal of Applicant

地址：　　　　　　　　　　　　　　電話：
Address in Taiwan　　　　　　　　　Telephone No. in Taiwan

（以下各欄由銀行業填寫）(For Bank use only)

送 件 編 號：＿＿＿＿＿　　　　銀行業簽章及日期：＿＿＿＿＿

外匯水單編號＿＿＿＿＿
Foreign Exchange
Memo No.

外兌073A (4-1) (21X29.7cm) 2004. 10. 3,000本

注意：

一、申報義務人務請審慎據實申報，申報後除有「外匯收支或交易申報辦法」第十二條之情形外，不得要求更改申報書內容。

二、申報義務人申報不實，依管理外匯條例第二十條第一項規定，處新臺幣三萬元以上、六十萬元以下罰鍰。
Information stated on this declaration must be accurate and factual. False / inaccurate declarations is an offence against regulations and should be fined NTD 30,000 up to NTD 600,000.

三、本申報書匯款金額不得塗改，其餘部分如經塗改，應由申報義務人在塗改處簽章，否則本申報書不生效力。
The foreign exchange amount cannot be altered, alterations to other items must be signed, otherwise this declaration is invalid.

第一聯：（中央外匯局）(To: Central Bank of China)

銀行業負責輔導
申報義務人員簽章

214

外幣之匯款。

5.未領有外僑居留證之外國自然人或未經我國政府認許之外國法人、每筆結匯金額未逾 10 萬美元或等值外幣之匯款，但境外外國金融機構不得以匯入款項辦理結售。

　　上項結購或結售匯款額度一年之計算，為國曆每年 1 月 1 日起至 12 月 31 日止。對公司、行號之外匯收支或交易結匯，其每筆金額達 100 萬美元以上或等值外幣及個人、團體之外匯收支或交易結匯，其每筆金額達 50 萬美元以上或等值外幣，除應填妥「大額結匯資料表」（如**表** 10-6）及「外匯收支或交易申報書」應由指定銀行認證客戶身分、背景及確認申報書記載事項（請參閱**表** 10-5 內容）與該筆外匯收支或交易有關合約書等證明文件相符後始得辦理。

　　此外，每次每筆結匯金額若未達新台幣 50 萬元之案件，除免填報外匯收支或申報書外（即非屬本節介紹之外匯收支或申報）其結匯餘額均無需計入前述之每年計算結匯額度內，然為預防結匯人將大額匯款，規避結匯金額計入年度限額，以化整為零之做法，指定銀行於受理結匯時，應特別注意其情形之發生。另指定銀行於辦理大額結匯案件時，如發現結匯人申報不實或利用人頭結匯，而疑有洗錢行為者，應依洗錢防制法規定，向指定之機構申報，申報義務人故意不為申報。申報不實或受查詢而未於限期內提出說明或為虛偽說明者，處新台幣 3 萬元以上 60 萬元以下之罰鍰（ 管理外匯條例第二十條第一項規定）。

　　對客戶因辦理出、進口貨品結匯，如係以跟單方式收付時，則免填報大額結匯款資料表。

$ 小額外匯之結匯

　　政府為力求便民，對於結匯人一次結匯金額未逾新台幣 50 萬元之小額匯款， 規定不須填具外匯收支或交易申報書，但仍應填具結購單（如**表** 10-7），且不計入每年結匯額度內（唯銀行仍應注意並預防結匯

表10-6 大額結匯資料表

大 額 結 匯 款 資 料 表

【請填央行外匯局核定之英文字軌編號）

銀行代號：＿＿＿＿
外匯水單編號：＿＿＿＿
統一編號：＿＿＿＿

結匯日	
結匯人	
業別（個人請填服務單位、職稱及出生年、月、日）	往來情形：（　）設帳往來客戶，往來時間＿＿＿ （　）非設帳往來客戶。
結購外匯金額　結購/結售	匯款方式：（　）電匯　（　）信匯　（　）票匯 （　）現金　（　）旅行支票　（　）其他
（結購外匯）客戶新台幣繳款情形 [O/R]	（　）以現金繳付 （　）以存入本行之存款繳付。存戶名稱為＿＿＿ （　）以他行匯款繳付。匯款行及匯款人分別為＿＿＿ （　）以票據繳付。發票人為（請詳述） （　）其他方式（請詳述）
（結售外匯）客戶新台幣提款情形 [I/R]	（　）提領現金 （　）存入本行帳戶。存戶名稱為＿＿＿ （　）匯往他行。受款行及受款人分別為＿＿＿ （　）提領票據。抬頭人為（請詳述） （　）其他方式（請詳述）
外匯收支或交易性質【務請依結匯人於「外匯收支交易申報書」第四項所申報之性質，詳實審查勾選填載】	（　）出（進）口貨品收入（支出）。（　）已出（進）口、（　）未出（進）口 （　）勞務收入（支出）。（應具體詳填性質：＿＿＿） （　）前述二項以外之收入（支出）（應具體詳填性質：＿＿＿）
受【匯】款地區國別、銀行、人	

經辦指定銀行簽章＿＿＿＿　　　　經辦人及聯絡電話＿＿＿＿

說明：1. 指定銀行結匯人於辦理個人、團體五十萬美元或公司、行號一百萬美元（含）以上之結購、結售外匯案件後，應立即將之本資料表電傳外匯局稽核科。
2. 本表限由經辦銀行負責填寫，請勿由結匯人填寫。

〔外匯局大額結匯專用FAX NO:(02)2357-1271～3〕

表 10-7 外匯結購單

○○銀行　○○**Bank**

第一聯：送外匯指定單位

匯出匯款申請書
Outward Remittance Application Form

受理單位代號：

申請日期：　年　月　日
Date　　Y　M　D

（原幣匯出及新台幣五十萬元以下結匯案件專用）

（粗線欄內請詳細填寫）

申請人 (Applicant)	中文名稱：	申請人簽章 applicant's signature/seal
	英文名稱： applicant's name	
	地　址　及 電　　　話 address and telephone no.	
	統一編號： enterprise registration/I.D./alien resident certificate/passport no.	受款地區國別： country of remittance's destination
	出生年月日： date of birth	匯款性質： type of remittance
	國別（無外僑居留證者）： nationality(without alien resident certificate)	□已進口貨品價款（係於本國港口通關之貨款） imported proceeds
	居留證發給日期： date of alien resident certificate issued	□未進口貨品價款（係於本國港口通關之貨款） non-delivery imported proceeds
	居留證到期日期： expiration of alien resident certificate	□

受款人 (Remittee)

英文全名：
remittee's name
英文地址／電話：
remittee's address/Tel no.

帳　　號：
Account no.
（請用英文填寫）
往來銀行：
及　地　址
remittee bank's name
and address

匯款方式 (transfer method)

□電　　匯　　：金額
telegraphic transfer　amount
□信　　匯　　：金額
mail transfer　amount
□票　　匯　　：金額
demand draft　amount
□旅行支票　：金額
traveller cheques　amount
□現　　鈔　　：金額
cash　amount
□外匯存款　：金額
foreign currency deposit　amount
外匯存款帳號：
foreign currency deposit A/C no.

匯款用途及附言： （用英文填寫） remittance's usage			匯率 rate	折合新台幣 NT$
			即期匯率 spot rate	NT$
匯款金額合計： Total remittance amount		□以新台幣結匯 paid by NTD	遠期匯率 forward rate	NT$
		□原幣匯出： paid by foreign exchange	手　續　費 service fee	NT$
			郵　電　費 telex/mail fee	NT$
原幣匯出 之繳款方式 kinds of foreign exchanges paid	□美元現鈔 USD cash	□出口押匯款 export negotiation proceeds　□其他 others		NT$
	□外匯存款 foreign currency deposit	□出口託收款 export collection proceeds		NT$
	□外幣票據 cheque(in foreign currency)	□匯入匯款轉匯 inward remittance.	應繳新台幣總額 total payment amount(NTD)	NT$

付款行：

劃帳行：

匯款分類名稱及編號：

公司登　確認人員
記資料
查驗無
誤

受　理　單　位
主　管　經　辦

編號：

外兌 044(2-1) (21 × 29.7 公分) 2004.6.5000 本

人將大額匯款化整為零)。對凡在我國境內居住未滿20歲之自然人結購旅行支出(應查驗身分證、機票或簽證相關證明文件)或結售在台生活費、贈與款與旅行支出剩餘款,指定銀行只要查驗結匯人身分及相關文件後,即可逕行辦理結匯。另外,對於客戶匯入款之結售案件,如該筆匯入款係原先利用每年自由結匯額度匯出再匯入者,指定銀行應於原匯出款水單正本上加註匯入結售金額、日期及計入額度,即可逕行辦理結售(唯其累計結售金額超過規定之額度時,仍應依規定填具申報書等相關資料),以資簡化結匯手續。

10.6 全球銀行財務通訊網路

在講求服務品質和效率的需求下,外匯銀行為提高競爭力,以達到經營績效及金融國際化之目標。我國外匯指定銀行(包含在台之外商銀行)於 1985 年 9 月相繼加入「環球財務電訊協會」組織,藉由其提供嶄新之 SWIFT 系統,以達到國際間通訊業務快速而安全的服務品質,進而增進銀行外匯業務之發展,為便於瞭解此一系統之作業性質,茲詳細加以介紹如下:

 全球銀行財務通訊網路

前言

總部設於比利時布魯塞爾的非營利互助組織——全球網路銀行財務通訊,其英文名為 "Society for Worldwide Interbank Financial/ Telecommunication S. C.",簡稱 SWIFT,提供目前世界銀行外匯交易與資金調撥的最佳服務。此組織創立之宗旨,係憑其專業性之自動通訊網路,給予各會員銀行間的訊息傳遞之安全(Security)和便捷(Fast)性,現時全球超過 100 個國家地區之 4,000 家以上銀行

（Financial Institues）之資金轉移利用此系統完成交易者，計占 70% 以上的總交易量，而且有愈來愈熱絡的趨勢，其優點（Advantage）不但如前述之安全性高外，就是文件傳遞之速度，亦較傳統之電傳打字機（Telex）更為快速，而且又兼具經濟效益（Cost Effective）和定型化式樣等多項優勢。

通訊網路作業

按 SWIFT 在全球共設有四個作業中心（Operating Center），其中除一個設立於布魯塞爾外，其餘三個，有二個設立於荷蘭及一個設立於美國之維吉尼亞州。而 SWIFT 則在各會員國間分別設立一個或多個區域作業中心（Regional Processor）與各使用銀行之電腦終端機相互連接，並透過四個作業中心之一轉接電訊，並規定各會員銀行應遵守每天至少保持開機七小時以上，以接受外來電文或發文之用。否則，導致因電訊遲延接收造成損失，後果由各使用銀行負責。任何經由此一網路系統發出之電訊，均可由此一系統發出回訊。包括：完成發送之 ACK、無法傳送之 NAK、關機作業完成之 LAK 及無法開機（開機不合符要求）之 LNK 等。

開關機作業

SWIFT 網路的開、關機作業，開機（Log-in）時係分由二組保管人員中之二人使用，並經驗收無誤後，始能開動機器準備接受電訊。

至於關機（Log-out）則由使用銀行發出關機訊息給 SWIFT 系統即可。

押碼作業

SWIFT 的押碼作業與 Telex 傳輸作業最大不同之處，乃前者之電文係由系統本身根據通匯銀行雙方事前所交換（Exchange）之一套核押密碼的自動核算公式（Authentication Key），經驗算後所帶出，並加附於電文中發出，然後再由對方之接受系統，根據押碼自動運算加以

檢核,若有不符時會於電文中顯現表示,而後者則全需經由人工作業逐項加計核算核對。

電文之分類

SWIFT 在定型通訊電文訊息之傳遞方面,包括下面之各種類別,而每一類別項下各有若干不同之型態(Message Type,簡稱 MT),即:(1)MT100 號類之顧客匯款(Customer Transfers)電文;(2)MT200 號類之資金轉移調撥(Bank Transfers)電文,其下再涵蓋了 MT201、MT202、MT203、MT205 及 MT210 等之單筆匯款、多筆匯款、匯款執行及收到通知等;(3)MT300 號類之外匯交易(Foreign Exchange)電文:其下之 MT320 為定期存款之確認,MT324 之存款償還通知,MT330 之存款通知及 MT350 之存、放款利息支付通知等;(4)MT400 號類之託收(Collection)處理電文:其中 MT410 之 Acknowledgement 確認、MT412 之承兌通知(Advice of Acceptance)、MT420 之追縱詢問、MT422 之要求指示及 MT430 之修改等;(5)MT500 號類之證券(Security)交易電文:其中 MT501 為指示賣出、MT500 為指示買入、MT510 為證券買入或賣出之確認;(6)MT700 號類之信用狀(Documentary Credits)電文:其中 MT700 及 MT701 為開狀用、MT707 之信用狀修改 MT710、MT711 之信用狀通知,MT720、MT721 之信用狀轉讓、MT734 之拒絕通知、MT740 之授權償付(Authorization to Reimburse)、MT750 之單據瑕疵之通知等多項;(7)MT800 號類之旅行支票(Travel Checks)電文:其中 MT880、881 及 MT882 之信用卡付款方式;及(8)MT900 號類之其他事項:其中 MT910 為入帳確認及 MT941 帳戶餘額報告書等。其餘除 0 號類屬於系統電文,第六類未開放使用及第九號類無押碼管制外,其餘皆透過此一系統作押碼處理。亦即,其電文收發作業均需要經過嚴密而周詳的程序,遠非一般傳統之電報作業所可比擬,為此一系統之特色所在(如表 10-8 之電文)。(賴文瑞,1986)

表 10-8　SWIFT 電文

◯ ◯ 銀行

```
RECEIVED = customer transfer ============ FM100 ================= E-COPY 0001 =
= *
= DESTINATION   CHEBTWTPAXXX                    SW19971013FS000000013600
= SESS   1239                                   DATE RCVD 13-OCT-97 17:20
= SEQU 062936
=*
=* ORIGINATOR   CITIUS33BXXX                    FROM SWIFT
=* SESS  4844   CITIBANK N.A.                   DATE SENT 13-OCT-97 05:20
=* SEQU 054162  NEW YORK,NY
=*
=*            BANKING PRIORITY                  MUR 971013EE27199OPS
=*
=* ----------------------------- NORMAL ------------------------------
=*
=** :20 /transaction reference no.    :S0772879248501
=** :32A/value date,currency and amount:97/10/14 USD 8,485.00
=** :50 /ordering customer            :NAM PANG ENTERPRSES PTE LTD
=**                                    57 SENOKO ROAD
=**                                    SINGAPORE 758121
=** :52D/ordering institution - addr  :/36000563
=**                                    INTL. BANK OF SINGAPORE LTD
=**                                    60 ROBINSON ROAD
=**                                    03 00 OUB BLDG
=**                                    SINGAPORE 068892
=** :59 /beneficiary customer         :/00401000002700
=**                                    ◯◯ CO LTD
=**                                    NO 9 ALLEY 1 LANE 434, HU-SHAN ST
=**                                    KUEI-SHAN, TAO-YUAN HSIEN, TAIWAN
=** :70 /details of payment           :PURCHASE 2PK PCS VACUUM BAG LESS CH
=**                                    ARGES
=** :72 /sender to receiver information:/ACC/FOR YR TAO YUAN BR.NO 68 NAN
=**                                    //KING E.RD, SEC 3 TAIPEI TAIWAN
=** -
=** :MAC /Message Authentication Code:2ECD1C24
=** :CHK /Checksum Result            :D0D757A7E72C
=** ----------------------------------------------------------------
=** :SAC /Authenticated with current key:
=**
=** ---------------------- ACKNOWLEDGEMENT -----------------------------
=**
=** :177 /Date and Time(YYMMDDHHMM)   :971013 17:20
=** :451 /acceptance/rejection        :accepted
=**
=** --------- PRINT REQUEST FROM EINC ON 13-OCT-97 AT 17:20:08 -------------
=**
=** Entry    : SWSERV Date:9/1013 Time:17:20:08
=**
==================================== CINC/00021059/13-OCT-97/17:20:08 = P 1/1 =
```

SWIF

　　轉帳銀行：　CITIBANK N.A.

💰 美國外匯交易支付系統

　　美國銀行間資金調撥，除大多透過設於紐約交換所銀行間支付系統（The Clearing House Interbank Payment System，簡稱 CHIPS）所擁

有和經營之資金調撥連線系統，及少部分之由聯邦準備理事會建立之聯邦準備電子連線調撥系統（Federal Reserve Wire Transfer System，簡稱 Fedwire），之電子連線作業，來完成一般銀行間美元之交易資金調撥事宜。

由於紐約為當今世界之最大金融中心優勢，故全球有九成以上之美元外匯交割作業，均利用此一系統進行處理，即使與歐洲地區美元市場之交割，亦都透過此一管道進行。按 CHIPS 系統採用之即時撥帳清算法與 Fedwire 有異。後者通常一般付款銀行須設在聯邦準備銀行之帳戶內應隨時擁有足夠的資金餘額備付。而聯邦準備會員銀行，除依據聯邦法律註冊成立之商業銀行為當然會員外，另依州法律註冊成立之州法銀行，亦可申請加入為聯邦準備會員組織為會員銀行，而此等會員銀行依規定應就其所吸收之存款提存一定比率為準備金，並寄存所屬之聯邦準備銀行中。

💰 日本外匯支付系統

早期日本的外匯交易支付制度，為當通匯銀行收到付款指令後，即簽發開設於中央銀行支票，連同撥款通知書交付收款銀行，由其軋進設於央行帳戶，經取款後再轉付受款人的一種轉撥方式。

中期後之調撥方式（1980年後），便改以電子清算系統來處理，此方式具處理多邊複什外匯交易清算功能，與美國之 CHIPS 頗為類似，故為當地及外商銀行普遍採用，成長速度快捷。

迨 1989 年後，再演變為由原電子清算系統，透過網路來執行之一種更為進步的支付方式──即日本金融網路系統，英文名字為 "Bank of Japan Financial Network System"，簡稱 BOJ ─ NET。按此一系統，包含現金電匯及證券電匯兩系統，當資金調撥時，由付款銀行及收款銀行直接進行，並連線央行完成。

10.7 電報押碼作業

　　兩地通匯銀行間財務收支之清償或結算，係借助彼此間之通訊來執行，以達到其目的。譬如，銀行以支付指令、單證或有價證券之交付方式及信用狀或匯票之通知……等指示函件的傳遞，因涉及金錢事宜，無不基於安全考量，透過嚴密而審慎之處理程序。因此事前的安排手續極其審慎而重要，繼之才進行交換協約，建立押碼作業，所以這一過程在押碼工作上是一項相當重要的步驟。然而通匯關係之能順利建立，須建立在互信、交往經驗與彼此瞭解等基礎上。其中押碼之設立，各家略有不同，但一般採用之計算法，不外乎包括：金額（Amount）、日期（Date）、固定押碼數（Fix no.）及幣別（Currency）等項目經加總來求取。換言之，當通匯關係建立後，受託之銀行即可憑來電電文之指示，於完成解碼後將指定之金額款項或單證文件，交付予特定個人、公司行號或機關團體，以達成異地間收付的任務與作業。

　　茲將銀行間押碼之操作實例（非定型模式）示範如下：

1. 表 10-9A 為涵蓋所有相關金額所代表之密碼數字。即表中各種不同金額（Amt.）均加附其所代表的數目，解碼時將電文中所指定金額分別尋找其代表數目，然後將其加總合計即為此筆金額之押碼數。譬如，來電文中指示交付某人／公司某一幣種的金額為 105,360 元時，即可由表 A 中找出 100,000 所代表之數目為 47，然後加上 5,000 所代表之 54，其次再加上 300 所代表之 24 及最後（再加上）60 所代表之 59，合計總共得 184，此即為金額數字之密碼數。

2. 個別（私）密碼數（Private Code），或稱固定密碼數（Fix No.）：此一密碼數目通常不變更，但有少許銀行須按年更換或隨時視實際需要更換（如遭洩露）。

表 10-9A　押碼表 A

TABLE "A"
COVERING AMOUNTS INVOLVED

Add together the necessary numbers representing the TOTAL AMOUNT to be authenticated, disregarding all fractional amounts.

AMT. NO.	AMT. NO.	AMT. NO.	AMT. NO.	AMT. NO.	AMT. NO.	AMT. NO.
1-18	10-44	100-71	1,000-15	10,000-49	100,000-47	1,000,000-9
2-26	20-38	200-53	2,000-43	20,000-75	200,000-28	2,000,000-50
3-33	30-42	300-24	3,000-72	30,000-32	300,000-67	3,000,000-56
4-41	40-68	400-55	4,000-10	40,000-23	400,000-12	4,000,000-76
5-51	50-17	500-81	5,000-54	50,000-25	500,000-46	5,000,000-80
6-20	60-59	600-16	6,000-65	60,000-73	600,000-78	6,000,000-31
7-40	70-56	700-67	7,000-21	70,000-34	700,000-55	7,000,000-8
8-61	80-22	800-74	8,000-45	80,000-77	800,000-82	8,000,000-83
9-29	90-11	900-79	9,000-27	90,000-48	900,000-30	9,000,000-58

NO AMOUNT-90

表 10-9B　押碼表 B

TABLE "B"

FOR MESSAGES FROM ○○ BANK

The numbers are to be used in rotation starting downwards from the left. When the last number has been used we shall recommence with the first number.

19	27	74	23	1	16	2	7	25	27	94
21	14	16	38	84	47	95	26	41	63	24
9	2	5	15	17	2	18	95	42	13	1
40	51	9	8	64	41	26	8	49	5	43
27	38	55	84	7	55	19	36	6	34	87
6	24	30	47	39	39	40	22	29	14	82
37	3	21	17	28	15	21	11	28	58	40
26	84	97	4	3	79	63	4	2	79	70
11	8	25	26	10	26	71	5	43	73	15
49	40	12	53	18	63	53	76	9	23	30

表 10-9C　押碼表 C

TABLE "C"

FOR MESSAGES TO ○○ BANK

The numbers are to be used in rotation starting downwards from the left. When the last number has been used recommence with the first number.

19	8	19	24	29	19	18	3	3	24	39
70	12	21	11	40	25	30	47	22	48	19
80	37	42	5	11	46	14	22	11	5	21
1	39	26	30	34		8	37	19	29	43
58	16	45	4	20	6	45	35	45	37	4
16	40	39	23	16	42	6	40	15	15	24
45	41	33	13	18	24	13	11	4	2	29
26	26	25	14	12	10	1	23	21	21	45
19	13	18	8	23	2	22	31	36	33	7
93	1	31	36	3	33	39	28	17	14	37

3. 表 10-9B 、 C 係提供給發文行或收文行（依序循環）使用。如當收到發出行第一次所發之電文時，便使表 10-9B（from）左邊第一行第一格之 21 作爲驗算押碼數，並於每次使用後，在其右方空白處塡註押碼日期（避免下次來電時被再重複使用）；第二次再接來電時，便接著使用下一格之 39 來驗算，如此依序類推使用。至於發出者，則使用表 10-9C（to），其操作法與 B 表相同，不再贅述。

4. 幣別或日期代號：對於不同幣別及日期，有的銀行亦分別訂定其不同之代碼數目，並倂入供作驗算項目之一，以示審愼（採用此種方式之押碼法，在當一件電文涵蓋了兩種不同幣別金額，押碼時應將二個不同幣種代碼一倂加計處理，而日期則依表中訂定之不同日子之代碼來計算）。不過本範例中雙方並未約定加計幣種及日期，應屬簡略式的押碼方式。

實例說明

至於（押碼）金額若超過本樣本範圍，如數目為 9,999,999 以上時，其金額代碼數應如何求得呢？

如金額為 29,356,200 時，則：

1. 以表A中之最高金額／數目 9,000,000 被除以該超過百萬以上之整數數字，即 29,000,000 除以 9,000,000，得商數為 3 後，尚餘 2,000,000。
2. 然後將該商數 3 乘以表中 9,000,000 之代表數字（參考**表A**），即 3 乘 68 等於 204。
3. 然後找出餘數 2,000,000 的代表數字為 48。
4. 最後再將剩餘之 356,200 按前述之方法，由表A中之循環數目尋得各其個別代表數字。即：

   | 300,000 之 67 | 50,000 之 25 |
   | 6,000 之 65 | 及 200 之 53 |

5. 接著將上面 2、3 及 4 等步驟求取之數字加計，最後再加上私密數字（FIXED NO.），便是該次電文之密碼數字。

總之，上項之私密號碼與押碼循環目錄表，通常基於安全考量，均由密碼提供銀行分開密封郵寄對方（通匯銀行）特定負責人簽收後起用。

第 11 章
世界美元市場和境外金融中心

世界美元市場，除美國本土外，應以歐洲及亞洲美元市場算是公認較具規模且著名，由於此市場不但提供該地區、國家融資的便利外，兼之促進區域經濟發展的效益。然而市場的成立，乃須具備多方面的良好條件之配合，其中包括：地理位置、政治、金融、社會及經濟等。因此，即使雖有部分地區的國家想發展為美元市場，但多礙於條件具備不全，始終無法成功實現。記憶所及，早期美國運通銀行（Amrican Express Int'l Bankung Corp.）曾在關島從事美元市場的營運，初期雖曾獲得相當的績效，但終因該地區未能具備前述種種良好條件，結果無法達成期望，即是一例。

 # 11.1 美元市場

美元市場泛指存放於美國境外之美元存款而言，而美元市場因存款集中地區之不同，分為**歐洲美元**（Euro-Dollar）及**亞洲美元**（Asian-Dollar）。顧名思義，前者乃指存放西歐各銀行之存款，特別多數集中於倫敦各銀行中之美元，亦因此之故，造就倫敦與紐約並稱當今兩大國際金融中心之主因。而後者則指寄存於新加坡境內銀行之非居民之外幣存款（亦接受其他幣種之寄存），但仍以美元為主，故以亞洲美元稱之。為便於更進一步瞭解此兩市場之經營情況，將其分別介紹如下：

亞洲美元市場

亞洲美元市場（Asia Doller Market），簡稱為**亞元**，係指美元存放於亞洲地區，特別指寄存在新加坡之美元而言。但其他具有充分兌換性之通貨，如早期的瑞士法郎、德國馬克及日圓等**強勢貨幣**（Hard Currencies）也包含在內，只是其所占的數字較為微小而已。依據早期之交易統計資料顯示，其比率為具有兌換性之其他通貨，約占市場規

模 5% 左右，其餘 95% 爲美元。在亞洲地區國家中，新加坡是最早而成功的亞洲地區美元市場。亞元成立於 1968 年，當初之設立動機係因在亞洲地區營業之若干外國銀行，不但鑑於新加坡工商業發展，政治、社會和經濟穩定，而且具有堅強的通貨，且擁有優良的銀行設備，符合扮演亞洲地區國際金融中心之角色，於是在該國政府瞭解其利益和重要性後，經接納各方建議，毅然決定放棄外匯管制，首先核准美國商業銀行將舊金山華僑之美元存款調存進新加坡分行，次年當地銀行及外國銀行（如匯豐銀行、花旗銀行、大通銀行及日本東京銀行等）相繼加入營運，美元市場遂爾成立。

亞洲美元存款之主要來源，包括：(1)亞洲各國政府、中央銀行和國際組織等官方機構之存入；(2)商業銀行；(3)華僑資金；(4)在亞洲地區營業之國際企業公司之剩餘短期資金；及(5)經新加坡當局核准之居民外幣資金。其中以後三項爲主要的存款來源。而亞元之利率決定，係任憑市場供需情況及與歐洲市場利率之競爭程度而定，並不受任何中央當局或代理機構所左右與影響。存款種類，自二日起之通知存款至一年期定期存款多種，但通常以一個月期至三個月期最爲普遍。一般最低存款限額爲 5,000 美元，唯同業之最低存款限額，則訂爲 10 萬美元。其最低存款限額之訂定所以較歐元市場爲低之原因，乃因應此地區性的小資本家之特色，提供其投資出路。

至於亞洲美元的需求者，包括：(1)各國政府以融通對外各種目的需要；(2)商業銀行因應國內貿易界的需求；(3)公司企業需要美元以融通對外貿易或營運。而亞元貸款之利息計算，因常低於國內銀行之貸放利率，因此在此一地區中之國內公司或多國籍的附屬機構，都充分利用亞元市場之資金，以降低成本，此乃造成亞洲美元強勁需求的一大主因，就是其他各國政府，亦鼓勵其廠商多加利用亞元資金，以從事貿易。

💰 **歐洲美元市場**

　　歐洲美元市場（Eurodollor Market），簡稱為**歐元**，係指美元存放於歐洲地區，特別是存放於英國倫敦而言。 1957 年起源於英國，因為倫敦具有獨特的美元外匯市場優良條件，以及最佳之貨幣市場與貼現市場關係，更兼由英國政府對一般金融機構之從事歐元交易，頗為熱心支持與鼓勵，使歐元市場的形成，更加有力。歐元成立初期，僅由一般商業銀行經營，後來國家金融機構才逐漸加入營運。在倫敦之交易方式，大半透過銀行與經紀商利用電話聯繫來進行，對於與巴黎或蘇黎士等之其他金融中心之交易，則以電動發報機或長途電話進行。其資金主要來源，分別包括：(1)私人或商號；(2)商業銀行將其多餘資金兌換成美元存入；(3)歐洲大工業國家之中央銀行及其他政府金融機關之存入等。由於此市場利率較美國高，故其存款交易量相當龐大，因此對美元資金之供應，在國際金融體系中占相當重要地位。其利率變動，均隨國際政治與金融情況之變化而變動，非兩三個國家所能左右或控制。歐元市場存款之接納與亞元市場相似，除大部分為美元外，尚有少數之其他較具兌換性之通貨。如瑞士法郎、日圓及西德馬克等。至於最低存款限額為 10 萬美元，較亞元市場高。借款期限，通常分為即日、七日、一個月、三個月及六個月等，但偶有存一年至五年之長期性者。

11.2 境外金融中心概述

　　我國經濟自 1971 年起即逐年在穩定中持續發展，外匯存底亦相繼累增，國民所得隨而漸次提高，創造台灣經濟奇蹟的聲譽，在此期間政府為便利國內企業對外籌資、促進企業對外競爭力、增進企業與銀行業對國際金融事務的瞭解，提升國內金融人員對國際金融事務知識與操作水準，藉以提高我國在國際金融界的能見度，遂於 1982 年間授

意財政部籌設「境外金融中心」，繼於翌年年底即依據「國際金融業務條例」正式成立境外金融中心開始運作至今。

💰 前言

　　政府為加強我國與國際間金融聯繫與活動，並促進我國與世界各國間的實質關係，進而配合貿易與經濟成長的需要，藉以提升台灣在遠東地區的經濟地位，數年前即積極籌設區域性**境外金融中心**（Offshore Center or Offshore Banking Center，我國後來稱為 Offshore Banking Unite，簡稱 OBU），並列為金融重要政策與努力方向，實施至 2003 年 12 月 31 日止全體國際金融業務分行資產規模，對非居民放款為 132 億 500 萬美元，對居民放款為 31 億 7,800 萬美元。（不含金融機構）

💰 定義與經營型態

　　所謂「境外金融中心」或稱「**國際金融中心**」（International Banking Central），就一般而言，即自非居民（Nonresident）引進資金，再將其吸取之鉅額資金貸予其他非居民之城市或國家。亦即資金須由境外引進，再將其運用於境外之一種金融市場活動。而這種境外彼此間的國資金融交流不受任何的限制，並呈現著相當的自由化。對之此種共同進行流通的通貨，稱為**境外美元**（Offshore Dollers）。就市場結構上言，境外金融中心，可分為三種類型：(1)境內、境外一體型：此一類型之境外金融業務（Offshore Financing Bussiness）和國內金融市場業務併合處理，而無隔閡，其市場間資金互為流動不受限制，而且租稅等之負擔全無差異。香港及倫敦即屬此類型；(2)境內、境外分離型：此一類型之境外金融市場業務，其帳冊和國內金融市場業務帳冊，必須分開記帳，獨立處理。是之，資金自國外金融帳轉移至國內帳時，應透過兌換程序。至於其金融業務交易則並無劃定特定的經營區域，而僅於獲准進行交易的金融機構在帳冊上才須加予區隔

而已。換言之，其國內與境外金融業務間的資金交流，應受到相當程度的管理及約束。通常資金流入國內市場時，必須經由當地政府之許可，而且兩個市場間的租稅負擔、存款準備金、存款利率規則，都設有差別待遇。亦即，境外金融市場通常可獲得比較優惠或完全豁免的條件，如新加坡和紐約即屬此類型；(3)避稅天堂（Tax Haven）型：在此一類型下的市場，並無實體存在，而僅以較低之稅率，提供記帳事務，即所謂之記帳中心（Book Keeping Center）。如英屬的克曼郡島（Cayman Island）和巴哈馬（Bahamas），即屬此類型。

💰 亞洲地區的境外金融中心

世界著名的境外金融中心──國際金融機構（International Banking Facility，簡稱IBF），有倫敦、紐約、巴黎、法蘭克福、盧森堡及蘇黎士等。而亞洲目前也有幾個境外金融中心與我國設立之OBU（Offshore Banking Unit）處於競爭的立場。有關其個別營運情形與成立經過，分別介紹如后，並供我國推廣此一業務之借鏡和瞭解。

新加坡

於1968年9月，由美國商業銀行（The Singapore Branch of The Bank of America）將類似歐洲美元市場（Euro-Currency Market）的構想，向新加坡政府提議，並獲得採納而成立，隨即成為亞洲通貨單位（Asia Currency Unit，簡稱ACU）的第一家營運銀行。而負責監督、管理及頒布各種相關法令之金融管理局（Monetary Authority of Sigapore，簡稱MAS），為使流入這個市場的資金能與國內之金融市場完全分開，以免影響國內的貨幣管理，採用分離記帳制度，作為推動亞洲美元市場（the Asia Dollar Market）的模式。繼之，於翌年花旗銀行（The First National City Bank of New York）和渣打銀行（The Chartered Bank）相繼參與經營。由於新加坡政府對該計畫之積極支持，兼之有利的地理位置、完備的資訊系統、健全的財政金融體系和

陸續採取多項優惠措施。如外匯存款（**表 11-1A ～ D**）、亞洲美元債券
（Asia Dollar Bond）〔由新加坡發展銀行（現為星展銀行）於 1971 年
12 月首先發行〕之免利息所得扣繳、匯票（Bill of Exchange）、可轉讓

表 11-1A　存款往來簽名卡

A. C. U.			
來往賬戶 / 定期存戶簽名卡 CURRENT ACCOUNT/FIXED DEPOSIT SIGNATURE CARD	來往賬戶 ☑ Current Account		定期存款 ☐ Fixed Deposit
戶　號 A/C No.	賬　戶 Name of A/C		
所需簽名 Signature Requirement:			
請寫清楚或打上名字 Please type or print name	登記/護照號碼 NRIC/Passport No.	簽 名 樣 式 Specimen Signature	
A			
B			
C			
D			
E			
經手人 Attended by _____	核准人 Approved by _____	日 期 Date _____	

（B）

請寫清楚或打上名字 Please type or print name	登記/護照號碼 NRIC/Passport No.	簽 名 樣 式 Specimen Signature
F		
G		
戶口性質 Nature of A/C	電話號碼 Tel. No:	
地址 Address:		
職業與工作地點/商業性質 Occupation & Place of Work/Nature of Business	註冊號碼 Registration No.	
備 註 Remarks		
* For Bank Use	○○ **BANK OF SINGAPORE LIMITED** (INCORPORATED IN THE REPUBLIC OF SINGAPORE) ○ ○ 銀 行 （成立於新加坡共和國）	

233

金融市場
——外匯、票、債券市場與管理

表 11-1B　境外法人開戶申請書

COMPANY ACCOUNT (NON RESIDENT)

A. C. U. ACCOUNT

A/C No. ☐☐ — ☐☐☐☐ — ☐

To

DATE _____ 19____

◯◯ BANK OF SINGAPORE LTD.

SINGAPORE.

Dear Sirs

  We request you to open an account in _____ for and

                  (Foreign Currency)

in the name of _____ a Company

incorporated in _____

and having its Registered Office at _____

operating/trading as _____

and enclose a copy of Resolution duly certified by our Chairman and Secretary and also an updated copy of our Memorandum and Articles of Association.

  We also request you to pay all cheques drawn on behalf of the Company, provided that such cheques are signed in accordance with the Resolution attached.

  You are to debit all cheques drawn as above to the Company's said account, whether the same be in credit or not; it being understood, however, that in the absence of any arrangement you are not bound to honour any cheque if the said account is not sufficiently in credit to meet it.

  You will be advised in writing of all changes in the above procedure.

  A copy of the Bank's Rules for the conduct of such account has been furnished to us which we have read and agree to abide by such rules, and also by such additions to alterations, variations and modifications of them as may be at anytime enforced by you and notified to us.

                Yours faithfully,

           _____

           Authorised signatures & Company's stamp

INTRODUCER'S DECLARATION

$\frac{I}{We}$ _____ of _____

have read the above letter and declare that to $\frac{my}{our}$ best knowledge the statement concerning the above-mentioned company as to the signatories therein is true and that the above-mentioned Company and the persons therein are fit and proper to open an Account with your Bank.

          _____

          Authorised Signature(s) & seal

For Office Use

Attended by: _____ Approved by: _____

Date: Date:

表 11-1C　往來約定書（A）

A. C. U. CURRENT ACCOUNT

⊙◯ **BANK OF SINGAPORE LIMITED**

(Incorporated in the Republic of Singapore)

SINGAPORE

RULES AND REGULATIONS

---

1. The opening of an account with us is subject to the Bank's approval and the application therefore must be accompanied by proper introduction.

2. Deposit vouchers are supplied to customers who, when paying in, should follow the instructions given in the deposit vouchers. The counterfoil will bear either a signature of an authorised signatory or a machine print by a teller machine of the Bank and customers are requested to see that this is done before leaving the premises of the Bank.

3. Outport-cheques and postal and money orders received for collection will not be credited until after the receipt of payment by the Bank. Cheques on local banks are credited to a customer's account when paid in but except by special arrangement, cannot be drawn against until the proceeds have been received by the Bank.

4. Cheques may not be drawn on the Bank except on the forms supplied and registered for each account. Applications for cheque forms should be made personally or on the printed application forms supplied by the Bank and the Bank may refuse to pay cash on cheques in which the word "bearer" has been cancelled.

5. All alterations in cheques must be confirmed by the drawer's full signature as the Bank cannot take the responsibility of identifying initials. The Bank may refuse payment if the signature differs from the specimen on file.

6. The Bank may mark cheques as "good for payment" to another bank; in each case, the customer's account shall be debited immediately with the amount of the cheque so marked.

7. Overdrafts may be allowed only after due arrangement has been made with the Manager of the Bank. Where an overdraft is permitted by the Bank each principal amount advanced by the Bank at its discretion shall be payable by the customer immediately upon a demand from the Bank together with interest and, if applicable, all other commissions, discounts and banker's charges. The rate of interest chargeable in respect of the overdraft shall be as determined by the Bank from time to time and shall be computed on the principal amount for the time being owing, on a daily basis and if such interest or any part thereof is not paid each month when the same is due such interest shall (so long as it remains unpaid) be capitalised and aggregated with the principal amount for the time being, owing, for the purpose of calculating subsequent interest. In other words the customer agrees that for overdrafts the calculation of interest will be on a daily basis with monthly rests.

8. Cheques paid in by customers which are dishonoured may be returned by post to the customer at the last address registered with the Bank at the customer's risk and expense.

9. Statements of Accounts will be rendered to customers once every month. Customers are requested to examine all entries in the Statements of Account and to report at once any error found therein. Unless the entries therein are objected to within seven days after the receipt by the customer of his Statement of Account rendered by the Bank, the customer shall be deemed to have accepted the entries made in the Statement of Account as correct.

（續）表 11-1C　往來約定書（B）

10. Current Accounts will be balanced every six months on the 30th June and 31st December. Statements of balances will be sent to customers who should return the confirmation slips duly signed without delay. In the absence of any objection within seven days from the receipt of the statements by the customers the accounts shall be deemed to have been confirmed as correct.

11. The Bank reserves the right to impose charges. All withdrawals from the account shall be subject to a commission charge in lieu of exchange of 1/8% on the amount.

12. The customer shall not hold the Bank liable in any way for any loss whatsoever incurred by the customer as a result of the operation of any account opened by the customer with the Bank save where such loss is directly attributed to the wilful negligence of the Bank.

13. Without prejudice to the generality of the foregoing the customer shall indemnify the Bank in full as collecting Banker from any loss which it may incur by reason of the Bank guaranteeing any endorsement or discharge or discharges on a cheque, bill, note, draft, dividend warrant or other instruments presented by the customer for collection and such guarantee as given by the Bank shall be deemed to have been given in every case at the customer's express request.

14. When the Bank accepts or incurs liability for or at the request of a customer, any funds and chattels, including securities and other valuables deposited with the Bank in safe custody, belonging to the customer and in the hands of the Bank, automatically become security to the Bank and the Bank shall have the right to retain such funds and chattels or any part thereof and even dishonour the customer's cheques until the liability is discharged.

15. In addition to Rule 14, and in the event of any failure to make payment of any amount due to the Bank, the Bank may immediately and without notice to the customer, apply any funds held by the Bank for the customer to the liquidation of the amount owed. Furthermore the Bank may without notice to the customer sell any securities or properties of the customer held by the Bank on deposit or otherwise by way of a public or private sale without any judicial proceeding whatsoever, and retain from proceeds derived therefrom the total amount remaining unpaid, including all costs, charges and expenses incidental to such sale. The customer shall be responsible to the Bank for any deficiency whatsoever and howsoever arising and will immediately upon demand from the Bank pay to the Bank the amount of any such deficiency.

16. The Bank may close the customer's account by notice and shall not be bound to disclose any reason therefor. In addition the Bank may review the customer's account at any time at the Bank's discretion.

17. Upon the closing of an account either by the customer or by the Bank, all cheque forms previously issued to the customer and not used shall become the property of the Bank and the customer shall forthwith deliver the same to the Bank.

18. Customers are requested to notify the Bank as early as possible of any change of address. All communications sent by post to or left at the last address registered with the Bank shall be deemed to have been duly delivered to the customer.

19. DBS reserves the right not to accept crossed or order cheques to be deposited in an account if the payee's name is not identical to that of the accountee as shown in the bank's records.

20. The Bank reserves the right to add to, to alter, to vary and modify and or all of the above Rules at any time at its own discretion; and such additions, alterations, variations and modifications shall be deemed to have effect as soon as notified to the customers.

21. If the Bank should retain solicitors to enforce any of its rights whether by judicial proceeding or otherwise, then add in that event the customer will pay to the Bank all costs, fees and charges incidental thereto.

All withdrawals from the account shall be subject to a commission charge in lieu of exchange of 1% on the amount.

表 11-1D　董事會授權書（A）

To :

○○ **BANK OF SINGAPORE LIMITED**

SINGAPORE

A.C.U. CURRENT ACCOUNT

RESOLUTION PASSED BY THE BOARD OF DIRECTORS

The following Resolutions of the Board of Directors of ....

ABC Co., Ltd. ....

("The Company") were passed on .... Oct. 6, 1983 .... and have

been duly recorded in the Minute Book of the Company.

Resolved :

(A) That an account be opened with The Development Bank of Singapore Limited, Singapore in accordance with and subject to the Bank's Rules and Regulations governing current accounts as amended from time to time by the Bank.

(B) And that the Bank be instructed to honour all cheques, promissory notes, and other orders drawn by and all bills accepted on behalf of the Company and to debit such cheques, notes, orders and bills to the Company's account whether such account be in credit or overdrawn or may become overdrawn in consequence of such debit and to accept and credit to the account of the Company all monies deposited with or owing by the Bank on any account or accounts at any time or times kept or to be kept in the name of the Company and the amount of all cheques, notes, bills, other

negotiable instruments, orders or receipts provided they are endorsed/signed by ....

A. C. C. Wang - Chairman

B. C. T. Wang - Director

C. Y. F. Wang - Manager

for the time being of the Company (hereinafter mentioned as "authorised signatory/signatories").

(C) And that the Bank is hereby authorised to pay any such instrument or make any such charge and also to receive the same from the payee or any other holder without inquiry as to the circumstances of issue or the disposition of the proceeds even if drawn to the individual order of any signing person, or payable to the said Bank or others for his account or tendered in payment of his individual obligation, and whether drawn against an account in the name of the Company or in the name of any officer or agent of the Company as such AND such signature(s) shall be a sufficient authority and shall bind the Company in all transactions between the Bank and the Company including those specifically referred to.

（續）表 11-1D　董事會授權書（B）

(D)　That the following is/are hereby authorised on behalf of the Company :

```
A.  C. C. Wang - Chairman
B.  C. T. Wang - Director
C.  Y. F. Wang - Manager
```

(1)*　To arrange and obtain for the Company from the Bank advances by way of cash credit, loan, over-draft, discounting of bills, opening of Letters of Credit, releasing of documents against Trust Receipts, signing or counter-signing guarantees and any other type of credit facility from time to time as required, and to sign, seal, get registered and deliver on behalf of the Company, all documents and forms relating to any securities (in relation to deposit or withdrawal or otherwise) to secure such advances temporarily or otherwise against pledge, mortgage, charge, hypothecation, lien over all or any of the properties of the Company movable or immovable and such other securities that may be acceptable to the Bank in such form or forms as may be required by the Bank and to charge any of the Company's properties movable and immovable and securities including goods and to sign any instructions, indemnities and counter-indemnities which may be required by the Bank from the Company in connection with the Company's business.

(2)*　To affix the Common Seal of the Company on the documents in accordance with the Articles of Association.

(3)*　To withdraw and deal with any of the Company's securities or properties or documents of title thereto which may be deposited with the Bank from time to time whether by way of security or otherwise.

(4)*　To acknowledge all types of debts on behalf of the Company.

(5)*　To authorise and request the Bank to purchase or sell for account of the Company stocks, bonds and other securities.

(6)*　To open and operate Time Deposit accounts including Asian Currency Unit accounts as well as (the purchase and sale of) Negotiable Certificates of Deposit, in both local currency and foreign currencies.

(7)*　To open and operate Foreign Currency Accounts.

E)　That the Secretary of the Company be, and hereby is, authorised to certify to the Bank the name of the present officers of the Company and other persons authorised to sign for it and offices respectively held by them, together with specimens of their signatures. In the event of the Company appointing another signatory and other signatories in the place of authorised signatory/signatories and notifying the Bank that the Resolution has been passed to that effect, the said contents of this Resolution shall apply to such substituted signatories.

(F)　And that a copy of any resolution of the Board if purporting to be certified as correct by the Chairman of the meeting and by the Secretary or another Director shall as between the Bank and the Company be conclusive evidence of the passing of the resolution so certified.

(G)　And that the Bank be furnished with a copy of the Company's Memorandum and Articles of Association and any Special Resolutions passed from time to time amending the same.

（續）表 11-1D　董事會授權書（C）

(H)　And that this resolution be communicated to the Bank and remain in force until an amending resolution shall have been passed and a copy thereof duly certified by the Chairman and the Secretary or one of the Directors shall have been duly received and acknowledged in writing by the Bank.

　　We,

as Secretary of ABC Co., Ltd. .... Limited,

a company incorporated in Republic of China .... and

having its registered office at Taipei, Taiwan, Republic of China

and .... as Chairman of the Meeting of the Board of Directors at which the foregoing resolutions were passed hereby certify that said foregoing resolutions were passed at a Meeting of the Directors of the Company duly convened and held at Taipei

　　　　　　　　on the　Oct. 6,　day of　　　　　19 83

and that said resolutions were duly passed and are now in full force and effect.

　　We further certify that the present officers of the said Company authorised as aforesaid and the offices respectively held by them and their respective signatures are as follows :

NAME	POSITION HELD	SIGNATURE
A.　C. C. Wang	Chairman	
B.　C. T. Wang	Director	
C.　Y. F. Wang	Manager	

Dated this　　　　　day of　　　　　　　19

CHAIRMAN OF THE MEETING OF DIRECTORS

COMPANY STAMP　　　　　　　SECRETARY

Note : 1) Clients are requested to insert in the spaces above, names and titles of the signing officers, or the names of other authorised persons. Also to indicate fully in what manner they are to sign, ie singly, or two jointly, etc.

　　　2) Please rule across any unfilled space.

　　　3) *Delete where inapplicable. All insertions and deletions must be verified by the initials of the Chairman and Secretary of the Meeting.

239

定期存單（Negotiable Certificates of Deposits）（分浮動利率及固定利率之美元 NCD）（如**表 11-2**）之免納印花稅、存款免提存款準備金及放款利息收入只扣營利所得稅率（Income Tax）10% 等種種優惠。故市場發展頗為迅速，成效卓著。市場規模雖遠不及歐洲通貨市場 10%，但其成長已受到鼓舞，迄今已為亞洲最大規模的金融中心（如**表 11-3**）。根據統計截至 1982 年 4 月底，經獲准辦理此項業務的該國本國銀行、商人銀行（Merchant Bank）及外商銀行新加坡分行等，共達 157 家之多。

就事實和經過情形來看，新加坡境外金融中心的成立，對當地所產生的經濟效益，計有：(1)提高了地主國金融市場的活動水準；(2)創造地主國國內就業機會；(3)增加地主國之稅收。然而，基於下面的若干因素，卻也給新加坡金融市場對未來之持續發展蒙上若干隱憂：(1)美國於 1981 年 12 月在紐約設立了境外金融市場；(2)亞洲地區，如日本、我國及澳洲等相繼之設立；(3)香港採取利息所得稅減免等措施，

表 11-2　存單

表 11-3 新加坡亞洲美元市場（Singapore Asian Dollar Market）

Year Eend	No. of Authorized Banks	Gross Foreign Currency Liabilities （U. S $ Million）	Annual Growth Rate （Per Cent）
1968	1	31	
1969	9	123	303.3
1970	14	390	216.9
1971	19	1,063	172.7
1972	25	2,976	180
1973	46	6,277	110.9
1974	56	10,358	65
1975	66	12,597	21.6
1976	69	17,354	37.8
1977	78	21,018	21.1
1978	85	27,040	28.6
1979	101	38,163	41.1

使資金調度處於同等競爭地位。凡此，皆足以影響其獨霸優勢地位。

香港

　　由 1972 年至 1973 年自然形成，爲今日亞洲地區主要金融中心之一，並與新加坡處於抗衡地位，主要可歸納二大方面，在遠因方面；包括：(1)戰後多國籍銀行的擴張，並由歐美地區漸移向亞太地區；(2)歐洲美元市場在亞洲地區發展和延伸；(3)鄰近國家主要城市股票市場相繼蓬勃發展，爲許多商人銀行在地區內設立基業提供了最初的動力。在近因方面即是香港幾乎具備了金融中心一切必要條件，諸如：(1)各項完備的通信設施；(2)金融從業人員具備豐富的專業知識；(3)大量國際銀行的湧入參與（至 1982 年 3 月，計存有外商銀行 78 家、本土銀行 47 家及財務公司（Finance Company）358 家；(4)自由的外匯市場；(5)健全的財務制度；(6)優越的地理位置條件；(7)經濟維持長期繁榮和安定等。都是香港金融中心成功的主要條件。至於境外金融中心於香港經濟之影響，顯然對該地區生產毛額有相當顯著的貢獻。依照統計顯示，在金融、保險、房地產及商業服務業等所占當地

生產毛額附加價值的比例,已由 1970 年之 14.9% 躍升至 1980 年之 21.4%。雖然如此,於 1997 年回歸時,仍多少受到衝擊,但從長期來看,是否維持其蓬勃有待時間來證明。

⊞ 巴林

巴林(Baharain)位於波斯灣的中心,且為歐洲與遠東的中途站,故地理位置優越,人口雖然僅有數十萬,但在中東地區卻占有相當重要的地位,由於政治安定和良好的電訊設備,故自 1975 年 10 月起境外金融中心(Offshore Banking Unit,簡稱 OBU)的海灣金融市場設立,兼之創設時機得宜,開創時即大為發展。

依據具有完全中央銀行權力的巴林貨幣總署(Baharain Moneary Agency,簡稱 BMA)對境外銀行單位所訂定的規則,包括:(1)免提存款準備金及流動資產準備;(2)對境外銀行單位收益免征稅款,但應按年繳納牌照稅(License Fee);(3)逐月提報資產負債表等會計報告;(4)允許兼辦境外銀行業務之商業銀行,其帳簿應加予劃分;(5)境外銀行單位限制不得和當地居民交易(貸款及存款),但政府機構除外。

由於此等措施的頒布和上述種種有利條件配合下,至 1982 年 3 月,其總資產約達 556 億餘美元,屬於境外銀行單位的銀行,共達 78 家。然而,由於巴林的境外金融業務,係以吸取油源為主的緣故,其業務的興衰,深受油源和中東局勢所左右。今巴林當局為擺脫過分依賴石油,積極發展鋁業和石油精製,並引進外商銀行之加入,以增加當地人的就業機會。

⊞ 菲律賓(馬尼拉)

於 1976 年由人為因素促成,其境外金融業務經營特色,包括:(1)增加外幣存款種類;(2)擴充儲蓄銀行的可投資範圍與各種交易範圍等誘因措施。不過由於受限於金融業務人員缺乏專業知識及通訊系統未臻發展健全,致阻礙其成效。此外,菲律賓政情不穩定,也是直接

影響其經營績效之一大因素。

💰 境外金融中心之設立

📉 設立之基本條件

1.政治安定，有利資金流入。

2.優越的地理位置。

3.新穎的通訊設備，以強化運作的效率和資金運用效能。

4.相當規模的經濟基礎和相當份量的國際貿易比重。

5.實施優惠措施，以減輕交易活動成本，有利外資的流入。

6.放寬法令規定和外匯管制，賦予境外金融交易完全自由。

7.專業金融業務操作人才的培養與訓練。

8.自由而簡便的出入境和通關手續，便利外國人之出入境。

9.龐大陣容的國際大銀行的參與。

10.與毗鄰國家和各地金融市場關係良好而密切。

11.財、經當局儘量減少對市場的操作干預。

12.具有國際認可的會計、法律事務所。

📉 設立的有利事項

1.可創造就業機會。

2.提升國際金融地位，有利參與國際金融活動，並可加強彼此聯繫與合作機會，進而強化與各國間的實質關係。

3.培育國際金融專業人才，進而提高金融業的經營效能，促進銀行經營現代化。

4.引進外資，以得到較優惠的融資，並增強產品外銷競爭力。

5.增加特許費等政府之收入和外匯的利益。

6.帶動國內保險、會計、律師事務所、金融經紀商及航運等各種服務業之蓬勃發展。

💰 我國境外金融業務

提升我國國際金融活動和建立區域性金融中心，爲當局建立境外金融業務分行之主要宗旨，依照我國國際金融業務條例內容之規定，其特色可歸納爲下列幾種：

▦ 特色

1. 允許部分業務得由境內之個人、法人、政府機關或金融機構參與交易。
2. 除有特別規定外，其辦理之業務不受管理外匯條例、中央銀行法及銀行法之約束。
3. 以租稅減免措施，鼓勵國內外銀行積極參與經營。
4. 分行組織形式爲營業主體。
5. 保持營業主體資料之隱密性。
6. 准許營業主體專案引進必須之通訊設備及資訊系統。
7. 專案特別立法等爲設立原則。

▦ 優惠措施

1. 境外金融業務分行之存款免提存款準備金。
2. 存款利率及放款利率，由境外金融業務分行與客戶自行約定。
3. 境外金融業務分行之所得稅，免納營利事業所得稅（但辦理對中華民國境內個人、法人或政府機關或金融機構放款之所得，其徵免應依照所得稅法之規定辦理）。
4. 境外金融業務分行之銷售額免繳營業稅（但銷售與中華民國境內個人、法人或政府機關或金融機構之銷售額，其徵免應依照營業稅法之規定辦理）。
5. 境外金融業務分行所使用之各種憑證免繳印花稅。
6. 境外金融業務分行支付金融機構、中華民國境外個人、法人或

政府機關存款利息時免扣繳所得稅。

7.境外金融業務分行除其總行所在國法律及其金融主管機關規定
應提之呆帳準備外免提呆帳準備。

業務範圍

1.收受中華民國境內外個人（Resident & Non-Resident）、法人或
政府機關或金融機構之外匯存款。

2.辦理中華民國境內外個人、法人或政府機關或金融機構之外幣
授信業務。

3.對於中華民國境內外個人、法人或政府機關或金融機構銷售本
行發行之外幣金融債券及其他債務憑證。

4.辦理中華民國境內外個人、法人或政府機關或金融機構之外幣
有價證券買賣之行紀、居間及代理業務。

5.辦理中華民國境外個人、法人或政府機關或金融機構之外幣信
用狀簽發、通知、押匯及進出口託收。（DBU 得接受同一銀行
OBU 委託代為處理此等業務，但不得涉及新台幣交易）

6.辦理該分行與其他金融機構及中華民國境外之個人、法人或政
府機關或金融機構之及外幣匯兌、外匯交易、資金借貸及外幣
有價證券買賣。（DBU 得接受同一銀行 OBU 委託代為處理此
等業務，但不得涉及新台幣交易）

7.辦理中華民國境外有價證券承銷業務。

8.境外外幣放款之債務管理及記帳業務。

9.對中華民國境內外個人、法人或政府機關或金融機構辦理與前
列各款業務有關之保管、代理及顧問業務。

10.經主管機關核准辦理之其他外匯業務。

限制事項

1.境外金融業務分行不得辦理直接投資及不動產投資業務。

2.境外金融業務分行辦理外匯存款不得收受外幣現金。

3.境外金融業務分行辦理外匯存款不得兌換為新台幣提取。

4.境外金融業務分行辦理有利害關係人之授信準用銀行法第三十二條至第三十三條之二規定。

5.境外金融業務分行不得投資股票。

6.境外金融業務分行不得投資於其所屬銀行負責人擔任董事、監察人或經理人之公司所發行、承兌或保證之有價證券。

7.本國銀行之境外金融業務分行對單一自然人之授信總餘額,不得超過總行淨值3%,其中無擔保之授信總餘額不得超過總行淨值1%;對單一法人之授信總餘額不得超過總行淨值15%,其中無擔保之授信總餘額不得超過總行淨值5%。

8.外國銀行之境外金融業務分行對單一自然人或法人之授信總餘額,不得超過總行淨值25%。

9.非經中央銀行核准不得辦理外幣與新台幣間之交易及匯兌業務。

💰 境外金融之主要業務

一般而言,境外金融銀行的業務範疇概括可分為:外匯交易、發行或投資有價證券、金融期貨交易及美元存、放款等。茲約略將其介紹如下:

📋 外匯交易

所謂外匯交易,即為貨幣間之買賣交易。易言之,就是以一種貨幣換取另一種貨幣之謂。此一交易,又可分為三種之交易型態:

1.即期交易(Spot Transaction):係外匯交易市場一種最普遍而常見之交易型態,它的成交價格係按交易日當時市場之即期匯率計價,且其實際交割日通常於成交後之第二個營業日內辦理完成。(請參閱第六章第6.1節)

2.遠期交易(Forward Transaction):係外匯交易之敲定,乃按交

易期間長短之不同的遠期匯率來訂約，並於到期辦理交割時，依契約當時所約訂的匯率計價收付。此種交易型態完全不受交割當時市場即期匯率變化所影響，為此種交易型態的特性。通常參與進行此種交易業者的原意，大半以規避匯率變動所帶來的風險為考量。（請參閱第六章第 6.3 節）

3. 換匯交易（Swap Transaction）：係指操作時同時買入及賣出某一同額貨幣、或賣出及買入某一相等值貨幣但交割日不同之一種交易操作。銀行之所以進行此種買賣交易，其用意除在於進行資金互換外，並兼具避免匯率變動風險的效用。（請參閱第六章第 6.7 節）

發行或投資有價證券

境外金融業務銀行之營運資金來源，不外乎收受境內外個人或法人企業等之寄存，但亦可透過國際金融市場發行金融工具來取得，甚至當資金有剩餘時，亦可經由國際金融市場投資於銀行可轉讓定期存單、債券等金融工具來增加其收益。

金融期貨交易

係買賣雙方經交易所和一定程序而進行之交易，並約定未來某特定日期和價格買賣某一標準數量的金融資產／商品（諸如利率、外匯或黃金等），以保障此等金融資產價值不受利率或匯率等之變動而遭折損的一種交易。

境外金融業務銀行之經營與管理

境外金融業務銀行之經營，原則上與經管國內銀行方法並無不同。換言之，境外金融業務銀行在業務運作上，同樣會隨時遭遇到各種不同的風險。包括：信用風險、價格風險、作業風險、流動性風險及國家風險等。茲分別略作介紹如下：

⊞ 信用風險

信用風險（Credit Rick）係交易結果對手無法履約或不願意履約，最終導致本身遭受損失之風險。如授信戶或保證人到期無法清償、代償或不清償、不代償貸款之本息便是，其他又如票、債券或股票發行者、外匯或衍生性金融商品交易對手等。凡此，均有本項之潛在風險，金融機構針對此等信用風險之控管，主要在於事前的徵信，充分瞭解交易對手之信用和經營狀況，並隨時掌握其變化和事後追縱管理為必要，以確保債權之安全無慮。

⊞ 價格風險

價格風險（Price Rick / Market Risk）一般銀行亦稱為市場風險（甚至有將匯率風險及利率風險亦歸屬於此項風險下者）。以匯率為例，在浮動匯率制度下，由於國家或地區政經之不同，匯率一夕之間發生劇烈變動，應算是習以為常之事，就是存款利率亦常受到貨幣市場通貨供給消長變化的影響。因此，銀行不論對外匯淨部位、現匯或期匯頭寸之持有數額，應分別訂定部位限額，並在不冒價格變動風險前提下，隨時軋平頭寸是一般最可行有效的避險作法。

⊞ 流動性風險

流動性風險（Liquidity Risk）即銀行之資金無法支付到期債務或必須以較高的利息費用來支應緊急債務所遭受損失的風險。故境外金融業務銀行在規避此一風險時，應注意各種資產及負債的組合種別及期間管理。如存款期別結構和貸款需求，應配合資金拆借能力、附條件買回限額之訂定及證券資產市場流動性問題等以因應。

⊞ 作業風險

銀行對各項業務的處理，諸如員工作業、員工操守、資訊安全控制或內部控制等所發生之問題均有**作業風險**（Operation Risk）。國際金

融業務銀行，因其業務皆涉及外匯業務。所以外匯交易員的專業知識、操守和操作熟練度，都直接關聯到作業上的安全或易招致業務疏失所引起的風險。是之，管理單位平時即應規劃交易策略，訂定經管目標，經常評估作業得失，以減低在此一方面可能遭受的風險機率。

國家風險（Country Risk）

境外金融業務銀行主要貸款對象大多屬境外企業法人，承貸後有時會遭遇借戶國家的經濟、政治或社會環境等因素變化，導致不履行清償債務的風險。因此，銀行平時即應對於借款人國家之評價等加以注意，以降低此方面的風險。

結語

鑑於前述亞洲地區的其他境外金融市場和世界主要國際金融中心皆見相當成就和規模，也印證因此對地主國經濟的發展有顯著貢獻。反觀我國自經營迄今，幾近二十載，其規模（資產總額）和績效與鄰近之香港和新加坡（截至 1995 年 12 月止，依中央銀行資料指出台北市場規模約 346 億美元，家數 59 家；新加坡約 4,000 億美元，家數 157 家；香港 371 家。比較起來相去甚遠，為強化我國國際金融體系活動，境外金融業務之加強推展和發揮，有待政府之積極輔導和業界之加緊努力，不但如此，以目前國內金融業之成長空間愈來愈小，金融全球化或區域化更是刻不容緩，為勢在必行之路。唯有這樣，國際化的地區性重要金融中心才能達成，並為銀行業帶來生機與發展。

第 12 章
衍生性金融商品（一）

　　近年來，世界在主要國家紛紛推動金融自由化和國際化政策的驅使下，使銀行經營限制隨而放寬。兼之市場閒置資金到處流竄尋求機會，導致國際金融市場順勢對之原有的傳統金融工具加以改良創新，迫切引伸出各式各樣的衍生性金融商品陸續出現於市面，以應付市場投資者求新求變的心態和需求提供良機，而這些原本給予作為投資避險為目的的工具，亦隨著金融環境的變遷和在銀行經營愈加艱辛、競爭日趨激烈之際，衍生性商品隨機競相加以推廣發展，而投資人在沒適當瞭解與風險評估情形下，使操作本意往往遭受扭曲變質，成為以投機為目的的工具，企圖以求取贏得豐厚的利潤收入，然而結局每每不乏有些導致反效果，並遭遇鉅額虧損終結造成破產收場的案例，堪供有意而急遽欲投入此類商品操作者，引以為鑑和警惕。

 ## 12.1 衍生性金融商品之定義和特性

　　金融衍生性商品，近年來於全球金融市場甚為風行，國內金融業基於國際化和自由化的需求，在中央銀行及財政部的認同下，亦相繼開放外商及本國銀行開辦此類業務。唯此等商品交易，不但複雜性高，且具高度的風險。金融業者若未作好風險管理及會計規範，極易導致金融風暴之發生。自九○年代以來，記憶所及，有如發生於美國第一波士頓銀行、信孚銀行、法國里昂信貸銀行、英國霸菱銀行及台灣華僑銀行等事件，皆因操作此等相關產品，結果不是導致銀行業者出現鉅大的虧損，就是與造成倒閉的後果有關，都均曾轟動一時。因此，為防範爾後重蹈覆轍或使發生機率降至最低。除有賴金融主管機關訂定相關之管制辦法外，銀行業者應本著確保金融體系之健全發展和保障投資客戶之權益，亦應詳加規劃，作好種種措施，如風險管理、內部稽核和會計原則等，來加以規範和防備。就是廣大的社會投資大眾，更應具備有關的專業知識、充分的國際行情訊息及衡量本身財力狀況，才能於從事此等商品之操作時，不致產生重大的危害風

險，進而達到預期的目標，甚至做到無往不利的地步。

💰　定義

所謂衍生性金融商品（Derivative Financial Products），泛指一種創新金融交易協約。「衍生」一詞，不論從原文涵意或中文字義，均具有引出、延伸之意。而「衍生性商品」之產生，即經由所謂的傳統金融產物，如匯率、利率、債券或股票等標的，所誘導而出的新種商品，即現今我們所謂之「衍生性金融商品」。目前我國市面所見，而由前述之原金融產物所組合的投資商品，在外幣部分，包括有保證金交易（Margin Trading）、利率換利交易、換匯換利交易（Cross Currency Swaps）、遠期利率協定（Forward Rate Agreement）、外幣選擇權（Currency Option）、利率選擇權、Interest Rate Option - Caps, Floors & Collars❶及商品（價格）交換（Commodity Swap）等。而台幣部分，包括有，新台幣換利（Interest Rate Swap）、利率選擇權（Interest Option）及遠期利率協定等。

💰　特性

1.操作風險相較傳統金融業務爲高。
2.複雜性相較傳統業務爲大。

---

❶Cap（利率上限）& Floor（利率下限）均屬一種協定。前者爲銀行（即賣方）承諾借戶（即買方）於支付權利金後，對其借款之利率費用（利息成本），保證在約定清算日期內，固定於一個上限爲原則，如日後市場利率變化逾越其協定之上限時，其差額將由銀行補貼支付。若市場利率低於該上限時，借戶即可享有該市場利率。而後者乃銀行（即賣方）承諾存戶（即買方）於支付權利金後，對其存款利率收益（利息收入），保證在約定之清算日期內，固定於一個下限爲標準，爾後市場利率變動下降至低於協定之下限時，其不足差額由銀行補償。若市場利率高於該下限時，存戶自可享有該市場利率。而存/借戶只是損失權利金而已。至於 Collar（利率上下限/區間）乃前兩者契約之組合，使其利率介於上下限區間範圍之內。（《央行季刊》第十九卷第一期）

3.投機意味重於避險的原本用意。

4.當交易發生違約或鉅額虧損時,可能導致市場連鎖效應。

5.交易事項屬資產負債表外(Off-Balance-Sheet)登載(成交時均未交付本金),對金融機構的操作實況易遭隱匿,故風險程度不易為主管機關、公司所有者或投資人瞭解和掌握。

6.在考量降低風險前提下,金融機構操作複合式衍生性商品時,應將產品(分解)原型化。

 # 12.2 外幣買賣選擇權

外幣選擇權(Foreign Currency Option)屬於一種衍生性契約,最早出現於美國費城股票交易所,隨後出現芝加哥商品交易所、舊金山太平洋證交所,加拿大蒙特婁、溫哥華、英國倫敦及荷蘭阿姆斯特丹等地。由於選擇權具創造利潤或規避風險效益,因此其運用範疇廣泛,無論企業或個人皆可藉由此一商品進行操作,所以市場規模不斷擴大,不同貨幣的選擇權亦相繼推出。亞太地區的新加坡於 1987 年引進金融選擇權交易方式,目前為亞洲地區最具規模的選擇權市場。

 ## 外幣選擇權的種類

依交易性質之不同分類

依交易性質之不同,外幣選擇權可分為兩種:

1.買入／敲進選擇權(Call Option):即選擇權之買方(Option Buyers)／契約持有人(Holder),在支付權利金(Premium)之同時,可獲取一個選擇權利(Right),而不是義務(Not an Obligation),憑此權利買方可在未來的某一特定日期或某一特

定期間內，按約定／敲定價格 ❶（At a Predetermined Price/Strike Price）可向契約的另一方——賣方（Option Sellers）／契約承作人（Writer）「買入」一定數額的外幣交易。

2. 賣出／敲出選擇權（Put Option）：即選擇權之買方（Option Buyers）／契約持有人（Holder），在支付權利金（Premium）之同時，可獲取一個選擇權利（Right），而不是義務（Not an Obligation），憑此權利買方可在未來的某一特定日期或某一特定期間內，按約定／敲定價格（At a Predetermined Price/Strike Price）可向契約的另一方——賣方（Option Sellers）／契約承作人（Writer）「賣出」一定數額的外幣交易。

　　外幣買賣選擇權的交易種類和權利義務，可以下面簡易對照表（**表** 12-1）加以說明：

表 12-1　選擇權買賣方權力義務對照表

參與者	買入選擇權（call options）	賣出選擇權（put options）
買方 （holder）	支付權利金後獲取買入標的資產的權利。	支付權利金後獲取賣出標的資產的權利。
賣方 （writer）	收取權利金後負有對買方要求履約時賣出標的資產的義務。	收取權利金後負有對買方要求履約時買入標的資產的義務。

　　總而言之，選擇權之買方握有對選擇權的行使權利。亦就是在未來的市場行情有利於買方時，可向對方要求行使其選擇權利之謂。反之，若不利於買方時，也就不予執行，而放棄其請求權利。至於選擇權的「賣方」在收取權利金後，即負有完全履行契約的義務。換言之，既使在未來的市場行情不利於賣方本身時，一旦對方有提出執行契約之要求，便有買進或賣出的義務。

　　因此，經由上面的說明和表解，可以獲得一個觀念，就是單選擇權就可能變化成兩組四種不同的交易方式；即：(1)購入一個買入選擇

---

❶敲定／履約價格的報價方式，一般除日圓以萬分之一美元表示外，其餘之外幣均以百分之一美元表示。

權；(2)出售一個買入選擇權；(3)購入一個賣出選擇權；(4)出售一個
賣出選擇權。在(1)、(3)兩種選擇權情形下，是支付權利金後取得買入
或賣出的權利。而(2)、(4)兩種選擇權是取得權利金及負有應賣或應買
的義務。

依權利執行期限之不同分類

依權利執行期限之不同，可分為兩種：

1. 歐式選擇權（European Option）：即買、賣雙方於契約成立
   後，買方可提出權利之行使時點，僅限定在到期日／時才能提
   出執行權利要求，而不得要求更改提早的一種交易方式。
2. 美式選擇權（American Option）：即自雙方契約成立起，至契
   約到期前之任何時間內，買方有權利隨時要求賣方依「約定價
   格」（Strike Price）賣出或買入一定數額之標的外幣以行使權利
   之謂。

依交易市場之不同分類

依交易市場之不同，亦可分為兩種：

1. 交易所市場（Exchanges）：外幣選擇權係繼遠期外匯及外匯期
   貨後，於1982年發展推出的新種避險工具。初期之市場交易，
   均透過有組織而專業性的選擇權交易所來進行。由於它具有投
   機及避險的獨特性（金融期貨及遠期外匯等，雖亦提供避險的
   便利性，但仍無法滿足市場的需要）。因此，市場規模發展頗為
   迅速，並且不斷地擴大。目前各交易所經營的標的幣種、交易
   單位量、合約期限……，都具標準化型態。至於其交割手續，
   亦均經由選擇權清算公司（Option Clearing Corp，簡稱OCC）
   居間進行（如芝加哥選擇權交易所、費城證券交易所等）和保
   證。因此，對於買賣雙方彼此間之信用狀況，就無庸顧慮或再
   作深入瞭解。

2. 店頭市場（Over-the-counter Market，簡稱OTC）：選擇權自推出後，誠如上述，由於業務量不斷擴大，因此引起銀行業的窺視和仿傚，進而將產品經過一番包裝改變後，交易方式更具彈性。其中，如交易幣種、交易單位、履約價格和契約到期日等，均可依照顧客的意願和實際需要來訂定，而不再是一般交易所之定型標準化作業。此外，其交易方式因以電話進行，不似交易所之公開喊價而成，因此交易雙方彼此的信用狀況和履約能力，就成為參與者兩方事前應各自作好徵信工作為必要，用以取得交易信心和交易的順利。

依避險標的物之不同分類

依避險標的物之不同，又可分為下列幾種：

1. 利率期貨選擇權：為防止因利率變動可能造成的風險，經由選擇權方式所進行的一種交易操作。如歐元利率、英鎊利率等。
2. 外幣選擇權：因避免匯率波動可能造成的風險，在透過選擇權方式所進行的一種交易操作。如日圓／美金、歐元／美元之外幣選擇權。
3. 股票選擇權（Stock option）：為防止股票價格波動（看漲或看跌）可能造成的風險，所進行的一種選擇權的交易操作。如由台灣期交所推出的台指選擇權。
4. 商品選擇權：為防止商品價格，因各種因素發生波動可能造成的風險，所進行的一種選擇權方式的交易操作。如黃金期貨。

依參與者之不同目的分類

依參與者之不同目的，亦可分為兩種：

1. 以避險為目的者：凡對參與者所從事之事業，不論與金融工具有直接或間接關係，為避免因市場行情變化的風險考量，而參與選擇權合約者。如商品交易所、工商界業者、銀行或個人等。

2.**以投機爲目的者**：凡參與者基於投機爲出發點，以賺取利潤爲目的所進行的一種套利活動。如個人或金融機構等。

$ 外幣選擇權的特性

在浮動匯率制度下，外匯銀行及金融投資者，爲規避匯率風險紛紛創設各種避險工具，其中如遠期外匯、外匯期貨等。由於各種金融工具各具特色，因此新種金融產品乃應運而生。至於外幣選擇權在交易所市場（非店頭市場），可由其標準化的契約內容，找出下列幾種特性：(1)買方權利金的支付（Payment of a Premium）是取得選擇權的先決條件，所以選擇權可稱之爲一種合約買賣；(2)在特定「期間內」或「日期」，當價格變爲有利於買方時，買方有權行使「買入」或「賣出」標的貨幣，而當處於不利時，亦可將之放棄不予執行，所以對買方而言，可稱爲一種彈性的交易合約；(3)交割時須透過仲介者──清算公司（Option Clearing Corp.）居間進行；(4)權利金的決定，係經由交易廳內公開喊價而成；(5)爲保證買方之權利可順利獲得行使，賣方在訂約時，依規定應繳存相當保證金或證券於清算公司所指定之帳戶或經紀商處作爲擔保；(6)選擇權交易均爲交易單位的倍數，其匯率皆以美元表示之；(7)特定的交易幣別（包括英鎊 GBP、加拿大幣 CAD、西德馬克 DEM、瑞士法郎 SFR、澳幣 AUD、法國法郎 FFR 及日圓 JPY 等）；(8)買方以有限的權利金支付取得無限的報酬機會，而賣方以無限的風險可能獲得有限的報酬。

$ 權利金的決定因素

賣方之所以願意參與發行契約（即擔任契約的承作人），除對未來匯率動向已有定見和相當的把握外，其他如約定價格的高低、即期及遠期匯率及利率因素等，亦具相當程度的影響，當然收取權利金（Premium）的多寡亦是併入考慮的重要因素之一。凡此等等皆足以影

響其利潤的獲取機率，或將來所冒風險的大小，具相當密切的關聯性。至於權利金的決定，雖透過交易廳公開競價所產生，但基本上，不外乎取決於下面幾點因素：

約定／敲定價格高低的影響

就買入／敲進選擇權而言：其**約定價格**（Strike Price）之高（低），將是導致獲利機會的減小（增大），影響所及買權的權利金支付勢必較為低廉（高昂）；同理，對賣出選擇權時，約定價格低（高）將造成獲利機會相對減小（增大）。因此，賣權的權利金支付自然較為低廉（高昂），此乃約定價格的高低具有影響選擇權的「實際價值」（Intrinsic Value）之存在關鍵。至於選擇權是否具有實價，可由**表12-2**來歸納說明：

表 12-2　成效對照簡略表

種別 價值有無	買入選擇權 （Call Option）	賣出選擇權 （Put Option）
有實價／價內（註） （In the Money, ITM）	期貨價格＞約定價格 （Futures ＞ Strike）	期貨價格＜約定價格 （Futures ＜ Strike）
平價 （At the Money, ATM）	期貨價格＝約定價格 （Futures ＝ Strike）	期貨價格＝約定價格 （Futures ＝ Strike）
無實價／價外 （Out the Money, OTM）	期貨價格＜約定價格 （Futures ＜ Strike）	期貨價格＞約定價格 （Futures ＞ Strike）

註：所謂有實價是指市場價（期貨價格）與約定價格之差價。

總之，買入選擇權之「買方」（Call Buyer）所期待的是期貨價格能高於約定價格（敲定價格）；而買入選擇權的「賣方」（Call Writer）是希望從平價或無實價情形下，讓期貨價格能維持穩定或下降來獲取權利金的利潤收取。從另一方面講，一個賣出選擇權之「買方」（Put Holder），可從期貨價格低於約定價格來攝取利潤。而賣出選擇權之賣方（Put Writer），則可從平價或無實價的情形下，而價格能維持穩定或提高（Price Remain Stable or Advance）而獲利（權利金利益）。其雙方之對立關係，又可從**表12-3**得知：

表 12-3　參與者期望走向表

參與者	種別 買入選擇權 （Call Option）	賣出選擇權 （Put Option）
買方（契約持有人） Buyer（Holder）	看漲 （Bullish）	看跌 （Bearish）
賣方（契約承作人） Seller（Writer）	中間偏向少許看跌 （Neutral to slightly bearish）	中間偏向少許看漲 （Neutral to slightly bullish）

時間價值因素

　　時間價值（Time Value）就是反應選擇權的可能實質價格。換言之，時間價值乃求取權利金超過內在價值部分的可能實現機率。就美式選擇權而言，若在相同條件情況下，其相距到期日愈長者，則對買權或賣權的價值將愈高。此即因爲有較長時間選擇，自然對權利持有人的選擇機會就愈多，因契約到期前之某一時點，均因權利的行使實現利潤之故，但此時間價值將會隨時間的消失遞減而下降，這種情形正與投保意外災害保險情況相似，當保險期限愈長，對保險持有人的風險請求機率就愈大，相對對保險公司承擔的風險就愈高，而保險公司爲了彌補這一不利的情勢，故其收費（權利金）相對自然較高。其互爲影響關係，**圖 12-1** 可爲例證。至於歐式選擇權，若同樣在其他條件相同情況下，即使到達日愈長，但對權利持有人價值未必就愈大，此乃歐式選擇權之執行時點僅限於到期日當天。是之，時間愈長並不一定相較時間短者有利，除非期貨（標的）價值會隨著時間的增長而

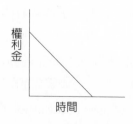

圖 12-1　時間價值與權利金關係圖

不斷的上漲。總之，影響時間價值因素很多，所以權利期間的長短，並非期貨（標的）價值唯一的影響因素，這一點我們應有所認知。

價格的穩定性

匯率是決定權利金價格的重大原因，在到期前對於波動較激烈的通貨，由於其價格變化大，買方藉選擇權的操作，獲利的機會愈高，故權利金的支付自然相對提高。反之，若當匯率處於平穩階段，買方之操作意願會因不具獲利誘因而不積極，此時權利金勢必相對降低。

標的到時價格 / 即期價格

現貨價格與約定價格之間，有互為影響的關聯性，因其中隱含著匯價利差因素，在約定價格不變的情形下，**即期價格**（Underling Price）愈高，買權價格就會愈高（成同方向變動）、賣權價格愈低（成反方向變動）。

期貨匯率和貨幣利率之關係

當遠期匯率走勢預期上升時，權利金亦隨之提高；而利率趨低時，權利金亦隨之降低。此外，市場供需情形，亦是考慮因素之一。總而言之，權利金收取或支付，在買、賣雙方是站在相對的立場，然而當賣方認為收費太低所冒風險太大或買方認為費用太高所得利潤有限，都會促使雙方退出市場。

另外，權利金之計算，除類似以敲定價格之表示方式外，再依每一外幣交易單位來計算之。如每 1 日圓交易單位訂為 6,250,000 日圓，而日圓買入選擇權的權利金為 1.5 時，則每 1 日圓之交易單位之權利金為 US$937.5，即 0.00015 × 6,250,000。

💰 外幣選擇權的交易實例（圖解）說明

⊞ 買入選擇權——買方立場（買入買權）

以下以買進歐元選擇權之交易為例加以說明：

今假設某甲公司與乙公司雙方協約由甲公司買入歐元選擇權金額計 50,000 萬歐元，履約價格為 1 歐元兌 1.5 美元，約定期間為 2005 年 2 月 15 日至 2005 年 5 月 15 日（歐式），權利金為 1 歐元收 0.02 美元（共 1,000 美元）。茲將歐元兌美元匯率走勢，就期貨市價與損益關係，以圖示用三種不同情況（如圖 12-2），加以說明如下：

1.當歐元到期之即期行情剛好處於 1.52 美元時，雙方之淨利潤均為零。換言之，雙方損益交會於雙平點處（Breakeven Point），若歐元屆期市場行情高／大於 1.52 美元時，其超出的部分即屬甲公司執行買權之利潤。例如在 1.56 美元時，因甲公司具有履約實益，在要求行使買入選擇權後，其結果將可獲得 0.06 美元的差價。亦即甲公司於扣除權利金後還可獲得 2,000 美元

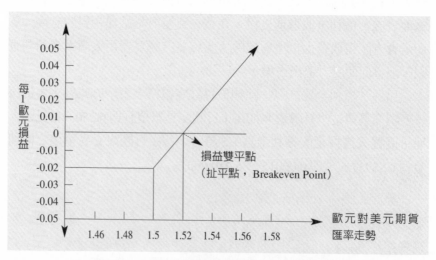

圖 12-2　買入選擇權之損益（Call Option）

〔（US$1.56 － US$1.5）× 50,000 － US$1,000〕的利潤，而且其利益會隨著歐元即期行情之上漲而提高。此為甲公司當初對歐元行情看漲的預測準確，使得最後可以實現獲利。

2. 相反地，若甲公司（買方）當初的預測不如預期時，譬如期貨在契約到期時的市場行情，僅達 1.51 美元時（即標的工具／外匯（Underlying／Instrument）的市場價格（Price）處於約定價格和損益兩平點間——1.5 美元與 1.52 美元），此時買方仍應行使（Exercise）其權利以降低／減輕權利金的損失／負擔。亦即 1.51 美元之期貨價（Future Price）減為 1.5 美元之履約價格（Strike Price）等於 0.01 美元，可供抵沖權利金的支付損失。因此，其結果只讓甲公司在此一交易減輕部分權利金支付負擔／損失（計 500 美元）。

3. 若到期日之匯率低於 1.5 美元以下時，因買方已無利可圖，因此便會放棄履約要求，且其損失就僅限於 2,000 美元的權利金支付。

依據上面的情形，其交易結果可簡化解析如下：

當市場價格　＞1.52 時，利潤將隨市場價格之愈高，買方獲利就愈大。

　　　　　＝1.52 時，則處於損益平衡點。

　　　　　1.5～1.52 時，會有損失，唯當市價往上升時，其損失會隨之下降。

　　　　　＜1.5 時，會有損失，但最大損失亦僅止於所付出之權利金部分。

是之，進行此法操作之買方，因預期未來市場持多看法，而企圖在標的商品價格因上漲而獲利。

至於此例中之賣方（即乙公司），因收取買方給付之權利金後，便同時負有以 1 歐元兌 1.5 美元的賣出義務。亦就是契約屆期時無論匯率如何變化，一旦買方要求執行契約時，乙方就應依敲定之 1.5 美元兌 1 歐元的價格賣出，否則其保證金將遭沒收並影響其信用。所以

當屆期歐元的即期匯率超過 1.52 美元以上的部分，就是賣方所遭受的虧損數字，其幅度愈為擴大其損失將隨之擴張。反之，若歐元兌美元之即期匯率貶值低於 1.5 美元以下者，因買方無履約實益，便會放棄執行，此時賣方所賺取的也就是該權利金了。

賣出選擇權──買方立場（買入賣權）

本段以賣出歐元選擇權之交易為例說明如下：

今假設甲、乙雙方公司協約由甲公司買入歐元賣出選擇權金額 50,000 歐元，履約價格為 1 歐元兌 1.5 美元，約定期間 2005 年 2 月 15 日至 2005 年 5 月 15 日（歐式）權利金為 1 歐元收 0.02 美元（共 1,000 美元）。茲將歐元對美元匯率的走勢，就期貨市場價格變化與損益關係，以圖示用三種不同情況（如圖 12-3）加以說明如下：

1. 當歐元屆期市場行情處於 1.48 美元時，買賣雙方淨利潤為零。換言之，雙方此時損益交會於雙平點，若歐元屆期市場行情低／小於 1.48 美元時，其超過的部分即屬買方（甲公司）執行賣權的淨利潤。例如屆期之匯率行情為 1.44 美元時，買方提出行

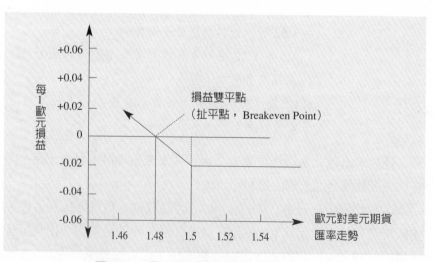

圖 12-3 賣出選擇權之損益（Put Option）

使賣權後，其結果可獲得 0.06 美元之差價利潤，若經再扣除當初支付之權利金 1,000 美元後，仍有 1,000 美元的純收益〔亦即（US$1.5 － US$1.44）× 50,000 － US$1,000〕，而且其收益會隨著歐元即期行情的走貶而提高。此表示甲公司當初對歐元市場行情看跌／貶的預測正確，結果才使得出現獲利的機會。

2. 若歐元對美元漲幅大／高於 1.5 美元時，買方因無履約實益，便不會行使賣權要求，而且損失亦僅限於權利金的支付數目。

3. 若期貨屆期之市場行情落點介於 1.48 美元與 1.5 美元之間時，甲公司尚有履約實益，應會執行賣權，以減輕／降低權利金支付的部分損失。

依據上面的情形，其交易結果可簡化解析如下：

當市場價格　> 1.5 時，買方最大損失為權利金支出。

　　　　　　1.5 ～ 1.48 時，在即期匯率下降時，損失會隨而降低。

　　　　　　= 1.48 時，則處於損益平衡點。

　　　　　　< 1.48 時，買方獲利將隨著即期匯率的下降而迭增，而且利潤是無限。

是之，會進行此法操作之買方，因預期市場持空頭看法，而企圖藉著市場標格下跌獲利。

由上面的二個實例，我們亦可獲得一個概念，就是選擇權與預售、預購遠期外匯交易雖同屬避險工具。但前者因權利金的支付，把風險降到一定的限度內，且同時又可謀取最大的機會利益，這點與後者有顯著的差別。

12.3 外匯保證金交易

外匯保證金交易係一種利用高度財務槓桿原理，以高倍數之多空

雙向操作（通常可達 10 ～ 20 倍數）的信用擴張進行投資，因此投機性強，屬高獲利高風險的一種金融商品。投資人事前應先具備充實的外匯等相關知識，並有風險意識和嚴守損點的原則。於進入市場前得先存入一筆銀行所要求的保證金於**保證金帳戶**（Margin Account），並簽訂合約及風險揭示書後，始可開始交易，若欲透過電話或委託代理人進行交易者，還須簽署各相關的授權書等，以明職責。

💰 定義

　　所謂**外匯／幣保證金交易**（Foreign Exchange Margin Trading）者，係投資者（Investor）透過外匯銀行交易室或專責單位從事即期或遠期美元對其他貨幣或貨幣間的買賣操作（如美元對歐元或美元對日圓），並由投資者預先存入一定比率的保證金後，即可擴大交易額度與銀行進行外匯買賣交易。換言之，保證金交易係在擴張信用情形下因預期漲跌因素所進行多倍數的外幣投資買賣，在投資期間內因匯率發生波動變化便會直接影響投資者的盈虧，所以投資者在當匯率有利之時機時，便應適時平倉（Square）獲利了結，以實現利得。反之，若匯率走勢不利於投資者，便會造成虧損的後果，在當損失達到繳付保證金之某一最低限額／成數時，銀行就會通知投資者，要求即時補足其不足之差額。否則將會依契約自行作**斷頭**（Margin Stop Loss）之處理，以免虧損持續擴大。由於此種金融商品之交易屬高風險、高報酬的一種投資操作，通常投資者之所以會進場進行此一操作，全憑本身對匯率／標的商品走勢（升（貶）值）的堅決判斷，再以買多、賣空（低買高賣或高賣低買）做法來賺取其變動差價。亦即一般投資人在進行操作時，僅擁有其部位而非現金流量之交易（除非以現金交割方式承作）。因此，投資者在進入此市場前，應先有此基本認知和風險意識。按此一業務原於 1991 年 6 月開放投資操作，後因衍生不少交易糾紛，央行因而於 1998 年時一度下令禁止，迨至 2004 年 10 月間基於時勢所趨再度開放外匯指定銀行可代客操作，並限於美元對其他外幣間之交易。

特性

外匯保證金交易，具有下面幾項特性：

1. 高利潤和高風險：國際政情之變化無常，而各國幣值之起落，深受經濟榮衰等因素所影響。因此外匯價格之起伏自屬必然，且其幅度變動一次高達2%的情形亦屬常情（按外匯市場每年平均波動18%）。所以當投資者從事此一交易時，就應有心理上的準備，並瞭解在高利潤的前提下，相對應負有較高的潛在風險。

2. 以小搏大：由於交易額度的提供，往往在繳交保證金數目的10至20的操作倍數，所以在匯率變化無常之情形下，投資者若用以小搏大方式參與，必須特別注意風險管理，以免遭受重大的失誤。

3. 財力應雄厚：為防止經驗不足的小額投資人導致血本無歸的後果，故建議參與此一交易的投資人，若不是具有雄厚的財力時，起碼亦應在有多餘的閒置資金之情形下，才適宜作此交易操作。否則，進出間賠蝕本錢易如反掌。因為此種交易充滿不確定性和高度的風險。

4. 應具國際金融知識和敏感的嗅覺：投資者平時應多吸取國際金融知識，以瞭解各主要國家的經濟指標、投資貨幣國政情之變化、國際收支、利率及其產業政策等，才能對瞬息萬變的匯市走勢有所掌握，再配合敏感的嗅覺判斷未來匯率正確走勢，惟有如此，投資交易才可無往不利，達到獲利的效果。

交易方式

外匯保證金之交易方式，除可分為即期和遠期兩種交易外，亦可以先買後賣或先賣後買雙向方式進行操作。即期交易，係指在二個營業日內辦理交割的一種交易方式。而遠期交易，則由二個營業日以

上，180 天以內的任何交易時點屬之。實務上，遠期交易得辦理展期，但仍以 180 天爲原則，惟展期次數不限，交易時客戶可於當場或電話詢價下單，銀行則以全程錄音存證或密碼確認。

💰 交易條件

依目前國內經營此一業務的外匯銀行，因其交易條件各家不盡相同。如在保證金繳納方面——有由最低之 1 萬美元或 5 萬美元至 10 萬美元等多種不同規定做法。在交易額／每筆契約金額方面——最低交易單位，分爲 10 萬美元、 20 萬美元、 25 萬美元及 50 萬美元或等值外幣不等。在操作槓桿倍數方面——由 10 倍至 20 倍的操作信用倍數。換言之，就是投資者投入 10 萬元的保證金，便可依合約之規定操作其倍數，做到 100 萬元或 200 萬元不等。在追繳保證金方面——一般銀行於進行追繳時，係逐日按國際外匯市場收盤價來評估損益對保證金影響變動情形，當跌幅／損失約達保證金三成至五成時便會通知追補。於斷頭平倉方面——一旦投資者未能於跌幅達一定成數時，及時補足保證金之（損失達六成至七成半等即予停損）不足，此時銀行將自動進行斷頭或作帳目結清，以避免損失繼續擴大。在手續費收取方面——一般無手續費之收取；但在報價方面——會按交易額之大小而定，收取方式分由 2-5 點、 3-5 、 3-6 點或 3-10 點等不同之做法，故投資人應多加留意。而所謂點數（即報價價差）乃指交易價格（指匯率）向上加 x 點來賣給客戶，或交易價格向下減碼 x 點向客戶買進，銀行則賺取其價差之謂。譬如，目前市場即期匯率價位爲 1 美元兌 105.53 日圓時，銀行就以 1 美元兌 105.56 日圓掛出賣給客戶，或以 1 美元兌 105.50 日圓向客戶報出買入，其中之三點價差就是銀行所賺取的價差手續費。在交易時間方面——台灣地區之銀行，一般分由上午七點半、八點、八點半或九點起，至下午五點、六點半、晚上十點、次日凌晨三點或四點止，甚至是二十四小時交易時間都有。惟理想的操作時段，應以全天候提供二十四小時服務爲合理。此乃由於國際匯

率瞬間變化莫測，而銀行所提供交易時間愈長時，對投資人愈是有利，不然投資者很容易錯失時機。在受理條件方面——對從事此一投資的公司或個人，其過去一年內應無退票紀錄或已受拒絕往來者，在逕向經辦此一業務之外匯銀行完成開立外匯存款——外幣保證金交易專戶手續，並簽訂協議書等相關資料後，便可進行投資操作。

實例說明

　　假設某甲於 5 月 22 日與銀行從事一筆外匯保證金交易（存入 20 萬美元保證金），當時美元兌日圓為 US$1 ／￥115。投資人預期一個月內美元有升值的機會。因此當天便買入 200 萬美元，賣出日圓進行操作。至 6 月 13 日市場即期匯率果然升值至 1 美元兌 115.5 日圓。某甲認為往後日圓可能由弱轉強，此時為最佳獲利時機，於是通知銀行將原部位出售了結（平倉）。結果某甲經此投資操作後之損益為：

$(115.5 - 115) \times 2,000,000 = 1,000,000$ 日圓

$1,000,000 ／ 115.5 = 8,658$ 美元

$US\$8,658 \div US\$200,000 = 4.33\%$……獲利

〔計算公式：(1)損益＝（賣出價－買進價）×交易金額／賣出價。

　　　　　或(2)損益＝（1－買進價／賣出價）×交易金額〕

　　由於外匯保證金交易的總收益／虧損為匯差和息差的結合，所以除上述匯差之損益外，息差亦應考慮進去，最後才是實際的投資報酬。上例若某甲買進日圓時的存款利率為 2%，而賣出美元的借款利率為 5% 時，則 22 天之日圓持有期間之利息收入（採年利率）為281,111 日圓（$281,111 \div 115.50 = 2,433.86$ 美元）。另方面賣出美元而向銀行借入的利息支出為（$2,000,000 - 200,000$）× 5% × 22 ／ 360 ＝ 5,500 美元，息差為 $2,433.86 - 5,500 = $-3,066.14 美元（投資人並未實際付出美元，亦未拿到日圓，但銀行的帳上處理已產生此筆交易的實情，亦就是等於投資名義上持有買賣的事實，而在此持有期間就會產生利息收入／支出的問題），而總收益 $8,658 - 3,066.14 = 5,591.86$

美元,故本筆投資報酬率為 5,591.86 ÷ 200,000 = 2.8%。

外幣保證金與遠期外匯交易之差異比較

交易時間

銀行接受遠期外匯買賣交易,為正常營業時間中,即自每週一到週五的上午九點起至下午三點半止。而保證金交易,則視各銀行或經紀商所提供的服務時間而定。一般而言,它通常較前者為長,至少可從早上八點半起到下午五、六點止。有些銀行之營業甚至延長到次日凌晨三點前後,在此時段內銀行都可接受客戶隨時下單委託買進或賣出。(均指在台灣地區而言)

信用擴張

遠期外匯買賣交易,係按貿易金額與銀行辦理預購或預售。而保證金交易,則可隨保證金多寡,按其倍數作擴張性的信用交易,而且作多、作空都一樣,所以投資風險大。

價格形成

遠期外匯買賣其匯價事前先敲定,不受事後匯率波動變化所影響,而保證金交易之匯率,則完全視市場供需情況波動變化所影響。

交易成本

遠期外匯買賣交易之保證金,只要於契約期履行即可全額退還或完全免繳。而保證金交易,並無保證金或其他費用繳付問題,而是在下單進出時,因銀行按買入或賣出匯率加減碼報價的關係,由於差價所增加的交易成本而已。

 交易方式

遠期外匯買賣，乃按契約當時之遠期掛牌匯率辦理交易。而保證金交易，可運用停損單一方面進行成交，另一方面進行取消的二選一方式下單，故較前者彈性而靈活。

 合約交割

遠期外匯買賣合約之交割有任選到期日或固定到期日兩種。而保證金交易，則分為即期合約（在合約訂定日起第二個銀行營業日交割）和遠期合約（在將來的某一特定日交割）兩種。

 交易幣種

遠期外匯買賣交易幣種受交易契約內容訂定之幣別限制。而保證金交易，目前銀行所辦理者，不僅只限單一種（實務上則為目前下列之四種或六種：即澳幣、加拿大幣、美元及歐元等，或另加港幣及紐西蘭幣）。

第2篇

貨幣市場與債券市場

ATM

歡迎使

$

貨幣市場是短期資金借貸市場，亦稱為資金市場，為金融市場之一環，它與資本市場（股票及債券）、外匯市場及期貨市場等組合構造成一完整的金融市場。貨幣市場如同債券市場，因介入順序之不同，分為初級市場與次級市場。又因介入之範圍有別，分為國內金融體系貨幣市場與國際金融體系貨幣市場。而債券市場，指政府、金融業或公司等組織因籌措中、長期資金，於資本市場發行與流通的一種信用工具而言，惟兩者近年來在政府積極的推動下，其發展成效顯然，市場交易規模逐年增長，究其原因主要來自企業籌資管道之增多與參與者快速成長，如公司債之發行、海外債之發行、票券發行及新商品的開發和服務品質的提升等影響所及，對傳統銀行企業授信的間接金融產生重大的衝擊，並拉近兩者於整體市場占有比重，而因此顯得直接金融在金融市場愈來愈為重要。

84.08 ↑08.26
57.60 ↓01.05
36.65 ↑06.05
3.90 ↑40.90

1.00   2.00

第13章　短期票券

13.1 認識貨幣市場

　　票券市場（Bills Market）中流通之債務憑證，如國庫券、可轉讓定期存單、本票、匯票、及其他經財政部核准之短期債券憑證等經發行與買賣流動於貨幣市場，因期間均爲一年期以內（票券金融管理法第四條），故以「短期」票券稱之爲貨幣市場中的主要信用工具，與資本市場之中、長期信用工具如政府債券、金融債券及公司債券等發行期間均在一年期以上者有別，它與金融機構間拆款市場構成一完備的貨幣市場架構。

$ 定義和功能

　　所謂**貨幣市場**（Money Market），係利用短期信用工具之發行與買賣，以調節短期資金盈虧情況之市場。申言之，貨幣市場乃資金供應者（如金融機構、公民營企業或個人等）對之短期剩餘資金的運用，以賺取利息爲目的和資金需求者（如公民營企業、個人、銀行、政府等）因短期營運週轉需要、一時性的塡補資金缺口或政府作爲調節國庫收支或穩定金融等政策，都將進入此市場參與公開操作，並活躍市場經濟。

$ 貨幣市場之範疇

　　貨幣市場在我國金融史上其發展歷程比間接金融遲緩。唯隨著時代的變遷、社會經濟的漸進繁榮、貨幣市場之興起和發展、已成爲我國政府近年來之重要金融政策之一。因此，其市場任務在今日的社會經濟活動中占有相當重要的地位。或許，由下列二點來說明，應可進一步瞭解此市場所涵蓋範圍之大略：

　　1.由個人、公司行號或銀行等參與的公開市場操作，以買賣各種

具銷售性（Marketability）的有價證券之貨幣市場。此等交易標的計包括：國庫券、銀行承兌匯票（Bank's Acceptance）、銀行可轉讓定期存單（Negotiable Certificates of Time Deposit）、商業承兌匯票（Trade Acceptance）及商業本票（請參閱**表13-1**）等短期票券，在透過票券金融公司（Bills & Finance Corp.）或兼營此等業務之銀行或證券商為中介人、簽證人（Certificatory）、承銷人（Underwriter）、保證人（Guarantor）或背書人（Endorser）等角色的作業程序後，而流通於市面，並促進票券交易市場之活絡和繁盛。（**圖13-1**）

2.為金融、銀行業間往來之貨幣（拆款）市場，其運作目的在於促使資金拆借／貸的便利性所提供之交易場所，故其成員僅限於金融機構份子。我國對此市場之推展過程相較前者稍遲。惟其發展速度頗為迅速，計自1980年4月1日設置「同業拆款中心」後才開始運作，其後銀行間拆借（放）金額便與日俱增，即由1981年度之716,221百萬元攀升至1990年之4,1147,491百

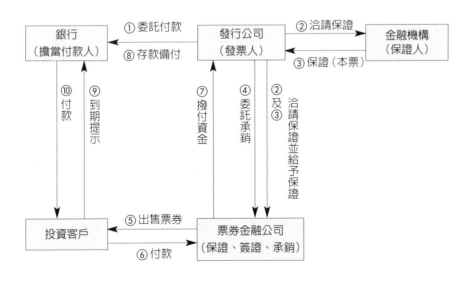

圖13-1　商業本票發行流程圖

萬元的規模（請參閱第本章第13.4節之同業拆借）。且逐年加速成長中，對金融同業間資金之運轉調度貢獻頗鉅。總之，健全的貨幣市場組織起碼應包涵上述二部分才能充分發揮交互運作的功能，進而促進此市場之繼續繁榮、擴大和產生效能。

💰 我國貨幣市場建立和目的

我國貨幣市場建立的年代尚淺，誠如前述，計自1975年才由政府積極著手籌辦，隨即頒布「短期票券交易商管理規則」作為交易商擔任貨幣市場中介之依據和準繩，翌年國內第一家票券金融公司（中興票券公司）正式成立，貨幣市場自此開始正式運作。迨1978年底先後共有三家成立加入營運。其後，由於正值國家經濟蓬勃發展。因此，在短短數年間發展頗為迅速。根據統計，在交易量方面（票券），由1978年度約1,281億元至次年已約達3,430億餘元的規模，共計增加168%。而在發行量方面亦由1978年度之約274億元，至次年之867億元，計約增加216%之鉅。

我國貨幣市場自開辦以來，由於市場利率尚未能完全反映資金鬆緊情勢和充分發揮應有的功能，並達到活躍社會經濟和當初預期的建立效果。而貨幣市場建立之主要目的，乃在調節短期資金供需為目標，對社會經濟復原可因此得到活潑的作用。就銀行而言，經由此市場的交易可調整資產結構，進而提高資金流動能力。就工商業界而言，不但因運用剩餘資金的結果，可增加其收益外，另一方面，又可於經營過程中當發生資金欠缺時獲得短期融通之方便，以強化財務能力。就國家整體經濟而言，中央銀行除藉由市場利率的變化作為制定金融政策之參考依據外，一旦基於需要隨時可介入公開市場操作（Open Market Operation）來達到維持金融穩定之目的。此外，政府為推行金融自由化政策，以擴展並健全我國貨幣市場規模和發展起見，一度放寬票券金融公司的設立限制，致票券金融公司如雨後春筍般地相繼開設，在全國最高時總共有十六家，就是截至目前為止國內仍有

十四家之多。此外，一方面又允許銀行業及證券商得引伸「票券金融管理法」第十七條規定所訂定之「金融機構兼營票券金融業務許可辦法」的相關規定，對於上述業者，若逕向主管機關申請核准後，亦可兼營票券金融業務。兼之政府近年來，因陸續開放金融業自由競爭，如國內在此期間中又核准十六家新銀行之設立，以及各信用合作社又紛紛改制爲商業銀行的結果，遂造成目前市場過多現象（Over Banking）及競爭激烈的局面。不過就整體而言，貨幣市場的成立和功能之發揮，對整個社會經濟的發展和貢獻是無庸置疑的。

貨幣市場之組織成員

貨幣市場的主要功能，乃在於調劑資金供需的場所，誠如上述，然而其主要組織成員（Main Participators）的種類爲何？一般而言，大略可包括下列數種：

交易商

爲促進有組織及有秩序的貨幣市場，票券金融公司在此市場擔任極其重要的角色，並在「票券金融管理法」之規範下，除有規律的爭取各界之積極參與和活躍市場經濟外，以充分發揮提供媒介功能和效率，使貨幣市場之運作得以順暢無阻。當然其經營之另一目的，在於居間撮合買賣雙方之交易，並從中賺取利差或辦理簽證、承銷等作業，以收取手續費作爲其營運的重要收益來源之一（按我國票券金融公司，目前尚得爲工商業者發行之短期票券擔任票據保證人，以提升票信、增進流通、並從中收取保證手續費）。根據2001年7月12日發布之「票券金融管理法」第二十一條規定，票券金融公司經營範圍包括下列各項業務：(1)短期票券之經紀、自營業務；(2)短期票券之簽證、承銷業務；(3)金融債券之簽證、承銷業務；(4)金融債券之經紀、自營業務；(5)政府債券之經紀、自營業務；(6)短期票券之保證、背書業務；(7)企業財務之諮詢服務業務；(8)經財政部核准辦理之其他有關

業務等。

⊞ 商業銀行／金融機構

　　爲維持資金的流動性，銀行可將剩餘資金投入貨幣市場，購入短期票券以賺取利息，成爲資金供給者。另一方面，當欠缺資金或調度需要時，亦得發行可轉讓定期存單（簡稱NCD）取得資金，成爲資金需要者。換言之，銀行不但可利用此市場，以追逐最高利潤和最低成本來進行資金出借或借入之操作，以適度調節本身資金部位和提升經營績效。同時，基於授信爲出發點的經營策略，亦雷同票券金融公司的經營一樣，又可申請兼營爲客戶發行商業本票之保證，協助企業籌措短期資金。

⊞ 公司或行號

　　法人組織之參與貨幣市場操作之目的與銀行在貨幣市場所扮演的角色不盡相同，但對於閒置資金的運用，如對短期剩餘資金一時無適中的特殊用途或出處時，也可以於貨幣市場中進行短期票券的投資操作之目的是一致的。此一作爲不但可促進公司本身維持其流動償付能力外，並可獲取利益之效果。而且，於當公司在缺乏資金時，亦可以透過銀行或票券金融公司的保證，來發行商業本票經由貨幣市場籌措資金，對企業而言，亦是一種除向銀行辦理長期告貸外之另一項更爲便捷的短期籌資管道或方式。

⊞ 其他之個人或團體

　　任何個人之參與貨幣市場活動。諸如，對各種短期票券的投資買賣，在在都扮演著資金的供給者或需要者之角色，所以亦是貨幣市場的實際參與者之一。

⊞ 中央銀行或政府當局

　　爲執行貨幣政策（Monetary Policy）運用各種方式，在透過公開

市場的操作，參與貨幣市場的營運，以達到金融政策之執行目標。所以它是貨幣市場的最後資金融通者，亦是貨幣市場的主要調節者。

信用工具應具備條件

貨幣市場中之信用工具，大概可歸納為下列三項條件：

1. **安全性**：商業本票是貨幣市場最具流通性的短期信用工具，對投資者具一定程度的安全保障。（為維持票券市場交易程序，票券金融管理法規定，除公營事業機構或證券金融公司發行之短期票券外，票券商辦理短期票券簽證、承銷、經紀或買賣業務，應確認該短期票券發行人或保證人應業經信用評等機構之評等），其餘之國庫券、銀行承兌匯票、銀行可轉讓定期存單及商業承兌匯票等本身亦具有相當的債信。

2. **收益性**：通常短期票券其投資收益率皆高於同一期間之存款利息所得，或市場平均利率水準的報酬率。

3. **流通性**：短期票券因具市場性，故轉讓容易。亦即，當持有人一旦需要資金時，可即時於市場出脫變現，以收回投資。

短期票券種類

依據我國「票券金融管理法」第四條對短期票券之定義，係指期限在一年期以內之短期債務憑證。它包括下列數種：國庫券、可轉讓定期存單、公司及公營事業機構發行之本票或匯票及其他經主管機關核准發行之短期債務憑證等。茲分別詳細介紹如下：

商業本票

商業本票（CP）通常分為兩種（如**表 13-1**）：一為融資性商業本票 CP2；一為交易性商業本票 CP1。前者乃工商企業、證券公司或公營事業單位等，因籌措短期營運資金，簽發一定金額之票據，經信評

表 13-1 商業本票

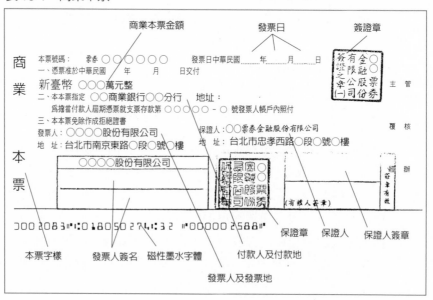

達一定等級以上之金融機構（銀行或票券公司）保證及票券金融公司之簽證、承銷所發行並流通於貨幣市場的一種主要工具。而後者，則基於實質交易行為而由買方簽發經賣方背書所產生之票據。

銀行承兌匯票

所謂銀行承兌匯票（BA）者，係指發票人（Drawer）簽發一種以銀行為付款人（Drawee）之匯票、並經銀行承兌之言。（如**表 13-2**）。此種匯票之產生基礎，應建立在實際的商業交易行為為條件。因此，通常在經由銀行承兌時，均應檢附相關交易憑證作為證明。如依國內信用狀所產生者，就應附買方於購貨時所取得之交易發票或由賣方於銷貨時所開具之發票等。

此種匯票對廠商之效用。就買方而言可因此獲得延緩貨款之支付，或在付款後即可獲得融資的好處，故對廠商資金之調度極為便利，且有增加生意成交機會。此外，對資金之籌措成本也較之向銀行借款或發行商業本票來得低廉（毋需經過簽證、承銷作業）。故不但

表 13-2　美國運通銀行匯票

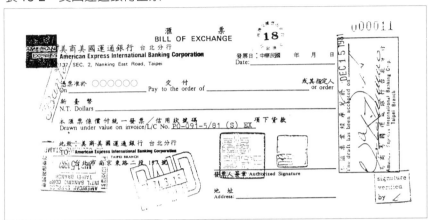

可降低貨品之售價，而且可增進生意之競爭力。就賣方而言、銀行承兌匯票之安全性高，賣方不必急於作現金交易，有利業務之推展，同時對買方之信用問題，亦較無庸顧慮。因此，接受此種匯票相較一般之期票所承受的風險爲低，所以對資金調度將更靈活而方便，有利營運成本之降低。

　　總之，此一匯票由於經由銀行之承兌，形同承認其支付義務，故安全性及流動性高。

國庫券

　　國庫券（簡稱 TB）係中央政府委託中央銀行，基於調節國庫收支及穩定金融目的所發行的一種短期債務憑證。發行方式分爲甲種券和乙種券兩種。前者照面額發行，到期本金和利息一次清償；後者以貼現發行，到期照面額清償。

銀行可轉讓定期存單

　　銀行可轉讓定期存單係由銀行發行之一種記名或不記名定期定額存單，可在市面上自由轉讓和流通，並於到期一次給付本息。一般分爲：三個月期、六個月期、九個月期及一年期等四種（如表 13-3）。

表 13-3 可轉讓定期存單

商業承兌匯票

商業承兌匯票（簡稱CA）通常指在商業交易行為，由商品之出賣者或勞務提供者，所簽發產生具一定金額的票據，以買方為付款人並加予承兌，在指定之到期日，無條件支付予受款人之謂。

其他

其他依相關規定發行而期間在一年以內之票券。如受益證券、資產基礎證券……等。

13.2 初級市場與次級市場

貨幣市場如同一般資本市場一樣，它亦分為初級市場和次級市場

兩種。茲就其差異處，分別敘述如下：

$ 初級市場和規模

　　初級市場又稱**發行市場**（Primary Market），係交易商（票券金融公司）就工商企業、政府機構或銀行所發行之短期票券辦理承銷或首次購入之謂。易言之，乃指資金籌措者，依據合法之發行程序將製作完成之市場交易工具。諸如國庫券、銀行可轉讓定期存單、本票或匯票等短期票券透過專門從事經營此類的合法票券商之簽證、承銷、承購或標購的市場交易。兩者一為市場交易標的之資金供應者（票券商），一為創造交易標的之資金需求者（發行人）。至於票券商承銷及買入交易價款之計算，係依票券有、無附載利息有所區別（前者乃依面額發行，如銀行可轉讓定期存單；而後者則依貼現方式計算承銷價款，並將每萬元承銷單價載明於票背，如商業本票、乙種國庫券或匯票等）。

　　依據中央銀行金融統計月報資料所顯示，我國票券初級市場（包括國庫券、商業本票、銀行承兌匯票及可轉讓定期存單等）之發行量，由 1992 年度之 5,169,897 百萬元新台幣，逐年增加至 2001 年度之 9,901,074 百萬元，成長 91.51%，其中以商業本票之成長率（189.62%）最高（由 1992 年度之 3,082066 百萬元，至 2001 年度之 8,926,339 百萬元）而以銀行承兌匯票之負成長（-87.34%）最大（由 1992 年度之 285,440 百萬元新台幣萎縮至 2001 年度之 36,137 百萬元）。

$ 初級市場操作

　　工商企業因需要資金運用，除向銀行辦理融通外，另一籌資管道便是經由票券金融公司來發行商業本票，或向票券交易商出售交易票據（包括本票、銀行承兌匯票及商業承兌匯票等），以取得營運資金。茲將時下市面最普遍而常見之交易籌碼，分別介紹如后：

⊞ 商業本票

■融資性商業本票（CP2）之發行——初級市場

由依法登記成立之公司組織，因籌措短期資金發行以不超過一年期限之商業本票後，經出售並流通於貨幣市場。此種票券發行人應事前取得票券金融公司或銀行之保證額度，和洽商往來銀行辦妥本票擔當付款人手續〔簽妥委任契約（如**表13-4**）〕用於票據到期日給予兌付票款之用。有關發行者之成本負擔，計包括利息（貼現息）、保證費及承銷、簽證費等。

    1.工商企業發行成本計算：發行總成本之計算項目，主要包括：貼現息（即發行利息費用）、保證費、承銷費及簽證費等（即發行手續費）四種。其計算公式分別為：

貼現息＝發行金額×貼現率×距到期日天數／365（依發行當時市場利率決定）

保證費＝發行金額×保證費率×距到期日天數／365（逐案商定，依各保證機構所訂費率，由保證機構收取）

承銷費＝發行金額×承銷費率×距到期日天數／365（2.5‰～4.5‰，每筆最低收取新台幣2,000元）

簽證費＝發行金額×簽證費率×距到期日天數／365（3‰，每筆最低收取新台幣200元）

即：

發行總成本＝貼現息＋保證費＋承銷費＋簽證費

實際金額＝發行金額－發行總成本

    2.發行實例及會計分錄：甲公司於2000年12月1日發行經金融機構保證的商業本票，期間為180天期，發行金額5,000,000元（假設保證費及承銷費分別按年利率1%及0.45%計算），當時市場貼現率為7.5%時，試問該發行公司負擔的成本和實得金額各幾何？即：

表 13-4　委託擔當付款約定書

委託擔當付款約定書

立約定書人　○○

○○ 銀行

　　　　（以下簡稱貴行）設有支票存款第

　　　　（以下簡稱本存戶）在

　　　號帳戶並訂立「往來約定書」在案。茲特約定

　　　責行為本存戶所簽發之本票或承兌之匯票之擔當付款人，逕自上列帳戶內憑原留印鑑惠予照付，並願遵守左列約定。如因違反約定而發生之一切損失，概由本存戶自行處理，與貴行無涉。

一、本存戶擬在該項票據到期日提示付款前，籌足款項存入該支票存款帳戶內償付。倘因本存戶餘額不足，致所簽發之本票或承兌之匯票未能付款時，在交換紀錄上，貴行即依照支票存款戶存款不足退票處理辦法處理，本存戶絕無異議。

二、本存戶所開本票如逾期限提示付款，但在該本票法定有效期間內者仍得付款。

三、本存戶簽發之本票，應即繳回剩餘之空白支票及本票。如往來情形不佳，雖未拒絕往來，貴行亦得拒絕發給空白支票。

四、本存戶如經拒絕往來，應為短期票券交易商、銀行或信託投資公司之商業本票經貴行同意得自行印製外，應使用貴行印發之本票，否則，貴行退票處理。

五、本約定書未規定事項，悉依本存戶與　貴行所訂支票存款往來約定書之規定辦理。

　　此　致

○○ 銀行　台　照

立約定書人　　　　　（加蓋原留印鑑）

代表人　　　　　　　（加蓋原留印鑑）

住址

中華民國　　年　　月　　日

貼現息　5,000,000 × 7.5% × 180／365 = 184,932

保證費　5,000,000 × 1% × 180／365 = 24,658

簽證費　5,000,000 × 0.03% × 180／365 = 740

承銷費　5,000,000 × 0.45% × 180／365 = 11,096

發行成本 = 184,932 ＋ 24,658 ＋ 740 ＋ 11,096 = 221,426

發行公司實得金額 = 5,000,000 － 221,426 = 4,778,574

即甲公司發行成本為：

每萬元利息 = 10,000 × 7.5% × 180／365 = 369.86

每萬元（承銷）成本 = 10,000 － 369.86 = 9,630.14

(1) 12/1 發行時：（甲公司分錄）

　　借 銀行存款（NT$）4,778,574

　　　預付利息　　　184,932

　　　手續費支出　　　36,494

　　貸 應付商業本票（NT$）5,000,000

(2) 12/31 月底調整時：

　　借 利息支出（NT$）30,822

　　　貸 預付利息（NT$）30,822

【註】往下期間每月月底（1/31、2/28、3/31及4/30）均再作分
　　　攤調整分錄，四個月共（NT$）123,288

(3) 5/31 到期兌付時：（翌年）

　　借 應付商業本票（NT$）5,000,000

　　　貸 銀行存款（NT$）5,000,000

　　借 利息支出（NT$）30,822

　　　貸 預付利息（NT$）30,822

3. 金融機構（票券金融公司）之計價：承銷商業本票，係按實際
承銷天數以貼現法先算出每萬元單價，小數點取至 第二位，第
三位四捨五入：

每萬元（承銷）單價 = 10,000 ×（1 － 貼現率×天數／365）

貼現值（或買入價格）＝每萬元單價×面額／ 10,000（或萬元倍數）

上述第 2 項之發行實例及會計分錄之每萬元單價成本為： $ 10,000 ×（1 － 7.5% × 180 ／ 365 ）＝ $ 9,630.14 ；若依上述公式計之則為：

貼現值（或買入價格）＝ $ 9,630.14 X 500 ＝ $ 4,815,070

則：

貼現息為： 5,000,000 － 4,815,070 ＝ 184,930

保證費為： $24,658

承銷費為： $ 11,096

簽證費為： $ 740

應付甲公司承銷價款為： $ 4,815,070 － $11,096 － $740 － $ 24,658
　　　　　　　　　　　　　＝ $ 4,778,576

4.引用上例票券金融公司保證、背書及承銷實例及會計分錄為：

(1) 由票券公司保證、簽證及承銷時：

(a) 12/1 時：

❶借 應收保證（商業）本票 $ 5,000,000

　　貸 保證（商業）本票 $ 5,000,000

借 融資性商業本票 $ 4,815,070

　　貸 手續費收入 **❷**— 保證手續費 $ 24,658

　　手續費收入 — 承銷手續費 $11,096

　　手續費收入 — 簽證手續費 $740

　　銀行存款 $ 4,778,576

借 承銷票券 $ 5,000,000

　　貸 受託承銷票券 $ 5,000,000

---

❶由其他金融公司保證時無此分錄。

❷由其他金融公司保證時無此科目。

借[1] 受託承銷票券　xxxx

　　貸[1] 承銷票券　xxxx

或

借[1] 承銷票券　xxxx

　　貸[1] 受託承銷票券　xxxx

(b) 5/31 保證到期日：（翌年）

借 保證（商業）本票　$ 5,000,000

　　貸 應收保證（商業）本票　$ 5,000,000

(2) 至於由票券金融公司保證發行到期再予以續發時（抵付本票）
之會計分錄為：

借 融資性商業本票[2]　xxxx

存放銀行（收取抵付差額）　xxxx

應收保證（商業）本票（記錄新保證帳）[3]　xxxx

保證票據（沖銷原保證帳）[4]　xxxx

　　貸 融資性商業本票　xxxx

應收保證（商業）本票（沖銷原保證帳）[5]　xxxx

保證（商業）本票（記錄新保證帳）[6]　xxxx

手續費收入—保證手續費[7]　xxxx

手續費收入—簽證手續費　xxxx

手續費收入—承銷手續費　xxxx

應付代收款[8]　xxxx

買賣票券利益[9]　xxxx

---

[1] 每日（承銷數）彙總分錄，沖銷時亦同。

[2] 由其他金融機構保證續發時改為商業本票科目。

[3] 由其他金融機構保證續發時無此科目。

[4] 由其他金融機構保證續發時無此科目。

[5] 由其他金融機構保證續發時無此科目。

[6] 由其他金融機構保證續發時無此科目。

[7] 由其他金融機構保證續發時無此科目。

[8] 代扣到期兌償分離課稅。

[9] 發生損失時，以借方買賣票券損失列帳。

銀行承兌匯票

　　與商業本票一樣流通於貨幣市場上之另一種信用工具──即爲銀行承兌匯票（簡稱 B/A）。其與商業本票的不同點在於，前者（見**表13-2**）因由銀行承諾票據之兌償，使銀行實際成爲該票據第一債務人；後者雖經銀行或票券商之保證，但發行人乃實際之第一債務人。

■企業發行成本計算實例及會計分錄

　　例：某公司發行 180 天期銀行承兌匯票 10,000,000 元（除委託銀行代爲承兌外，並由票券公司買入，假使承兌費爲年率 0.5%），市場貼現率爲 8%，試問受款人（即匯票出售人／委託承兌人）應負擔的成本[1]幾何？

　　即：

貼現息 10,000,000 × 8% × 180 ／ 365 = 394,521
承兌費[2] 10,000,000 × 0.5% × 180 ／ 365 = 24,660

　　亦即：

394,521 + 24,660 = 419,181（發行成本）

　　而公司之實得金額爲 10,000,000 － 419,181 = 9,580,819，其會計分錄爲：

借 銀行存款 $9,605,480
　 預付利息 $394,520
　　貸 應付承兌匯票 $10,000,000
借 手續費支出 $24,660
　　貸 銀行存款 $24,660

---

[1]若受款人亦爲匯票之委託人時，其實際上應負擔的成本，則爲貼現息加承兌費。
[2]由承兌銀行收取。

■交易商／票券公司買入之會計分錄

依據上例，再由交易商／票券公司買入時之會計分錄：

每萬元單價＝$10,000 \times (1 - 8\% \times 180 / 365) = 9,605.48$

貼現值之計算方式與商業本票同，即：

$\$9,605.48 \times 1,000 = \$9,605,480$──應付該公司價款

借 買入（銀行）承兌匯票 $\$9,605,480$

    貸 銀行存款 $\$9,605,480$

到期稅後實得金額＝$10,000,000 - [(10,000,000 - (9,605.48 \times$

$10,000,000 / 10,000)] \times 20\%$

$= 9,921,096$

實際貼現率＝$8\% / 1 - 8\% \times 180 / 365$

$= 8.33\%$……（持有到期實際收益率）

交易票據（自償性）

由財務情況健全之廠商於需要營運資金時，而事前取得票券金融公司之買入承諾（交易票據貼現額度），提供其經由合法交易行為所取得之客票（如本票或承兌匯票）經背書後再轉讓出售，以取得資金。此時票券金融公司通常會以拆扣（貼現）方式買入。就工商企業而言，亦是另一種便捷的融資管道。至於貼現利率多寡，則視票據期間之長短及市場行情而定。而對金融機構而言，有時亦會面臨本身資金之調度需要，因此亦可將此買入之匯票或本票轉售予中央銀行，此則稱之為重貼現。對於出售此種票據，而預扣利息所求出之現值的貼現法，其計算公式為：

貼現值＝面額×（1－貼現率×天期／365）

貼現率＝（面額－貼現值）／面額×365／天期

💰 次級市場和規模

　　至於所謂之**次級市場**（Secondary Market），則泛指票券商於承銷及首發買入後，對各項短期信用工具之市場交易活動而言。此時票券金融公司在資金立場，因出售票券或附買回條件交易，大半扮演著需求者的角色。而參與此一市場之其他交易者，因購買票券則為資金的提供者。

　　而次級市場之買賣交易量，依據中央銀行金融統計月報資料所顯示，由 1992 年度之 17,257,151 百萬元新台幣，逐年增加至 2001 年度之 58,059,438 百萬元（其中買入 32,839,884 百萬元，賣出 25,219,554 百萬元）新台幣。十年間計成長 40,802,287 百萬元新台幣，成長率為 136.44%。其中仍以商業本票之成長率（374.21%）最高〔由 1992 年度之 10,589,506 百萬元至 2001 年度之 50,216,648 百萬元（其中買入 28,168,754 百萬元，賣出 22,047,894 百萬元）〕，而以商業承兌匯票之負成長（-96.65）最大〔由 1992 年度之 9,729 百萬元新台幣下降至 2001 年度之 326 百萬元（其中買入 178 百萬元，賣出 148 百萬元）新台幣〕。

💰 次級市場中之交易方式

　　交易商——票券金融公司自初級市場交易中所取得之信用工具後，隨即處於經紀人或承銷人之身分，然後透過市場尋求客源，從事自營或經紀買賣業務，在最低交易單位新台幣 10 萬元〔財政部 2001 年 10 月 16 日台財融（四）字第 0900004126 號令依據票券金融管理法第二十三條規定，訂定票券商從事短期票券之買賣面額及承銷本票發行面額規定〕之規定條件下與銀行、保險公司、公民營企業、機關學校、基金團體及個人等投資者進行交易事宜，一方面活躍貨幣市場。另一方面，則為本身之經營目的，創造利潤，選擇有利時機的市場利率出脫手中之（或購進）各類短期信用工具，以便從中賺取利潤。其交易類別，一般分為賣斷、買斷、附買回條件及附賣回條件等不同之

交易方式。

⊞ 買斷交易

買斷（Outright Buying）交易係指非本身承銷之短期票券，依洽定利率買入至票券之到期日，以不作附條件賣回交易而言。換言之，就是買方（投資人）與賣方（持有人）共同協議價款／利率購入票／債券，在賣方收取價金之同時，讓出證券所有權由買方擁有而言。

假設大華票券金融公司自市場向啓發建設公司買斷銀行承兌匯票乙筆，面額 10,000,000 元，利率 6%，買入期間 160 天（距到期日），其每萬元承銷價格 9,705.10 元，試問其到期稅後實得金額及買價各幾何？

計算公式（貼現法）：

到期稅後實得金額＝面額 －〔（面額 －（每萬元承銷價格×面額
　　　　　　　　　／10,000））〕× 20%

　　　　　　＝10,000,000 －〔（10,000,000 －（9,705.10 ×
　　　　　　　　10,000,000 ／ 10,000 ））〕× 20%

　　　　　　＝ 9,941,020

買進價格（票券帳載成本，即應付成交金額）

＝到期稅後實得金額／（1 ＋ 利率×（1 － 分離課稅稅率）× 距
　到期天數／365）

＝ 9,941,020 ／（1 ＋ 6% ×（1 － 20%）× 160 ／ 365）

＝ 9,736,161

前手稅＝（9,736,161 － 9,705,100）／ 4 ＝ 7,765

依現行法令規定，凡於貨幣市場買賣交易之短期票券，其利息所得採分離課稅計算，故投資者在持有票券期間之利息所得，均應分擔 20% 之稅額。

另外，由票券商買入時，其內部會計分錄為：

借 銀行承兌匯票　　9,736,161
貸 銀行存款　　　　9,736,161

　　到期兌領時之會計分錄，應將銀行承兌匯票科目沖銷，並將 204,859 之實得利息（稅後）列收買賣票券利益／（損失）科目，其會計分錄，請參照下面賣斷交易之作法。

賣斷

　　賣斷（Outright Sale）交易係指將庫存持有之票券賣出後，便不再作附條件買回而言。換言之，就是賣方（持有人）與買方（投資人）共同約定價款／利率出售票／債券，在買方支付價金之同時，取得證券所有權由賣方移轉而言。

　　假設某票券金融公司賣出融資性商業本票乙筆予投資人，面額 10,000,000 元，利率 5%，距到期日 90 天，每萬元承銷價格 9,705.10 元，其帳面價值 9,770,000 元，試問該票券金融公司賣出之買賣票券利益／損失幾何？

■交易對象屬非免稅單位時

交易對象屬非免稅單位時，則其計算公式與買斷同，即：

到期稅後實得金額（非免稅單位買到到期日）
＝面額 －（面額 － 承銷價格）× 20%
賣價（即應收成交金額）
＝到期稅後實得金額／（1 ＋ 利率× 0.8% ×距到期天數／365）

亦即：

到期稅後實得金額＝10,000,000 －〔10,000,000 －（9,705.10 ×
　　　　　　　　　　　10,000,000／10,000）〕× 20%
　　　　　　　　＝ 9,941,020

票券金融公司賣價（即投資人買價）
＝ 9,941,020／（1 ＋ 5% × 0.8 × 90/365）
＝ 9,843,929

票券公司之會計分錄（對手支付之價金等於應收金額[1]）：

借 銀行存款　　9,843,929　（或）及
（買賣票券損失）
貸 融資性商業本票　9,770,000
買賣票券利益　　73,929

至於投資人買入票券稅後收益為：

$$到期稅後實得金額=10,000,000-\left[\left(10,000,000-\left(9,705.10\times\right.\right.\right.$$
$$\left.\left.\left.10,000,000\diagup10,000\right)\right)\right]\times20\%$$
$$=9,941,020$$

$$稅前利息所得=9,843,929\times5\%\times90\diagup365=121,363.51$$
$$買入票券稅後收益=121,363.51-24,272.70=97,090.81$$
$$到期稅後實得金額（9,941,020）=9,843,929+97,090.81$$

另外，投資人之會計分錄為：

1. 投資時：

借 有價證券 ── 商業本票　xxxx
貸 銀行存款　xxxx

2. 到期兌償時：

借 銀行存款　xxxx
貸 有價證券 ── 商業本票　xxxx
利息收入 ── 商業本票　xxxx

■交易對象屬免稅單位時[2]

若假設上例改賣予免稅單位時（賣斷予免稅單位時不將前手稅賦先行保留予票券公司）則其到期稅後實得金額為：

---

[1] 按賣價（應收金額）若大於帳面價值（帳載成本）時，其差額即為買賣票券之價差利益；反之，則為買賣票券損失。

[2] 即須符合所得稅法第四條第十三款規定之交易對象。

到期稅後實得金額＝10,000,000 －〔10,000,000 －（9,705.10 ×

10,000,000 ／ 10,000)〕× 20 ％

＝ 9,941,020

賣價＝9,941,020 ／（1 ＋ 5 ％ × 0.8 × 90 ／ 365）

＝ 9,843,929

賣價 9,843,929 ＞承銷價格（承銷成本）9,705,100

免稅單位買價＝ 9,843,929

免稅單位到期實得金額 [1] ＝ 10,000,000 － 34,707

＝ 9,965,293

此例之票券金融公司會計分錄與上例同，故從略。

附買回交易

　　即票券金融公司（持有人）賣出票券時，雙方約定在票載到期日前之某一期日，依約定利率（註記於買賣成交單上）買回投資人之票券而言。換言之，附條件交易是站在券商的立場而言，而且屬一種暫時性的買賣交易。亦就是附買回交易係指投資人向券商購買票／債券時，同時約定於未來某一約定日期用某一價格，由券商將原證券買回而言。

　　假設張某之前向票券公司買入為期 20 天期（投資間期）附買回（Re-Purchase Agreements，簡稱 RP）交易之短期票券，約定利率為 5.5%（按成交日張某支付票券公司之買價為 9,700,000 元），試問票券公司於約定到期日應支付張某之金額幾何或張某之稅後之實得利息如何？

---

[1] 短期票券在輾轉交易過程每次於買賣時，賣方會將其前手移轉過來的利息所得稅加上其本身因持有期間所產生的利息所得稅一併轉移其後手之買方，而此前手稅在與免稅單位進行買賣斷交易時，需要用以參考來計算，以求得其到期實得金額：

前手稅＝（9,843,929 － 9,705,100）／（1 －分離扣稅稅率）×分離扣稅稅率

＝ 34,707

當賣價大於承銷價，免稅單位之到期實得額等於面額減前手稅；當賣價小於承銷價，免稅單位之到期實得額等於面額。

■一般性交易（屬非冤稅單位之交易）

1.實際演算[1]：

附買回之買價（即附買回約定到期張某賣出票券應得金額）

＝賣價（投資人之當初買價）×〔（1＋收益率×0.8×約定天期／365）〕

＝ 9,700,000 ×〔（1＋5.5%×0.8×20／365）〕

＝ 9,723,386

張某稅前利息所得＝9,700,000×5.5%×20／365＝29,233

扣除分離扣稅5,847後之收益爲23,386。則張某稅後之實得利息爲：

9,723,386 － 9,700,000 ＝ 23,386

2.票券商之會計分錄：

(1)賣出時：

借 存放銀行　xxxx

貸 融資性商業本票　xxxx

借 買入期票券（到期金額）　xxxx

貸 期付款須　xxxx

(2)到期買回時，依原約定條件：

借 融資性商業本票　xxxx

期付款項　xxxx

貸 買入期票券　xxxx

存放銀行　xxxx

(3)到期兌償時：

借 存放銀行　xxxx

---

[1]在票券公司採融資說時，其賣價一般均以帳面價值作爲附買回之賣出價格。亦即賣出時不反應損益，而等到期買回後，再滾入新帳面價值中。而附條件方式辦理之交易餘額，須依2001年12月24日台財融（四）字第0904000288號令之規定受限制。

什項支出（稅賦發生尾數差額時，以此科目列帳）xxxx

貸 融資性商業本票 xxxx

買賣票券利益（損失時借記買賣票券損失科目）xxxx

什項收入（稅賦多出部分以此科目列帳）　 xxxx

■與免稅單位之交易

上例之張某若為免稅單位時，則張某（免稅單位）於附買回約定到期賣出票券之應收金額為：

附買回之買價＝賣價×〔（1＋收益率×0.8×約定天數／365）〕

9,700,000 ×〔1＋5.5%×（1－20%）×20／365〕

＝ 9,723,386

分離課稅稅額（免稅單位免扣繳稅款）[1]

＝（9,723,386－9,700,000）／0.8×20%

＝ 5,847 或 29,233×20%

＝ 5,847

故張某購買票券實得收益／利息為：

＝（9,723,386－9,700,000）＋5,847

＝ 29,233

⊞ 附賣回交易

即票券公司買入短期票券時，約定於未來某一特定日期再將原買入之票券依約定利率賣回給原票券持有人而言。此種交易方式正好與附買回交易方式相反。因此，此時之票券公司即成資金貸出者。申言之，附賣回交易係指票／債券持有人將證券賣予券商之同時約定於未來某一約定日期用某一價格，由券商再將原證券賣回給原持有人之謂。

假設王某臨時需要週轉金 3 天，將其持有之未到期短期票券面額 10,000,000 元洽詢票券公司以附賣回（Re-Sale Agreements）方式售

---

[1] 按一般免稅單位交易時應先繳稅，然後再憑成交單申請退稅。

出，雙方約定利率爲年息 5%，今假設該票券公司買入價格（成交價格）爲 9,700,000 元，試問王某買回票券時應付之金額幾何？即（計算公式與附買回交易相同）：

1. 實際演算：當附賣回約定之到期日時，王某買回票券之應付金額（票券公司到期實得金額）爲：

$9,700,000 \times [(1 + 5\% \times 3 / 365 \times (1 - 20\%)]$
$= 9,703,189$ 或 $9,700,000 + 3,986 - 797$
$= 9,703,189$

則，王某實際所負擔之應付利息爲 9,703,189（到期賣回價）— 9,700,000（成交價款）= 3,189 元
票券公司稅前利息所得＝ $9,700,000 \times 5\% \times 3 / 365 = 3,986$
分離課稅稅額＝ $3,986 \times 20\% = 797$

2. 票券公司之會計分錄：

(1) 買進時：

借 融資性商業本票　xxxx
　　貸 存放銀行　xxxx
借 期收款項（到期金額）　xxxx
　　貸 賣出期票券　xxxx

(2) 到期賣回時：

借 存放銀行　xxxx 或（及）
　（買賣票券損失）　xxxx
　　貸 融資性商業本票　xxxx 或（及）
　　　（買賣票券利益）　xxxx
借 賣出期票券　xxxx
　　貸 期收款項　xxxx

■ 與免稅單位之交易

上例之王某若有免稅單位時，則王某於附賣回約定到期買入票券

之應付金額及利息支出幾何？

王某到期之應付金額為：

$9,700,000 \times〔1 + 5\% > (1 - 20\%) \times 3 / 365〕= 9,703,189$

其前手稅稅款為：

$(9,703,189 - 9,700,000) / 4 = 797$

則王某到期息支出為：

$(9,703,189 - 9,700,000) + 797 = 3,986$

附買回條件交易中途解約

在附買回交易合約成立後於約定到期日前，投資人因一時需要資金時，亦可再洽商原票券公司之首肯，中途解約提前買回票券。

假設有一張某原與票券公司成立有附買回交易一筆面額 $10,000,000$ 元，約定時實付金額（成交價格）$9,700,000$，期間20天，利率為5.5%。而張某於7天後因需要資金運用，經再洽原票券公司以原約定 RP 相同之利率提前中途解約買回票券，試問張某此時之應收金額幾何？（非免稅單位）和利息收入幾何？

1.實際演算：

張某到期應收價款＝$9,700,000 \times〔1 + (5.5\% \times 80\% \times 20 / 365)〕= 9,723,386$

張某實得利息數為 $9,723,386 - 9,700,000 = 23,386$

亦即：

張某稅前利息所得應收價款＝$9,700,000 \times 5.5\% \times 20 / 365 = 29,233$

稅後利息所得＝$29,233 \times 20\% = 5,847$（負擔分離課稅款）

故張某應收價款＝$9,700,000 + 23,386 = 9,723,386$

今張某中途解約賣出票券應收金額＝$9,723,386 /〔1 + 5.5\% \times (1 - 20\%) \times 13 / 365〕= 9,708,172$

張某之利息收入為：

$$9,708,172 - 9,700,000 = 8,172$$

2.附買回提前解約之會計分錄：

借 融資性商業本票　xxxx

　　期付款項　xxxx

貸 買入期證券　xxxx

　　存放同業　xxxx

■與免稅單位交易

如上例在利率水準不變條件下，假設張某為免稅單位時其實得利息為何？

張某被扣繳分離課稅款＝$(9,708,172 - 9,700,000) / 4 = 204$

張某實得利息＝$(9,708,172 - 9,700,000) + 204 = 8,376$

⊞ 附賣回條件交易中途解約

在附賣回交易合約成立後於約定到期日前，原出售人因中途有資金入帳，亦可再洽原買票交易商中途解約提前賣回票券。

假設李四因一時需要短期資金 10 天，遂將持有面額 1,000 萬元之商業本票洽商票券金融公司以原買入價款 9,700,000 作附賣回條件交易賣出，約定利率 5％。唯李四中間有資金進帳，遂於 3 天前要求解約提早買回該票券，經票券金融公司同意，並按原利率成交，試問李四之中途解約應付金額幾何？利息支出幾何？

李四當初附賣回約定到期應付金額

$$= 9,700,000 \times (1 + 5\% \times 0.8 \times 10/365)$$

$$= 9,710,630$$

而李四中途提早解約買入應付金額

$$= 9,710,630/1 + 5\% \times 0.8 \times 3/365$$

＝ 9,707,439

李四利息支出為：

9,707,439 － 9,700,000 ＝ 7,439

附賣回提前解約之會計分錄：

借 存放同業　xxxx

　　賣出期票券　xxxx 或；（及）

　　（買賣票券損失）　xxxx

　　貸 融資性商業本票　xxxx 或；（及）

　　　期收款項　xxxx

　　　（買賣票券利益）　xxxx

13.3 公開市場操作與票券商

　　我國貨幣市場建立的目的，除提供短期資金的交易場所，並藉由此一市場的短期利率指標所反應的市場利率走勢，供作利率調整的參考外，就是中央銀行亦可透過此市場來買賣貨幣市場工具，進行公開市場操作，達到調節市場資金和利率的目的。而票券商在公開市場操作及短期票券發行仲介與市場交易扮演著相當重要的角色，達到發揮貨幣市場功能的效益。

公開市場之操作

　　政府（中央銀行）由於貨幣政策考量，在當市面流通之資金過剩或短缺時，基於信用膨脹或緊縮因素，便會適時透過短期票券商進入貨幣市場操作，買入或賣出票券／有價證券（大半為短期票券之買賣、國庫券及央行 NCD 之發行──詳中央銀行法第二十六條及二十七條）來達到增加或減少市面貨幣之供給量，亦即促使市面過剩資金之回收或不足時的釋出來收縮或鬆解市場資金盈、缺情勢，終結達到合

理的貨幣流通量,謂之公開市場操作(簡稱OMO)。申言之,中央銀行實施公開市場操作,係透過買賣短期票券來影響銀行業存款的消長(如買進後將使銀行存款增加)、市場利率降升(如買進可促使短期票券利率下跌),甚至影響社會經濟活動(操作目的不論以寬鬆或緊縮貨幣政策,終將影響整體社會經濟活動)等,作為達到貨幣政策的追求效果。當然除透過上述短期票券之進出操作外,亦可以發行可轉讓定期存單或儲蓄券等來達到收縮信用效果。通常其操作方式分賣斷(不超過一年,其報價單如**表13-5**)與附買回(不超過60天,見**表13-6票券買回約定書**)兩種,過程大半透過專業票券公司或具票券商資格之金融機構來進行。如銀行、信託公司及郵匯局等。

💰 交易商之任務

貨幣市場短期票券交易商之設立(即票券金融公司),其目的在協助政府推展貨幣市場功能,便利社會各階層。如工商企業、個人等之短期資金需求或供給的合法場所,以活躍市場經濟為宗旨。故其設立目的與一般金融機構同屬提供服務之行業。換言之,票券金融公司在貨幣市場中,因身兼短期票券經紀和自營功能、負擔商業本票之保證、簽證及承銷或背書人等交易仲介者的多重角色,故堪稱貨幣市場之主要橋樑和中心樞紐。

茲就其主要經營業務項目,詳加說明如下:

⊞ 自營或經紀業務

誠如前述,票券金融公司的經營方式,乃兼具自營或經紀等任務。而自營者,係基於本身之利益或避險考量,透過市場進行買賣操作,並自負盈虧得失的後果。是之,自營商通常於實施操作前,除應充分評估利率未來的變動走向和可能遭遇的風險外,亦須對票券的品質和本身資金調度能力加以顧及,以避免任何環節可能發生的差錯。而經紀業者,通常處於接受買方或賣方之委託,代為尋找交易對象從

表 13-5　賣出報價單

報價單位：○○金融股份有限公司

編號：

報價日期：　　年　　月　　日　　時

出售單位	票券種類	發票日	到期日	面額	首次發行價格	距到期天數	利率	到期稅後實得金額	應收金額	保證行	附買回約定		
											天數	利率	到期金額

中央銀行業務局公開市場操作小組提供

表 13-6　票券買回約定書

票券買回約定書

立約定書人○○票券金融股份有限公司（以下稱立約人）同意將售予　貴行之下列票券

於中華民國　年　月　日以約定金額新台幣　　　自　貴行買回。　謹呈

中央銀行業務局

立約人：○○票券金融股份有限公司

中撮合，以賺取差價，並於達成任務後開具成交單爲憑，爲該交易商之基本業務項目之一。[1]因此票券商代客辦理經紀業務時，應負責查驗交易票券及內容之眞實性（如發票人、保證人、金額及承兌人等），並收取手續費爲仲介酬金。

簽證與承銷

■簽證

所謂**簽證**者，係指交易商承本票發票人之委託，就其所簽發之本票所記載內容加予審核、並給予簽章證實該票據之合法性和正確性，以提高票據市面流通率和接受度。相關簽證之手續通常乃於票據右上角處加蓋簽證圖章（如某某票券金融公司簽證之章）此稱之爲簽證（請參考**表13-1**）。至於票據簽證應審核之項目，則包括，發票人簽章、無條件之支付、一定的金額、日期及保證金融機構之簽章等，票據應具備之要項是否全部齊全。

■承銷

所謂**承銷**者，係指交易商承本票發票人之委託，就其發行之商業本票，以代銷或包銷方式處理。前者，乃約定在某一定期間內代爲銷售的作業，期間屆滿後若有未能售罄之部分，再退回予發行人。而後者，係對發行之票券由交易商全部買入，並於發行當日扣除應付各項費用後（簽證[2]、承銷[3]及保證手續費等）之餘數，由交易商撥入發行公司帳戶（見票券金融管理辦法第六條）。至於交易商於當日買進後，隨即在次級市場進行操作，經出售結果若有剩餘時，便留作庫存，俾供日後之營運需要。此外，對於該等發行票據應注意有否委託

---

[1]票券金融管理法第四、二十一條。

[2]按目前國內票券金融公司對商業本票簽證費率收取標準爲0.03%，並依實際發行金額及天數計收。

[3]按目前國內貨幣市場實務做法，承銷業務都以包銷爲主。至於承銷費率的收取，一般行情爲0.25%，並按實際發行金額及天數計收。（有關簽證、承銷作業流程，可參閱**圖13-5**）

銀行業者為其擔當付款人，發行期間（應在一年期以下）或發票日期應在承銷日之前等，均為交易商在辦理承銷、簽證作業上應行負責審核之工作要項。❶

📈 保證與背書

保證與背書為票券商除簽證、承銷外之另一主要業務（見票券金融管理法第二十一條）。所謂**保證**者，乃票券商接受票據發票人之委託，在票據上簽章作保，擔保票據於到期時依約履行債務之謂（請參考**表13-1**）。蓋保人受委任人（即被保證人／發票人）之託於票據到期時，一旦未能依約履行債務，作為保證人之票券商須對持有該票據之人，與被保證人負同一責任。❷

基於此因，票券商的保證業務雷同銀行之放款業務，有信用及擔保的區分。亦即，其授信乃依據客戶之財力、經營狀況、財務結構、信用程度及擔保品之有無等為額度之訂約標準。至於保證代價乃保證手續費之收入。❸

而背書業務者，係指票據執票人轉讓票據權利，而由票券金融公司於票據背面簽名或蓋章以負擔背書者之責任。依票據法規定，無記名匯票得僅依交付轉讓之，而票據上記載受款人的記名匯票，則須依背書方式才能轉讓。❹

根據統計資料顯示，我國全體票券金融公司保證數字，截至1998年12月31日止，總計新台幣681,019百萬元及隔年12月31日止之總計為新台幣647,515百萬元。前者，純信用之保證，占保證總額之45.7%，股票為擔保之保證，占保證總額之22.1%。而後者，純信用之保證，占保證總額之48.2%，股票為擔保之保證，占保證總額之

---

❶ 票券金融管理辦法第四、二十一條。
❷ 見票據法第六十一條。
❸ 按目前國內銀行或票券公司收取標準（即以上述標準為依據），通常約在0.3-1%之間，並依期間之長短計收。
❹ 見票據法第三十條。

19.8%，相較顯示以股票為擔保之保證略有下降，可見業者已漸對授信品質重視。若以保證對象別分析；前者，以金融及其輔助業（銀行、信用合作社、農漁會信用部、郵匯局、信託投資公司、人壽保險公司、產物保險公司、票券金融公司、證券金融公司、再保險公司、存款保險公司，及典當、信用卡處理業、分期付款業、建築經理業、融資性租賃業及信用評業等）之 196,365 百萬元占 28.8% 最高，製造業及不動產業之 186,313 百萬元為 27.4% 和 122,884 百萬元之 18.1% 分居二、三；至於後者，則變化為製造業之 178,740 百萬元，占 27.6% 最高，投資業及批發和零售及餐飲業之 153,053 百萬元占 23.6% 及 64,670 百萬元占 10% 分居二、三，足見行業起落變化頗大。

買入銷貨票據

所謂**買入銷貨票據**，係指票券金融公司，對於依法登記成立之公司，因業務經營正常，往來情形良好或公司財務結構健全者，可辦理其所提供之銷貨票據（本票及匯票為限），以貼現方式買入（按當時貨幣市場利率計收）的一種授信業務。而票券金融公司對此買入票據之期間，通常最長以不超過 180 天為限。是之，承作此種業務時，都應審慎查核該等票據是否確屬基於實際交易行為所產生者，同時對於客戶（授信戶）及發票人業務狀況，以及其彼此間營業性質是否有關連性等，均應詳加查證瞭解，尤其對發票人信用狀況及其債信情形，亦應加予確實調查清楚。此外，對於發票人如非屬股票上市（櫃）公司，且又與往來客戶同屬關係企業，甚至提供之票據過於集中與賒欠交易金額不相當者，更應加予限制，以避免風險過高。

貼現買入中心工廠票據

所謂**貼現買入中心工廠票據**，係指票券金融公司就衛星廠商因供應其中心工廠的原、物料在生意上往來所取得之銷貨票據給予買入之謂。而票券金融公司於買入此等票據時，原則上，應訂定額度以避免過度集中和風險承擔過大。換言之，就是票券金融公司在買入中心工

廠所簽發之票據時，觀念上雖屬對衛星廠商之融資，但實際在處理有
關徵信調查工作及授信額度之核定皆以主債務人（票據發票人或承兌
人）——即中心工廠為主體和考量。雖然如此，票券金融公司於承作
前，仍得依一般授信原則與程序，對第一債務人——衛星廠商除依約
徵得出售票據外，亦應查驗或取得證照或基本資料，如公司登記證照
或營業執照、公司基本資料表、印鑑證明及徵信調查表等，以及因行
業特性之交易文件，如買入銷貨票據約定書、委託買入票據明細表
（如**表**13-7）及交易憑證等，並作成影本存檔。（其相關作業流程，
如**圖**13-2）。

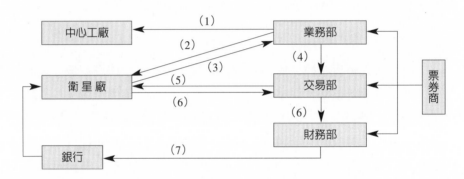

說明：
(1) 洽談／辦，並擬定買入票據額度。
(2) 審查衛星廠商資料辦理簡易徵信，並徵提基本資料（如公司執照、營業執照影本及
　　印鑑證明書等）。
(3) 簽訂買入銷貨票據約定書、交付票據。
(4) 知會交易部辦理買入票據。
(5) 洽定利率、填製作業單及成交單。
(6) 確認交易寄發成交單辦理交割，並通知財務部辦理撥款事宜。
(7) 款項撥付給客戶。

圖 13-2　中心工廠交易作業流程圖

表 13-7　交易票據買入申請書

申請人		統一編號			交易票據買入申請書
申請金額	新台幣：				
交易票據來源	基於合法交易行為所產生有交易憑證可資查驗				
撥款方式	1.□請開具　銀行支票。　2.□請撥存　　銀行　分行　存　　號本公司帳戶。	預定動用日期	年　月　日		
下列票據買入申請，請查核惠辦　此致　金融股份有限公司　請蓋經濟部印					
據　前述票據經查尚有額度，並符合本公司「貼現買入中心廠商交易票據」作業準則。擬依下列條件給與承作　可否					
核示　呈請　　　　主管：　　　　經辦：					

尚可動用額度	距到期	利率 %	發票人	發票日	到期日	面額	票據明細 年 月 日
				合計		張　NT$	

一、本聯以壹式壹份，以簡便作業手續。

二、經核准承作後，影印一份送交作業科輸入電腦，不另開立作業單。

三、正本由經辦人員並同所有資料依衛星工廠別，歸檔存查。

💰 交易商的組織與管理

　　貨幣市場主要成員——票券金融公司所扮演的角色，已如前節所述。至於其有關主要業務內容到底如何？依據票券金融管理法及相關法令之規定。對於公司之設立條件、經營責任和義務等，幾乎與銀行業無異，亦即應受嚴密的安控所規範，以避免發生信用、作業及流動性……等風險，而危及社會大眾的利益和國家整體經濟之穩定。是之，其內部作業規劃必須符合一切安全機制。所以，合宜而理想的公司內部組織架構起碼應設置下面幾個部門／單位以互為牽制，才符合內控原則和基本要求。其組織架構如**圖 13-3** 所示：

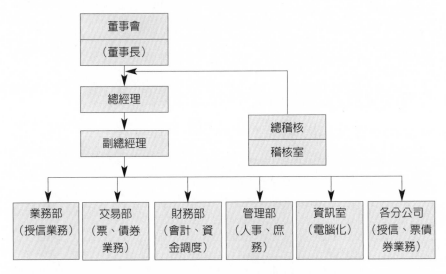

圖 13-3　交易商內部組織架構圖

　　至於有關各單位之運作，須建立個別操作規範或業務手冊，以供人員運作之遵循與參考，才能達到完善、分工合作與控管的目的，亦唯有如此，在配合稽核單位的從側協助監控，才可將流弊減少至最低程度，使公司的營運績效與日增進。茲進一步就票券商幾種主要業務的作業流程討論如后：

內部作業控制流程

1.流程 I：融資性商業本票保證、簽證、承銷、發行首買作業，
　如圖 13-4A 、 B 。
2.流程 II ：融資性商業本票次級市場買入作業，如圖 13-5 。
3.流程 III ：融資性商業本票次級市場賣出作業，如圖 13-6 。

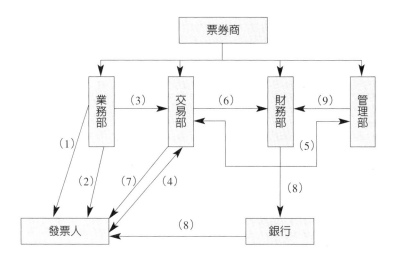

說明：
（1）尋求客源、辦理徵信。
（2）授予額度。
（3）通知交易部。
（4）洽定利率、費率、敲定交易並取票。
（5）額度控管、辦理簽證、承銷作業。
（6）會知財務部。
（7）辦理交割／郵寄成交單。
（8）撥、匯款。
（9）本票入庫保管。

圖 13-4A　保證簽證作業內控流程圖

金融市場
——外匯、票、債券市場與管理

融資性商業本票 簽證 承銷 委請書

<table>
<tr><td rowspan="4">委請人</td><td>公司名稱</td><td colspan="4"></td><td rowspan="5">撥付方式</td><td>□請撥存 銀行 分行 存 帳號</td></tr>
<tr><td>統一編號</td><td colspan="4"></td><td rowspan="2">□新開具 銀行支票</td></tr>
<tr><td rowspan="2">負責人</td><td colspan="2">身分證字號</td><td colspan="2"></td></tr>
<tr><td colspan="2">出生日期</td><td colspan="2">年　月　日</td><td rowspan="2">□以票易票補差額</td></tr>
<tr><td>組織型態</td><td>公司　戶</td><td colspan="2">其　他</td></tr>
<tr><td colspan="2">簽證承銷金額</td><td>新台幣</td><td colspan="3">元整</td><td></td></tr>
</table>

<table>
<tr><td colspan="2">保 證 機 構</td><td></td><td rowspan="11">商業本票發票人印鑑</td></tr>
<tr><td colspan="2">擔當付款人</td><td>台灣票券集中保管結算股份有限公司</td></tr>
<tr><td colspan="2">發 票 日</td><td></td></tr>
<tr><td colspan="2">發 行 期 間</td><td>年　月　日至　年　月　日</td></tr>
<tr><td colspan="2">發 行 天 數</td><td></td></tr>
<tr><td>承</td><td>銷</td><td>□包銷</td></tr>
<tr><td>方</td><td>式</td><td>□代銷　代銷期限：　　營業日</td></tr>
<tr><td>票</td><td>款</td><td>□短期週轉</td></tr>
<tr><td>用</td><td>途</td><td>□其他(請寫明)</td></tr>
<tr><td>還</td><td>款</td><td>□營業收入</td></tr>
<tr><td>財</td><td>源</td><td>□其他(請寫明)</td></tr>
</table>

經辦：　　　　　　驗印：　　　　　　覆核：

委請人為籌集營運資金，茲委請 貴公司簽證及承銷上列商業本票並遵守下列各條款：

一、委請人同意依照台灣票券集中保管結算股份有限公司之營業規章辦理本商業本票之發行、承銷與兌償等事宜，並同意由其委託之中國農民銀行（下稱實券保管銀行）負責收存、保管商業本票、收兌票款兌償及處理退票等事宜。

二、委請人所委託發行之商業本票金額、期限、承銷價格、承銷日期及各項手續費應依 貴公司買進成交單及手續費收入收據記載為準。

三、委請人同意以台灣票券集中保管結算股份有限公司為擔當付款人並承諾於本商業本票到期兌償前，不得撤銷付款之委託；並承諾於本商業本票到期日前，將票面金額之款項存入擔當付款人於實券保管銀行開立之支票存款兌償專戶【種類：票券類匯款；匯入行：中國農民銀行營業部（0020013）；收款入：發行人；匯入帳號：88－批號（依票券商開立之買進成交單所記載之批號為準）】，備以支付本商業本票款。

四、發票人（委請人）發行之本商業本票，到期發生退票時，同意由擔當付款人排定退票順序，並由實券保管銀行代理擔當付款人開具退票理由單，送予台北市票據交換所列管，其退票紀錄與支票之退票紀錄合併計算。委請人同意隨時應 貴公司之需要，提供有關業務及財務等資料，是項業務 貴公司並得因業務之需要，依法令揭示予有關單位。

委請人同意融資性商業本票發給付票款時，擔當付款人應優先給付續差額于承銷人。

五、本票之承銷票款由 貴公司於承銷日（包銷買入日或代銷賣出日）扣除利息及各項手續費用後，依上揭表列「撥付方式」辦理。

六、代銷期限屆滿未售完之商業本票應退還發票人（委請人）。

七、委請人應於承銷日前，依 貴公司規定辦妥有關發行手續。

八、委請人聲明所提供之記載事項與事實完全相符，如致 貴公司遭受任何損害概由委請人負責賠償。

九、本委請書如有未盡事宜，悉依有關法令及 貴公司相關規定辦理。

此致

○○票券金融公司（○○銀行）

委請人　　　　　　（請蓋原留印鑑）

名　稱：
地　址：
電　話：

中 華 民 國　　　　　年　　　　　月　　　　　日

圖 13-4B　CP2 簽證、承銷委託書

314

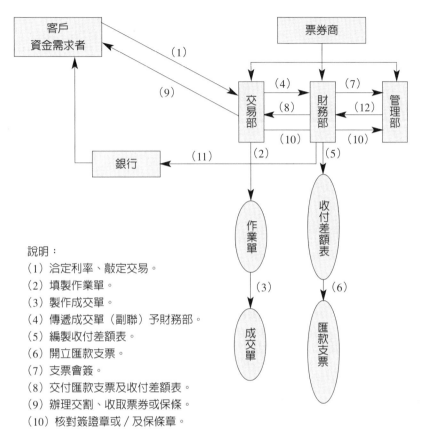

說明：

（1）洽定利率、敲定交易。

（2）填製作業單。

（3）製作成交單。

（4）傳遞成交單（副聯）予財務部。

（5）編製收付差額表。

（6）開立匯款支票。

（7）支票會簽。

（8）交付匯款支票及收付差額表。

（9）辦理交割、收取票券或保條。

（10）核對簽證章或／及保條章。

（11）辦理匯款（若非以支票辦理交割時）。

（12）票券送財產務部入庫保管（或送保管銀行）。

圖 13-5　CP₂ 買入作業內控流程圖

控制要點及法令遵循

上面僅為交易商之幾項作業的交易控管流程。至於作業之內控部分，另依作業層面及法令遵循層面分別再討論如后：

■作業面

辦理融資性商業本票簽證、承銷作業；銀行承兌匯票首次買入作業；商業承兌匯票首次買入作業時：

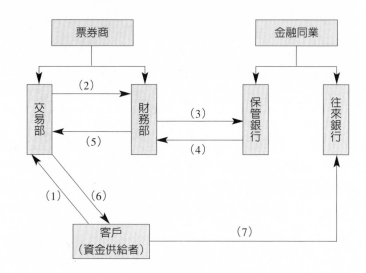

說明

(1) 洽定利率、敲定交易。

(2) 傳遞成交單副聯並通知。

(3) 辦理抽票及交付出售票據予保管銀行保管。

(4) 換取票據保管條。

(5) 交付保管條予交易部。

(6) 辦理交割。

(7) 匯入往來銀行收款入帳。

圖 13-6　CP₂賣出作業內控流程圖

1. 承銷時應要求客戶提供之資料或審查者：商業本票及簽證、承銷委請書（**圖 13-4B**）（銀行承兌匯票首次買入及商業承兌匯票首次買入者免）、委請書副本（商業承兌匯票首次買入者免，但應提供交易憑證）、商業本票／銀行承兌匯票／商業承兌匯票、發行商業本票公開說明書（公營事業免保證者適用）、發行免保證商業本票授信承諾函（股票上市公司適用）。

2. 建立客戶基本資料檔，並隨時更新、核對。

3. 交易員與客戶洽談利率、費率，應依照「參考利率」（利率表一經輸入後，若有變動時，須經由主管密碼核准始能辦理，以下同）與「公司票、債券交易授權辦法」之規定辦理。

4. 交易員繕寫之 CP2 承銷／買進作業單（商業承兌匯票首次買入交易員應簽辦「買入交易票據請示單」），應交電腦輸入員製作正式成交單，再遞交交易員確認／報價。

5. 發行內容若有異動，應重新製作成交單，並將作廢成交單留存備查。

6. 作業部門出具撥款承諾書，並安排外勤人員，依路線行程向發行公司或承兌公司收取本票／匯票。

7. 本票倘若為其他行庫保證時，主管人員應詳加核對保證行庫留存於本公司之有權簽章人員之印鑑樣式，或由取票人員持往該行庫／聯行核對／前往發票人或承兌人之往來行庫核對印章。

8. 依「本公司簽證之章」使用辦法之規定，核對客戶發行資料後於商業本票上加蓋簽證章／核對承兌匯票要式條件及發行資料。

9. 簽證完妥後之商業本票／匯票交財務／出納科簽收、入庫保管。

10. 商業本票／承兌匯票製作影本，留存備查。

11. 經由確認、報價之成交單，作為撥款前之參考和依據。

其次，在辦理買入銷貨票據業務時：

1. 遴選依法登記成立之廠商，經合法商業行為所產生之銷貨票據，開發辦理貼現業務，於完成徵信作業後，提經授審會審查通過，再提報董事會／董事長核定。

2. 依承作條件簽定「票據貼現買入約定書」，同時辦理對保、擔保品設定或作質本票等手續後，送交業務部保管人員保管。

3. 貼現時，業務部帳戶管理員應填製「交易票據買入額度動用申請書」，經主管核准後，於額度內動用。

4. 貼現票據應符合票據法規定之本票或匯票應記載之要件。

5. 應注意票據之貼現日距到期日不得超過 180 天為原則，（唯營業情況特殊者，於事前經董事會核准通過者不在此限，但最長亦不得超過一年）。

6. 貼現票據應由貼現人於票據背面背書，並檢附交易憑證經查驗

後，經辦人員應於憑證正本上加蓋「業經○○公司買入該等票據」字樣和留存影本存查。

7. 經辦人員查詢貼現票據信用後，憑票據明細表填製「初級市場作業單」，以製作買進成交單。經主管核准後遞交財務部門辦理撥款。

8. 貼現票據到期時，應依票據法第六十九及第七十條之規定，辦理付款之提示，以保全票據債權。

9. 票據到期經提示不獲付款時，應於拒絕證書作成後 4 天內對背書人、發票人或其他票據上債務人將拒絕事由通知之（見票據法第八十九條），並即行使追索權，不致使票據因時效而消滅。

其三，辦理買入中心廠商交易票據業務時：

1. 慎選優良廠商為中心廠商，並完成徵信調查後，提經授審會審查通過彙報董事會／董事長核定。

2. 洽商衛星廠商，並簽妥「票據買入約定書」於核定額度內由業務部主管批准動用。

3. 辦理貼現時衛星廠商應檢附「交易票據買入申請書」。

4. 提供票據應經衛星廠商背書，其貼現日距到期日不得超過 180 天，且需檢附交易憑證查驗。

5. 交易員憑「交易票據買入申請書」之影本，製作買進成交單。

6. 貼現票據經點收、查驗後，應即送財務部出納科人員簽收保管，並注意按期提出交換入帳。

7. 至於票據保全、追索等手續，請參照買入銷貨票據業務相關作業程序，或票據法相關規定。

其四，辦理票券買、賣作業時：

1. 交易員除依「本公司票券交易授權辦法」規定外，並參考交易日短期票券次級市場各天期之「參考利率」及市場資金情況，向往來客戶作彈性報價。

2.交易員經洽商後，依客戶之需要將交易內容填製作業單（票據種類、天期及金額等），並簽章以示負責。

3.電腦輸入人員憑「買進或賣出作業單」之內容逐項輸入電腦，經核對無誤後，列印「買進或賣出成交單」，並於作業單（在右上角編號）及成交單上簽章，再遞交交易員。「買進或賣出成交單」列印後，若內容有異動或不符時，應由交易員填寫刪除或補印申請單經主管批准再交作業主管刪除後，輸入人員重新輸入打單或補印，若為輸入錯誤者，亦需另行補單，原成交單均應留存備查。

4.交易員就作業單及成交單交叉檢查內容相符後，即可向客戶報價，並於成交單上簽章以示負責和註明收付情形（如買進撥入客戶指定之銀行帳號等，若出具抬頭劃線禁止背書轉讓支票應由客戶簽收。如賣出向客戶收取支票時應檢查金額是否相符，票據要件是否齊全，並於當天存入公司帳戶），作為調度資金及撥款之參考依據。最後再將作業單及成交單一併送交交易主管核對簽章，並遞交資金調度人員彙整成交單製作收付差額表。

5.將成交單第一聯交財務部出納科人員與資金收付差額表覆核無誤後，開具付款支票送請有權簽章人員會簽，並連同成交單第二、三聯交付交割人員持往交割（第二聯顧客留存用，第三聯則由客戶簽收後帶回留存備查），第一聯由財務部出納人員憑以收、付票券，並完成整套交易分錄傳票，憑以作帳。

6.出售之票券除以現券交割外，均應委託「保管銀行」代為保管，而以「保管條」交付顧客收執，並經完成簽收手續（若以掛號郵寄方式交付顧客時，應設簿登記，並經郵局簽收）。

7.每日營業終了，經辦人員應就「買入／賣出成交單清冊」與作業單核對，將「成交單刪除清冊」及「成交單補單記錄表」核對作廢之成交單、清冊及記錄核對無誤後，於簽章後一併留存備查。

8.交易客戶均應立即建立「客戶基本資料檔」，並列印客戶資料卡

送請主管核閱確認無誤後，存檔備查。日後內容若有變動時應即時更新，以維持資料之正確性（但對戶名之更改，應填寫程式修改單經主管批准後，送資訊室變更）。

9.每日營業結束後，庫存票券應列印報表（面額與帳值）和財務部作核對工作。

■法令遵循面

有關法令之遵循層面如下：

1.票券商除國庫券、基於商品交易或勞務提供而產生，且經受款人背書之本票或匯票及經金融機構保證，且該金融機構經信評機構評等之短期票券外，不得簽證、承銷、經紀或買賣發行人未經信評機構評等之短期票券。（見票據金融管理辦法第五條）

2.票券金融公司辦理短期票券或債券之簽證、承銷、經紀或自營業務，應詳實記錄交易之時間、種類、數量、金額及顧客名稱。（見票券金融管理辦法第二十二條）

3.票券商從事短期票券之買賣金額，以新台幣 10 萬元為最低單位，並以 10 萬元之倍數為單位，但基於商品交易或勞務提供而產生，且經受款人背書之本票或匯票不在此限。

4.票券商承銷之本票發行面額，以新台幣 10 萬元為最低單位，並以 10 萬元之倍數為單位，但債券形式之本票最高發行面額不得大於新台幣 1 億元。

5.票券金融公司辦理短期票券或債券之自營業務，應將短期票券及債券之買賣參考價格，於每日營業前，依不同天期別或發行期別於其營業場所及網站公開揭露，遇到利率波動幅度較大時，應予隨時調整。對於買賣價格及額度已承諾者，負有依該價格及額度進行交易之義務。

6.票券金融公司辦理短期票券或債券之簽證、承銷、經紀、自營、保證、背書或其他業務等，對於客戶之財務、業務或交易有關資料，除其他法律或主管機關另有規定者外，應保守秘密。

7. 票券商出售債票形式發行之短期票券，應於交易當日，將債票交付買受人，或將其交由買受人委託之其他銀行或集中保管機構保管，票券商不得代為保管。

8. 公司及公營事業機構以債券形式發行之本票應經票券商簽證，而票券商簽證，應盡善良管理人之注意。但基於商品交易或勞務提供而產生，且經受款人背書之本票，不在此限。

9. 票券商買賣或持有：(1)以法人身分或推由其代表人當選為票券商董事或監察人之企業；(2)持有票券商實收資本額 3% 以上之股東或票券商負責人擔任董事、監察人或經理人之企業所發行之短期票券、債券，其買賣條件不得優於其他同類之交易對象、且應經信評機構評等為一定等級以上之其他金融機構保證或承兌；未經保證或承兌者，其發行人應經信用評等機構評等為一等級以上；其持有總額並應受一定之限制。（見票券金融管理法第二十八條）

10. 票券金融公司向其他金融公司辦理拆款及融資總餘額，合計不得超過其淨值之 6 倍，每次拆款期限不得超過六個月，每次融資期限不得超過一年。

11. 票券商以附買回或賣回條件方式所辦理之交易，應以書面約定交易條件，並訂定買回或賣回之日期。其交易餘額為：(1)附買回交易餘額合計不得超過其淨值之 12 倍；其中以政府債券以外之債券或短期票券為標的之交易餘額，合計不得超過淨值之 6 倍；(2)附買回交易餘額（指交易到期之履約金額）與其他金融機構辦理拆款及融資之餘額，合計不得超過淨值之 14 倍；(3)附賣回交易餘額（指該交易成立時之買賣金額），合計不得超過淨值之 4 倍。

12. 票券金融公司發行公司債之總額，不得逾全部資產減去全部負債之餘額。（不受公司法第二百四十七條及證券交易法第二十八除之四規定之限制。）

13. 票券金融公司投資債券及從事衍生性金融商品交易之種類、限

額、管理及其他應遵守事項應依「票券金融公司從事衍生性金
融商品交易管理辦法」辦理。

14.對於達一定金額（新台幣 150 萬元）以上之通貨交易，應確認
客戶身分及留存交易記錄憑證。

15.對疑似洗錢之交易，應確認客戶身分及留存交易記錄憑證，並
應向指定機構申報。

簽證、承銷之職責

簽證及承銷為短期票券發行──融資性商業本票必備手續之一。
換言之，它必須經由此一程序後才能正式流通於市面。是之，票券金
融公司既負有此一工作任務，並收取其手續費作為酬勞，自應善盡職
責。亦就是於辦理簽證作業時，就必須對發行的商業本票之有效性負
確認之責。以下之幾點工作，基本上為票券公司於承辦此一業務時，
應切實執行和注意辦理者。包括應詳細檢視發行票據之形式及要件是
否符合票據法上之規定、發行公司之簽章或印鑑是否與簽證、承銷委
託書及留存擔當付款銀行支存戶之印鑑相符、保證機構保證之印鑑或
簽章是否有效、本票發票日期是否有早於承銷日、本票磁字代號是否
建置完備及發行之票據是否辦妥擔當付款委託手續等。凡此種種都是
合法性票據必須具備和流通市面的基本條件。此外，對之發行人之委
託手續是否完整，亦是直接影響票據發行的正當性及避免引發日後糾
葛的發生。總之，此等作業乃票券商在辦理票券發行時，於承辦簽
證、承銷作業過程時所應詳加注意負責的工作事宜。

票券商操作實例詳解

假設某建設公司於 1999 年 3 月 3 日發行商業本票乙筆，面額
80,000,000 元，由中國銀行保證，期間 12 天，發行當天由光華票券公
司承銷買入及操作（可先查詢票券交易流程，如**表 13-8**），試問其全
程交易成效如何？

表 13-8 票券交易流程查詢表

○○票券金融股份有限公司

票券流程查詢

發票人：○○建設公司　　發票日：88/03/03　　保証/承兌/背書：○○銀行　　　天　期：
票　號：○○○○○○○○　　到期日：88/03/15　　擔當付款銀行：○○分行　　　每萬元單價：　9

交割日	成交單號	客戶名稱	交易別	利率	買(賣)面額	買(賣)金額	損益	免稅款	面額餘額	成本餘額
88/03/03	C80300102-1	○○建設公	CP2 首買	4.5000	80,000,000	79,874,316			80,000,000	79,881,680
88/03/03	380300111-1	北銀	RP賣出	4.6500	(50,000,000)	(49,926,050)			30,000,000	29,955,630
88/03/04	380300146-1	北銀	RP賣出	4.7000	(30,000,000)	(29,955,630)			0	0
88/03/08	580300256-1	北銀	RP履約	4.7000	30,000,000	29,967,973			30,000,000	29,967,73
88/03/10	280300402-1	僑銀信託部	賣斷	4.7500	(30,000,000)	(29,975,522)	7,549		0	0
88/03/12	580300453-1	北銀	RP履約	4.6500	50,000,000	49,971,845			50,000,000	49,971,845

3/15 I80300641　　　　　　　50,000,000　(4998570)　　　　　0

利益合計：
損失合計：

經辦

操作解析和說明（人工粗略估算法）

首買　成交單編號：c80300102（如表13-9）

期間：1999/3/3 — 1999/3/15

面額：80,000,000

發行利率：4.5%

每萬元單價：9,985.21

票券商買入成本：79,881,680

到期稅後實得金額：79,976,336

本筆稅前利息總收入＝面額×利率×發行天期／365 或

（面額－每萬元單價×8,000）

＝80,000,000－9,985.21×8,000＝118,320

分離課稅額＝118,320×20／100＝23,664

稅後利息淨收入＝118,320－23,664＝94,656

表 13-9　買進成交單

○○票券金融股份有限公司　　　0001159

發行公司：84218312
建設股份有限公司　　　買進成交單
(247)台北縣××鄉　×××路×巷×號
TEL：×××××××　FAX：×××××××
（僅供有價本票首次發售專用）　　13:51　0　編　號：C80300102
005　承銷日期：88 年 03 月 02 日
交割日期：88 年 03 月 03 日

保證機構	擔當付款銀行	面　額	發票日 月 日	到期日 月 日	天數	利率(%)	每萬元單價	買進價格
○○銀行	○○銀行○○分行	80,000,000	88 03 03	88 03 15	12	4.5000	9985.21	79,881,680

保證手續費按 %計	簽證手續費按 0.0300 %計	789	承銷手續費按 0.2500 %計	6,575

買進價格合計新台幣　　NT$　79,881,680　　手續費金額總計新台幣　NT$　　7,364

實際撥付金額計新台幣　零佰 零拾 零億 柒仟 玖佰 捌拾 柒萬 肆仟 參佰 壹拾 陸 元整　NT$　79,874,316

付款方式　存入　　　支存　　　○○銀行○○分行××××　　79,874,316　280300026　　1F1

業務主管　　　經辦　　　交易主管　　　經辦

表 13-10　RP 賣出成交單（50,000,000，3/3）

○○票券金融股份有限公司　　　0004880

成交單號：380300111
客戶名稱：051　台北銀行
(104)台北市南京東路×段××號　　賣出票券　成交單　007　RP賣出
9:36
成交日期：88 年 03 月 03 日
交割日期：88 年 03 月 03 日
交易方式：□臨櫃 □派員 □郵寄
票券處理：□保管 □現券

票類	發票人 保證承兌人	面　額	發票日 到期日	天數	利率(年息%)	帳面成本 票券成本	前次成交金額成 到期稅後實得額	提示前手稅款 分離課稅	買賣差價 成交金額
CP2	○○建設 ○○銀行	*50,000,000	88/03/03 88/03/15	9	4.6500	49,926,050 9,985.21	49,971,845		49,926,050
CP2	○○公司 ○○銀行	50,000,000	87/09/22 88/03/19	9	4.6500	49,247,714 9,695.21	49,292,887		49,247,714

面額合計　100,000,000　　買賣票券利益　　　　買賣票券損失

合計新台幣：零拾 零億 玖仟 玖佰 壹拾 柒萬 參仟 柒佰 陸拾 肆 元整　　99,173,764

雙方約定事項：買方於 88 年 03 月 12 日以新台幣 99,264,732 買回上列票券（期間 9 天，議利率年息 4.6500 %）
280300026　1F　　　　270900248　5E
收付款方式：
☑台支 □央支 □存 □匯

TEL：×××××××　FAX：×××××××

財務主管　　　會計　　　交易主管　　　經辦

3/3　承作 RP 賣出 50,000,000* 成交單編號：380300111（如表 13-10）

利率：4.65 %

期間 9 天：3/3 — 3/12

稅後付息：45,795

庫存：30,000,000

3/3　拆借利息（假設當日同業拆借利率 4.7%）：3,863

3/4　承作 RP 賣出 30,000,000* 成交單編號：380300146（如**表 13-11**）

利率：4.7%

期間四天：3/4 — 3/8

稅後付息：12,343

3/8　RP 履約 30,000,000*（入庫）成交單編號：580300256（如**表 13-12**）

拆借利息（假設當日同業拆借利率 4.7%）：3,863

3/9　庫存 30,000,000

假設當天同業拆款利率為 4.75%：3,904

3/10　賣斷 30,000,000 成交單編號：280300402（如**表 13-13**）

利率：4.75 %

稅後付息：15,604

表 13-11　RP 賣出成交單（30,000,000，3/4）

			○○ 票券金融股份有限公司				0004906	
							成交日期：88 年 03 月 04 日	
成交單號：380300146			賣出票券　　成交單		RP 賣出		交割日期：88 年 03 月 04 日	
客戶名稱：051	台北銀行			006			交割方式：□臨櫃 ☑派員 □郵寄	
(104) 台北市南京東路×段××號				9:45			票券處理：☑保管 □現券	

票類	保證承兌人	面 額	發 票 日 到 期 日	天數	利率 (年息%)	懷 面 成 本 票 券 成 本	前次成交金額或 到期稅後實得額	提示前手稅款 分離課稅	買 賣 差 價 成 交 金 額	第二聯
CP2	○○建設公 ○○銀行	*30,000,000	88/03/03 88/03/15	4	4.7000	29,955,630 9,985.21	29,967,973		29,955,630	經辦留存聯
CP2	○○公司 ○○銀行	50,000,000	87/11/07 88/04/16	4	4.7000	49,412,064 9,761.10	49,438,427		49,418,064	
CP2	○○公司 ○○銀行	20,000,000	87/10/23 88/04/21	4	4.7000	19,706,192 9,727.78	19,714,312		19,706,192	

面 額 合 計	100,000,000	買賣票券利益		買賣票券損失		
合計新台幣	玖拾玖億零柒萬玖仟捌佰捌拾陸元整					99,079,886

雙方約定事項：買方於 88 年 03 月 08 日以新台幣 99,120,712 賣回上列票券（期間 4 天，利率年息 4.7000 %）

280300028　1K　　　　271100061　1F　　　271000203　2E

收付款方式：
☑台支 □央支 □存 □匯

TEL：××××××× FAX：×××××××

財務主管	會計	交易主管		經辦	

表 13-12　RP 買回成交單（30,000,000，3/8）

○○票券金融股份有限公司　　0004987

成交單號：580300256			買進票券　成交單　RP匯約			成交日期：88 年 03 月 06 日		
客戶名稱：051　台北銀行						交割日期：88 年 03 月 08 日		
(101)台北市南京東路××段××號			006			交割方式：□撥櫃 □帳員 □郵寄		
				11:19		票券處理：□保管 □現券		

票期	發票人 保證承兌人	面　　額	發票日 到期日	天數	利率 (年息%)	帳面成本 票券成本	前次成交金額或 到期稅後實得額	提示前手稅款 分離課稅	買賣差價 成交金額
CP2	○○建設公 ○○銀行	*30,000,000	88/03/03 88/03/15	4	4.7000	29,967,973 9,985.21	29,955,630	3,085	29,967,973
CP2	○○公司 ○○銀行	50,000,000	87/11/07 88/04/16	4	4.7000	49,438,427 9,761.10	49,418,064	5,090	49,438,427
CP2	○○公司 ○○銀行	20,000,000	87/10/23 88/04/21	4	4.7000	19,714,312 9,727.78	19,706,192	2,030	19,714,312

面額合計	100,000,000	買賣票券利益		買賣票券損失		
合計新台幣	零拾零億玖仟玖佰壹拾貳萬零柒佰壹拾貳元整					99,120,712

應約定事項：買方於　　年　　月　　日以新台幣　　　　　賣回上列票券（期間　　天，獲利率年息　　%）
280300026　1K　　　　271100061 1F　　　　　271000203 2E
收付款方式：□台支 □央支 □存 □匯　　　　　　　　　　NO：3803001463

TEL：×××××××FAX：×××××××

財務主管　　　　　會計　　　　　交易主管 □　　　　經辦 □

第二聯　經辦留存聯

表 13-13　賣斷成交單（30,000,000，3/10）

○○票券金融股份有限公司　　0005112

成交單號：280300402			賣出票券　成交單　賣斷			成交日期：88 年 03 月 10 日		
客戶名稱：0100601			012			交割日期：88 年 03 月 10 日		
華僑商業銀行信託部						交割方式：□撥櫃 □帳員 □郵寄		
(100)台北市衡陽路××號				11:21		票券處理：□保管 □現券		

票期	發票人 保證承兌人	面　　額	發票日 到期日	天數	利率 (年息%)	帳面成本 票券成本	前次成交金額或 到期稅後實得額	提示前手稅款 分離課稅	買賣差價 成交金額
CP2	○○建設公 ○○銀行	*30,000,000	88/03/03 88/03/15	5	4.7500	29,967,973 9,985.21	29,991,126		29,975,522

面額合計	30,000,000	買賣票券利益	7,549	買賣票券損失		
合計新台幣	零拾零億貳仟玖佰柒拾伍萬伍仟伍佰貳拾貳元整					29,975,522

應約定事項：買方於　　年　　月　　日以新台幣　　　　　賣回上列票券（期間　　天，獲利率年息　　%）
280300026　1K
收付款方式：□台支 □央支 □存 □匯

TEL：×××××××FAX：×××××××

財務主管　　　　　會計　　　　　交易主管 □　　　　經辦 □

第二聯　經辦留存聯

3/12　RP 履約 50,000,000*（入庫）成交單編號：580300453（如
　　　表 13-14）

　　　拆借利息（假設當日同業拆借利率 4.8%）：6,575

3/13　庫存 50,000,000

　　　拆借利息（假設當日同業拆借利率 4.8%）：6,575

3/14　仝上　　　　　6,575

3/15　到期兌償 50,000,000（庫存）成交單編號：180300464（如
　　　表 13-15）

　　　成交金額：49,985,210

　　　本筆稅後利息總支出

　　　＝45,795 ＋ 3,863 ＋ 12,343 ＋ 3,863 ＋ 3,904 ＋ 15,604 ＋
　　　　6,575 ＋ 6,575 ＋ 6,575

　　　＝105,097（本筆假設庫存票券資金均為拆借而來）

　　　本筆總利息收入＝ 94,656（扣除分離課稅後）

　　　因為收入 94,656 小於支出的 105,097，故本件操作結果計
　　　虧損 10,441。

表 13-14　RP 買回成交單（50,000,000，3/12）

		○○票券金融股份有限公司		0005133		
成交單號：580300453		買賣票券　成交單	RP履約	成交日期：88 年 03 月 11 日		
客戶名稱：051　　台北銀行			007	交割日期：88 年 03 月 12 日		
（104）台北市南京東路×段××號			13:48	交割方式：□臨櫃 □專員 □新客 票券處理：□保管 □現券 提示前手稅款		

票類	發票人 保證承兌人	面　額	發票日 到期日	天數	利率 (年息%)	檢查碼 票券成本	前次成交金額或 到期稅後實得額	分離課稅	買賣差借 成交金額
CP2	○○建設 公 ○○銀行	* 50,000,000	88/03/03 88/03/15	9	4.6500	49,971,845 9,985.21	49,926,050	11,448	49,971,845
CP2	○○公司 ○○銀行	50,000,000	87/09/22 88/03/18	9	4.6500	49,292,887 9,695.21	49,247,714	11,293	49,292,887

面　額　合　計	100,000,000	買賣票券利益		買賣票券損失		
合計新台幣： 零拾零億玖仟玖佰貳拾陸萬肆仟柒佰參拾貳元整*						99,264,732

貸方約定事項：買賣方於　年　月　日以新台幣　　　　賣回上列票券（期間　　天，獲利率年息　　%）
280300026　1F　　　　270900248　5E
收付款方式：
□台支 □央支 □存 □匯　　　　　　　　　　NO: 3803001112

TEL:×××××××　FAX:×××××××

財務 主管　　　　　會 計　　　　　交易 主管　□　　　　經 辦　□

表 13-15　成交單（列期兌償，50,000,000，3/15）

| ○○ 票券金融股份有限公司 | | | | | | | | 0005141 | |

成交單號：180300464　　　　　　賣出票券　　成交單　　　成交日期：88 年 03 月 12 日
客戶名稱：3750007　　票券金融股份有限公司　　005　　　交割日期：88 年 03 月 15 日
台北市忠孝西路×段×號×樓　　　　　　　　　　　　　到期兌償　　交割方式：□臨櫃　□派員　□郵寄
　　　　　　　　　　　　　　　　　　　　　8:37　　　　票券處理：□保管　□現券

票額	發票人 保證承兌人	面　　額	發票日 到期日	天數	利率 (年息%)	帳面成本 票券成本	前次成交金額或 到期稅後實得額	提示前稅款 分離課稅	買賣差價 成交金額	
CP2	○○建設 ○○銀行	公 ＊50,000,000	88/03/03 88/03/15			49,971,845 9,985.21			49,985,210	第二聯 經辦留存聯

面　額　合　計	50,000,000	買賣票券利益		13,365	買賣票券損失		
合計新台幣：	零拾零億肆仟玖佰玖拾捌萬伍仟貳佰壹拾零元整						49,985,210

授方約定帳號： 280300026　1F	買方於　　年　月　　日以新台幣		賣回上列票券（期間　　天，獲利率年息　　%）
收付款方式： □台支 □央支 □存 □匯			

TEL：×××××××× FAX：××××××××

財務 主管　　　　　　　會 計　　　　　　　交易 主管　□　　　經 辦 □

💰 **稅賦**

　　在貨幣市場中，對之短期票券無論是經紀或自營的券商或一般社會投資大眾，因經營買賣或投資結果，依規定若有產生利得都必須負擔稅賦，但因處於不同之立場，課稅方式自有差異。如銀行、證券公司及票券金融公司因買賣操作所產生的利差，則被視同利息收入，依法須課徵營業稅。亦即，就其賣出價格經扣抵買入價格或到期實際兌領後之淨額若大於買入價格時（帳面價值），應就其差額徵收 3% 的營業稅。另外，票券金融公司又因辦理商業本票之簽證及承銷業務，亦應對其所收取之各項手續費徵收印花稅款。至於一般基於投資關係所取得之利息收入，除符合所得稅法第十三條規定外，餘均須繳納 20% 分離課稅稅額。換言之，投資人當短期票券到期兌領時，須一次就原按分離課稅稅率辦理扣繳。個人因所得被扣繳者就不必再併入年度個人綜合所得申報，而法人營利組織者，則不須併入年度營利事業所得申報。〔見財政部（67）台財稅第 30521,33889,36180 號函，行政院 1982.6.1 台（71）財字第 9058 號函參考〕

13.4 金融業籌資方式與同業拆借

金融機構資金來源，包括資本、保留盈餘、同業拆借、出售票券、存款、匯款及發行可轉讓定期存單……多項，而資金出處係提供工商企業界營運之便捷，以繁榮社會經濟。茲就幾項資金來源分別介紹如下：

💰 存款業務

客戶存款（Deposits）為銀行主要業務之一，它區分為活期性、定期性及臨時性等，其中以活期性之種類最多。如支票存款（個人、營利法人及非營利法人）、活期存款、活期儲蓄存款（個人及非營利法人）、同業存款、公庫存款及行員儲蓄存款等。定期性存款，則分一個月期、三個月期、六個月期、九個月期、一年期、二年期及三年期（個人、營利法人及非營利法人）和整存整付儲蓄性存款（個人及非營利法人）等。而臨時性則有本行支票、保付支票及可轉讓定期存單（個人、營利法人及非營利法人）等。但由於近年來自由化影響和競爭結果，銀行對上述存款已打破上面的規則，而加予簡便或衍生出各種不同名目的存款，甚至將定、活期及不同幣種採一摺併用方式，以方便存戶並達到強化吸取存款為目的。

1.存入時之會計分錄：

借 現金 xxxx

　　貸 支票存款 xxxx 或

　　　　活期存款 xxxx 或

　　　　活期儲蓄存款 xxxx

2.月底應付利息之提存分錄：

借 利息支出 xxxx

　　貸 應付利息 xxxx

3.到期付息日之會計分錄：

借 活期存款 xxxx 或
　　活期儲蓄存款 xxxx
　　應付利息 xxxx
　　利息支出 xxxx
　　貸 其他應付款 —— 代扣所得稅 xxxx
　　　其他應付款 —— 代扣印花稅 xxxx
　　　現金 xxxx

可轉讓定期存單之發行

可轉讓定期存單（Negotiable Certificates of Deposits，簡稱NCD），係指由一般銀行或中央銀行（目前持有對象為銀行和票券業，亦即在中央銀行設有準備金帳戶之金融機構才能持有央行發行的NCD，惟未來不排除除銀行及票券業外，將擴及券商、企業及個人之參與）所發行之一種具流通性之定期存單，亦即，存單所有者得隨時經背書後，在市場將其轉讓與他人的一種金融商品。它與一般「定期存款」之差異為：(1)前者之面額依規定最低為新台幣 10 萬元，並以新台幣 10 萬元為單位，或按其倍數發行，而後者除有最低存款金額之規定外，並無面額之限制要求；(2)前者得經背書後自由轉讓之。而後者依規定不得轉讓（Non-Negotiable）；(3)前者只得供作質押或充當公務保證用，而後者得在不超過面額九成範圍內辦理質借；(4)前者依規定不得中途解約提取（急需用錢時，可於建立次級市場後出售之或向銀行辦理質借，故其流通性較後者略差），而後者可要求中途解約（但利率要打折）；(5)前者採記名或無記名方式任由客戶選擇，而後者通常均需記載存款人姓名；(6)前者因可自由轉讓持有，故無需於銀行預留印鑑，而後者依一般銀行作業習性，存戶皆應預留印鑑；(7)前者一律採分離課稅（利息所得扣繳率為20%），而後者為 10%（國人）；(8)前者最長不得逾越一年，而後者可由最短之一個月期到三年

期等多種選擇；(9)前者之利率不宜採機動，而後者得由存戶選擇採用固定或機動計息。

銀行發行可轉讓定期存單及到期本息計算實例與分錄

假設張某於 1993 年 2 月 9 日存入三個月期可轉讓定期存單，存單面額 200 萬元議訂利率 9%（票面利率），到期日為 1993 年 5 月 9 日，試問銀行受理和到期如何作帳？

1.2/9 存入時：

借 現金 $2,000,000

　　貸 可轉讓定期存單　三個月 $2,000,000

2.2/28 月底應付利息之提存：

借 利息支出 9,370

　　貸 應付利息 9,370

3.3/31 月底應付利息之提存：

借 利息支出 15,288

　　貸 應付利息 15,288

4.4/30 月底應付利息之提存：

借 利息支出 14,795

　　貸 應付利息 14,795

5.5/9 到期日：

$2,000,000 \times 9\% \times 3 / 12 = 45,000$

$45,000 \times 20\% = 9,000$

$45,000 \times 0.4\% = 180$

借 可轉讓定期存單　三個月 $2,000,000

　　應付利息 39,453

　　利息支出 5,547

貸 其他應付款 代扣所得稅 9,000

其他應付款 代扣印花稅 180

現金 $2,035,820

客戶投資收益計算

上例若由客戶／交易商直接向發行銀行買入，而中途存單亦未曾轉讓過，則其投資實得金額為 2,036,000 元（即票載利率之利息收入扣除稅賦後加上存單之金額）。今假設客戶若於 1993 年 3 月 10 日中途才買入，而買入市場利率為 8.75%（其實際貼現率，亦即存單利率加息計算到期稅後本利和，再以實際貼現方式按實際買入天數計算貼現值，其差額為其實際利得）則其買入價格及稅後利息收入為：

到期稅後（不含印花稅）實得金額 $= 2,000,000 \times (1 + 9\% \times (1 - 20\%) \times 3/12) = 2,036,000$

$$買入價值 = \frac{2,036,000}{1 + 8.75\% \times (1 - 20\%) \times 61 / 365} = 2,012,457$$

到期稅後利息收入 $= 2,036,000 - 2,012,457 = 23,543$

〔註〕中途買入之存單，係按存單利率加息計算到期稅後本利和，再以實際折現方式，按實際買入天數計算現值，即為折現值或買入價格。

另外，交易商之會計分錄為：（即投資人）

借 買入定期存單 2,012,457

　　貸 銀行存款 2,012,457

$ 同業拆借

成員

貨幣市場中之另一個專屬金融銀行體系的資金借貸市場，便是所

謂之「銀行同業拆款市場」。依據此一市場之成立基礎，乃本著政府推動利率自由化過程之政策之一，其任務則負責議定拆款中心利率與各銀行間之拆款仲介事務。具體而言，拆款市場具有提供金融業迅速而便利的調節資金場所，因此其利率變化足以反應銀行間資金寬鬆情況。此外政府亦可透過此一市場之操作來影響貨幣政策，按此中心之會員含括：國內各行庫、票券金融公司、外商在台銀行、信託投資公司、部分信用合作社及郵匯局等。（拆借／放時應繳交／徵提之文件及債權憑證，包括：(1)財政部核發之營業執照或經濟部執照；(2)營利事業登記證；(3)拆款約定書；(4)拆款申請書；(5)同業拆放契約書；及(6)以央行業務局為擔當付款人之本票等）在此市場中，對於同業間之拆借均由會員雙方直接議定進行，並於日終時由各會員就當日之拆借、放利率、金額及期間等通報該中心（請參閱**表 13-16**）由於自成立以來成員之不斷成長和社會經濟之發達，致其業務量亦逐年增加。因此，使此一市場之重要性與日俱增，更因為它的存在連帶活躍了貨幣市場的規模。

表 13-16　拆款成交報表

填報單位：○○票券金融股份有限公司　　　　　　　　No.：

　　年　　月　　日　　時　　分　　　　　　　　　單位：新台幣百萬元

拆出單位	拆入單位	拆款金額	拆款天	利率
○○銀行		150	8	4.79%
○○銀行		80	5	4.792%
○○銀行		100	10	4.8%
○○銀行		20	5	4.792%
○○銀行		100	29	4.85%

金融業拆款中心　　　　　　　　　　　　　傳真號碼：××××××××

　　早期銀行間資金拆借／放利1999年1月起，主管機關作出統一規定，今後一律採取後付方式辦理。亦即，拆借利息均於到期時與本金一併支付。另一方面銀行於拆出時，亦基於本身風險控管考量，通常會對拆入行庫之規模大小訂定不同拆款額度和管理。而資金調度人員每日則根據其所編算之部位表（如**表13-17**）來決定調度數字。當拆

表13-17　資金部位表

```
Treasury Department                              Date: _____

    N.T. DOLLARS RESERVE REQUIREMENT AND FUNDING POSITION SHEET

ELIGIBLE RESERVE POSITIONS:
    Cash:
    CBC Clearing A/C Balance    _____K
    CBC Reserve A/C Balance     _____K

Total Eligible Reserves:                    _____K (A)

LRR for _____ : Checking A/C _____x27.25%
        DOA   x25.25%, TD _____x10.875% =   _____K (B)
Current Date Legal Reserve Requirement Difference  _____K (A-B)
Accumulated Legal Reserve Requirement Differences  _____K (D)

DDA Balance as of _____.
    Checking A/C Balance    N.T. _____K
    Overdraft Balance       N.T. _____K
    Demand Deposits Balance N.T. _____K
    Time Deposits Balance   N.T. _____K  Total:_____K

Liquidity Reserve for _____ N.T._____ x 7% = _____K
Negotiable Certificate of Deposit B/A,C/P,Treasury Bond etc _____K
Liquidity Reserve Shorted:                          _____K (C)
Current Date Reserves Difference:                   _____K (A-B+C)
Accumulated Reserves Difference:                    _____K

N.T. FUNDING POSITIONS:
    Opening CBC Clearing A/C Balance  + _____K
    FX Positions Settlement             _____K
    Inter Banks Transferring          - _____K
    Inter Banks Placing               - _____K
    Exchange Balance                    _____K
    Repayment of Borrowing            - _____K
    Checks Issued on CBC Clearing A/C - _____K
    Funds Borrowed                    + _____K
    Funds Borrowed                    + _____K
                                        _____K
    Estimate Closing CBC Clearing A/C   _____K
```

O/D LINES AND BALANCE

BANK		LINE	Opening Balance	Intraday Transactions	Estimate CLS Balance
××××××××××××	BOT	10M	K		
××××××××××××	CHCB	20M	K		
××××××××××××	HNCB M.S.	20M	K		
××××××××××××	HNCB		K		
××××××××××××	ICBC H.O.	20M	K		
××××××××××××	BOC		K		
××××××××××××	ICBC M.S.		K		
××××××××××××	FCB		K		
××××××××××××	ICBC Airport		K		
××××××××××××	Post Office		K		

款時，都由拆入行與拆出行之資金調撥人員，透過電話詢／報及比價來決定（拆入金額、利率及期間），並填製資金調度單（Funding Memo）（如**表 13-18**）後交由交割作業組（Settlement Dept.）處理，以資牽制，而交割人員於接到調度單據後，都會先以電話與對方查證交易之事實無誤後（若拆款期間較長時，應另寄發證實函），再填製短期融資申請書（如**表 13-19**）、製作拆借／放傳票及簽發到期日償還之央行支票／台支和利息等，並經呈交主管人員核准後，交付外勤人員前往拆放行庫辦理，俾使撥款。

拆款規模

依據金融業拆款中心統計資料之顯示，全體金融業拆款數字於 1998 年度為 14,597,981 百萬元（其中隔夜為 12,049,836 百萬元、一週期為 2,067,502 百萬元、二週期為 251,827 百萬元、三週期為 51,950 百萬元、一個月期為 136,833 百萬元、二～六個月期為 40,033 百萬元）。於 1999 年度為 9,366,683 百萬元（其中隔夜為 6,615,587 百萬元、一週期為 1,757,902 百萬元、二週期為 507,242 百萬元、三週期為 156,270 百萬元、一個月期為 296,724 百萬元、二～六個月期為 32,958 百萬元），至 2006 年度大幅成長為 23,838,878 百萬元新台幣（其中隔夜 11,708,253 百萬元，一週為 6,991,061 百萬元，二週為 4,501,990 百萬元，三週為 858,398 百萬元，一個月為 123,144 百萬元，二～六個月為 98,692 百萬元，及七個月～一年為 7,340 百萬元），拆款機構別包括：本國銀行、外國銀行在台分行、中小企業銀行、信託投資公司、票券金融公司、郵政儲金匯業局及信用合作社等。

表 13-18　資金調度表單

○○銀行○○分行

FUNDING MEMO　　　　　　　　　CONTRACTED DATE: _____

DBU NO. 015196

FUNDING TRANSACTION TYPE:

☐ BORROWING　☐ PLACEMENT　☐ TRANSFER OF FUNDS　☐

FROM / WITH	ARRANGED VIA
	☐ TELEPHONE　☐ TELEX
CURRENCY & AMOUNT	INTEREST RATE % P.A.
VALUE DATE (FROM)	MATURITY DATE (TO)

PAY TO

THROUGH

RECEIVE FROM

THROUGH

OUR / THEIR PAYMENT CHECK NO.

REMARKS:

CONFIRM WITH: _____

TELEX TO PAYING BANK (DATE & REF. NO.) _____

TELEX TO RECEIVING BANK (DATE & REF. NO.) _____

_____　　　　　　　　　_____
PROCESSED BY　　　　　　　　　　　　　　　　DEALER

表 13-19　短期融資申請書

受文者：	日期：_____
	編號：_____
	到期日：_____

茲擬向 貴行拆借新台幣，其金額及條件如下：

拆借期限 _____ 自西元 _____ 到 _____ 為止，按右列利率以 □預扣 □後付 的方式給付利息	本金	NT$
	利息 @__% p.a.	NT$
	金額	NT$
除另具本票外，請將拆款金額： □開具以本行為抬頭畫線之中央銀行支票：帳號 1350 號 □存入本行在 _____ 同業存款第 _____ 號帳戶 □其他 _____		

申請人

○○銀行○○分行

_____

有權簽章人

金融業拆款利息之比較

	1998 年度		1999 年度		2006 年度	
	最高	最低	最高	最低	最高	最低
隔夜	13.000	3.500	5.800	4.000	1.710	1.390
一週	10.500	4.500	5.800	4.250	1.730	1.400
二週	11.000	4.650	5.850	4.400	1.730	1.400
三週	10.250	4.800	7.160	4.600	1.700	1.410
一個月	10.250	4.600	7.160	4.500	1.735	1.410
二至六個月	8.500	5.100	6.300	4.500	1.810	1.400
七個月至一年	——	——	——	——	1.810	1.670
合 計	13.000	3.500	7.160	4.000	1.810	1.390

資料來源：金融業拆款中心

■台幣之拆借

假設某銀行於 2000 年 12 月 3 日因業務需要，向第一銀行拆借新台幣 100,000,000 元、利率 4.75%、天數 2 天，並將款項撥入其設立於中央銀行帳戶，試問其銀行會計分錄為何？

1.12/3 拆借日：

借 存出保證票據 100,000,000

　　貸 應付保證票據 100,000,000

借 銀行存款 100,000,000

　　貸 銀行拆借 100,000,000

2.12/5 到期日：

借 銀行拆借 100,000,000

　　利息支出 26,027

　　貸 銀行存款 100,026027

借 應付保證票據 100,000,000

　　貸 存出保證票據 100,000,000

3.會計分錄：若拆借跨月份時月底應計提利息（於到期日時再予沖轉），其分錄為：

借 利息支出 xxxx

　　貸 應付利息 xxxx

■外幣之拆借

關於外幣之拆借部分，請參閱第一篇第 2 章 2.5「外幣拆放市場」。

$ 出售票券

有關出售票券部分，請見本篇第 13 章（即本章）13.2 之附買回交易說明。

資本

資本係指公司依法登記，由企業主出資提供的原投資本及後來增投資本，並經政府機關核准的資本作為公司營運之用屬之。

保留盈餘

保留盈餘為公司於每逢會計年度終了，經結算後由當期損益科目轉入，且未經分配或撥用的盈餘屬之。

 # 13.5 票券兌償

票券公司兌償作業，通常乃指代客兌償及本身庫存票券兌償兩種，但間有總分公司因分處異地代理兌償亦屬之。其中代客兌償及付款地在本埠之分、總公司委託代為兌償者，均應掌握票據能於兌償日前收到或寄達，以便連同本身庫存兌償票據一併依時委託銀行提出交換或到銀行兌償，才能依時於兌償日入帳。亦即，對於代客兌償時，若其票據係委託銀行保管者應提早取出，對之票據由客戶自行保管者，亦應請其提早送達。

上項之兌償作業，其相關作業人員應於提出兌償前注意各該票據之背面是否蓋有承銷價格／貼現價格，並檢查是否正確，以免影響入帳金額發生錯誤。至於兌償淨額之計算，因票券種類的不同，而有差別，其中如商業本票（包括融資性及交易性商業本票）、銀行承兌匯票及商業承兌匯票等之計算方式（到期稅後實得金額）相同，請參閱本章13.2次級市場交易方式中之例題。而銀行可轉讓定期存單利率之計算方式，則參閱本章13.4銀行可轉讓定期存單及到期本息計算實例：

1.票券到期兌償之會計分錄（一）：

借 存放同業　xxxx

　　什項支出（稅款發生尾差時）　xxxx　或（及）

　　（買賣票券損失）　xxxx

　　貸 融資性商業本票　xxxx　或（及）

　　　（買賣票券利益）　xxxx

　　　什項收入（稅款多出時）　xxxx

　　　存放同業 xxxx

2.代客兌償時之會計分錄（二）：

　(1)接受委託：

　　借 應收代兌票券　xxxx

　　　貸 受託代兌票券　xxxx

　(2)兌償時：

　　借 存放同業　xxxx

　　　貸 應收代兌票券　xxxx

　　借 受託代兌票券　xxxx

　　　貸 存放同業　xxxx

13.6 票券新制

　　為建立整體票券市場交易、結算、交割及保管之風險控管機制，繼中央登錄公債（無實體）實施集中保管後，當局進一步為提高票券交易之安全及效率。依據票券金融管理法第七條及第二十六條之規定，對登記形式和債票形式發行之短期票券採集中保管、結算及交割作業作一改革，以達到前述交易效率和安全的目的。

　　依此條例和制度，對於虛實票券之發行（賦予惟一的辨識編

───────────────

❶退還免稅單位之分離課稅款——表示免稅單位持有一段期間，出此科目便無什項收支科目之出現。

號）、送存（由實券保管改為帳上保管）、兌償、次級市場交易、交割、設定質權、塗銷、實行質權及天然災害或臨時放假日處理原則等作業，均作詳盡的規範。茲將集中保管制度和此一系統作業流程之基本架構，分別以圖示（如**圖 13-7**）介紹如后：

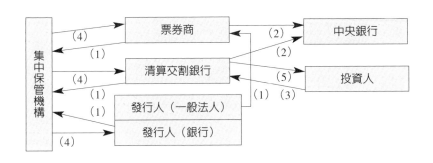

說明：
（1）申請開設／委託開設劃撥帳戶，發行登錄帳戶，以便辦理清算、交割或設質。
（2）於中央銀行設立存款帳戶，便利買賣清算之用。
（3）向清算交割銀行開設劃撥帳戶及活期性存款帳戶，以便辦理款券清算交割。
（4）集中保管機構應分別設置票券商、清算交割銀行及發行人帳簿並記載之。
（5）清算交割銀行發給票券存摺，並設置帳簿記載之。

圖 13-7　發行登錄集中保管基本架構圖

💰 票券結算交割保管系統架構

⊞ 發行／送存

發行人以登記形式／債票形式發行之短期票券，委託票券商將發行及登記相關文件／首買之債票送存「集中保管機構」辦理發行登錄／保管（銀行發行 NCD 時，則自行送存集中保管機構），此間一切作業包括保證或承兌之銀行，均須透過此一系統進行，其流程如**圖 13-8**。

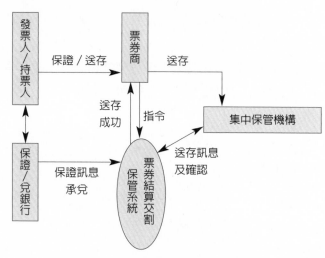

圖 13-8　票券發行／送存流程圖

兌償

　　結算交割保管系統於票券到期日前提醒集中保管機構兌償訊息，到期日再於票券商、清算交割銀行或投資人作部位之登錄記載，對之以債票形式發行之 CP1、BA 或 NCD，則向票交所／發行銀行為票據提示，透過央行清算系統入清算交割銀行進投資人帳，其流程如**圖 13-9**。

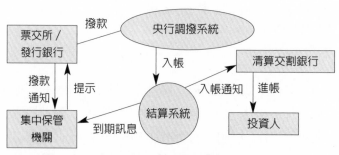

圖 13-9　兌償流程圖

次級市場之買賣

　　次級市場中投資人之買賣票券除向票券商洽商議價外，另須透過語音、網路或臨櫃方式向保管清算銀行進行應付 / 收款項和交割確認作業，其流程如**圖** 13-10。

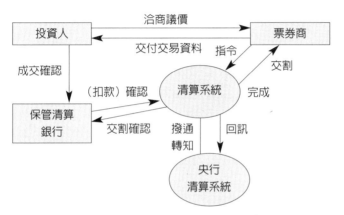

圖 13-10　清算交割流程圖

設定質權和塗銷（投資人對投資人）

　　短期票券投資人間之質權設定和塗銷，無論出質人或質接人之任何一方，均需透過其各該保管清算銀行（即出質行或質權行），利用票券交割保管系統作該票券限制性的轉出入控制，其作業流程如下：

1.設質時（見**圖13-11**）：

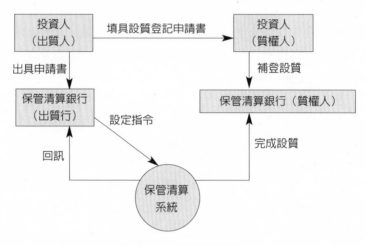

圖13-11 設質流程圖

2.塗銷時（見**圖13-12**）：

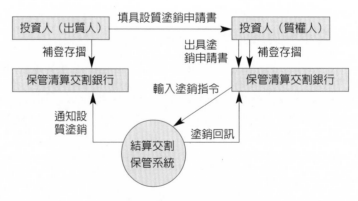

圖13-12 塗銷流程圖

💰 即時總額清算

　　金融機構間資金調撥一向透過中央銀行之調撥清算作業系統進行，基於此一作業，因其指定時點轉帳功能係採日終淨額結算方式進行，已不符現實作業要求，爲進一步提升支付效率預防清算風險，經數年改造計畫，終將原系統之功能廢除，並自 2002 年 9 月 16 日起正式改採**即時總額清算**（Real -Time Gross Settlement, RTGS）系統，作爲央行管理和辦理金融同業資金轉帳及清算機制。按此一電子化調撥作業系統，乃對凡經核准之金融機構、票據交換機構及電子支付結算業，包括國銀、外銀、郵匯局、信託公司、票券金融公司及其他經中央銀行核准之金融機構等，均可利用電腦連線透過此系統進行同業間支付指令之傳送、處理及由其所產生應收或應付金額之結計等工作。甚至可由此產生之應收、應付金額也可洽商央行給予貸、借處理（日間透支）；至於其轉帳交易，則分爲即時和期約（限六個月內執行之交易）兩種。按此系統對於交易事件若遇轉出行可動用餘額不足扣付時，將依優先等級（分第一等級至第四等級四類）按排序等候機制處理。而此一系統之工作時程和項目，則由每日 8:30 開機通知起至18:20 關機止，其間包括處理傳輸前一營業日退票交換差額、受理轉帳、查詢交易、執行交換票據兌付及清算、執行期約轉帳交易、財金公司匯款系統結帳及辦理日間透支等事宜，已大幅改善作業規模和效能。

第14章 認識債券

84.08 ↑08.26
57.60 ↓01.05
36.65 ↑06.05
3.90 ↑40.90

1:00　　　2:00

債券屬於一種中、長期債券憑證，其發行型式甚多，分由政府發行之公債，銀行發行之金融債券或企業發行之公司債等，基於不同用途以舉債方式所發行，並透過市場買賣交易形成爲債券市場型態。我國債券市場近年來隨著政府對於新金融產品的開放，形形色色的債券商品如雨後春筍般推出問世，促進國內債市發展頗爲迅速，市場成交值更是逐年成長增加，已遠遠超過股票市場交易規模，其未來的發展和潛力更加不可小覷。

 14.1 債券的定義和分類

如上所述，債券屬於一種中、長期債務憑證，而債券者乃發行人以證券型式向社會投資大眾募集長期資金，以解決財務收支問題，並定期支付投資人一定金額的利息和到期支付本金的一種舉債方式。

至於常見之分類，包括：(1)以發行地區或幣制之不同者，可分爲本國及外國或台幣及外幣種別；(2)以發行主體或名稱之不同者，可分爲政府機關所發行之國庫券及公債、金融機構所發行之中、長期金融債券及短期銀行可轉讓定期存單，及股份有限公司或企業發行之公司債或短期商業本票；(3)以擔保狀況發行者，可分爲擔保（抵押權或質權）之有無或保證（個人保證或法人保證）之有無等。

 14.2 債券市場和種類

次級市場中的債券交易與票券雷同，分爲買、賣斷方式和附條件方式兩種。債券市場誠如上述，近年來因衍生性商品或創新的不斷推出加入（如債券保證金交易、遠期交易、發行前交易制度之實施等），使此一市場規模發展相當快速。茲就此市場概況及債券種類分別詳細介紹如下：

💰 債券市場

　　所謂**債券市場**，係指債券之發行及買賣場所而言。我國債券市場的產品，已隨著時代的演變逐漸多元化，且期間亦隨之拉長，近年來更衍生出債券型基金等新種產品。就是政府發行公債之方式，亦漸進演化由「實體」變爲「無實體」之發行，藉以達到降低交割風險。

　　至於債券交易市場與票券交易雷同，分爲發行市場（初級市場）和流通市場（次級市場）兩種。前者，屬債券承銷商之業務範圍；而後者，則爲經紀和自營範疇。茲分別介紹如下：

📉 發行市場（初級市場）

　　債券發行市場因發行者之不同，所以對所發行之債券有不同的稱謂。如由政府機構發行者，稱之爲**公債**（一年期以下者稱爲國庫券；一年期以上者稱爲政府公債）。由金融機構發行者，稱之爲**金融債券**（一年期以下者稱爲可轉讓定期存單；一年期以上者稱爲金融債券）。由公司、企業發行者，稱之爲**公司債**（一年期以下者稱爲商業本票；一年期以上者稱爲公司債）。其中政府機關所發行者，又可分由中央政府、地方政府及準政府組織等不同機構（單位）所發行。而金融機構發行者，又可分爲由儲蓄銀行或中長期專業銀行等所發行。而上項債券之發行，始於籌備、申請核准登記到債券交付等程序，均屬發行市場的範疇。由於債券之發行無固定發行期日及場所，所以是一種虛擬抽象的市場象徵。

📉 流通市場（次級市場）

　　債券次級市場爲債券原始購得持有人將其出讓求現的場所。交易方式分爲競價及議價兩種。前者爲證券交易所之集中市場；而後者爲證券商營業處所櫃檯之店頭市場。兩者以經紀業（代客買賣）或自營商（自行買賣）不同業務範圍，加以區隔界定或併營等來規範：

1. 集中市場與店頭市場之差異：債券交易之集中市場和店頭市場
   之主要差異，可由下列情形來加以區分和比較：(1)交易時間之
   不同：前者分上、下午交易時間，上午交易，自9時至中午12
   時止，並限以10萬面額為主，且限當日成交。而下午交易，由
   2時至3時止，並以5萬、50萬、100萬為主，於次日成交。
   而後者，則由上午9時至下午3時止，中午不休息；(2)委託買
   賣方式：前者應先向證券商營業處所櫃檯開立委託買賣帳戶、
   集保公司設立集中保管帳戶及銀行開設款項收撥帳戶。而後者
   須先向證券商完成開戶之手續（兩者並於交易前填具委託
   書）；(3)成交方式：前者上午採當日成交競價方式，而後者則
   採當面或電話議價方式；(4)交割方式：前者於成交之次一營業
   日，應由客戶將款券交付券商，再由券商將債券交付交易所，
   成交後之次二營業日，由券商將款券交付交易所，再由券商將
   款券交予客戶。而後者，則於成交當天現款現貨辦理交割；(5)
   升降單位之限制：前者為5分，而後者則不限。此外，如手續
   費之收取，兩者每日每戶在500萬元以下者，收取1%。在500
   萬～5,000萬元者，收取0.075%，在5,000萬元以上時，收取
   0.050%。（可參閱表14-3）
2. 我國近年來債券次級市場交易量值比較。（表14-1）

💰 債券之種類

債券之種類大致分為：公司債、政府債券及金融債券，茲分別說
明如下：

田 公司債

■定義和種類

所謂公司債（Corporate Bond），係股份有限公司基於永續經營及
不斷成長之需要，依公司法規定，以發行有價證券的方式，向國內外

表 14-1　近年我國債券次級市場交易量值表

單位：新台幣百萬元

年度	交易總值	政府債券	公司債	金融債券	外國債券
一九九二年	10,738,448	10,732,662	5,710	76- -	
一九九三年	13,158,239	13,155,649	2,590	- -	- -
一九九四年	15,980,709	15,972,914	7,795	- -	- -
一九九五年	20,802,971	20,795,960	4,693	- -	2,318
一九九六年	28,297,525	28,258,786	34,106		4,633
一九九七年	40,391,963	40,318,880	46,860		26,223
一九九八年	54,957,730	54,678,291	110,467	- -	168,972
一九九九年	52,432,572	52,110,611	149,932		172,029
二〇〇〇年	68,843,106	68,354,737	243,610	--	244,759
二〇〇一年	118,992,507	118,334,535	287,897	10,000	360,075
二〇〇二年	134,399,037	133,187,595	871,335	53,698	86,409
二〇〇三年一月	15,391,275	15,193,347	148,748	4,189	44,991
二〇〇三年二月	12,693,979	12,549,637	106,394	8,400	29,548

一般投資大衆募集長期鉅額營運資金所發生的債務行爲。近年來，國內大型企業隨著經濟的蓬勃發展，公司債的發行已成爲公司財務規劃及營運資金募集的重要管道之一，更因國際化經營緣故，外幣資金需求之迫切性提高，故赴海外籌資公司債發行蔚爲風潮。

　　至於公司債的種類，可分爲普通公司債及可轉換公司債兩種。前者之發行，通常再分爲有擔保（由銀行保證或提供動產質權及不動產抵押）及無擔保，其中海外發行者，以無擔保方式居多，票面利率則採固定或浮動兩種設計。而後者除以轉換公司債方式發行外，亦有以新股認購權公司債之發行，其海外發行時，亦與普通公司債的海外發行方式類似，都以無擔保者居多，而票面利率則多採固定設計。

■發行規定

　　公司債的發行，須依據公司法相關條文之規定辦理，並受下列不同情形之限制：

1.資格限制：普通公司債之發行人，限股份有限公司；可轉換公司債之發行人，限上市公司。

2.總額限制：依公司法第二百四十七條規定，有擔保公司債之發行總額，不得逾公司現有全部資產減去全部負債及無形資產後之餘額。無擔保公司債之總額，不得逾前項餘額二分之一。票券金融公司發行公司債之總額，不受公司法第二百四十七條及證券交易法第二十八條之四規定之限制。（參見票券金融管理法第三十九條）

3.信用上及獲利能力上之限制：

(1) 不得發行無擔保公司債：（參見公司法第二百四十九條）

　A.對於先前已發行之公司債或其他債務，曾有違約或遲延支付本息之事實已了結者。

　B.最近三年或開業不及三年之開業年度課稅後之平均淨利，未達原定發行之公司債，應負擔年息總額之150%者不得發行公司債。

(2) 不得發行公司債：（參見 公司法第二百五十條）

　A.對於先前發行之公司債或其他債務有違約或遲延支付本息之事實，尚在繼續中者。

　B.最近三年或開業不及三年之開業年度課稅後之平均淨利，未達原定發行之公司債應負擔年息總額之100%者。但經銀行保證發行之公司債不受限制。

■**發行條件**

1.期間和利率：公司債發行期間，端賴發行者對資金需要期間之長短和市面利率而定，並視資金回籠狀況，以決定一次或分次償還本金。而發行利率之高低，通常取決於下列五項因素：第一、擔保品之有無：有擔保品或保證之公司債，其發行利率通常低於無擔保或無保證；第二、期間之長短：發行期間長者，通常利率低於中、長期；第三、市面資金狀況：當市場銀根寬鬆時，其發行利率會低於市場銀根緊縮時；第四、發行人之信用狀況：發行人之信用度高者，通常其發行利率低於信用度低者；第五、權益之有無：轉換公司債（Convertible Bond）之發

行利率，通常低於普通公司債（Strike Bond）。

2.發行價格：公司債發行價格可分為：面額發行、拆價發行及溢價發行等三種。

■發行成本

公司債發行成本可分為兩方面：一為發行當初成本，如保證費用、抵押設定費（擔保時）、受託費用、承銷費用、簽證費用、拆價差額（按面額發行時無）及其他費用等。

另一為發行期中成本，如利息支出及還本付息代理費。

■發行效益

近年來國內企業發行公司債以籌措資金之情形頗為風行，究其原因，可歸納下列幾項誘因：

1.申請手續簡便而迅速，有利於最短時間內取得資金。

2.相較銀行長期借款利率低廉。

3.資金成本易於掌握，故對重大投資案之規劃及執行頗有助益。

4.短期債務，可因此加以清償，藉以改善財務結構，提高流動比率。

5.當通貨膨脹時舉債發行頗為有利。

6.企業財務調度管道因此更具靈活。

■轉換公司債

1.意義：轉換公司債是公司債之一種，同屬債務證書。其發行資格須為上市（櫃）之公、民營機構。兩者之不同處，係轉換公司債於普通公司債加附發行公司之普通股或特別股的股票轉換權，故它具有債券及股票的雙重性質。換言之，轉換公司債之持有人（債權人）在特定的期間內可決定是否將其轉換為發行公司普通股的權利（轉換後變成公司股東）。此種轉換公司債之價格，乃隨股票漲跌而變化，亦就是當普通股股價高於可轉債之轉換價格時，可轉債之價值亦隨之上漲。

2.利弊：轉換公司債的利弊，可從下面兩方面來分析：

(1)對發行公司的利與弊：

A.利：

a.當市面景氣低迷，經濟普遍不佳時，此時公司欲求發行新股吸資，相對不易，若改發轉換公司債，應是比較可行之途徑。即使公司創設初期之籌資，亦是以發行轉換公司債較易為市場所接受。

b.利息較發行公司債低廉，不但可減輕資本費用支出，同時因資金成本固定及取得資金期間較長，有利公司改善財務結構。

c.有效吸取外資的管道。

d.對股價影響程度不如增資發行新股之強烈。

e.面載債息相較公司債低廉，但轉換價格較之新股承銷價高。

f.在一定期間內，可轉換股票有減少負債，增加資本的效果。

g.低利率時期發行成本低廉，有利公司長期運作。

B.弊：

a.發行時，因須經股東會之決議，故手續較為繁雜。

b.轉換為股票之時間因掌握在債權人手上，故對公司債息支付或股利之長期資金計畫等無從預先擬定。

c.公司一旦發行後，如欲再發行新股時，若其價格低於轉換價格無償配股及改換面額，須修正轉換價格的繁瑣手續。

d.在經轉換為股票後，因即取得股東資格，若數目大時，公司經營決策有被左右之虞。

(2)對投資人的利與弊：

A.利：

a.因轉換公司債價格變動限於股票市價之上限和公司債市價

之下限，故較具抗跌性和上漲差異效果。

b.因轉換時點取決於債權人，對投資者頗具利基。

B.弊：

a.因面載利率低，不利於發行市場購入持有。

b.對無擔保方式發行，若發行公司債信不良，雖然利率往往較高，但風險相對提高。

■公司債主要投資者

公司債主要投資者包括：

1.銀行業：商業銀行依「銀行法」第七十四條之一規定，投資有價證券「金融債券、公司債、受益憑證及資產基礎證券」之原始取得成本總餘額，除我國政府發行之公債、國庫券、中央銀行可轉讓定期存單、中央銀行儲蓄券外，不得超過該銀行所收存款總餘額及金融債券發售額之和的25%。

2.票券業：票券金融公司依「票券金融公司投資債券管理辦法」第三條規定，投資非由政府或銀行發行之債券總餘額，不得超過該票券金融公司淨值15%，且該公司債債務人「發行人或保證人」或該特定債務之信用評等等級應符合一定等級以上。投資轉換公司債、交換公司債或附認股權公司債，經請求轉換、交換股票或請求認股後，應自取得股票、債券換股權利證書或股款繳納憑證之日起六個月內處分之。

3.保險業：依「保險法」第一百四十六條之一規定，投資經依法核准公開發行之有擔保公司債或經評等機構評等為相當等級以上之公司所發行之公司債，其購買每一公司之公司債，不得超過該保險業資金5%及該發行公司債之公司實收資本額的10%。

4.證券商：依「證券營業處所買賣有價證券管理辦法」第五條規定，證券商買賣公司債應向櫃檯買賣中心申請上櫃。

5.證券投資信託基金事業：依「證券投資信託管理辦法」第十二

條規定，證券投資信託事業運用證券投資信託基金，每一證券
投資信託基金投資任一上市或上櫃股票及公司債總額，不得超
過該證券投資信託基金淨資產價值10%，以及每一證券投資信
託基金投資任一公司所發行無擔保公司債之總額，不得超過該
發行無擔保公司債總額之10%。

■券商之經營策略、帳務和風險管理

1. 經營策略：公司債之經營策略對經紀商而言，乃承接客戶之委
   託，以善良管理人身分居間撮合賺取手續費為目的。就自營商
   而言，在短線交易方面，應多瞭解金融情勢之變化及產業動
   態，進而縝密分析市場利率之走勢，以機動調整部位，賺取買
   賣價差。在風險規避方面，訂定風險管理辦法，定期辦理市價
   評估，以降低信用及利率風險。在養券套利方面，適時買進高
   利率優質之公司債券，作為長期養券套利部位，賺取長期利率
   與短期利率間之差價，並於債券到期還本實現利益。

2. 會計分錄：（融資說）

   (1) 經紀商：

   > **借** 經紀債券——公司債　xxxx
   > 　　**貸** 經紀債券——公司債　xxxx
   > **借** 銀行存款　xxxx
   > 　　**貸** 手續費收入　xxxx

   (2) 自營商：

   A. 買斷交易：

   > **借** 營業債券——公司債　xxxx
   > 　　應收利息　xxxx
   > 　　**貸** 銀行存款　xxxx

   B. 賣斷交易：

   > **借** 銀行存款　xxxx
   > 　　買賣債券損失——公司債　xxxx　（發生損失時）

貸 營業債券──公司債　xxxx

　　應收利息　xxxx

　　利息收入　xxxx

　　買賣債券利益──公司債 xxxx　（發生利益時）

C.附買回交易：

借 銀行存款　xxxx

　　貸 附買回債券負債　xxxx

D.附買回交易到期履約：

借 附買回債券負債　xxxx

　　利息支出　xxxx

　　貸 銀行存款　xxxx

E. 附賣回交易：

借 附賣回債券投資　xxxx

　　貸 銀行存款　xxxx

F. 附賣回交易到期履約：

借 銀行存款　xxxx

　　貸 附賣回債券投資　xxxx

　　　利息收入　xxxx

G.領息時：

借 銀行存款　xxxx

　　預付所得稅　xxxx

　　貸 應收利息　xxxx

　　　利息收入　xxxx

H.還本領息：

借 銀行存款　xxxx

　　預付所得稅　xxxx

　　買賣債券損失──公司債　xxxx（發生損失時）

　　貸 營業債券──公司債　xxxx

357

應收利息　xxxx

利息收入　xxxx

買賣債券利益——公司債　xxxx（發生利益時）

I. 月底計提應收（付）利息：

　　a.營業債券——公司債庫存部位：

　　借 應收利息　xxxx

　　　　貸 利息收入　xxxx

　　b.公司債附買回負債部位：

　　借 利息支出　xxxx

　　　　貸 應付利息　xxxx

　　c.公司債附賣回投資部位：

　　借 應收利息　xxxx

　　　　貸 利息收入　xxxx

J. 次月初回轉應收（付）利息：

　　a.營業債券——公司債庫存部位

　　借 利息收入　xxxx

　　　　貸 應收利息　xxxx

　　b.公司債附買回負債部位：

　　借 應付利息　xxxx

　　　　貸 利息支出　xxxx

　　c.公司債附賣回投資部位：

　　借 利息收入　xxxx

　　　　貸 應收利息　xxxx

K.季底評價：營業債券 —— 公司債庫存部位：

　　借 營業債券跌價損失　xxxx

　　　　貸 備抵營業債券跌價損失 ❶　xxxx

---

❶發生未實現利益時不予估列。

3.風險管理：

(1)原則：券商之風險管理原則，主要係依據各該相關法令，以制定管理規範及作業流程，俾使遵循。

(2)方式：在信用風險管理方面：須注意發行人或保證人之信用評等；持有單一企業發行額度之限制；交易對手未交割總餘額之限制以及對同一企業風險總額之限制。

(3)種類：

A.在市場風險管理方面：須注意承擔市場風險部位之限額（包括投資買入額度控管、自營買入承作附買回交易額度控管及附賣回交易額度控管等）；損失限額控管；交易員授權額度控管；定期評價及持有部位之定期檢討。

B.在流動性風險管理方面：定期追蹤持有未到期公司債之信評等級之變化及未來走勢，並及時調整報價或交易策略，將持有標的以最佳市價出售。

C.在作業風險管理方面：除交易與交割作業應分人辦理外，並確實執行成交交易之覆核工作，以避免作業疏失或舞弊之發生。

政府債券

公債

1.定義：所謂**政府債券**，係指政府當局為籌措運用資金或解決財政收支問題，所發行之債券，一般亦稱公債。公債之發行期間，由最短三年至十五、二十年不等。可分為甲、乙兩類。償還方式，亦可分到期一次還本或分期償還兩種。

2.種類：主要可分為**中央政府建設公債**及**院轄市**（台北市或高雄市）**政府建設公債**兩種（土地債券目前已少見於市面）。前者通稱中央公債；而後者稱為**地方公債**。通常可由其編號代碼瞭解其性質及種別。如，A 92 1 01 其中的 A 即表示屬中央公債；92

則代表發行年度；其次，1 代表種類，如：1 屬甲類公債、2 屬乙類公債、3 屬交通建設甲類及 4 屬交通建設乙類等；最後之 01，則代表期次。

3. 發行限制：政府債券之發行各有其最高總額；中央公債不得超過當年度中央政府總預算及特別歲出總額之 95%，地方公債則不得高於當年市總預算歲出總額之 40%。

4. 發行型式：公債之發行型式，早期皆以實體債票發行，分為記名及無記名兩種，債券附有息票。唯近年來基於社會變遷，已漸朝向無實體的登記方式發行，由清算銀行透過電腦登錄後發給存摺（如**表 14-2A**、**B**）。因此，無實體券無遭竊盜、變造、遺失、消滅等的風險及顧慮問題。

5. 債信良莠：誠如前述，公債之發行者係政府機構，故其債信相較其他債券為佳，自無違約風險之顧慮。且流動性佳，除可供投資外，尚可作為質押品或公務上之保證用。

6. 標售：中央公債之標售，有採複數價格、單一價格或利率標等方式，依以往習慣公債標售，因發行機構之不同而有差別，中央政府公債標售多採前兩者方式，而院轄市發行之建設公債，多採票面利率依定儲利率加碼方式辦理。而前兩者之標售方式，又區分為競標與非競標兩種。惟此一制度，自 2004 年 7 月 1 日起一律改採單一利率標與國庫券標售方式一致（俗稱荷蘭標，亦即競標利率由低而上，從利率較低開始分配金額，一直到全部分配完畢為止，並取消非競標額度）。而所謂競標者，乃指由交易商以投標價或利率競價孰高（低）取勝，亦即超過底標價格較多者為優先或出較低利率者得標，並以次高（低）順序（分配至競標額度售罄為止）得標。而非競標則以競標得標之加權平均價格或利率為非競標比率分配，一般競標數計占總發行額度之 70%，其餘之 30% 為非競標數，若交易商標不到競標部分，但非競標部分只要有申請就可以獲得比例分配（其利率為單一加權平均利率）。

表 14-2A　中央登錄公債存摺使用須知

中央登錄公債活頁存摺使用須知

一、開戶時，須填具印鑑卡留存備驗，印鑑遺失時，應即向本行辦理掛失手續；在未辦妥掛失手續之前，其公債餘額因而減少，本行概不負責。

二、公債交易資料經本行登錄後，即發給有權簽章人簽章之活頁存摺（以下簡稱本存摺），必要時得申請補發。

三、本存摺不得作為轉讓、買賣、質押或其他用途之標的。

四、本存摺內容主要分「轉讓登記」、「限制性轉出登記」、「限制性轉入登記」、「簽發附條件交易憑證」等四類：

　　（一）「轉讓登記」：係記載公債所有權之轉出（入）登記，如承購、買賣、繼承、贈與等事項之登記。

　　（二）「限制性轉出登記」：係記載提供公債繳存信託資金準備、設定質權公務保證、……所有權未轉出，惟限制轉讓等事項之登記。

　　（三）「限制性轉入登記」：係記載收受他人以公債繳存信託資金準備、設定質權、公務保證、……所有權未實際轉入事項之登記。

　　（四）「簽發附條件交易憑證」：係記載提供公債承作附條件交易且限制轉讓之事項。

五、本行核對登記申請書，認為與貴戶原留印鑑相符，辦理登記後，如所蓋印鑑係偽造變造，非普通眼力所能辨認而發生之損失，本行概不負責。

六、本存摺登錄事項與本行之電腦主檔資料不符時，應以本行之電腦主檔資料為準。

七、本存摺所記載之公債，如有付息退本時，由本行將利息或本、息直接撥入應領取人存款帳戶內，本行恕不另行通知。

八、本公債利息，依財政部發行公告計算。

九、「限制性轉出登記」及「限制性轉入登記」之「領取利息」欄，依申請時雙方約定，利息如由持摺人領取時，填註 I Y。

十、各期公債轉出數額，不得超過該公債可動支餘額〔即各期公債餘額扣減限制性轉出累計數後之數額〕。

十一、本存摺所發生之各項費用，貴戶同意由本行於每月一日從貴戶指定之存款帳戶自動扣取（遇假日或存款不足順延），本行恕不再另行通知。前述各項費用之收費標準由本行另訂之。

十二、本須知未盡事宜，悉依主管機關及本行規定與一般銀行慣例辦理。

說明：

一、公債代號：如　　　A　　　81　　　1　　　01
　　　　　　　　　　中央公債　年度　　種類　　期次

　　種類：1.年度甲類公債　2.年度乙類公債　3.重大交通建設甲類公債　4.重大交通建設乙類公債

二、摘要及備註說明：

　　AUC：標購　BSBD：轉讓登記　RW：退本　RV：沖正　　IY：領取利息

　　RPL1：設定質權登記（利息屬於出貨人所有）　　　RPL2：設定質權登記（利息屬於質權人所有）

　　ROG1：公務保證登記（同上）　　　　　　　　　ROG2：公務保證登記（同上）

　　RTF1：繳存信託資金準備登記（同上）　　　　　RTF2：繳存信託資金準備登記（同上）

　　RPLD1：塗銷設定質權登記（同上）　　　　　　RPLD2：塗銷設定質權登記（同上）

　　ROGD1：塗銷公務保證登記（同上）　　　　　　ROGD2：塗銷公務保證登記（同上）

　　RTFD1：塗銷繳存信託資金準備登記（同上）　　RTFD2：塗銷繳存信託資金準備登記（同上）

　　FPL1：實行質權（同上）　　　　　　　　　　　FPL2：實行質權（同上）

　　FOG1：公務保證移轉性塗銷（同上）　　　　　　FOG2：公務保證移轉性塗銷（同上）

　　FTF1：繳存準備移轉性塗銷（同上）　　　　　　FTF2：繳存準備移轉性塗銷（同上）

　　RPS：RP 承作　　　　　　　　　　　　　　　　RPP：RP 履約

　　※以上代號後加 RV 表示該類交易之更正

表 14-2B 中央登錄公債存摺

世華聯合商業銀行

【中央登錄公債活頁存摺（兼核帳清單）】

製表日期：
帳　　號：
戶　　名：○○票券金融股份有限公司

頁　　次：
單位：新台幣千元

日期	公債代號	對象	摘要	公債到期日	票面利率	領取利息	參考編號	經辦行/人	開出面額	轉入面額	餘額	限轉出餘額	可動支餘額	限轉入餘額	附件餘額
90/11/01	A90106	○○證券股份	BSBD	105/08/07	3.7500%		72900	001/ENTMR	30,000		33,600	0	16,000	0	23,800
90/11/01	A90101	○○證券股份	BSBD	100/01/09	5.1250%		72901	001/ENTMR	15,700		42,600	0	30,800	0	11,800
90/11/01	A90101	○○證券股份	BSBD	100/01/09	5.1250%		72902	001/ENTMR	20,700		21,900	0	10,100	0	11,800
90/11/01	A90106	○○證券股份	BSBD	105/08/07	3.7500%		72903	001/ENTMR	16,000		23,800	0	0	0	23,800
90/11/01	A90201	○○證券股份	BSBD	110/09/11	4.0000%		72904	001/ENTMR	2,200		110,200	0	47,300	0	62,900
90/11/01	A87104	○○證券股份	BSBD	94/03/17	6.2500%		72905	001/ENTMR	5,300		45,900	100	44,900	0	900
90/11/01	A87104	○○證券股份	BSBD	94/03/17	6.2500%		72906	001/ENTMR	44,900		1,000	100	0	0	900
90/11/01	A90201	○○綜合證券	BSBD	110/09/11	4.0000%		72942	001/ENTMR	47,000		63,200	0	300	0	62,900
90/11/02	A89112	○○綜合證券	BSBD	94/09/13	5.1250%		73093	016/ 3570	33,800		179,500	121,000	38,900	0	19,600
90/11/02	A89108	○○買賣中心	BSBD	96/02/15	5.6250%		73059	001/OTCMR	100,000		100,000	0	100,000		
90/11/02	A89108	○○綜合證券	BSBD	96/02/15	5.6250%		73205	001/ENTMR	95,400		4,600	0	500	0	4,100
90/11/02	A90201	○○綜合證券	BSBD	110/09/11	4.0000%		73216	001/ENTMR	62,300		300	0	0	0	300
90/11/02	A89112	○○綜合證券	BSBD	94/09/13	5.1250%		73217	001/ENTMR	31,400		148,100	121,000	7,500	0	19,600
90/11/02	A90107	○○綜合證券	BSBD	105/10/19	3.5000%		73220	001/ENTMR	10,000		0	0	0	0	0
90/11/02	A90106	○○綜合證券	BSBD	105/08/07	3.7500%		73221	001/ENTMR	16,400		7,400	0	0	0	7,400
90/11/02	A90102	○○綜合證券	BSBD	110/02/13	5.0000%		73222	001/ENTMR	11,000		10,900	0	900	0	10,900
90/11/05	A89112	○○信銀證券	BSBD	94/09/13	5.1250%		73424	801/99999	113,900		262,000	121,000	114,900	0	26,100
90/11/05	A90106	○○信銀證券	BSBD	105/08/07	3.7500%		73430	801/99999	30,000		37,400	0	35,000	0	2,400
90/11/05	A89112	○○綜合證券	BSBD	94/09/13	5.1250%		73447	001/ENT	113,600		148,200	121,000	1,100	0	26,100
90/11/05	A90106	○○綜合證券	BSBD	105/08/07	3.7500%		73448	001/ENT	30,000		7,400	0	5,000	0	2,400

世華聯合商業銀行　　　　　世華聯合商業銀行營業部

　　　　　　　　　　　　　　科　　長　○○○

有權簽章人員簽章

7.公債交易商：中央公債交易商（Central Government Bond Dealen）
❶ 係指銀行、郵政儲金匯業局、信託公司、票券金融公司、證券
商及保險業等依據相關法令規定，得向中央銀行申請，並取得
交易商執照者而言。一般交易商可分為甲級交易商及乙級交易
商兩種。前者，除可經售中央公債外，還兼辦公債之還本付息
業務；而後者，則僅單純辦理無記名式債票之經售業務（自然
人及其他法人須委託交易商，以交易商名義投標）。

8.債券店頭市場和集中市場交易制度比較：如**表**14-3。

9.公債交易市場型態：請參閱**圖**14-1。

■中央登錄公債

1.定義：所謂中央登錄公債（Book-Entry Central Government
Securities），係中央政府以登記形式發行之公債（簡稱登錄公
債），經中央銀行及其委託的清算銀行（指經央行委託辦理本債
券登記與款項交割轉帳及到期辦理還本付息之銀行及郵匯局），
透過電腦（等殖成交系統）來處理其相關權利資料，以交付公
債存摺為憑（如**表**14-2B），作為替代實體債票收付的一種方式
公債，故亦稱為**無實體**公債（Book Entry Bond）。

---

❶(1)銀行業：兆豐國際商業銀行、台灣銀行、台灣土地銀行、台灣省合作金庫、
第一商業銀行、華南商業銀行、彰化商業銀行、華僑商業銀行、上海商業儲蓄
銀行、台灣中小企業銀行、台北富邦銀行、國泰世華聯合商業銀行、高雄銀
行、中國信託商業銀行、中華開發工業銀行、永豐商業銀行、台新國際商業銀
行、萬泰銀行、大眾商業銀行、花旗銀行台北分行、法國巴黎銀行台北分行、
德意志銀行台北分行、渣打國際商業銀行台北分行等；(2)信託公司業：亞洲信
託投資公司；(3)票券金融業：中華票券金融公司、國際票券金融公司、聯邦票
券金融公司、萬通票券金融公司、大中票券金融公司、中國信託票券金融公
司、大慶票券金融公司、台新票券金融公司、台灣票券金融公司及兆豐票券金
融公司等；(4)證券業：宏達證券、元富證券、金鼎綜合證券、寶來證券、群益
證券、台證綜合證券、統一綜合證券、富邦綜合證券、華南永昌綜合證券、中
信證券、永豐金證券、福邦證券、花旗證券、大展證券、台灣工銀證券、玉山
綜合證券、中國信託綜合證券、兆豐證券、日盛證券、元大證券、太平洋證
券、康和綜合證券、亞東證券、元大京華證券、國票綜合證券、一銀證券、新
壽綜合證券、大華證券及大眾綜合證券等；(5)郵匯局及保險業：台灣郵政股份
有限公司、國泰人壽、南山人壽、新光人壽及台灣人壽等。

表 14-3　債券店頭市場和集中市場交易制度比較表

項目	店頭市場交易	集中市場交易
交易時間	營業處所：九時至十五時 等殖系統：九時至十三時半	九時至十三時半 — 競價 十四時至十五時 — 定價
交易方式	議價、等殖成交系統撮合＊	上午競價撮合＊、下午定價
開戶手續／規定	免開戶，唯個人需提示國民身分證、法人需提示登記證照	需開立有價證券受託買賣帳戶、集中保管帳戶及款項劃撥帳戶
手續費	自營商無	按成交金額大小收取（500 萬元以下 0.1%；500 萬元以上、5,000 萬元以下 0.075%；5,000 萬元以上 0.05%）。
交易單位	營業處所面額無限制、等殖成交系統面額 5,000 萬元	競價：上午進行，並以面額 10 萬元為一交易單位倍數。 定價：營業日下午二時至三時輸入，並於次一營業日按申報日上午收盤價撮合成交，以其他面額為一交易單位。
信用交易	無	無
附條件交易	可以（限約定期限不得逾一年）	不可以（限買、賣斷）
報價升降限制	無限制	5 分
漲跌幅度	無限制	5%
交易基本價格	證商公會參考價格	前一營業日收盤價
成交之計價	除息價格	除息價格
交割方式	議定	次日交割
價格計算	以付息期間實際天數計	以付息期間實際天數計
交易處理	買賣斷及附條件交易	買賣斷交易
市場參與者	自營商、經紀商、綜合證券商、銀行、信託、投資公司、保險公司、票券金融公司、郵匯局企業及投資大眾	證券商、證券經紀商、自營商
市場占有	占市場成交量九成以上	市場成交量不足一成
交易稅	1.買賣政府債券免 2.金融債券及公司債 3.賣方負擔 1/100 證交稅	同左

註：＊以百元報價 — 如百元成交撮合價為 101.50 元，買進 5 張，共 500,00（面額十萬元），則成交價為 =101.5 × 500,000/100=507,500，及另應給前手自上次領息日至成交日的債息。殖利率報價，分買進、賣出掛出，並以一個基本點（BP, 0.01%）為升降單位，亦就是交易商就某一期別債券牌告為買、賣參考。

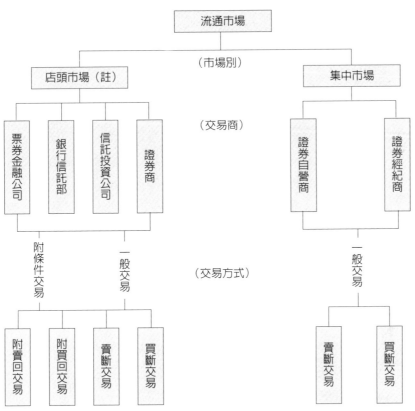

註：我國目前債券市場交易型態，雖區分為圖 14-1 兩市場，但交易情形則以店頭市場
　　為主，集中市場的規模不大。乃前者以政府公債為主，其交易金額大，對一般小額
　　投資人不易涉及，故多為金融業者等大額之投資者。而後者以轉換公司債為主。因
　　投資額低，遂形成兩者成交量懸殊甚大的情形。

圖 14-1　公債交易市場型態

2.與實體公債之差異：兩者不同之處在於登錄公債沒有實體存
　在，沒有辦理登記不得對抗第三者，故屬記名式。至於相同
　點，為兩者均得自由買賣、質押或充當公務上之擔保。此外，
　由於登錄公債，係將所有者的相關資料，以電腦建檔管理，自
　無遺失、被竊、滅失、毀損或收存上不便等的顧慮問題，更無
　遭受偽造、變造方面的風險，且於本金或利息到期時，自動撥

入投資人帳戶等便利性。

3. 公債登記與帳戶設立：任何自然人或法人，因投資關係應向清算銀行開立公債帳戶及活期存款帳戶，並由清算銀行發給存摺。唯若以登錄公債承作附條件交易並選擇公債所有權不移轉時，則投資人可不必在清算銀行開立公債帳戶。

4. 無實體公債的登記機構和登記事項：登錄公債的登記機構，包括中央銀行國庫局、業務局及由中央銀行委託辦理之清算銀行等。至於清算銀行所辦理登記之事項，計：

(1)承購登記：對發行之公債的內容，如期別、承購數額、利率、償還期限等所有權等資料的登錄。

(2)轉讓登記：係對公債所有權移轉的進出登錄，如買賣、贈與或繼承等。

(3)質權設定／塗銷登記（即限制性移轉登記）：指公債因設定其他權利的登記或塗銷。如設定質權、提供公務上保證（依法繳存於國庫或銀行充作保證金）或繳存準備（依法繳存於央行充作信託資金準備或賠償準備金）等的登錄。

(4)其他登記事項：指交易雙方債券帳戶在同一或不同一登記機構辦理之各項登記。如自行交易登記或跨行交易登記等。

5. 本息之支領：

(1)一般性：由登記機構於基準日帳載債券帳戶登記餘額，核算應付本息後，經扣掉稅款後淨額轉撥客戶存款帳戶。

(2)設質（包括公務保證及繳存準備登記）中利息之支領：由國庫局撥交出質行庫（提供行），再由出質行庫依據當初申請登記時雙方的約定（申請人及質權人），轉撥到出質人或質權人的存款帳戶。

(3)設質到期本金未塗銷登記之支領：由國庫局撥交出質行庫，出質行庫應先通知原出質人，並將原設質登記事資予以記錄後留存，經歸屬人檢具他方的同意書或其他法令規定的有效文件後逐予辦理撥付。

(4)充當公務保證或繳存準備到期本金未塗銷登記之支領：由國
庫局撥給收受行庫，由其轉撥予收受人存款帳戶，其本金並
繼續作爲公務保證或繳存準備。

6.買賣稅負和手續費：

(1)稅負：除利息所得稅個人按實際兌領之利息，依所得稅法有
關規定辦理。法人按實際持有期間依債券面值及票載利率計
算之利息收入，併入年度所得課徵營利事業所得稅外，免徵
證券交易稅、證券交易所得稅、營業稅或印花稅。

(2)手續費：

A.買賣交易手續費：

(a)與自營商之交易：不收取。

(b)與經紀商之交易：當日成交金視在新台幣 500 萬元以下
者，費率爲 1‰，超過 500 萬元至 5,000 萬元者，費率
爲 0.74‰，超過 5,000 萬元者，費率爲 0.5‰。

B.帳戶管理費：按各清算銀行之訂定收取標準。

C.跨行轉帳手續費：公債轉帳或款項轉帳：每筆金額在新台
幣 1,000 萬元以下者，轉出行向轉出人收取 110 元；每筆金
額在新台幣 1,000 萬元以上者，每超過 1,000 萬元，轉出行
向轉出人加收 60 元；未滿 1,000 萬元者，以 1,000 萬元計
算，每筆轉帳手續費上限爲 350 元。

■債券等殖成交系統

在債券走向無實體時代後，證券櫃檯買賣中心基於資訊透明、公
開交易環境及簡化交割清算作業等目的，藉以提升債券交易程序，自
2000 年 7 月起提供證券商加入該中心債券等殖成交系統作業，俾利證
券商進行交易。依此系統買賣辦法之規定，凡爲中央登錄公債或經該
中心指定公告之債券，均得透過此系統（電腦議價和比對）作買賣報
價、線上議價成交和營業處所議價買賣及確認等，來達到資訊透明及
作業迅速的效果。茲就等殖承交系統作業辦法之相關規定介紹如下：

1. 電腦議價系統之交易時間：自上午9時起至下午1時30分止；比對系統之作業時間，自下午1時30分起至4時止。

2. 電腦議價系統之買賣申報數量：為一交易單位或其整倍數，單筆買賣申報數量不得超過九口交易單位（每交易單位／一口為面額新台幣5,000萬元整）。每筆買賣申報應先區分確定報價或參考報價。比對系統之買賣申報數量：為一交易單位或其整倍數，每交易單位為面額新台幣10萬元整。其交易於資料輸入系統後，應經系統比對買賣雙方申報資料相符後始確認成交。買賣申報限於買賣斷交易，並應採殖利率為之且其升、降單位為萬分之一個百分點。

3. 買賣部位：不得逾越準備金淨值之六十倍。

4. 開立帳戶：應分別開立登錄公債帳戶及款項結算專戶。

5. 給付結算日：成交日之次二營業日：

   (1)應付價金時：應於給付結算日下午1時30分前存（匯）入櫃檯買賣中心債券等殖成交系統款項結算專戶。

   (2)應付債券時：應於給付結算日下午1時30分前轉入櫃檯買賣中心債券等殖成 交系統債券結算專戶。

   (3)應收價金時：應於給付結算日下午1時30分起存（匯）入款項結算專戶。

   (4)應付價金時：應於給付結算日下午1時30分起轉入清算銀行登錄公債帳戶。

金融債券

■定義和發行機構

　　所謂**金融債券**，係由專業銀行或儲蓄銀行等金融業者，依據「銀行法」相關條文（等九十條）之規定，基於供給中、長期授信之目的所發行之債券。依先前法令規定符合發行的金融機構，包括：台灣土地銀行、交通銀行、農民銀行、中國輸出入銀行及台灣中小企業銀行等專業銀行。惟隨著時代之演變，目前政府已開放各金融機關都可發

行（見銀行法第七十一條第四項及第七十二條之一），如此不但有助促進債券市場交易標的的增加，同時又可活絡市場。特別近年來政府推動金改過程，促使銀行積極打銷呆帳，及出售不良資產，結果造成資本適足率普遍下降現象，而在至少需要達8%以上的規定要求下，銀行業者更紛紛藉由發行次順位金融債券來充實資本（如台灣企銀曾於2004年9月間發行國內首檔無到期日的次順位金融債券，即爲打銷呆帳、改善資本結構及充實自有資本爲目的。進而達到提高資本適足率之效果）。至於銀行發行主順位金融債券的用途，不是用於放款資金之用，就是將其取得之資金再投資於較高的固定收益商品套利。

■發行方式

依據規定，金融債券的發行可以拆價或溢價方式發售，並以無記名方式發行（得應承購人或持有人之要求改爲記名式）和經其他銀行簽證，但發行總額不得超逾銀行淨值之二十倍。

■發行利誘

金融債券發行利誘，亦可由兩方面來分析：

1.對發行銀行而言：
 (1)利率得以定期存款利率減碼浮動調整。
 (2)毋須提存法定準備金，資金成本因而減輕。
 (3)依規定不得提前要求還本，有助資金來源的穩定。
2.對投資人而言：
 (1)由金融機構發售，安全性高。
 (2)易於流通及轉讓方便等效用。

■金融債券之發行

1.金融債券發行，應符合下列條件，惟係基於執行政府之特定任務時，不受下列之第(1)、(2)及(3)項之限制，發行數額亦然：
 (1)申請發行前一年年終決算之主要負債（指存款及借入款和已發行未到期之金融債券）與淨值之比率，在二十倍以下者。

(2)申請發行前一年年終決算稅後盈餘占淨值之比率，達 8% 以上者。

(3)申請發行前一年年終決算逾期放款及催收款之總額占授信總額之比率，在 2.5% 以下者。

(4)最近一年內業務經營無重大違規者。

2.金融債券發行應列明之事項：

(1)發行期別：發行期限因正當理由得申請延長，但以一次及一年為限。

(2)發行總額及每張之面額：在申請核定總額內可於一年期限次發行。

(3)利率。

(4)發行價格。

(5)本息償還方法與期限：償還期限最長不得超過二十年，最短不得低於二年，其開始還本期限不得低於二年。

(6)有承銷商時，應列明承銷或代銷金融機構之名稱。

(7)簽證金融機構名稱。

(8)債券持有人或債權人與發行銀行間權利義務關係。

■金融債券主要投資者

金融債券市場參與者不同於股票市場散戶之眾，而是以機構法人為主力，包括：

1.銀行與信託公司：銀行與信託公司一向是公債市場最主要的投資者，其投資除可充抵準備金之用外，亦參與次級市場之買賣斷交易或附條件交易，以謀取利益。

2.中華郵政：郵政擁有充裕的低成本資金，以往多用於轉存央行或其他特別用途，惟近年來已大半投入公債市場。

3.信用合作社：信用合作社依規定亦得投資金融債券，唯其投資總額受不得超過存款總額 10% 之限制。

4.證券自營商：證券商一般資金規模不如銀行，故其對債券之經

營多半採取買賣斷方式購入，然後再與投資者承作以附條件交易取得資金，由於買賣斷與附條件交易一屬資本市場，一屬貨幣市場，在同時承作兩種交易結果，等於是將貨幣市場資金導入債券市場，有助債市的活絡與發展。

5. 票券金融公司：依「票券金融管理法」第二十一條第一項及「銀行金融債券發行辦法」之規定，票券金融公司得申請辦理簽證、承銷、經紀及自營業務，但所投資債券發行人之債信須達一定標準以內，而投資單一銀行所發行之金融債券總餘額亦不得超過其淨值之 5%。

6. 保險公司：保險業因持有大量長期資金，故公債一直是壽險公司主要的投資標的，但其投資總額亦如其他行業一樣受到限制，依規定不得超過該保險公司資本之 35%。

7. 企業界：一般企業因平時須持有短期營運資金，以備不時之運用，在流動性兼顧安全性情形下，公債附條件買回成為其最佳之投資工具之一。

8. 一般個人投資者：由於個人戶承作附條件交易之利息收入，不須負擔利息所得稅，因此甚受高所得投資人之喜好。此外，亦因公債非競標部分會透過郵政局標售，投資門檻較低，亦為小額投資人所喜愛。

■交易商之經營策略、風險管理和帳務

1. 經營策略：由於長期債券利率的波動對債券價格的影響甚大，因此專業人才之培養和在職訓練頗為重要，更是提升營運績效之所繫。同時本著作業流程之效率與安全，必須建立有效之內部控管制度，以落實內部稽核之功能。

2. 風險管理：買賣交易金融債券之風險，不外乎利率風險及信用風險。前者交易人員應隨時掌握利率變動和發展，才能創造利潤，降低損失。後者應時時注意發行債券之金融機構信用評等變化之結果，規避持有低品質的金融債券，發生到期無法履行

債務之情事。

3.會計分錄：

(1)初級市場發行之帳務處理：

借 承銷證券 — 金融債券　xxxx

貸 受託承銷證券 — 金融債券　xxxx

借 受託承銷證券 — 金融債券　xxxx

貸 承銷證券 — 金融債券　xxxx

借 買入證券 — 金融債券　xxxx

貸 手續費收入 — 簽證　xxxx

手續費收入 — 承銷　xxxx

銀行存款　xxxx

(2)次級市場之帳務處理：

A.買入金融債券時：

借 買入證券 — 金融債券　xxxx

應收利息 — 金融債券　xxxx

貸 銀行存款　xxxx

B. RP 賣出時：

借 銀行存款　xxxx

其他應收款 — 金融債券　xxxx

貸 買賣金融債券利益 — 金融債券　xxxx

應收利息 — 金融債券　xxxx

其他應付款 — 金融債券　xxxx

買入證券 — 金融債券　xxxx

借 買入期證券 — 金融債券　xxxx

貸 期付款項 — 金融債券　xxxx

C. RS 交易時：

借 買入證券 — 金融債券　xxxx

應收利息 — 金融債券　xxxx

　　　　貸 銀行存款　xxxx

　　借 期收款項 — 金融債券　xxxx

　　　　貸 賣出期證券 — 金融債券　xxxx

D.領息還本時：

　　借 銀行存款　xxxx

　　　預付稅捐 — 金融債券　xxxx

　　　　貸 應收利息 — 金融債券　xxxx

　　　　買入證券 — 金融債券　xxxx

　　　　買賣金融債券利益 — 債券息　xxxx

E.債券賣斷時：

　　借 銀行存款　xxxx

　　　買賣金融債券損失　xxxx

　　　　貸 應收利息 — 金融債券　xxxx

　　　　買賣金融債券利益 — 債券息　xxxx

　　　　買賣金融債券利益 — 債券利益　xxxx

　　　　買入證券 — 金融債券　xxxx

F.RP 與 RS 到期履約時：應做回轉分錄。

G.月底提列利息時：

　　借 應收利息 — 金融債券　xxxx

　　　　貸 買賣金融債券利益 — 債券息　xxxx

 # 14.3 債券投資——次級市場

　　債券在經由發行機構出售與第一（初始）投資人之交易行為後，轉手出讓給其他之投資人的交易行為，即屬次級市場的範疇。亦即次級市場提供了原投資人資金回收再加以運用的機會，對投資人而言，可減輕資金積壓的困擾。

　　誠如前述，債券次級市場可分為集中市場交易與店頭市場交易兩

類。前者之交易型態在於有固定的交易場所，並以公開競價方式進行，故交易價格公開而透明；而後者之交易，除由雙方之面議外，可經由電話或其他之通訊媒體進行，故其交易方式屬於議價作法，且不公開，自無固定交易場所可言。

💰 次級市場交易方式

債券次級市場的交易方式，幾乎均由交易商彼此報價經議價後達成，也因此買賣公債之程序可謂全部透過票券商或綜合券商進行成交。其交易方式與短期票券相似，一般可分為二類四種：

⊞ 買、賣斷

所謂**買、賣斷**（Outright Purchases/Sells，簡稱 OP 、 OS），乃指票、債券投資人向票券自營商詢價，並洽定交易利率後：一方面收取價款；一方面移交債券所有權的買賣方式。換言之，就是當投資人有剩餘資本可供運用時，可向券商買斷債券，而當需要資金時亦可將債券賣斷給券商。故此一交易之目的在於換取資金需求或賺取投資利息。按該票、債券之投資人一旦取得該票、債後，便自負價格波動風險。惟投資人在買斷後之持有期間內，若臨時需要資金時，乃可再將其賣斷出售換取現金運用。此類交易方式，一般可分為買斷交易與賣斷交易兩種：

1. 買斷交易（票券公司）：如**圖** 14-2 。

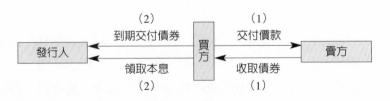

圖 14-2　買斷交易

2.賣斷交易（票券公司）：如**圖** 14-3 。

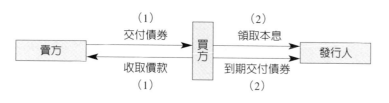

圖 14-3　賣斷交易

附條件

附條件（Repo.trade）乃指票、債券之持有人或投資人於票、債券期間內，在洽商券商出售或買入之同時，並承諾或約定於未來之期日和價格，再給予買回或賣回之一種交易方式。此類交易屬一種暫時性的所有權權利移轉，故持有人在持有期間中並不負價格波動的風險，而僅以賺取利息或融資為目的。換言之，在交易期間內，無論債券價格發生如何變化，對投資人或出售人均無法獲取資本利得的好處或承受損失的顧慮。

1. 附買回交易（簡稱RP）：如**圖** 14-4 。

註：（1）交易日。（2）約定到期日

圖 14-4　附條件買回交易

2.附賣回交易（簡稱RS）：如**圖**14-5。

註：以附買回或賣回條件方式辦理之交易餘額限制，金融機構兼營票券業，應依銀行法或其他法規規定辦理。而票券業應依「票券金融管理法」第三十八條第二項規定辦理。

圖 14-5　附條件賣回交易

投資／操作實例——附條件買賣交易

附條件買賣對投資者之好處

　　債券次級市場的「買、賣斷交易」不若「附條件交易」之活絡發達，所以債券附條件交易量在債券市場占有相當重要的份量。其主要成因乃市場上投資人對資金的供給或需求多屬短性為主，其目的不是在於賺取固定利息收入，就是對持有債券之投資人在臨時需要短期週轉資金運用時，由此市場提供一個既方便又有利的操作環境。唯此一現象已自 2003 年後開始發生變化，亦即如同世界各國情況，買賣斷交易方式在債券次級市場都是領先附條件交易（**表**14-4）。概括而言，對於投資人之好處，可包括以下幾項：

1.因交易標的為「政府」所發行者，故依法免繳付交易稅（公司債和金融債券除外）；且其利息免扣所得稅（具免稅特性，其利息所得稅由實際持有人於兌領息票時負擔，此乃因投資者從事附條件買回交易，並未真正持有債券之故，即使以買斷方式持有的利息收入，亦有利息所得 27 萬的免稅額優惠）。因此其投資收益較票券買賣或銀行定存優厚。

表 14-4　台灣債券市場買賣斷及條件交易統計表　　　單位：新台幣億元

年度	買賣斷		附條件交易		總成交金額
	金額	比重	金額	比重	
2000	166,915	24.2	521,516	75.8	688,431
2001	530,239	44.6	659,686	55.4	1,189,925
2002	606,590	45.1	737,400	54.9	1,343,990
2003	1,256,708	62.2	770,531	37.8	2,036,240
2004	1,234,456	59.9	824,796	40.1	2,059,252
2005/1	159,686	67.8	75,882	32.2	235,568
2005/2	82,964	63.7	47,266	36.2	130,230
2005/3	140,314	64.3	77,890	35.7	218,204
2005/4	160,945	69.5	70,484	30.5	231,429

資料來源：央行經濟研究處、台灣證交所及OTC。

2. 投資者與自營商（票券公司）進行附條件交易無須支付任何之手續費（委託經紀商透過櫃檯買賣須支付）。

3. 承作附買回交易時，只要雙方談妥條件後，投資人於當日營業時間內，將款項匯入交易商帳戶即可開始計息，於約定到期日前一日通知交易商買回，次日即可收到款項，其收益固定，不受市場利率變化所影響。

4. 向金融機構借款，以公債作為擔保品，易為銀行所接受，且承作成數亦高於一般擔保品。特別以債券承作賣回條件交易融資利率比一般銀行貸款低，且若公司持有期間的利息收入與承作RS的利息支出可互抵再申報營業稅，故對節稅具相當程度的誘因效用。

5. 投資者可視本身資金狀況選擇承作天期及金額，短期資金可靈活運用。

附條件買回交易（RP）及中途解約

所謂**債券附買回交易**，係債券交易商（即賣方）與投資人（即買方），在交易承作時約定利率和一定承作天期，於到期時再由交易商負責以約定利率向投資人買回原先賣出之債券，並付予投資人原購買

之本金外,再加上承作期間之利息的一種交易方式。此種交易方式,就買方而言,是一種短期閒置資金的運用。就交易商而言,屬一種信用擴張的融資操作。而中途解約,乃於未到約定期前,投資者因臨時急用資金,向原先承作券商要求提早中途解約之謂。

換言之,附條件提前解約,係投資人對交易契約中途變卦,要求就原雙方協議在某一到期日交割的買賣提前辦理。因此站在交易商的立場而言,屬於突發性交易,自然對其資金調度產生不便或困難,所以交易商在法令無明確的規範下,對之利息的計算會選擇對其本身有利的作法,自屬必然。下面幾種方式為實務上一般交易商所普遍採用者:(1)採用類似銀行辦理定存中途解約辦法打八折的方式計算;(2)採用依解約當時之市場利率及按實際承作天數計算之;以及(3)採用原先約定條件利率計算至約定到期日止之利息,扣除中途解約時貨幣市場利率計算至原約定到期日間的利息差額,作為投資人提前解約可收取的利息金額。(薛立言、劉亞秋,2004)

實例說明(先賣後買)

假設投資人陳某於 2000 年 9 月 24 日以 31,734,459 元向債券交易商承作乙筆面額 32,000,000 央債之附買回交易,期間 4 天,承作年利率 4.25%(面載利率 5.25%),試問陳某於 2000 年 9 月 28 日到期時可拿回多少本利和?

例一　投資人陳某於 2000 年 9 月 28 日到期可領回之本利和之算法有二:

1. $31,734,459 \times 4.25\% \times 4 / 365 = 14,780$ 元 …… 利息

　$31,734,459 + 14,780 = 31,749,239$ 元 ……本利和　　或

2. $31,734,459 \times (1 + 4.25\% \times 4 / 365) = 31,749,239$

〔註〕2000 年 9 月 28 日陳某之賣出價,亦是交易商當天買進成交單上之應付金額或 2000 年 9 月 24 日賣出成交單下方「雙方約定事項」註明買方於到期日之賣出價。

▶交易商於2000年9月24日賣出時之會計分錄：

借　銀行存款 xxxx
　　貸　政府債券xxxx
　　　　應收利息—債券息　xxx
借　買入期證券—政府債券　xxxx
　　貸　期付款項　xxxx

▶2000年9月28日到期履約之會計分錄：

借　政府債券xxxx
　　應收利息xxx
　　貸　銀行存款　xxxx
借　期付款項—政府債券xxxx
　　貸　買入期證券—政府債券xxxx
　　　　（沖轉附買回之備忘分錄）

例二　引用上例，陳某於契約成立後二天因急需資金週轉，因此提出中途解約要求，試問陳某可拿回之本利為多少？

▶中途解約實務上之算法有三：

1. 31,734,459 × 4.25% × 2（實際承作天數）／ 365 × 0.8
（打八折計算）＝ 5,912
31,734,459 ＋ 5,912 ＝ 31,740,371

2. 31,734,459 × 4%（中途解約日市場利率）× 2 ／ 365
＝ 6,955
31,734,459 ＋ 6,955 ＝ 31,741,414

3. 31,734,459 ＋〔（31,734,459 × 4.25% × 2（實際承作天數）
／ 365）－（31,734,459 × 4%（解約當天市場附賣回交易
利率）× 2（解約日至約定到期之天數）／ 365）〕
＝ 31,734,894

〔註〕此一計算法，對於投資人影響較大。如解約當天市場資

金適逢緊縮時，利率會走高，或市場資金恰逢寬鬆時，利率會走低。兩者對投資人之收益會出現兩極化之影響。是之，投資人此時若遇到市場利率震盪走高時，應多加斟酌盤算解約之可能損失程度後，再作決定，此為多數交易商採用之計算法。

⊞ 附條件賣回交易（RS）及中途解約

所謂債券附賣回交易係債券自營商（即買方）與公債持有人（即賣方）就選定之債券於交易時除敲定利率和期間外，並在將來特定到期日以約定的價格，由債券自營商將原債券賣回給原持有人，並由賣方付予原向自營商所收取之本金外，再加上承作天期之利息。此種交易方式，就賣方而言，是一種臨時性資金調度需求；就買方而言，是一種短期資金供給者，以賺取利息為目的。而中途解約者，乃投資者於承作期間中有資金進帳時，可以考慮提前解約，以減輕債券融資之利息負擔之謂。（唯解約利息之計付往往對投資人不具優勢，因此實務上並不多見，故予省略。）

實例說明（先買後賣）

假設甲公司因臨時急需資金應用，於 1999 年 3 月 14 日將持有之 1998 央債甲二乙筆，以面額 *37,000,000 元賣予債券自營商約定以附賣回方式交易，承作利率為 4.3%（面載利率 5.25%），期間 4 天，試問甲公司於 1999 年 3 月 18 日期滿到期時須共支付該自營商多少元？

▶甲公司於 1999 年 3 月 18 日到期應支付之本利和之算法有二：

*理論上證券附條件交易之承作金額應以標的市價作為交易，但實務上因簡便起見，有時同意以面額為承作金額。（理財研究室，1994）

1. 37,000,000 × 4.3% × 4 ／ 365 ＝ 17,436 元 ……利息

   37,000,000 ＋ 17,436 ＝ 37,017,436 元 ……本利和

或

2. 37,000,000 ×（1 ＋ 4.3% × 4 ／ 365）＝ 37,017,436 元

▶自營商 1999 年 3 月 14 日之會計分錄：

借 政府債券（帳上成本）

　　應收利息（帳上利息）　xxxx

　　貸 銀行存款 xxxx

借 期收款項—政府債券　xxxx

　　貸 買入期證券—政府債券　xxxx

▶1999 年 3 月 18 日到期履約之會計分錄：

借 銀行存款　xxxx

　　貸 政府債券　xxxx

　　　應收利息　xxxx

　　　買賣債券利益　xxxx

借 賣出期證券—政府債券　xxxx

　　貸 期收款項　xxxx

　　　（沖轉備忘分錄）

買、賣斷交易

　　債券買、賣斷交易係採除息方式處理，因此其交易價款〔買、賣斷交易價款之計算，仍就交易日後各期之本息現金流量收入，按交易雙方所約定的殖利率（參考市場買入、賣出殖利率報價）拆算至交易日的拆現值為報價〕等於成交金額再加上自前次付息日至成交日間的利息部分。換言之，成交日賣方原應收取的利息，應由買方加入成交金額給付（採除息交易），即為買、賣實際之應付／（應收）總交易金額，其公式為：

交易商（或投資人）買入（賣出）應付（應收）金額

＝實際成交金額＋面額×面載利率×前次付息日至成交日間之天
數／365（或付息日間之實際天數）

自營商之會計分錄爲：

借 政府債券 xxxx

　　應收利息 xxxx

　　貸 銀行存款 xxxx

賣斷交易實例

實例說明

假設某票券商於 2000 年 1 月 4 日賣斷乙筆 1998 乙一期央債給
投資人某甲，面額 50,000,000 元（帳面成本 52,869,232 元），票載利
率 6.8750%，發行期間 1998 年 2 月 20 日至 2010 年 2 月 20 日，成交
金額為 52,892,050 元（成交價格 105.7841 元），試問該票券商可進
帳幾何（亦即投資人某甲應給付之金額）？

借 銀行存款 55,886,913

　　貸 政府債券 52,869,232

　　　應收利息－債券息 2,994,863

　　　買賣債券利益 22,818

即：105.7841 × 50,000,000 ／ 100 ＋ 50,000,000 × 6.8750% ×
318 ／ 365 ＝ 55,884,913（自營商賣出成交單之應收金額，其中
2,994,863 為 318 天應收利息金額）

〔註〕前次付息日 1999 年 2 月 20 日至 2000 年 1 月 4 日，共計 318
天。

1.自營商次級市場交易：賣出流程圖請參閱圖 14-6。

2.自營商次級市場交易：買入流程圖請參閱圖 14-7。

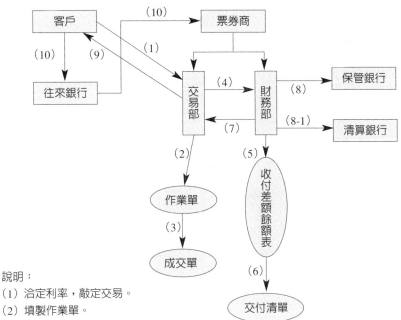

說明：

（1）洽定利率，敲定交易。

（2）填製作業單。

（3）製作成交單。

（4）知會財務部傳遞成交單。

（5）製作收付差額表。

（6）列印交付清單。

（7）傳遞交付清單以確認交易。

（8）實體：買賣斷／債券提領單，RS／債券存摺。（保管銀行）。

（8-1）無實體：買賣斷／轉出申請書，RS／附條件交易憑證（清算銀行）。

（9）交割。（買賣斷交易的交割期限是成交日的次二營業日，即 T＋2 日交割。附條件交易的交割期限是成交日當天，即 T 日交割）

（10）客戶存（匯）入票券商往來銀行帳。

圖 14-6　次級市場自營商交易（賣出）流程圖

💰 投資方式

1.投資者須與自營商簽訂附條件買賣契約（如**表 14-5A**、B）。

2.自然人須提示國民身分證；公司須提示公司執照、營業登記證影本及負責人身分證影本。

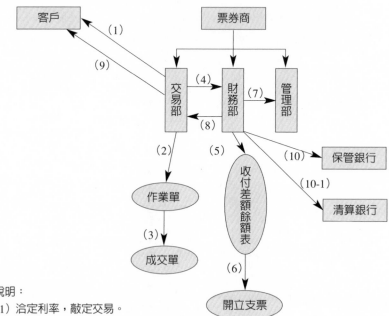

說明：
(1) 洽定利率，敲定交易。
(2) 填製作業單。
(3) 製作成交單。
(4) 知會交易傳遞成交單。
(5) 製作收付差額表。
(6) 開立（匯款）支票。
(7) 支票會簽。
(8) 支票／債券送存申請書。
(9) 交割。
(10) 實體：買賣斷／債券，RS／債券存摺（保管銀行）。
(10-1) 無實體：買賣斷／確認對方已辦理轉出申請，RS／中央登綠公債附條件交易憑證（清算銀行）。

圖 14-7　次級市場自營商交易（買入）流程圖

3. 交易可當面或透過電話議價進行，自然人之賣出應提出債券來源證明。

4. 每筆最低交易金額為新台幣 100 萬元。原則上，公債成交基本單位以 5,000 萬元為主。至於小額之交易，可逕向郵匯局或交易商洽購。

5. 附買回條件交易所賣出之債券應交付保管投資者領取保管條。

表 14-5A　附條件買賣總契約

債券附條件買賣總契約

立契約書人 ○○票券金融股份有限公司　　　（以下簡稱甲方）
　　　　　　　　　　　　　　　　　　　　　（以下簡稱乙方）

　　茲為甲方經營之櫃檯買賣債券附條件買賣業務往來事項簽訂本契約書（以下簡稱本總契約）。雙方同意遵守下列條款：

第一條　本總契約用詞定義如下：
　　一、附條件買賣（以下簡稱買賣）：指買賣雙方同意，於買方支付買價予賣方，賣方得以債券或金融機構出具之保管收據予買方，且同時雙方約定，於預定期日或因一方之要求未經他方同意後，由買方以同一債券賣還並交付於賣方。
　　二、附條件買賣個別契約（以下簡稱個別契約）：指買賣雙方在本總契約拘束下，就特定買賣所訂之契約，本公司以買進或賣出成交票替代附條件買賣個別契約。
　　三、交易日：指賣方交付債券或金融機構出具之保管收據於買方之期日。
　　四、賣還日：指賣方約定賣方將買回已交付於買方之債券並交付之期日
　　五、買　價：指買方於交易日為受讓債券而應支付之價格。
　　六、賣還價格：指賣方賣還買回之總金。
　　七、重大事故：指任何一方有重整、清算、解散、破產、合併、暫停營業、受強制執行之情事，或有開始進行各該程序之行為或被票據交換所宣告拒絕往來、或有其他足以影響賣方業務之情形。
第二條　訂定個別契約應以書面為之，由買賣雙方確認，並記載下列各款事項：
　　一、就甲乙雙方分別確定其為買方或賣方之身分。
　　二、為交易標的之債券。
　　三、交易日。
　　四、買價。
　　五、賣還日。
　　六、賣還價格。
　　七、其他不違反本總契約規定之事項。
　　　　甲乙雙方約定於特定期日賣還者，並得同時約定，任一方於徵得他方同意後，得於該特定期日前提前終止契約，以約定終止日為賣還日。但因此致他方受有損失者，應予補償。
　　　　個別契約若未經乙方簽名確認者，甲方應於成交次一營業日前郵寄成交單客戶確認交易無誤；若於成交單寄出五日內乙方無異議者，視此交易已由他方確認。
第三條　個別契約與本總契約之條款，就甲乙雙方約定事項，構成唯一合法有效之證據；個別契約與本總契約規定不符之處，以本總契約為準。
第四條　為交易標的之債券於賣還日前，其所有權歸屬於買方，惟雙方認定係屬融資性債券附條件買賣交易者，依其經濟實質原則加以認定。
第五條　為交易標的之債券之交付，經買賣雙方同意得以現券或金融機構出具之保管收據付訖或透過無實體公債之清算銀行轉帳給付。
第六條　於個別買賣中為賣方者，應保證於交易日交付買方之債券，無任何瑕疵或負擔足以影響買方取得所有權。
第七條　於個別買賣中為賣方者，應保證於賣還日交付之債券無任何瑕疵或負擔，致有害於賣方賣還買回其所有權。
第八條　於個別買賣中為買方者，未於交易日給付買價時，賣方得解除該個別契約。買方並應應賣方要求支付賣方自交易日起至終止日止，以該個別契約約定之買價為本金，按「台灣銀行」基本放款利率為基數，再加計百分之十之利率算得之利息，作為賠償之金額。
第九條　於個別買賣中為買方者，未於賣還日付應賣還價於賣方時，賣方得於市場買入同種類、同數量之債券，以為替代。如其費用高於約定賣還價格時，其差額應由買方補足。
　　　　於個別買賣中為賣方者，未於賣還日付買還時，買方得於市場賣去為交易標的之債券。所得之價款低於約定賣還價格時，其差額應由賣方補足。
　　　　前二項情形，違約之一方並應給付對方自約定賣還日起至他方購入替代債券或處分當日止（處分日不得逾賣還日之次一營業日）以原應交付債券票面價額為本金，按該債券票面利率為基數，再加計百分之十利率算得之利息，作為賠償之金額。
第十條　個別契約之買方或賣方有重大事故發生時，他方得終止本總契約及所有個別契約，並通知之。
第十一條　第八條至第十條損害賠償之規定。不防礙甲、乙雙方另行主張他種損害賠償之計算方式或採取本總契約未規定之救濟途徑。
第十二條　本總契約之修改，非經雙方以書面確認並簽署後，不生效力。
第十三條　依本總契約所進行之交易發生爭議時，應依證券交易法關於仲裁之規定辦理，其仲裁處所應以甲方處所所轄法院為之。

訂約人　甲　　方：○○票券金融股份有限公司
　　　　地　　址：台北市×××路×段×號×樓
　　　　乙　　方：
　　　　地　　址：

（本總契約書一式二份，一份交由客戶存執，一份由票券金融公司留存備查）
中　　　華　　　民　　　國　　　　　　　年　　　　月　　　　日

表 14-5B　附條件買賣總契約─附約

債券附條件買賣總契約─附約

立契約人 ○○ 票券金融股份有限公司（以下簡稱甲方）經營之櫃檯買賣債券附條件買賣業務，就其附條件買賣取得之中央登錄公債，再行賣斷予他人之業務需要，簽訂本契約書（以下簡稱本附約）。雙方同意遵守下列條款：

第一條　本附約與債券附條件買賣總契約及個別契約之條款，就甲乙雙方約定事項，構成唯一合法有效之證據：總契約及個別契約與本附約規定不符之處，以本附約為準。

第二條　甲乙雙方依本附約所為買賣之標的，須為中央登錄公債。

第三條　為交易標的之債券於賣還日前，其所有權屬於買方，且買方得就賣方給付之債券，再行賣斷予他人。

第四條　甲乙雙方依本附約所為之附條件買賣，其約定買回賣回之期間，不得超過一個月。

第五條　賣方於前項約定期間內，不得要求提前終止契約，但雙方另有約定者，不在此限。

第六條　本附約之修改，非經雙方以書面確認並簽章後，不生效力。

為交易標的債券之給付，須以中央登錄債券系統辦理轉讓登記。

訂約人

甲方：○○票券金融股份有限公司　　（簽章）

統一編號：

地　址：台北市中正區×××路×段×號×樓

乙方：　　　　　　　　　　　　　　（簽章）

統一編號：

地　址：

中　華　民　國　　　　年　　　　月　　　　日

 14.4 投資債券風險和利基

投資債券可能發生的風險包括：

1. 流通性風險：債券發行期間通常較票券長，故一旦臨時需要資金時，會因交易市場是否活絡而影響交易價格。
2. 信用風險：債券之發行機構，分由一般公司企業、金融機構到政府機關，因此債信不一，所以風險程度有異，其中公司債風險相較其他債券為大，特別以無擔保者尤然。
3. 價格風險：債券一旦承購後，若市面利率飆升，便會產生價格貶落的風險（因價格與利率成反向之故）。
4. 匯率及貶值風險：以外幣計價之債券，因匯率變化因素，有時會侵蝕到利潤，甚至造成虧損。如債券到期時，本國貨幣對外幣匯率貶落，便擔負匯率變動的損失風險及其他風險。
5. 其他風險：在未完全實施無實體債券之前，如金融債券或公司債，仍然以實體及無記名方式發債，故有被變造、偽造或遺失之慮，甚至因通貨膨脹結果，造成實質收益之減少等風險。

投資債券，雖具上述各項風險，但仍有其種種誘因之處，是之，投資債券的利基亦可包含下列幾項：

1. 便利質借：當持有人需要資金時，債券可即時向金融機構辦理質借，或者利用附條件交易的方式，向債券自營商洽商辦理，取得短暫融通的便利性，且手續至為簡便。
2. 供作擔保：債券可以替代現金作為公務上的保證或擔保品之用，如法院之保證或充當押標金等用途。
3. 稅負低廉：債券的稅負相較其他投資商品為輕，故其實質收益率高於一般銀行定期存款，且投資報酬率相對亦較穩定。
4. 充當準備金：金融機構持有可充當流動準備或作為繳交中央銀

行作為準備金之用。

5.**變現容易**：債券因流通性強，故在需要資金時，亦可變賣換成
　現金。

 14.5 小額公債之投資

　　以往國內公債投資人，一向以法人機構為主，究其原因，不外乎
受每筆交易的最低金額之限制（5,000 萬元）規定。因此一般小額投資
者，往往無法涉及。惟近年來因政府極力鼓勵大眾之參與，以活絡市
場，遂規定每次公債發行標售時，提供一定比率的金額（發行總額的
2%），供小額投資者認購之用，並限定每人之最低申購金額為 10 萬
元，且最高不得超過 100 萬元，其發行價格以當期標售價格為準，凡
有意之投資者必須於公債標售前向郵匯局預約申購（**表 14-6A、B**），
然後再於發行前一天辦理交割手續。一般投資者之投入此種公債市場
的主要目的，大半以領取固定利息者為主。除前述之向郵匯局申請
外，投資人之另一投資方式，亦可透過集中市場向證券商下單進行出
售或買進操作，其交易金額與初級市場申購限制相同，並須負擔千分
之一買賣手續費。至於公債付息方式均為一年一付，到期直接匯進投
資者帳戶。

　　政府自 1997 年起，因實施公債無實體制度，因此對於以無實體發
行之公債一律採取登錄形式處理，亦就是投資人在公債市場之買賣，
均以存摺紀錄為憑，而不再以實券交割（領取或交付）。截至目前為
止，由於小額公債市場交易量極少，所以市場規模有限，是之，對其
投資者之進出價格，自然不具代表性。因此，其買賣價格乃由郵匯局
依據當天法人議價市場之交易價格來訂定。

表 14-6A 小額公債開戶申請書

中華郵政股份有限公司
中央登錄債券開戶申請書

存戶類別編號〔請查閱本申請書背面〕： ☐ ☐ ☐

存戶資料	團體或公司行號	帳號			戶名		團體或公司行號負責人		
		營利事業統一編號				其他登記證照編號	字		號
		地 址	市鎮縣	區鄉	村里	鄰	路街	段 巷弄	號之
	存款人負責人	國民身分證統一編號				出生	民國民前	年 月	日
		出生地		服務單位					
		戶籍地址	市鎮縣	區鄉	村里	鄰	路街	段 巷弄	號之
		聯絡處					電話聯絡人		
		本息撥付存款帳號							

茲向　貴公司開立中央錄債券帳戶，嗣後所有一切往來均照貴公司規章辦理，附具印鑑卡壹式貳紙，請查照為荷。

　此　致

　　　　　　　郵　局

　　　　　　　　　　　　　　　　　　　　　　　　　　　　　啟
　　　　　　　中華民國　　年　　月　　日

核對身分證人員簽章：經辦　　　　　　　　主管

　　　　　　　　　　　　　　　　　　　　經辦局郵戳

※申請開戶時，請填寫一式二份，一份由經辦郵局留存，一份寄中華郵政公司
　資金運用處債票科債券股。

（請印證於背面）

表14-6B 小額公債預約／取消申請書

預約暨取消預約申購公債申請書
（兼履約暨退還保證金收據）

序號＿＿＿＿

中華民國　　　年　　　月　　　日

□中央政府建設公債　　　年度　　類第　　期債票
債票名稱：□中央政府重大交通建設公債　　　類第　　期（　　年度）債票
（擇一勾選）□台灣　　部區域第　　高速公路第　　期債票

申購人姓名：	電　話：（公）　　　　　　（宅）

身分別（　）：1.自然人　2.法人　3.外國人　身分證字號：

地　　　址：

未分配債券之保證金請退本人帳戶　□儲金帳戶□□□□□□-□　□□□□□□-□
　　　　　　　　　　　　　　　　□劃撥帳號□□□□□□-□

登記之面額合計：（大寫）新臺幣　　　　　，　萬元整

本欄備機器印證用請勿填寫

公債代號　　預約申購面額　　應收保證金　　交割起始日　　交割訖止日

主管　　　　　　經辦　　　　　　　　　　　　經辦局郵戳　　　　　　○

※預約申購人於投標日前申請取消預約申購時請填具本欄（金額請以大寫填寫）

取消預約申購面額：新臺幣　　　　萬元整。　剩餘預約申購面額：新臺幣　　　　萬元整。

◆◆◆茲於　　年　　月　　日收到退還保證金新臺幣　　　　　元整無訛。

申請人簽章：

註：再次取消預約申購時，請另填本單。

本欄備機器印證用請勿填寫

取消預約申購面額　剩餘預約申購面額　退還保證金　交割起始日　交割訖止日

主管　　　　　　經辦　　　　　　　　　　　　經辦局郵戳　　　　　　○

印　證　欄

顧客預約申購代號：2580　　沖銷顧客預約申購代號：2585　　顧客取消預約申購代號：2583

※辦理交割或投標日前取消預約申購時請攜帶本據，俾憑辦理相關事宜。

 # 14.6 殖利率與債券價格

　　債券在次級市場之報價（店頭市場）方式，實務上都以殖利率報出，此與股票市場之報價方式有異。而所謂之**殖利率**（Yield Rate），簡單而言，就是投資人買進公債後，一直持有至到期日為止所獲得之實際報酬率。換言之，殖利率便是投資人除於投資期間內各期領取之利息收入外，再加計每次領到之利息再投資之收益率。因此，若再合計投資人到期所領到的本金之總計，就是目前債券的價格。那到底殖利率又與債券票面利率有何不同？所謂票面利率者，即為債券發行機構於發行時，承諾固定每半年或一年支付給投資人的利息而言。此票面利率通常取決於債券發行時，經由承銷商之競價所決定或按照它的價格及到期日推算所產生。此與前者之隨市場變化而波動有所不同。由於前者之經常發行波動，故經與後者比較結果後，便是造成債券價格的漲跌因素，所以就投資人而言，就會產生資本利得或損失。換言之，債券價格與殖利率呈現反向關係，當債券價格上揚，便是殖利率下跌時。債券價格下跌，就是殖利率上揚時。亦就是說，如債券票面利率為 3%，當市場利率降低至 2% 時，由於持有債券之投資人，依舊可領到 3% 之固定利息收入，此時自然比目前投資 2% 利率之債券更具吸引力。因此，其價格便會上揚。反之，當市場利率上漲時，投資人自不願意繼續持原有較低利率的債券，此時投資人若要出脫債券時，自然要降價求售了。此亦即讓一向以票、債券為經營重心的票券業或持有大量債券部位的銀行業及保險業者，在當債市步入多頭或空頭時，（即市場利率漲跌變化較大時）會造成大額潛在虧損或利潤之情形。因此一旦於出現空頭來臨，而未能及時出脫，只能等待時機或長期持有來養券了（請參考本章第 14.10 節）。至於殖利率報價，習慣上以一個 BP 點（0.01%，即一個基本點）作為一個升降單位。

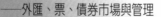

 14.7 債券價格之計算

債券屬於中、長期性的信用工具，因採定期付息及還本的償債方式，所以其實際價值在於未來，因在往後的漫長期間內，會受市場利率因素造成其投資變化，故對投資人而言，其目前的價值到底如何，才是他購進的真正成本，對其往後的報酬或實際收益具關鍵性的影響。因此，價值之計算在投資過程是一個非常重要的步驟。

💰 **觀念**

債券的現值價格與現金流量有密不可分的關聯性。而現金流量之計算，就是以票面利率及本息的支付條件作為基礎而求得。換言之，如果投資人按債券面額來購買，就是代表未來的現金流量以票面利率來折算成為現值。亦就是所謂之平價（按政府公債自採用標受制以來，幾乎都以溢價方式發行）。但債券在發行後由於市場利率會隨著景氣等經濟因素之變化而變動，故投資人於購買時就會受當時的市場利率所影響，價格自然會有所不同。亦即必須依當時之市場利率來計價，而結果就會產生所謂之溢價（premium）或折價（discount）的情形。也就是說，當利率下跌時（低於票面利率），債券價格會上漲（高於債券面額），如當初我們以 500 萬元，購進面額 500 萬元債券包括票面利率時，在利率走低後，債券價格會上漲，此時投資人若欲出售債券時，其價格會高出 500 萬元，這便是溢價。反之，若市場利率往上漲時（高於票面利率），債券價格就會下跌（低於債券面額），投資人此時欲在市場拋售債券時，只能以低於面額 500 萬元的價格求售，結果便產生所謂的折價之情形。

實例說明

假設某甲公司向乙交易商購買下面發行條件之某期債券乙筆，面額 100 萬元，發行內容為：

債券種類：某期公債

發行日：1993 年 4 月 16 日

到期日：1998 年 4 月 16 日

票面利率：3%

成交利率：1.75%

票面金額：1,000,000

成交日：1994 年 3 月 15 日

年期：5 年

付息方式為每年付息一次，到期一次還本，試問其債券現值幾何？

現值（1994 年 4 月 16 日的現值）
$= 30,000 + 30,000 / (1 + 1.75\%) 1 + 30,000 / (1 + 1.75\%) 2 + 30,000 / (1 + 1.75\%) 3 + 1,030,000 / (1 + 1.75\%) 4$
$= 1,077,851$　或

收益別	數目	年期	現值利率因子	現值
利息	30,000	0		30,000
利息	30,000	1	1/ (1.0175)	29,484
利息	30,000	2	1/ (1.0353)	28,977
利息	30,000	3	1/ (1.0534)	28,479
利息	30,000	4	1/ (1.0719)	27,988
本金	1,000,000	4	1/ (1.0719)	932,923
總計	1,150,000			1,077,851

成交日（1994 年 3 月 15 日）現值（債券交易價格）
$= 1,077,851 / (1 + 0.0175 × 32$（成交日至次一付息日之實際天

數）/ 365）

＝ 1,076,129

　　換成為百元的報價是 107.61，因此投資人可依交易商的百元報價來計算出自己想購買債券數量的成交價。亦即，某甲公司如欲買進面值 100 萬元之該某期中央公債時，在經洽乙交易商為每百元 107.61 元報價者，則其成交價為 1,000,000/100 × 107.61 ＝ 1,076,100

 ## 14.8 債券的存續期間

　　投資人在投資債券期間，因有利息（附息債券）和本金的陸續收回，便產生現金流量情形，並於實際平均有效期間中將全部收回，此即意味著債券的存續期間愈短，表示投資風險就愈低。而所謂**存續期間**（Duration），簡言之，就是投資人持有債券的平均到期時期。其計算實例如下：

實例說明

　　如以 1997 年 11 月 21 日發行之中央公債（87 甲 2）為例，假設其票面利率為 6.125%，殖利率為 6%，發行期間 5 年，年付息一次，到期一次還本，金額 10 萬元，試問此債券之存續期間如何？

年期 A	現金流量	現值（PV）	現值 / 債券價格 B	存續期間 AxB
1	6,125	5,778	0.0575	0.0575
2	6,125	5,451	0.0542	0.1084
3	6,125	5,143	0.0512	0.1536
4	6,125	4,852	0.0483	0.1932
5	106,125	79,303	0.7889	3.9445
合計		100,527	1	4.46

存續期間為 4.46 年

上例若付息方式改為半年付息一次，其存續期間如何？

年期 A	現金流量	現值 (PV)	現值／債券價格 B	存續期間 AxB
0.5	3,062.5	2.973.30	0.02958	0.01479
1.0	3,062.5	2,886.70	0.02871	0.02871
1.5	3,062.5	2,802.60	0.02788	0.04182
2.0	3,062.5	2,721.00	0.02707	0.05414
2.5	3,062.5	2,641.70	0.02628	0.0657
3.0	3,062.6	2,564.80	0.02551	0.07653
3.5	3,062.5	2,490.10	0.02477	0.08670
4.0	3,062.5	2,417.60	0.02405	0.0962
4.5	3,062.5	2,347.20	0.02335	0.10508
5.0	103,062.5	76,688.20	0.76281	3.81405
合計		100,533.16	1	4.38

存續期間為 4.38 年

　　總之，殖利率的變化，亦牽動存續期間的變更。當殖利率下降時存續期間會拉長。反之，當殖利率上升時，存續期間會縮短。

 # 14.9 債券的買賣策略

　　低進高出本來是做生意的原則和目的，主要是因為它可以從中獲取價差的利益。換成投資金融商品亦是如此，就債券投資而言，利率的漲跌變化就是造成交易結果賺賠關鍵因素。而市場利率的變化與經濟景氣的好壞及央行的貨幣政策，有密不可分的關聯性。申言之，景氣好時，經濟發展跟著加速，貨幣需求擴展，通常利率會走高；景氣低迷時，經濟發展趨緩，政府為期望能刺激經濟，便會引導利率走低。而景氣好壞又牽連到市場貨幣供給、物價水準、國際市場利率動

向、通貨膨脹及匯率等多重因素。是之，此等因素的變化，自然都是投資人時時所應加以觀察之指標。因此，投資金融商品之前，就應對目前的經濟情況及未來走勢有所認知和研究，才可進一步規劃不同的投資策略和方向，以達到預期的效果。所以投資人投資債券，就需要時時關注景氣的變動和過程，亦是最基本的步驟。下面幾項市場變化，提供投資人作為擬定投資策略的參考：

1. 當市場利率水準由低上升時，即代表經濟走進擴張期，股市將進入利多時機。此時，由於對原較低利率的債券已不具吸引力，而新加入之投資人，自然期望追求較高市場利率的商品，並排斥舊債券以求取較高利息收益。因此對原債券的持有投資人，就應及早減少或出清庫存部位，來降低一旦利率調整後的投資風險，以避免產生資本損失，同時停止買進新債券，在不得已情形下，只好採取以附條件買回交易或將手頭長券換取短券的操作，藉以降低風險。亦即，此時許多投資人就會把錢從高風險資產轉移到安全性較高的投資，如定存。相反地，若預期未來利率即將走低，投資人為獲取資本利得，便會買進債券或將短券換取長券操作，以便在利率下跌時，將其出售獲利。（因殖利率與債券價格呈反方向走勢之故）

2. 當市面貨幣供給量寬鬆時，此時大半景氣處在低迷期，物價下跌，利率雖下降，但企業投資停頓，銀行企業放款衰退，股市偏向空頭，對原持有債券之投資人，會因債券價格的上漲，逐步出脫部位，且其利得將隨市場利率的下修而遞增。

3. 當物價逐漸上漲時，利率也會隨著上升，此時意味著景氣即將復甦，通常股市會開始走上多頭時期，投資人這時就應儘快出脫持券，以避免升息造成債券價格下跌，慘遭套牢。若預期／出現物價和利率即將／已開始下跌時，應適時注意買點，購買債券，以便利率一旦／持續走低，就有利潤獲取機會。所以物價指數（消費者及躉售）、都是投資人要加以研判和參考的。

4.匯率的波動,常會在央行的進場干預下影響短率走向變化,進而使長率出現波動。此外,產品市場供需情形(供給增加殖利率會上揚;反之,殖利率會下跌)、通貨膨脹及信評良窳等,都會影響所有或個別債券的價格因素。以上幾點只是一個大原則,但是投資人仍需時時關注總體經濟數據的變化及注意央行的貨幣政策和動向,多方吸取財經資訊配合研判,以便規劃策略,才能奏效。

14.10 公債養券

所謂**養券**(Yielding),乃指交易商或投資人持有長天期的債券/庫存,並於持有期間利用附買回(RP)/附賣回(RS)交易方式作短期間的賣出操作,以取得短天期資金運用或套利。就債券持有人來說,一方面收取長天期殖利率,另一方面亦支付短天期的利息支出,兩者經抵銷結果便會產生了差價利得,即為養券利差。換言之,就是以短期資金支應長天期資金之謂。至於利差幅度之大小,通常反應在公債籌碼之多寡,當籌碼增加時,其套利空間自然愈大,或當市面資金寬鬆時,同業拆借利率維持低檔又穩定的情況下,交易商若能擴大承作附條件之交易,都是養券的有利時機。

今假設某交易商將其持有之92-1公債乙筆,面額50,000,000,殖利率3.6%,經洽商一短期投資人,以承作附條件買入方式賣出,期間30天,利率2.1%,試問其養券利潤為何?

50,000,000 × (3.6% - 2.1%) × 30 / 365= 61,644 元

由上例我們可以得到一個結論,即當利率結構處於短低長高,則以短期資金支應長期,所持債券才有利差可言,否則結果會產生損失。

14.11 融資說與買賣說

　　證券自營商進行公債「附條件交易」，由於稅法認定基礎不同（稅務單位基於政策考量而採融資說為課稅基準），是故其會計處理方式亦異，一般處理方式可分為兩種：一為融資說、另一為買賣說。顧名思義，前者採債券賣出人賣予買方時屬一種融資行為，此種交易因其成交價款與債券之公平市價並不相等，且於賣出期間債券雖交付予買方，但於約定之買回期間中對該債券價格的變動仍自負風險，故會計作業此時並不認列買賣損益。而後者之交易，則採該項交易均以（買）賣斷來認定處理，亦即賣出（買入）價格與帳載成本之差額須以損益科目入帳。換言之，就是承作日即應認列買賣債券利益或損失。至於業界實務做法向來亦多以融資說認定，惟近來市場交易，基於政策規範因素，遂改以買賣斷處理。此乃附條件交易理論上雖具有融資融通效果，但站在法律關係上的評價，則屬買賣（契約關係）行為。

　　具體而言，買賣說與融資說的基本觀念（即在附條件交易有兩種認定法）就附買回交易為例：一種是券商（債券持有人）先賣出債券（被視為賣斷）向投資人取得資金，於交易到期時再由券商以原約定的價金向投資人買回（被視為買斷）債券（加上利息）；另一種是券商最初賣出債券被視為以債券作為抵押品向投資人取得融資於到期時再償還借款，並支付本息後贖回債券。譬如投資人和券商（持券人）雙方於 2006 年 5 月 15 日進行一筆附條件交易（案例中投資人是資金供給者，而券商是資金需求者），今假設承作金額（債券市價）10,500元（債券面額 10,000 元），約定利率 3%，承作期間 180 天期，票面利率 5%，當交易發生時，投資人支付 10,500 元給券商，於到期時由券商加計利息共 155.34 元（10,500 × 3% × 180 ／ 365）支付給投資人。就此筆交易而言，投資人原先將 10,500 元交付給券商，到期時券商將155.34 元交付給投資人。換言之，券商在此筆交易期間使用 10,500 元的成本共 155.34 元。相反投資人則以 10,500 元投資獲得 155.34 元的利

息收益。今問題出在在此交易期間標的債券本身也會有債息 246.58 元產生（即 10,000 × 5% × 180 ／ 365），而對此部分在附條件交易上便發生所謂買賣說與融資說的兩種不同看法。就買賣說而言，交易開始時由券商將債券賣給投資人，再由投資人持至約定到期日，因此在這期間中所產生的 246.58 元債券利息應由投資人認列，但實際上投資人以 10,500 元買入的債券直到到期時賣回給券商時，除收回原投資本金 10,500 元外，僅再收到 155.34 元的附條件利息，從買賣說立場而言，投資人雖然收到 155.34 元，但真正要付稅卻是 246.58 元，其中 91.24 元（246.58 － 155.34）就實際而言是不該付稅的，但卻要付稅，因此對投資人而言是不利的，相對對券商而言則比較有利，因為在這承作期間已將債券賣出，因而無須為 246.58 元的債券利息繳稅。但若就融資說而言，券商是以 155.34 元的成本取得投資人 10,500 元的資金，報稅時則以此實際的利息支出 155.34 元來抵減，而投資人則會有應稅的利息收入 155.34 元，但在此期間中所發生的 246.58 元債息收入，則應由券商來認列。因此，由此例之說明可歸納一個總結，即若採用買賣說時對券商有利，因為可減少 246.58 元的應稅債息收入，而對投資人不利，因為只有 155.34 元的收入，而其應稅額卻要提高為 246.58 元。若採用融資說時，則情形恰好相反，在投資人方面因僅須認列 155.34 元的應稅利息收入，故對投資人有利，但對券商而言則比較不利。

　　茲就其不同的會計處理，分別介紹如下：

💰 融資說

1.附買回條件賣出時：

　　借 銀行存款　xxxx

　　　　貸 附買回債券負債　xxxx

〔註〕提息作業：交易跨月時應於月底依附買回債券負債金額，以 RP 利率計提該月份之應付利息，並於次月初將其沖回。

（月底）**借** 利息支出 — 附買回債券　xxxx
　　　　　　貸 應付利息 — 附買回債券　xxxx
（月初）**借** 應付利息 — 附買回債券　xxxx
　　　　　　貸 利息支出 — 附買回債券　xxxx

2.附買回到期履約時：

　借 附買回債券負債　xxxx
　　　利息支出 — 附買回債券　xxxx
　　　　貸 銀行存款　xxxx

3.附賣回條件買進時：

　借 附賣回債券投資　xxxx
　　　　貸 銀行存款　xxxx

〔註〕提息作業：交易跨月時應於月底依附賣回債券投資金額，
　　　以 RS 利率計提該月份之應收利息，並於次月初將其沖回。
（月底）**借** 應收利息 — 附買回債券　xxxx
　　　　　　貸 利息收入 — 附買回債券　xxxx
（月初）**借** 利息收入 — 附買回債券　xxxx
　　　　　　貸 應收利息 — 附買回債券　xxxx

4.附賣回到期履約時：

　借 銀行存款　xxxx
　　　　貸 附賣回債券投資　xxxx
　　　　　買賣債券利益—附賣回債券　xxxx

$ **買賣說**

1.附買回條件賣出時：

　借 銀行存款　xxxx
　　　買賣債券損失　xxxx （或）
　　　　貸 買入有價證券　xxxx

　　　　　應收利息　xxxx

　　　　　買賣債券利益　xxxx

　借 買入期證券 — 政府債券　xxxx

　　　貸 期付款項　xxxx

2.附買回到期履約時：

　借 買入有價證券　xxxx

　　　應收利息　xxxx

　　　貸 銀行存款　xxxx

　借 期付款項　xxxx

　　　貸 買入期證券 — 政府債券　xxxx

3.附賣回條件買入時：

　借 期收款項　xxxx

　　　貸 賣出期證券 — 政府債券　xxxx

　借 買入有價證券　xxxx

　　　應收利息　xxxx

　　　貸 銀行存款　xxxx

4.附賣回到期履約時：

　借 銀行存款　xxxx

　　　買賣債券損失　xxxx（或）

　　　貸 買入有價證券　xxxx

　　　　　應收利息　xxxx

　　　　　買賣債券利益　xxxx

　借 賣出期證券 — 政府債券　xxxx

　　　貸 期收款項　xxxx

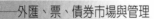

 14.12 債券操作之評估

證券自營商之操作績效完全取決於買賣交易之出價結果，亦就是能否達到「高買低賣」的原則（指殖利率而言），如此才能從中獲取利差。此外，由於業者對於債券經營，通常買賣數目頗鉅，而殖利率之起落（基本點 BP, 1b.p.=0.01）看似微小，但在交易金額龐大情形下，結果影響績效層面甚為可觀。是之，業界基於營利目的對於專業交易員之晉用極其慎重，公司自然連帶對其日常操作和作為應隨時掌握和瞭解，故主管人員通常都會就個別交易員之日常買賣作業過程及所產出的相關報表去加予檢視，如交易作業單、成交單及當日殖利率收盤價等資料從中分析判斷，並找出損益起因及責任之歸屬，若交易員常違背前述之原則，即所謂之出現「低買高賣」情況時，結果自然經常造成交易虧損，導致不利公司的長期營運。因此，若是一交易員時常發生此一現象時，必然存在著下面二種原因之一：一為操作能力不足；另一便是操守發生疑問。此時主管人員自應有所考慮而採取進一步的措施，以免造成公司長期的虧損。至於如何探索公司整體庫存部位之操作績效則可藉由「債券市價評估表」去加以瞭解其潛在損益的概況。

茲就一般評估方法，以簡表方式圖示如下，供作參考：（請參閱**表** 14-7）

表 14-7　債券操作評估表

成交日	交割日	期別	交易員	客戶名稱	交易方式	交易時、點		成交利率	市場收盤利率	面額（百萬）	損益（元）	備註
						成交單	作業單					
1/15	1/17	A9017	甲	乙	買	11:29	13:51	3.7905	3.7750	50		
"	"	"	甲	乙	賣	11:45	13:54	3.7980	3.7750	50	-40,937	
"	"	"	甲	乙	買	11:46	13:55	3.7800	3.7750	50		
"	"	"	甲	乙	賣	11:49	13:55	3.7980	3.7750	50	-98,320	
	結果										-139,257	

　　說明：成交日 2001 年 1 月 15 日由交易員甲向乙買斷央債 9,017，面額共計 1 億元，並分二次買進，且同日又悉數賣斷予同一客戶，而二次之買進利率均較賣出利率為低，結果導致造成虧損共計 139,257 元，此外，又對照當日其賣出利率，亦較路透社收盤牌告買進利率為高。

　　資料蒐集：(1)債券交易明細表；(2)買賣作業單；(3)債券成交單；(4)路透社收盤價列印。

　　探討：經查此一交易出現最大的疑點，除以低賣高買不符一般操作原則外，同時交易對象又同屬一人，如此不無令人產生存疑，因為從上面種種操作過程和跡象，皆出現不利公司的營運作為，實難不讓人對該交易員之操作能力或操守引發聯想，故此時公司就必須有所決定、防備和裁奪。

 # 14.13 債券部位之評估

　　券商對於債券的操作無論始自初級市場之標購，或次級市場的買賣操作，其目的在於賺取資本利得。惟利率的走勢與盈虧息息相關，因此市場利率變化對券商極為敏感，因此當利率每變動 1 個基本點（0.01 個百分點）對持有 5 億元庫存部位的券商而言（通常券商部位至少在數十億多者達數百億），若在存續期間❶五年的情形下，其資本利得（或損失）將達 25 萬元❷。因此，對市場利率能否正確掌握和配合當機立斷的靈活操作技巧，是券商經營此業的成功要素（投資者亦同）。此外，券商對於債券存續期間的拿捏得宜與否，亦是操作成功的另一不可忽略要件，因為通常存續期間愈長，利率風險愈大；反之，存續期間愈短，利率風險愈小。除非判斷未來的利率將走低，才可持有存續期間較長的債券部位，以增加獲利機會，不然一旦利率反

---

❶債券之平均到期年限，其計算基礎包括：債券本身價格、距離到期年數、到期收益率等多項因素綜合計算而出。

❷ 計算法：500,000,000 面額乘以 0.01%，再乘以存續期間 5 即得。

轉走高，將遭受資產嚴重縮水。

　　至於一般券商內部對債券操作成效之評估，可從庫存部位和預買、賣操作兩方面來作評估，最普遍而簡單的計算法。便是將前者各期持有部位中之庫存利率與市場殖利率或帳面成本和與市價互為比較，即可計出其盈虧。假設某票券公司目前庫存持有央債 89-5 期，面額共 3 億元，其庫存（或平均）利率為 6.097%，而市場殖利率為 3.7750% 或庫存成本為 296,007100 元，而市價為 339,843,800 元，經比較計出後其帳面盈利為 43,836,700 元。又假設該票券公司另持有一支央債 90 乙一期面額共 5 億元，其庫存利率 3.6440%，市場殖利率 4.2% 或庫存成本 524,213,118 元，市價為 486,946,377 元，則又可計出其帳面產生虧損有 37,266,741 元。至於後者之評估方式，乃由當日預買或預售之買、賣利率和市場殖利率收盤價或買、賣總價格與市價作一比較，求出各該盈虧數字，最後再將前項部位所評估的總結果（加）預買部分之評估結果（減）預賣部分之評估結果所結出之餘數，即得當日為止之總盈虧數字。（請參閱**表 14-8**）

表 14-8　○○票券金融公司債券市價評估表　　　日期：2002/09/05

單位：元

債券簡稱 (1)	持有面額 (2)	庫存成本 (3)	發行年限 (4)	票面利率 (5)	庫存利率 (6)	市場殖利率 (7)	百元單價 (8)	市價 (9)	帳面盈虧 (9)-(3)=(10)
央債 89-5	300,000,000	296,007,100	10	5.8750%	6.0970%	3.7750%	113.2813	339,843,800	43,836,700
90乙一	500,000,000	524,213,118	20	4.000%	3.6440%	4.2000%	97.3893	486,946,377	-37,266,741
xxx	xxx	xxx	xx	xx	xx	xx	xx	xxx	xxx
xxx	xxx	xxx	xx	xx	xx	xx	xx	xxx	xxx
持有部位	小計 xxx	xxx	xx	xx	xx	xx	xx	xxx	xxx
央債 91-1	100,000,000	100,299,811	2.00	2.2500%	2.0464%	2.1990%	100.0699	100,069,895	-229,916
xxx	xxx	xxx	xx	xx	xx	xx	xx	xxx	xxx
xxx	xxx	xxx	xx	xx	xx	xx	xx	xxx	xxx
預買部位	小計 xxx	xxx	xx	xx	xx	xx	xx	xxx	xxx
90乙一	100,000,000	97,485,152	20	4.000%	3.6440%	4.200%	97.3893	97,389,276	-95,876
xxx	xxx	xxx	xx	xx	xx	xx	xx	xxx	xxx
預賣部位	小計 xxx	xxx	xx	xx	xx	xx	xx	xxx	xxx
合計	xxx	xxx			xx			xxx	xxx

(持有部位＋預買－預賣)

84.08 ↑08.26
57.60 ↓01.05
36.65 ↑06.05
43.90 ↑40.90

1:00   2:00

第 15 章
債券市場新制度 / 新種商品

　　近年來由於我國債券市場規模快速成長，相關主管機關為配合市場變化，以因應市場需要和加入 WTO 以後與國際間的交流互動，積極推動各項新制改革。如，在交易作業方面，實施債券電腦議價系統、債券比對系統、小額公債交易系統及指標公債電腦議價等改革，並全面演化為電子化的作業平台，以提升交易效率、交割效率及透明化的資訊披露。在交易業務改革方面，也推行了債券借券制度、發行前交易制度、遠期交易制度及公債分割交易制度……措施，不但對健全我國債券市場發展建立了有史以來相當重要的革新和里程，同時亦與國際債券市場之接軌拉進距離，初步已獲得相當成效與知名度。茲就其中已建制施行者，分別於下面幾節篇幅中加予介紹。（李義燦，2004）

15.1 公債發行前交易

　　公債發行前交易制度在國外債券市場並不陌生，而且已行之有年，由於其具特殊的市場交易性質——即可在發行開標前提早進行交易，對未來市場利率有預先測知和引導市場利率走向的雙效作用，因此對市場功能之增進有相當程度的發揮效用。職是之故，此一制度之實施在世界各國債券市場中頗受重視。茲將此一制度之內容加以介紹如下：

💰 辦法

　　公債發行前交易（when-issued trading）制度，係依據「證券商營業處所買賣有價證券業務規則」第七十一條規定訂定。按發行前交易，乃標的公債經財政部發布標售公告後，自其發行日之前八個營業日起至前一個營業日止之買賣斷交易而言。簡言之，就是債券在正式公開發行前，即已先在市場進行買賣操作。至於其交易方式與對象，

可分為證券自營商與客戶間之交易和證券自營商相互間之交易兩種。前者的交易係沿用現有的議價制度。而後者的交易乃透過債券等殖成交系統辦理。復依該辦法之規定，初次在與客戶承作發行前交易時，應洽商客戶留存身分證或登記證照影本存查，並就個別客戶之財務與資金操作狀況作一瞭解，俾便訂定或限制其買賣額度。此外，亦規範證券商承作此一交易時，其買進與賣出餘額須受一定數額的限制，並分別併入其債券附買回與附賣回交易之餘額中計算管理，而且於使用櫃檯買賣中心之債券電腦議價系統時，亦需依其業務規模及買賣情況繳交結算準備金，作為控管參與者的交割前風險之防備用。同時基於規避券源過度集中由個別交易商標購，造成市場回補券源不足的風險顧慮，規定凡證券商從事公債發行前交易及標購所得之餘額，不得逾該公債公告發行總數的三分之一，以達分散券源的原則。

實施

我國首次公債發行前交易制度，係由櫃買中心於 2002 年 11 月 22 日公告實施，並於同年 12 月 2 日就增額發行的五年期 A91111（即 2002 年度第十一期中央政府甲類建設公債）之 300 億元所標售之公債率先開始適用（請參閱**表 15-1**）。依新制規定，其發行前交易得於發行前之八個營業日開始買賣，故對此期公債而言，其發行前交易期間應為 2002 年 12 月 5 日起至 2002 年 12 月 16 日止，並對此期間內所有的發行前買賣交易，一律於 2002 年 12 月 17 日之發行日當天辦妥交割事宜。對於我國實施此一新制，就債券市場而言，除可擴大債券市場規模之效益外，尚可由市場報價狀況作為標購公債之主要參考依據及判定未來利率走向，達到發揮交易避險與價格指標作用等機能。另一方面，就政府立場而言，基於前面之因素，亦可有效減低發行成本。總而言之，由於此一制度之實施，相信對於促進我國債券市場的健全發展有相當的助益。（陳德鄉，2002）

其會計分錄分別為：

表 15-1　中央登錄公債發行前交易統計表　　　　　　　　　單位：面額十萬元

| 債券期別 | 交易日 | 等殖系統 處所議價（含得標部分） | | 合計 | | 買賣淨部位 |
		買進	賣出	買進	賣出	
A91111 十年期三〇〇億元	2002.12.05	77,000	77,000	79,000	81,000	-2,000
		2,000	4,000			
	2002.12.06	67,500	67,500	67,500	67,500	0
		0	0			
	2002.12.09	70,000	70,000	71,000	70,000	1,000
		1,000	0			
	2002.12.10	43,500	43,500	45,500	47,000	-1,500
		2,000	3,500			
	2002.12.11	74,000	74,000	75,000	75,000	0
		1,000	1,000			
	2002.12.12	76,460	76,460	126,880	79,460	47,420
		50,420	3,000			
	2002.12.13	197,660	197,660	218,640	203,210	15,430
		20,980	5,550			
	2002.12.16	227,690	227,690	258,540	251,660	6,880
		30,850	23,970			
	合計	833,810	833,810	942,060	874,830	67,230
		108,250	41,020			

資料來源：財團法人中華民國證券櫃檯買賣中心

1.交易日：

(1)買入：

　借　應收發行前債券　xxxx

　　　貸　應付發行前債券款 xxxx

(2)賣出：

　借　應收發行前債券款　xxxx

　　　貸　應付發行前債券 xxxx

2.發行日：

(1)買入：先作沖銷分錄：

　借　應付發行前債券款 xxxx

　　　貸　應收發行前債券　xxxx

　　借 政府債券 xxxx

　　　　貸 銀行存款 xxxx

(2)賣出：先作沖銷分錄：

　　借 應付發行前債券 xxxx

　　　　貸 應收發行前債券款 xxxx

　　借 銀行存款 xxxx

　　　　買賣債券損失 xxxx　　（或）

　　　　貸 政府債券 xxxx

　　　　　　買賣債券利益 xxxx

15.2 十年期公債指標

　　我國在公債市場日趨成熟及市場規模不斷擴大情形下，自來市場投資人深受利率行情變化不易掌握之苦，結果導致對現貨市場或期貨市場的參與意願不高或進場之躊佇，即使參與也亦易造成誤判，而往往蒙受錯失之痛，對此不但阻撓債券市場的長期發展，同時亦對於推動市場的國際化方向產生不利的影響，而一個較具可靠和正常性高的利率指標資訊，足可提供社會投資人之參考，瞭解公債價格動態和風向指標，自然有利市場之拓展。

　　中華民國證券櫃檯買賣中心，為因應此一市場需求，遂與國外路透公司合作，經由資料的試編及實證檢驗後，我國債券市場第一個利率指標──十年期公債指標，於是順利於 2004 年 5 月 3 日正式推出，自此提供市場投資人一個即時掌握市場現貨行情變化之參考資訊，以進一步達到強化參與市場交易的誘因，和健全債券市場發展目標。

　　按十年期公債為該中心之選取對象，乃因依據市場以往實務交易經驗，認為該種債券在各年期指標債券中，不但是交易最為活絡、流通性最佳的標的，同時對於利率變動亦最具敏感，亦因此其成交行情，往往對其他各年期公債殖利率走勢具指引作用，遂經該中心透過

電腦議價系統，就剩餘年限在 7-11 年的公債爲樣本，就其交易資料（成交行情）每五分鐘按成交價量，依加權平均殖利率計算編製而成。至於此指標具有的特色，包括：(1)因其訊息係透過櫃檯買賣中心債券電腦議價系統進行，以處理經公開報價之成交行情資料所編製而成，故其資訊具有相當的正確性、代表性和完整性；(2)因樣本資料限於剩餘年限在 7-11 年、採固定利率方式發行及一年付息到期一次還本的公債群組，並於每五分鐘就其公開報價之成交價量透過電腦議價系統所計出之最新指標行情，其資料足可供投資人藉此透過櫃檯買賣中心網站或資訊廠商取得即時指標訊息，以瞭解台灣債市走勢和利率變化；(3)此指標因經重複測試，證明無論其與十年期最新發行債券之行情變動呈現高度正相關性（相關係數高達 99%）外（蔡宗達、陳永明，2004），同時亦明確顯示出與現貨市場十年期公債利率行情水準相契；(4)基於相近期限的公債，其利率的變動具密切的關聯與互動，所以十年期公債指標自然亦爲期貨交易人員所參考用來推估 CTD 債券價格的重要依據；(5)因本指標的編製係與路透公司合作推出，故其訊息不但提供國內投資人之參考外，亦可作爲國外投資人瞭解我國公債市場的走勢及期貨市場所參酌。

在我國公債市場蓬勃發展及市場規模快速成長之際，如今證券櫃檯買員中心完成與國際知名的資訊廠商路透公司合作，編製出十年期公債指標，其所揭示的交易訊息，雖可提供現貨或期貨市場的參與者之一個觀測公債價格動態和方向指標。然而，由於此一指標僅能反映近十年期的公債殖利率波動情形，而未能十足反映投資組合的效益及整體市場之變化，是其美中不足之處，在百尺竿頭更上一層的需求下，爲使此一資訊更週全、更精準鳥瞰公債價格變動走向，以提供更爲廣大的投資大眾，及吸取外資之積極進場參與，應就距到期期間高於一年以上之合格中央政府公債，爲選取編製對象之全市場「台灣公債指數」應爲未來相關單位應積極規劃推動的目標。唯有如此，才能更進一步提升我國債券市場的國際聲譽及能見度，進而與國際市場接軌，才具有積極的推進作用。（林宏澔等，2003）

15.3 債券借貸

　　我國債券借貸制度之建立，使債券市場機制趨向合理完整，並符合現代證券市場必備的型態。目前我國實施之此一制度，其標的債券暫限定中央登錄公債為主，其借券程序為投資人（因賺取現貨與期貨間價格變動套利或部位規避風險之需求）或交易商（基於錯帳或交易對象違約時所引發之需要）透過證券商向櫃檯買賣中心設立之債券借券中心辦理借券，以滿足現貨市場及期貨市場的交割或基於策略性操作交易來源之不虞缺乏問題。茲就中央登錄公債借貸制度之概略內容介紹如下：

定義

　　債券借貸制度係於 2004 年 1 月 2 月正式推出。所謂**債券借貸**乃指債券持有持（即出借人），將債券出借予需要者（即借券人），需要者於借券時除須支付一定金額的費用外，還要提供擔保品（擔保金、公債或銀行保證等）給出借人，並於約定期滿時有返還相同數量（面額）及種類（期別）之債券給出借人的義務。

市場成員

　　借券制度之市場成員，包括：(1)證券商為借貸作業單位；(2)集保公司負責公債之撥轉任務；(3)櫃檯買賣中心之「債券借貸中心」負責提供券原；(4)保險公司、金融機構（銀行、票券業及信託投資公司）及中華郵政等為實際出借人；(5)證券商、金融機構、期貨自營商及中華郵政等為實際借券人。

功能

　　中央登錄公債借貸制度，在證券市場蓬勃發展過程將成為重要的

一環。它不但供給市場借券人因應多方面的需求外，而且對持有債券部位者，亦提供面臨價格波動的避險時機。另一方面，由於出借人之借出證券資產，亦可增進整體證券市場的流通性，更可帶給出借人的額外收益，充分發揮財務運用效益。影響所及，不但可帶動市場交易更為活躍及交割更加順暢，進而提供推動更完整之市場交易機制的改革契機，有效促使現貨和期貨市場操作空間。舉例而言，當借券人認為未來市場利率將會上揚，終會導致債券價格下跌時，但手上又無債券部位，可透過證券商向「債券借貸中心」借入，隨即後於市場上出售，並買進期貨，其後當市場利率發生受變化，債券價格下跌時，借券人即可達到從中賺取差價的一種操作。反之，借券人可賣出期貨買進現貨，及待期貨履約日交割後達到套利效果。

💰 規範

依據櫃檯買賣中心「中央登錄公債借貸辦法」，雖然對於市場參與者（即出借人或借券人），並無任何資格限制，但法人機構之操作基於行業別之不同，受目的事業主管機關所訂定借貸有價證券之規範。因此，包括證券業、期貨業、銀行業、票券業、信託投資公司、保險公司、中華郵政公司及外資等特殊行業等，對於借貸「中央登錄公債」（目前僅可作為借券標的）均受不同約束和限制。

💰 交易型態

債券借貸交易型態，可分為下列三種：

1. 定價交易：採固定費率成交，其費率由櫃檯買賣中心定期檢討公告之。

2. 議價交易：由交易雙方自行申報取借（再透過往來證券商與清算銀行），再經櫃檯買賣中心借券系統比對確認成交，並決定成交費率。上項之交易型態，基於履約交割存在風險，故借券人

必須提供擔保品予OTC（如現金、擔保公債或銀行保證）作爲
未來不依約歸還所借標的公債之擔保。借券人、出借人違反應
履行義務或聲明事項時，應依約給付OTC違約金及損害賠償責
任，並由OTC承擔違約追繳或墊償等執行義務。

3.議借交易：交易由雙方（即借券人或出借人）簽訂「中央登錄公
債借貸議借交易契約」，並協商決定交易條件及款券撥轉事宜
（包括標的公債、數量、成交費率、擔保品比率、還券日期及帳
號等），經OTC借券系統比對確認無誤後，通知集保公司撥券。

　　第3項之交易因借貸雙方爲契約當事人，故擔保品之擔保權利歸
出借人保有，因此一旦借券人違約不履行還券義務時，風險由出借人
自負，OTC不負履約保證責任，此爲與前兩項之最大不同處。

交易流程（請參閱圖 15-1）

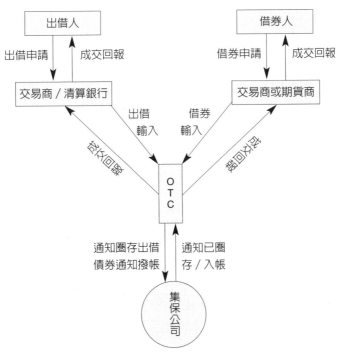

圖 15-1　債券借貸交易流程圖

結語

　　由於債券借券之約定歸還期限長可達半年，因此對於借券人之操作彈性亦大，可謂甚具有利，同時由於此種交易制度有 OTC 居間保證交割之履行，所以交易之安全性可獲得保障，市場規模應可值得期待。（根據統計截至 2004 年 8 月底止，金額約達 104 億元左右），唯依規定雖自然人亦得參與借券交易，但實際由市場參與情形來看，主要乃集中於證券業及保險業居多，此乃受制於各相關規定對於參與行業有其不同程度的限制（包括對證券及期貨自營商、對保險業、對證券投資信託基金、對外資及對銀行及信託業等）、擔保品繳交方式、服務費和手續費及違規認定等問題之合宜性，是否影響到市場的拓展，有待觀察。（黃玻莉、陳永明，2003）

15.4 央債主要交易商

　　行政院金改小組為健全債券市場，依據中央銀行法第二十六條之規定，積極推動中央公債主要交易商制度，依該規定公開市場操作買賣債券之對象，除一般指定交易商外，尚有具活絡公債交易及促進公債市場健全發展能力之中央公債主要交易商兩種。因此在健全債券市場的目標下，經中央銀行篩選公告首批「**中央公債主要交易商**」（Primary Dealer in Central Government Bond Markets）名單，共九家債券自營商，其中包括台新、中國信託二家銀行，中興、中華二家票券公司，大華、統一、富邦、寶來、元大等五家證券公司。自 2003 年 11 月 1 日起施行。自此不但使央行公開市場操作工具，由貨幣市場延伸到資本市場，而且需要公債主要交易商的積極進場配合，達到造市的效果，以活絡債市擴大交易規模外，進而有助於債券市場報價的完整性與連續性，並穩定債券殖利率走勢，建立更完備而有代表性的殖利率曲線。

按 OTC 指出，主要交易商賦予特別權利和義務，期能扮演債券市場領導角色，因此訂定「中央公債主要交易商應配合辦理事項」規範主要交易商對各期指標公債提供公開、連續、有效的雙向報價，且買賣利差不超過 3 個基本點，而不論公債發行前交易或買賣斷交易的市占率，均應維持整體債市 1% 以上及積極參予競標等應遵守配合辦理事項。當然相對亦提供下面的優惠措施：(1)享有使用債券等值殖成交系統每日買賣淨部位之優惠；(2)債券業務服務費優惠；及(3)OTC 同意之業務優惠等項目。

至於中央公債主要交易商與一般公債交易商的差異到底如何？茲分別逐項介紹如下：

1. 就定義上而言：前者應具有活絡公債交易及促使市場之健全發展能力者。而後者乃指承受央行之委託參與公債發行的標售、配售或代售等作業者屬之。

2. 就申請資格而言：前者凡銀行、票券金融公司及證券公司符合如下各條件者：已具有一般公債交易商資格者；其最近一年度銀行之結算後淨值達 200 億元以上，票券金融公司及證券公司達 60 億元以上；最近一年銀行之長期信評達穆迪評等 A3 級以上、標準普爾評等 A-級以上、惠譽國際評等 A-級以上或中華信評評等 TwA-級以上者。票券金融公司及證券公司達穆迪評等 Baa3 級以上、標準普爾評等 BBB-級以上、惠譽國際評等 BBB-級以上或中華信評評等 TwBBB-級以上者及最近一年 / 期銀行及票券金融公司資本適足率達 8% 以上，證券公司達 200% 者。而後者包括銀行、票券金融公司、證券公司、保險業及中華郵政等符合下列條件者：其最近一年度經決算稅後有純益者；公司之實收資本額達 10 億元新台幣以上，具每股之淨值高於票面金額者；凡經央行委託辦理公債業務之金融機構及除保險業外，凡經證券主管機關核准在其營業處所自行買賣政府債券者。

3. 就權利方面而言：前者得參與央行公開市場操作；享有債券業務服務費的優惠；在配合政策作為下，而導致資金調度產生缺

口時，央行將協助解決及對於使用等殖成交系統每日之買賣淨部位，得由準備金淨值的 60 倍提高至 90 倍。而後者僅限於參加中央公債之標售。

4. **就義務方面而言**：前者應隨時將市場訊息提供央行作參考；就合理的市場行情價格積極參與央行的公開市場操作；年度結束後四個月內函送財務報表，並接受派員實地核對；積極參與央債之競標作業；進行雙向報價；每月公債之買賣斷交易金額，須達整體券商的買賣斷交易金額之 1% 以上及每月發行前交易金額須達整體券商發行前交易金額之 1% 以上等。而後者應參與央債之標售或配售；參與中央公債的競標之價格或利率，應符合市場行情及按時依規定函報各相關之報表。

5. **就管理方面而言**：前者之資本適足率、長期信評及淨值未達規定標準時，將被取消資格；未盡義務事項（如未積極參與央債競標、未依規定進行雙向報價等）告知改善或停止其參與公開市場操作及得享有優惠，由最低之三個月至最高之半年，情節嚴重時取消其資格；對於違反法令規定者，央行得以情節輕重作適當的處置。至於後者在要求改善方面有：未參與中央公債之標售或配售、雖參與標售但全部廢標、參與競標之價格明顯偏離市場行情、未依期函送表卦報及未依電子連線投標作業辦理者等；在暫停參加投標一或二次者有：對於要求改善事項之累犯者；在酌收押標方面有：最近一年決算無稅後純益及實收資本額未達 10 億元新台幣或每股淨值低於票面金額者；在終止委託方面有：未如期繳付公債價款、受勒令停業、經依法派員監管或接管者及受停止其一部業務致未能參與投標者。（王薇綾，2003）

 ## 15.5 巨災債券

我國因地理位置因素，除了地震外尚有每逢夏季的颱風、洪水災

害，而且頻率有增加趨勢，災情結果造成整個社會的重大損失。就是
90 年代初期，全球亦因巨災頻仍，結果為產險業帶來重大損失，連帶
牽連國際再保險公司的巨額賠償，直間接影響保費高漲和業務的萎
縮，亦因此導致產險業發展出巨災證券化商品，即所謂之巨災債券之
問世。而所謂之**巨災債券**（Catastrophe Bond），便是產險業將這些天
然災害風險，以債券形式到資本市場發行出售，由投資者（主要為壽
險公司、產險公司、再保公司、銀行、投顧公司及基金等）出錢認
購，將來一旦災害發生，其程度達啟動支付理賠條件時，就由特殊目
的機構指示信託銀行撥款賠付。換言之，就是當發生災害風險時，其
損害賠償將由投資者來承擔。亦即投資人已無法收回部分或全部之本
金或利息，而需要將其投資款項或運用收益撥交予保險公司，作為受
災戶受損給付之用。反之，若於發行期間內無災害發生時，投資者不
但可收回本金外，還可獲取利息收入之謂。

　　台灣在九二一集集大地震後，導致產險業承擔巨額的理賠，據報
導其數目約達 145 億元，遂在政府的體認和積極推動下，於 2002 年 4
月 1 日推出住宅地震保險（制度），雖自開辦以來，其件數及金額穩定
成長，但亦由於累積之承保風險隨之增加，兼之國際再保市場及資本
市場利率下跌等環境因素，於是積極引進美國及日本經驗發行我國首
張地震巨災債券，並基於風險分放散考量，由中央再保公司於 2003 年
8 月在國外以私募方式發行，並以住宅地震險為標的地震巨災債券，
其金額計 1 億美元，為期三年之保險證券化商品。雖然發行巨災債券
相較傳統再保險成本費用為高，但在世界再保險業費率不斷調整提高
及再保市場承保能量持續萎縮的同時，巨災債券的發行在台灣確有它
的需要和迫切性，特別自 2001 年 9 月在納莉颱風來襲及九一一洪水都
造成嚴重的災害與損失，影響所及，發行颱風及洪水的巨災債券腳
步，應可加快規劃，早日實現專屬國內之此類商品，以應市場需要。
（陳信憲、洪麗琴、鍾佳伶，2004 年 10 月）

金融市場
——外匯、票、債券市場與管理

15.6 分割債券

　　所謂分割債券乃指對原本附有利息的政府公債、金融債券或公司債等，經由證券自營商向有關單位申請，將每期利息（息票IO）和本金（PO）分拆發行，使其成為各自獨立商品（如**圖** 15-2），並在次級市場流通買賣。由於原債券一旦經過分割後，即成為零息債券——亦即在到期日前並無利息之支付，因此其交易均以拆價方式進行。是之，投資人的實際報酬（利息收入），就是其購買價格與到期時所兌領債券面額之中間差價部分。舉例說明，以一筆面額500萬元的十年期公債，如票面利率為2.5%時，每年付息1次，十年期共有10次的利息支付，而每期利息為125,000元（如**表** 15-2），計共分割成10

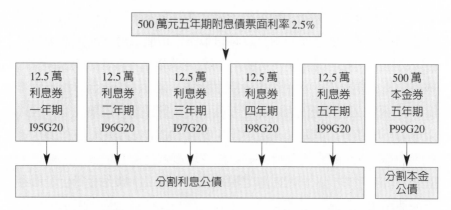

舉例說明：假設以94年7月20日發行第一期可分割公債A94106之一張面額500萬元的五年期債券為例，若其票面利率為2.5%時，且每年付息一次，則經分割後之情形如上圖所示之6張零息債券（即第一枚I01之I95G20、第二枚I02之I96G20、第三枚I03之I97G20、第四枚I04之I98G20、第五枚I05之I99G20及第六枚PO之P99G20）。

註：每枚分割債券代碼之表示法如I98G20即代表98年7月20日到期之「分割利息公債」（Interest Only）。P99G20即代表99年7月20日到期之「分割本金公債」（Principal Only）。其中I是利息、P是本金、G是月份。

圖 15-2　附息債券分割圖示

表15-2　分割公債利息收入計算說明

利息= 2.5%	現值	Y1	Y2	Y3	Y4	Y5	Y6	Y7	Y8	Y9	Y10	與到期值之差	應攤年數
I01	121,951	$125,000/(1.025)$ ── 125,000										3,049	1
I02	118,977	$125,000/(1.025)^2$	125,000									6,023	2
I03	116,075	$125,000/(1.025)^3$		125,000								8,925	3
I04	113,244	$125,000/(1.025)^4$			125,000							11,756	4
I05	110,482	$125,000/(1.025)^5$				125,000						14,518	5
I06	107,787	$125,000/(1.025)^6$					125,000					17,213	6
I07	105,158	$125,000/(1.025)^7$						125,000				19,842	7
I08	102,593	$125,000/(1.025)^8$							125,000			22,407	8
I09	100,091	$125,000/(1.025)^9$								125,000		24,909	9
I10	97,650	$125,000/(1.025)^{10}$									125,000	27,350	10
P0	3,905,992	$5,000,000/(1.025)^{10}$									5,000,000	1,094,008	10

註：1 我國 2005 年 7 月 20 日首檔發行之五年期可分割附息公債票面利率為 2%。

　　2 若於發行時即分割，並買入持有至到期時，其現值與到期值之差額為其利息收入。

張，另外再加上 1 張本金部分之 500 萬元，總共有 11 張的分割債券。
而此 11 張分割債券，均可於在到期日前按其市價獨自在債券市場上進
行買賣。

　　分割債券在國外已行之有年，如美國在 1970 年代後期即有由政府
將所發行之公債，就本金部分和利息部分分割出售的案例。亦誠如前
述，由於其在發行期間中，並不償付利息，所以都以拆價方式發行，
又因其由政府所發行，並無違約風險的顧慮，因此深受市場投資人之
喜好，進而逐漸普及，爾後更因歷經證券商的創新，而衍生出各種不
同名目的產品。此外，再加上政府有計畫的推動、作業流程不斷的改
進、允許重新組合、取消最小面額限制、放寬原先只准許十年期或十
年期以上公債才可分割的規定及採用殖利率報價方式等，使分割債券
市場更加活絡，並擴大了市場規模。

　　按目前世界已實施債券分割市場的國家，計包括：美國、英國、
德國、法國、加拿大、義大利、西班牙、荷蘭、比利時、紐西蘭及澳
洲等國家。至於亞洲地區的國家僅見有馬來西亞的分割公司債出現。
而我國分割債券雖在 2002 年之行政院金改專案小組成立時，即有規劃

分割債券交易的推動作業，並對分割債券實施初期的主要標的，僅限於中央政府登錄公債為對象。唯其後因交易制度設計有部分事項有待克服和採擇，如稅賦課徵方式、公債付息日的求取統一、利息或本金分割之代碼設計、公債分割的標的種類選擇、最小交易單位限制及債券重組規定等等問題，致延緩其施行日期至 2005 年付諸施行。追溯我國推出分割公債主要動機，乃因 2004 年政府對債券型基金持有反浮動結構債的重新規範及其面臨大幅出售時將造成拆價損失，甚至影響導致對債券型基金產生流動性風險等因素，為積極推行分割制公債的動力，其間雖又誠如前述由於制度設計等種種問題須一一克服，致使分割公司債及金融債券上線時期比中央登錄公債率先提早試行。

　　總之，發展債券分割市場不但可達到投資籌碼，增加一般小額投資人進入市場，促進債券流通外，對於零息債券因無再投資風險及分割和重組過程存在套利空間的特性，對活絡債券市場有相當的助益。（蔡宛玲，2005）

第 16 章
衍生性金融商品（二）

國內由於債券市場的日益蓬勃發展，無論是業者或投資人對於債市新種商品的需求隨而殷切。在 OTC 的努力規劃下，近年來不斷的提出各種新金融商品，除對股市證券商提供跨入投資銀行領域，開放承辦新台幣利率交換業務、遠期利率協定及利率交換選擇權等利率衍生性商品業務外，在債市方面亦建立多項的新金融產品，不但促使債市的活絡發展，同時更將我國債券市場推向國際舞台，目前無論在發行規模或交易規模，在亞洲地區已占有相當重要地位，並獲得口碑及成效。茲就幾項新種商品，分別介紹如下：

16.1 利率期貨

利率期貨屬於期貨交易商品之一種，它分為短期利率期貨和中、長期利率期貨（債券期貨——以公債為交易主體）兩種。前者乃我國目前金融市場推出之貨幣市場的 30 天期商業本票利率期貨，而後者之標的為十年期之政府債券期貨。利率期貨商品之實施，對於部位持有者，若利用它來進行操作時，可避免原部位的獲利機會，不致遭遇市場利率變動的風險而被侵蝕掉，以達到全面性的避險效果。有關利率期貨之詳細內容介紹如后：

💰 緣起

由於我國票券市場及債券市場規模不斷擴大成長，以 2002 年為例，交易量分別達新台幣 53 兆元及 83 兆元（含附條件及買賣斷交易），皆高於股票市場的新台幣 21 兆餘元。就是日交易額，前者亦有 2,000 億元新台幣，而後者亦有新台幣 3,400 億多元。兩者不論在短期或中、長期資金中皆扮演著重要的角色。而前者，因近年來之利率水準（如在次級市場以 30 天期 CP2 而言，就年度最高利率減最低利率之差距，以基本點來看，2001 年度為 290 個基本點，2002 年度為 91

個基本點及 2003 年度爲 73 個基本點）實具有一定程度的波動性。至於後者，因通常之長期利率波動皆高於短期利率之故，或往往因時期之愈長愈不可測，風險亦愈高，因此對於公債主要持有者，如銀行、證券商、保險業或票券商等，勢必造成利率波動巨大風險。如以十年期政府公債殖利率波動而言，由 2001 年初之 4.8%，大幅下滑至 2003 年初之 1.3%，多達 350 個基本點。影響程度甚大。因此，不論在票券或債券層面，都不免面臨快速的市場變動風險，所以若無相關衍生性商品可供避險，對上述業者經營影響頗大。就是促進我國金融現貨及期貨市場之發展亦是一大障礙。反觀國外利率期貨市場之發展，在全球各大期貨交易所商品交易量的前十大，利率期貨就占了七席，在此情形下發展利率期貨已刻不容緩。是之，相關當局經參酌國際發展經驗，在短期利率期貨方面，規劃以平時交易最活絡及最能反映資金供需狀況之 CP2 爲交易標的，並自 2004 年 5 月 31 日推出 30 天期商業本票利率期貨。〔其交易標的爲面額 1 億元新台幣，報價方式係參佐國際短期利率期貨，即採 100 減利率方式，如當利率爲 1.525% 時，其期貨報價爲 98.475，最小升降單位爲 0.005，相當於新台幣 411 元，每日漲跌幅爲前一交易日結算價上下各 0.5%（即 50bp），最後交易日爲到期月份之第三個星期三，交割採現金交割〕。在此之前，即同年之 1 月 2 日，相關當局有鑑於國內債券市場規模之不斷擴大，在顧及平時持有數量龐大債券部位業者免受利率波動風險，已推出十年期政府公債爲標的公債期貨，使我國利率期貨市場長短俱全，不但提供前述業者爲利率波動之避險工具或套利管道，同時提高法人機構參與期貨市場的意願和比例，對我國期貨與貨幣市場的發展意義重大，進而有利票、債券市場之持續發展。

💰 定義

　　所謂**利率期貨**（Interest Rate Futures）乃指金融資產（如債券、可轉讓定期存單、商業本票等）持有人爲免除因市場利率之波動，並預

期朝向不利走向導致產生的價格損失風險,而事先與交易對手契約在未來的某一特定時日,依約定價格之交易所作避險或投機買賣操作之謂。按利率期貨屬於期貨契約中之金融類別(其他尚有外匯期貨、股價指數期貨等),它通常分為兩種:一為短期票券期貨、一為長期的債券期貨。我國目前掛牌的利率期貨商品,包括三十天期商業本票利率期貨(CPF)和十年期政府債券期貨(GBF)。現今世界主要期貨交易所,如芝加哥商業交易所(CME)之三個月歐洲美元定存利率期貨(Eurodollor Furtures)、美國國庫券、政府長期債券、十年美國中期債券、五年美國中期債券、二年美國中期債券、一個月 LIBOR、三十天期利率等。新加坡國際金融交易所(SIMEX)之三個月歐洲美元利率、三個月歐洲日圓。倫敦國際金融期貨交易所(LIFFE)之三個月歐元存款期貨(Euro-Euribor Furtures)、日本國債、二十年長期英國國債、德國國債。東京證券交易所(TSE)之十年債券期貨、二十年債券期貨、T-Bond 期貨。芝加哥商品交易所(CBOT)之二十年 T-Bond、十年 T-Note、三十天利率、日本國債及歐元交易所(EUREX)之長期歐元債券期貨(Euro-Bond Futures)、中期歐元債券期貨(Euro-Bobl utures)及短期歐元債券期貨等。

經濟效益

利率期貨的推出從經濟面來看,有下列幾種效益,包括:

風險規避(Risk Transfer)

債券市場的參與者有的基於營運目的,通常都會持有相當的部位,在目前國內利率自由化的環境下,利率波動頗為頻繁,自然對持有者承擔相當的風險壓力,在市場普遍欠缺避險工具情形下,利率期貨是一個適當的避險管道,而能迎合持有人的應用需求。

存續期間的調節（Adjustment of Duration）

投資人因持有債券投資組合，自有各別不同的存續期間，因此一旦預期市場殖利率有往上攀升之走向，持有人就應調整投資組合，將存續期間縮短，以減輕因利率變動可能遭受的損失或降至最低。相反地，當預期利率將下跌時，就要拉長投資組合的存續期間，以增加投資組合因利率變動帶來的收益。而利率期貨是一個可利用債券期貨的買賣來改變投資組合的存續期間，以提升操作績效。

資產配置（Assets Allocation）

基於市場環境的變化無常，因此法人機構投資者的組合管理人，勢必隨時依市場的變化來調整投資組合中的資產，以提升資產配置的效率或操作績效，而這些調整動作，並非只能透過現貨市場來達成，就是藉由期貨市場的操作亦能達到其效果。

提高資金運用效率

由於債券期貨交易只須支付保證金，而毋須支付本金，故其交易成本相較現貨交易為低，對投資人不但可利用低成本的期貨交易，來從事避險或套利操作，同時對於其餘資金可作為其他用途之用，而提高資金運用效率。

資源配置效率

因標準化的契約規格，不但具交易的便捷性，同時由於估算機構居間保證交易的到期履約，可減輕違約風險，使得市場資金的配置與流通更順暢而有效率。

資訊擷取

因當前股票市場的資訊傳播體系，頗為完備而敏捷，相對帶動債券期貨的相關資訊的發達，對於現貨市場或期貨市場的參與者，自然

就可隨時取得其所需要的相關訊息，因此提升市場的操作效率。

⊞ 價格發現（Price Discovery）

期貨交易的價格判定，通常交易人會基於當時市場情況及資訊取得所形成的最後買、賣決策。換言之，期貨價格的形成，除持有成本外，尚有交易工具的市場供需、政治變化及經濟前景等因素，均都反應在到期日前現貨價格上，不但如此，更因期貨交易乃透過集中市場的競價撮合，故期貨價格對現貨市場價格具有指標作用（《Smart 智富月刊》，2004）。

💰 委託交易流程圖 （圖16-1）

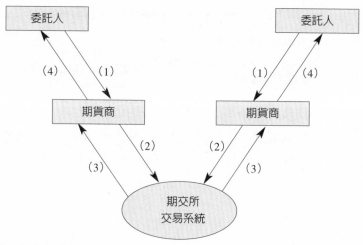

說明：
（1）下單（填具買賣委託書）
（2）輸入（交易系統、撮合及委託回報）
（3）成交回報（競價撮合）
（4）買賣報告書（製作寄交）

圖16-1　利率期貨交易流程圖

　　至於公債期貨之撮合方式，在開盤時段（8：30-8：45）採集合競價；交易時段（8：45-13：40）採逐筆撮合；收盤時段（13：40-13：45）採集合競價。

合約規格差異表　（表 16-1）

表 16-1　三十天期 CP 及公債期貨契約規格差異表

項目內容	內容	
中文簡稱	三十天期商業本票利率期貨＊。	十年期政府債券期貨。
英文代碼	CPF。	GBF。
交易標的	面額一億元之三十天期 CP。	面額五百萬元，票面利率 5% 之十年期政府債券。
交割月份	交易當月起連續之十二個月份	交易當月起連之三個季月。（三、六、九、十二季月循環）
最後交易日	到期月份之第三個星期三	到期月份之第二個星期三。
交割日	最後交易日之次二營業日	最後交易日之次二營業日。
交割方式	採現金交割	可採實物交割或現金交割。
報價方式	採指數格式（如報價為 98.250 代表成交利率為 1.75%）	採國際慣例（以百元為單位）。
最小升降單位	為 0.005，折合為 411 元（換算單位價值：$100,000,000 \times 0.005 \times 1\% \times 30 / 365 = 411$）	每百元 0.005 元，折合為 250 元。（$5,000,000 \times 0.005 / 100 = 250$）
每日漲跌	以前一交易日結算價上下各 0.5 元為限。	以前一交易日結算價上下各 3 元為限。
部位限制	單一月份不超過五百口，各月份合計不超過二千口。	單一月份不超過一千口，各月份合計不超過二千口。
交易時間	銀行營業日上午 8：45 至中午 12：00。	櫃檯買賣中心等殖成交系統營業日之上午 8：45 至下午 13：45。
結算價	採收盤時段成交價。	採收盤時段成交價。
最後結算日	同最後交易日。	最後交易日。
最後結算價	以 100 減最後交易日中午 12：00 前交所選定機構所公布之一月期成交累計利率指標，向下取至最接近最小升降單位整數倍之數值。	最後交易日收盤前 15 分鐘內所有交易之成交量加權平均價訂之。惟該時段內不足 20 筆交易時，以當日最後 20 筆交易剔除最高及最低各 2 筆後交易之成交量加權平均價替代之。
保證金	以「台灣期交所結算保證金收取方式及標準」計算之結算保證金為基準。	以「台灣期交所結算保證金收取方式及標準」計算之結算保證金為基準。

（續）表 16-1　三十天期 CP 及公債期貨契約規格差異表

項目	內容	
可交割債券	-----------------------------------	只要到期日距交割日在七年以上十一年以下，一年付息一次，到期一次還本之中華民國政府中央登錄公債。
每日結算價	每日結算價採收盤時段成交價。若當日收盤時段無成交價，則依「台灣期交所三十天期 CP 利依率期貨契約交易規則」訂定之。	每日結算價採收盤時段成交價。若當日收盤時段無成交價，則「台灣期交所十年期政府債券期貨契約交易規則」訂定之。

＊短期票券利率指標：由台灣票券集中保管結算公司編製系統（SIRIS），提供國內十四家票券金融公司（其交易金額市場占有率逾七成）主機之連線，用於傳送即時交易天期介於二十一天至三十一天融資性商業本票之每筆交易利率資料，作為一個月期利率指標編製參考範圍。時間設定為 9:00am 至 15:30pm，並以十五分鐘為一盤（以達到即時性訊息的揭示效用），一日共有二十七分盤（充分反應整天市場行情變化情形），每一分盤再以成交量加權平均計算後，同時公布〔分盤利率指標〕（＝每筆成交利率×每筆成交量／分盤成交量）及〔成交累計利率指標〕。

💰 期貨契約與遠期契約之比較

期貨契約雖由遠期契約（Forward Contract）延伸發展而來，但兩者交易契約內容或條件，並不盡相似。如在「契約額」方面：前者屬固定數額或倍數之標準化契約規格；而後者可由雙方協議訂定。在「交易方式」方面：前者係於交易所喊價方式產生，並經由競價訂定；而後者則由雙方透過電傳協議訂定而成。在「交易日期」方面：前者須於特定日期辦理之標準化格式；而後者係由雙方協議訂定。在「交割方式」方面：前者可作反向交易，且多數在交割前已先平倉（Offset），故屆時以實物辦理交割者占少部分；而後者因不可作反向交易，故屆時以實物辦理居多。在「保證金繳付」方面：前者有特定保證金制度，故於契約成立時，交易雙方都要繳付；而後者可由雙方議定或全免。在「違規風險」方面：前者因透過交易所辦理結算，較無信用風險之顧慮，故風險較低；而後者則因兼顧信用及市場風險，故風險程度較高。在「對象／參與者」方面：前者以交易所為主／參

與者通常為避險者（Hedgers，企業、生產者或金融機構）或投機者〔Speculators，銀行、對沖基金（Hedge Funds）、套利者（Arbitragers）〕。而後者，以銀行為主／參與者，則以避險者（企業、金融機構）居多。在「交易場所」方面：前者雙方可在交易廳進行交易或透過電腦網路撮合而完成；而後者沒有公開交易場所，可在櫃檯或在電話中進行，屬店頭市場的交易方式。至於期貨契約與遠期契約兩者唯一共同點，即契約的執行都在未來的時點，而非即日，且兩者均兼具避險與投機的雙重功能。

💰 操作實例

在不同利率情形下利率期貨贏的操作策略：當預期利率會上升時，應放空期貨來操作；反之，當預期利率將下降時，應做多期貨來操作。

實例說明

例一　今假設投資人李某於 6 月底時，預計三個月後長天期市場殖利率將走低，於是便買進 9 月份公債期貨，價格為 101.015，至次月 15 日則以 102.000 將其賣出，試問李某之買賣損益如何？

損益＝〔（102.000 － 101.015）／0.005〕× 250 ＝ 49,250（註）

例二　假設投資人王某預期未來市場殖利率將走揚，於是放空賣出 12 月份公債期貨，價格 98.75，於 11 月底再以 98.25 買回，試問王某之操作收益如何？

損益＝〔（98.75 － 98.25）／0.005〕× 250 ＝ 25,000

註：每一升降單位價值（即每一契約最小變動值）
　　＝ 5,000,000 x 0.005（每百元）／100 ＝ 250
　　損益＝〔（賣價－買價）／0.005〕× 250

　　投資人從事期貨商品交易，首先應向合法經管期貨業務的期貨商（專業期貨經紀商、兼營期貨經紀商或期貨交易輔助人等）辦理開戶（期貨商管理規則第二十五條及台灣期交所業務規則第四十七條規定參考），並詳閱契約等文件內容（如委任契約、風險預告書以及其他書面說明文件等等），尤應注意有關保證金追繳，期貨商強制代為平倉以及保證金或權利金之利息歸屬等約定條款，特別對於保證金因期貨市場行情變動而有增減，應隨時注意餘額之變動，並注意委任契約所規定保證金補繳期限或期貨商強制代為沖銷時點，以避免交易糾紛之發生。又投資人不得有對作、虛偽、詐欺、隱匿或其他足生期貨交易人或第三者誤信之行為（參考期交法第一百零八條規定）。依現時台灣期交所的期貨商品，包括有：台股期貨、電子期貨、金融期貨、小型台股期貨、台灣 50 期貨、十年期公債期貨及三十天期利率期貨等。

　　有關十年期公債期貨實務交割程序，在應付交割債券申報作業方面：賣方應在最後交易日之次一營業日下午三點前，將應交割債券匯入期交所登錄公債交割帳戶，或向期貨商提出交割能力之證明文件；在應收交割債券申報作業方面：買方應在最後交易日之次一營業日下午三點前，將交割價款匯入期貨商保證金專戶中，或向期貨商提出交割能力之證明文件；在應收交割債券撥轉作業方面：期交所在最後交易日之次二營業日辦理完成交割價款收付作業後，應通知清算銀行將交割債券自期交所登錄公債交割帳戶撥轉至買方之登錄公債帳戶中。至於到期之交割方式，則採實物交割，最後交易日收盤後，賣方若有未結部位，則需提交一可交割債券進行交割。買方則應交付應付之價款。而三十天期利率期貨到期交割方式，則採現金交割，交易人在最後結算日依最後結算價之差額，以淨額進行現款之收受或交付。（邱文昌、顏榮邦，2003）

 16.2 金融資產證券化

　　金融資產證券化（2002 年 6 月 20 日條例通過）在我國只不過四年餘之歷史，自發行以來由於市場接受度越來越普遍，市場規模發展迅速（見**表 16-2**），其創設目的主要在於使金融機構之債權資產，如房屋貸款、汽車貸款、租賃債權、應收帳款債權、信用卡債權或其他金錢債權等為基礎，將其信託與受託機構或讓與特殊目的公司，以發行受益憑證或資產基礎證券，達到債權之活化、運用，具債權提早回收效果，不但可提升金融機構的競爭力，同時又可活絡資本市場等效益。至於不動產證券化，因不動產證券化條例（2003 年 7 月 9 日條例通過）未對證券化之創始機構做法令上的定義，故其創始機構領域擴及至擁有不動產之法人機構或自然人。因此，證券化的範疇可謂相當的廣泛，相信對於發展證券化市場及熱絡整體資本市場助益非淺。茲分別將其說明如下：

 定義

　　所謂**金融資產證券化**（Securitization of Financial Asset），簡單而言就是金融機構（包括銀行、信用卡業務機構、票券金融公司及保險

表 16-2　證券化商品發行金額　　　　　　　　　　　　　　　　　　　單位：新台幣億元

年度	金融資產證券化			不動產證券化			合計		
	核准量	發行量	發行餘額	核准量	發行量	發行餘額	核准量	發行量	發行餘額
2003	326.9	269.8	158.8	——	——	——	326.9	269.8	158.8
2004	396.9	421.5	478.2	133.8	99.8	99.2	530.7	521.3	577.4
2005	1,651.9	1,418.6	1,653.4	341.4	375.4	463.4	1,993.3	1,794.0	2,116.8
2006	2,114.0	4,119.4	2,828.8	222.2	208.2	627.0	2,336.1	4,327.7	3,455.8
2007.7	728.5	3,819.3	3,618.0	81.1	95.1	720.5	809.6	3,914.4	4,338.5
合計	5,218.2	10,048.7		778.5	778.5		5,996.9	10,827.2	

註：發行量含 ABCP 定期循環發行之金額，致大於核准量。
資料來源：台灣期貨交易所。

業等）對於預期未來會有現金流量的資產，以證券化型式對外發行，逐向市場有興趣的投資人出售，藉此過程以籌募資金。詳言之，金融資產證券化，就是此等金融機構，以其對企業授信、汽車貸款、房屋貸款或信用卡應收帳款等，分別取項將其預期未來會有現金進帳之債權作為擔保，經透過特定機構之包裝（Packaging）、設計和信用評等機構評等後，發行具流通性的受益憑證，在市場上出售，向投資人募集資金，而投資人便可定期收取發行機構所支付的收益之謂。

💰 背景

金融資產與不動產證券化的運作機制，具密切的相關性，因為金融資產證券化乃不動產證券化〔不動產資產信託（Real Estate Asset Trust, REAT）及不動產投資信託（Real Estate Investment Trust, REIT）〕的衍生產物。最早發展於 1970 年代的美國房地產業之房屋貸款，經過證券化和蓬勃發展後，才逐漸擴展到銀行業各種債權之發行模式。而我國則基於金融環境的變遷，在金融機構過度競爭結果，由於逾期放款持續惡化，導致流動性潛在隱憂和危機情形下，為政府採取一系列金融機構改革措施，而金融資產證券化即屬其中項目之一，經過一段期間的規劃後，遂於 2002 年 6 月完成立法，7 月 24 日由總統發布實施，為我國金融市場發展開啟新頁。依據我國金融資產證券化條例，原本限於金融機構的資產為證券化標的，但相關當局有鑑於國外之對非金融機構利用資產來證券化的情形相當普遍，所以在立法時，即保留了彈性條款。亦就是既使非屬金融機構，若經主管單位之核准，亦可成為創始機構，將其資產來加予證券化的發行，以籌措運用資金。

💰 組織架構及流程

茲就不動產證券化之市場參與者進一步加予說明如圖 16-2：

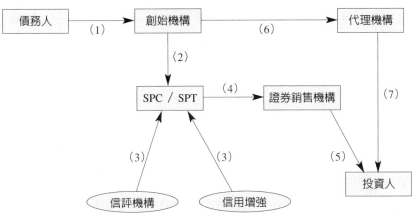

（1）創始機構因投信關係產生債權（即金融資產）。
（2）創始機構讓與金融資產。特殊目的機構就移轉取得之金融資產發行受益憑證。
（3）為提供投資人對受益憑證品質的瞭解，一方面經由信評機構完成等級評等，另一方面透過金融機構保證或信用保險來增強商品信用。
（4）由證券商或票券商負責承銷作業。
（5）支付價款。
（6）選任代理機構，並負責收取貸款本息／信託收益。
（7）分配收益予投資人。

圖16-2　金融資產證券化組織架構及流程圖

金融資產證券化的組織架構及流程說明如下：

1. 債務人：以商譽、聲譽或提供擔保品向金融機構辦理融資的法人或自然人，並約定在授信期內按期繳付利息及本金者，通稱債務人。而銀行授信債權品質的良窳，全憑借款人的信用評價、財力及經營情形而定。因此，一般銀行的不良資產（NPL）自然不適於作為證券化的標的。

2. 創始機構：**創始機構**（Originator）乃指因提供授信業務而取得各類資產債權的金融機構而言，亦是提供貸款債權交付信託或出售債權給予特殊目的公司或特殊目的信託機構之資產債權所有者。如銀行、信用卡公司、票券金融公司、保險公司、租賃公司及一般集團企業等，都是資產證券化來源的創始機構。而

其中特別是銀行業之授信項目眾多，包括有企業貸款、住宅抵押貸款、汽車貸款債權、現金卡債權、信用卡債權及一般消費性貸款等，都是證券化標的重要來處。此外，一般企業或政府單位之不動產，亦可透過證券化來籌措運用資金，標的項目來源比較單純。

3.特殊目的公司或特殊目的信託機構：對於創始機構提供之資產債權，依規定須透過特殊目的公司（SPC）的收購或將持有之債權資產交付信託給特殊目的信託機構（SPT），再經由此等機構之規劃設計，一方面發行以該等債權為擔保而具債券型式的一種收益憑證，再交付相關機構到市場募集資金；另一方面，透過此一機制徹底將該等債權資產與創始機構作一區隔。換言之，就是自此不再受創始機構的信用變化或破產風險之影響。

4.信用增強（機構）（Credit Enhancement/cer）：由於證券化產品品質好壞程度不一，自然存在著風險性，為補強產品信用程度之不足起見，可透過保險公司的承保，強化收益憑證的保障性和投資人的接受度。當然證券化商品本身如具有良好的擔保品，亦是產品品質增強重要因素之一。此即信用增強有所謂的內、外因素之分。前者，如由創始機構提供高於發行金額的資產（即超額資產）或擔保品等。而後者，即經由第三人機構所提供之保證。

5.信用評等機構（Rating Agency）：資產證券化產品的良窳影響到投資人的權益。資產證券化過程，如產品規劃、包裝及設計等一直到最後之成為憑證，均須經過繁雜手續，而其背後標的債權資產到底品質如何，難由一般社會之投資人所能主觀判斷。因此，必須藉由一專業信評機構介入評審，並授予等級和認證，供作投資人的參考依據。

6.代理機構或服務機構：**代理機構**（Paying Agency）係負責定期將證券所孳生之現金流量收入交付投資人，作為投資收益工作之機構。至於**服務機構**（Servicer）除負責向債務人收取本金及

利息和支付工作外，還包括負責債權的催理作業。一般而言，服務機構由創始機構擔任或其他金融機構來代理。

7. 承銷商：資產證券化發行後之銷售方式，可分為私募和公開募集兩種，其中公開募集之受益憑證，依規定應全數委託承銷商（Underwriter）辦理，至於私募方式承銷商只站在顧問立場提供資訊。

💰 結語

我國金融資產證券化，自 2002 年 6 月立法後，首宗發行的收益憑證，係由台灣工銀以 41 筆「企業貸款」為證券化標的，產品首先在經由特定機構重新組合包裝（structure）和透過信評機構評等（為 twA）後，順利發行並流通於市面（雖然總計 36.52 億元的貸款包裝，其次順位的 8.4 億元由創始機構自己吃下），已達到募集資金等效果。故資產證券化，就金融機構而言，可提高資本適足率、降低籌資成本和風險、增加資產變現性、供充流動準備、開發新種金融產品和增加收入型式、改善整體財務結構及發揮放款乘數等效益。就投資人而言，增加投資管道和選擇。就參與證券化之其他周邊產業而言，如信用評等機構、信用增強機構、會計師或律師等，因證券化作業過程的複雜手續，需要專業分工機制，可增加各參與機構的商機和經驗。就整體金融環境而言，可促進金融國際化、自由化及多元化等效果。雖然金融資產證券化在國內發展期間尚短，然依相關當局之推估僅國內金融業可供證券化的債權資產規模，樂觀估計可達新台幣 1 兆元上下（根據中央銀行公布資料顯示，截至 2006 年 12 月份我國金融機構總貸款餘額為 130,603 億元新台幣，其中對公、民營企業貸款占 48.25%，計 63,665 億元新台幣；消費性貸款占 51.25%，計 66,938 億元新台幣（包括購置住宅貸款為 44,106 億元，房屋修繕貸款為 7,923 億元，汽車貸款為 1,203 億元，機關團體職工福利貸款 1,488 億元，其他個人消費性貸款為 9,010 億元，及信用卡循環信用餘額為 3,208 億元），由此數

據可見國內金融機構可供證券化商品之標的規模相當可觀，兼之政府的大力推動及 6% 的利息稅率誘因，應可預期金融資產證券化商品之未來市場潛力的雄厚。

 # 16.3 債券保證金交易

債券保證金交易為一種債券投資操作，屬於一種債券附條件交易，因為它的交換結合賣斷與附條件賣回交易方式，投資者於參與操作購買債券時，僅需支付少部分的保證金即可，作為謀取價差利得的一種高報酬與高風險的投資，在市場利率被預期會有相當下降機會，為投資者樂於進入操作，具短期性炒作特質的投資工具。茲介紹如下：

意義

所謂債券保證金交易乃交易商將債券賣斷給投資人，投資人於買斷的同時，再以該債券與交易商作附條件賣回交易（需簽訂附條件買賣總契約及風險預告書）以取得融資，故實際上投資人只需自備小部分的資金即可買斷債券，而投資人在交易承作日僅需繳付小許的保證金給交易商即可，所以屬於一種高財務槓桿操作，風險相當的大。此種操作方式，就交易商立場而言，就是一件同時兼具賣斷（OS）和附條件賣回的交易（RS），而投資人於到期日再償付交易商當初所融通的資金，並取回標的債券之謂。

操作方式

保證金交易實際就是一種使用槓桿原理的操作，誠如上述，亦就是以少數的保證金去進行高額債券交易（公債市場一般交易最低單位為一口 5,000 萬元），由於此種操作投機性強，因此風險相對提高。換

言之，投資人進入交易決策時，就預期利率將有大幅下跌機會，到時會有相當的獲利空間，所以此種交易深受富冒險性強的投資人所喜好。相反地，若預期不如想像，利率一旦呈反轉而成大幅攀升時，就會造成投資人的巨額虧損。也就是說，若投資人當初買進的殖利率低於其後賣出之殖利率時，便會出現價差損失，或者是附條件賣回利率高於買進殖利率時，便會出現所謂之融資成本高於買券成本的情形，結果就出現虧損了。所以基本上保證金交易是一種看多的操作。

保證金

至於投資人於交易成立時所繳交之**基本／期初保證金**（Basic/Initial Margin）（通常於下單之前一日繳付），其後若債券價格發生下跌時（殖利率上升），交易商會依跌幅程度從保證金中扣除，一旦保證金被扣減至交易商所規定應維持（maintenance）的水準時，便會要求投資人即時補繳其不足，若投資人無法及時回補差額時，交易商便會將附條件賣回交易給予解約（即斷頭），並處分標的債券以抵償當初的承作金額，此時若尚有不足，會再進一步向投資人作催補動作，最後若有剩餘者才再歸還予投資人。

風險

保證金交易的風險，除前述的「利率變動風險」外，尚有「信用風險」及「流通性風險」問題。前者為一旦債券價格大幅下降，而投資人無力補足保證金缺口導致發生違約時，自然會轉歸交易商來承擔該風險，故交易商通常於事前都會對投資人的信用作徵信、過濾和篩選等作業。而後者，則因標的債券價格一旦下跌，經追繳保證金無著後，交易商於處分標的債券時，因該債券在市場交易流動性不佳，而是屬於一種冷門券時（OTC 所公布之熱門券別可在該中心網站 http://www.gretai.org.tw 查詢），勢必影響出脫時點，故對交易商而言

也是一種風險。

💰 保證金交易流程（請參閱圖16-3）

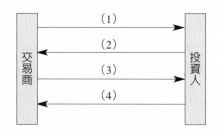

說明：
（1）賣斷債券。
（2）成交價款。
（3）附賣回價金。
（4）承作附賣回條件交易、交付保證金。

(a)交易日

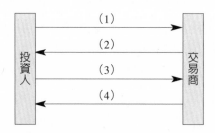

說明：
（1）償付附賣回價金。
（2）交付債券、退還保證金。
（3）賣出債券。
（4）收回現款。

(b)到期日

圖 16-3　保證金交易流程圖

資料來源：薛立言、劉亞秋（2004），《債券市場》，東華書局，頁235-242。

16.4 利率交換

　　利率交換在衍生性商品中算最重要的一項，它屬於一種交換合同，事前經簽約雙方協議同意在契約期間內，每隔一段時間的交割日期，互為交換利息支付，而不交換本金。

　　利率交換方式有三，有以固定利率交換浮動利率者，有以固定利率交換固定利率，更有以浮動利率交換浮動利率，其中應以固定利率交換浮動利率算是最普遍的一種交換方式，基本上利率交換每次在交換利息，僅結算其差額支付。茲分述如后：

定義

　　所謂**利率交換**（Interest Rate Swap，簡稱 IRS）為早期企業間在比較利益的原則下，基於達成金融資產與負債風險管理的目的，所衍生的一種中長期利率避險工具。換言之，就是交換雙方合約同意在一定期間內，彼此訂定名目本金，就固定利率費用／資產與其他浮動利率之借款費用或浮動利率借款費用間之互為交換支付，以達到降低資金借貸成本或規避利率風險的目的。因此，利率交換的過程，通常只交換兩方利息／率部分之差額，而**名目本金**（Notional amount）並不交換，所以又稱換利交易。

約定期間

　　目前市場企業承作的利率交換皆透過銀行居間撮合居多，銀行一方面，提供信用俾利交易之順利進行，以保證雙方免遭違約之損失；另一方面，銀行又可因此賺取兩方利率支付／收取的差價。除此之外，就是銀行與銀行間或銀行與企業間亦有對作形式。市場之所以出現固定利率與浮動利率之轉換情況，普遍存在於二個市場定價之差

異。亦即處於債信不同等級之交易雙方，因對長天期及短天期資金取
得成本各具優勢，致產生潛在的套利空間而撮成。至於合約期間端視
企業雙方本身債務／資產部位期間之長短來作取擇，一般銀行的報價
自一年期至七年期不等，利息交換清算期間為每三個月交換一次。至
於「結算金額」之公式為：

（浮動利率－固定利率）×名目本金×設算期間天期／365天

註：若某期之固定利率高於浮動利率時，則該期的交割金額應由
　　支付固定利率者（即收浮動利率的一方）交付給浮動利率支
　　付者（即收固定利率的一方）。反之，固定利率低於浮動利
　　率時，則由浮動利率支付者交付給支付固定利率者。

💰 功能

互換雙方透過利率交換，大略具有下列幾項用途，包括：

⊞ 可降低資金成本

互換雙方由於債信條件差異，基於個別比較利益利用利率交換進
行套利操作，可達到降低資金成本的效益。

⊞ 可規避利率變動風險

互換雙方之債務，因利用利率交換轉換對個別有利的計息基礎，
可達到規避利率風險的目的。如當預期利率要下降時，可以將固定利
率費用轉換為浮動利率支付；當預期利率將上升時，為減輕利息負擔
可將浮動利率轉換為固定利率。

⊞ 可增加收益

利率交換除對負債方面的利息支出，具有規避利率風險和樽節資
金成本外，就是對資產方面的利息收入，同樣具有達到增加資產的效

果。如一般資產（存款或債券等）握有者，在預期利率即將下跌時，可將浮動利率收益轉換為固定利率收取的方式，或在預期利率即將上升時，將固定利率轉換為浮動利率收取的方式。

可靈活資產和負債之管理

當參與者欲改變資產或負債組合，以配合投資組合或對利率未來之變動加以鎖定時，不必考慮出售資產或償還債務來因應，亦可以透過利率交換之操作來加以調整。

通常企業在進行利率交換前，應先做到如下的準備工作和規劃：在前置作業方面，包括與交易對手的洽辦、交易對手的徵信作業、訂定交易數目、相關層級的核准、交易契約的審核（法務單位的意見）及簽訂與交易相關文件的管理（作為日後交易之確認與覆核）；在前檯作業方面，包括確認需求金額及期間、進行詢價或議價作業、交易內容報請核定及交易之執行；在後勤作業方面，包括交易建檔和登錄、交易記錄之覆核／審核、交易案件之函證／確認、結算日利息差額之辦理交割、帳務之處理（會計登錄及編製相關報表）、定期評估作業及交易查核（進行風險衝量與評估及查核計畫執行情形）等才能達到預期的目標。

交易說明與基本架構（請參閱圖16-4）

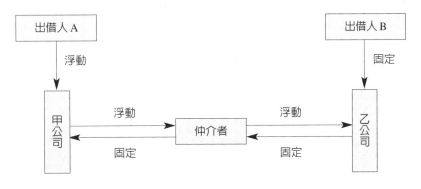

圖 16-4　利率交換基本架構圖

　　交易雙方通常透過仲介機構居間撮合並簽訂契約，同意在一段期間內以同一種幣別的名目本金爲計算基礎，進行互付對方利息「通常爲固定利率及浮動利率（利息支出通常以3、6或9個月期LIBOR或SIBOR加碼，利息收入則以3、6或9個月期LIBOR或SIBOR減碼）的交換」之配對操作，以達到規避利率變動風險的效益並創造市場的流動性。而仲介者的酬勞則以從中賺取利差作爲佣金酬勞。

　　例如，甲公司因業務需要向A往來銀行融資，銀行以其債信等級僅願意提供浮動利率，並以六個月期SIBOR加1%方式計息，然甲公司偏好以固定利率支付，遂向仲介機構尋找交易對手進行同期間之利率互換契約，以便用固定利率利息支付費用，換取同爲六個月期SIBOR加1%的浮動利率交易。甲公司經此操作後，便可達到浮動負債費用改爲固定負債費用支付的目的。經其操作的結果，甲公司因由原應支付A銀行的浮動利息，便可用以向仲介者收取的浮動利息來抵銷，故最終僅以固定利率支付A銀行，而達到規避利率變動風險的效果。

16.5 債券選擇權

　　在資本市場上債券選擇權亦稱爲利率選擇權，因其標的工具採用公債或國庫券的到期殖利率爲議定履約價，故有以債券選擇權稱之。它屬於衍生性金融商品，亦爲選擇權的一種，商品設計主要用於規避利率風險，操作時買方應支付賣方權利金，以取得執行權利，爲選擇權之通性。其詳細如下：

💰 定義

　　所謂債券選擇權（Bond Options）交易，係指對債券的一種權利買賣，交易起意爲投資人基於債券市場的未來不確定因素，導致價格上的波動時與證券商約定在一特定期間內（美式American Style）或到期

日當天（歐式 European Style），依特定價格及數量等交易條件，而進行買賣約定標的債券。常見的債券選擇權交易，為持有債券部位者或即將買入債券的投資人，因避險或套利目的，而透過此選擇權交易操作，以達到預期效果。易言之，就是投資人買方（Buyer Holder）預期債券價格即將上漲或下跌時，以支付權利金方式換取購入（Buy Call）或出售（Buy Put）標的債券的權利，而交易相對人——即買權的賣方（Seller or Writer），因收取權利金的關係便負有賣出或買入標的債券的義務的一種交易型態，亦即買方有要求執行買入或賣出標的債券的權利，但無履約義務。而賣方則須履行契約賣出（Sell Put）或買入（Sell Call）標的債券的義務，契約期間內除非債券價格不利買方預期，而自願放棄執行契約權利時，賣方即可獲取權利金的收益，否則，買方一旦執行選擇權契約時，就會產生損失，此即所謂之債券選擇權。

推出時機

我國債券選擇權，係繼公債期貨及 30 天期利率期貨後，於 2004 年 8 月所推出的另一種新衍生性商品，開放當時由於正值債券市場邁入短空行情，債券選擇權之問世，正好提供另一個避險管道，而且由於此選擇權連結標的範圍包含公債、金融債券、公司債及外國金融債券等，選擇權存續期間不得超過一年，交易時雙方應簽訂「債券衍生性商品交易總契約」或「ISDA 總契約」作為規範，因此推出後在短短半個月內在外流通的契約餘額即達 25 億元，目前國內公債發行餘額約在 2.6 兆元規模，其未來市場交易將有相當的推動作用和發展潛力。

債券選擇權契約之構成

1.型態：
　(1)買權（Call）：有買入標的債券的權利。
　(2)賣權（Put）：有賣出標的債券的權利。

2.契約期間：爲契約有效存續期間。亦即買權或賣權的買方在未來之特定期間內或到期日當日，可以執行買入或賣出標的債券的權利時間；反之，則爲買權或賣權的賣方在未來之特定期間內或到期日當天，若買方決定執行選擇權契約時，有買入或賣出標的債券的義務時間。

3.執行方式：

(1)美式（American Style）：爲執行契約在契約期間內之任何時間／點。

(2)歐式（European Style）：爲執行契約時點須在契約到期日當天。

4.標的債券：上櫃債券（不含轉換公司債）。

5.履約價格：爲雙方約定一旦買方執行契約買賣標的債券的價碼。

6.權利金：爲債券選擇權的價格，買方爲取得契約之執行權利，而於訂約成立時支付一筆權利金給賣方。在一般情形下，市場債券價格波動性愈大，其權利金較高；反之，市場波動性較爲平穩時，其計算出之權利金較低。

7.權利與義務：

(1)買方：有執行不執行契約之彈性選擇權利，但無履約義務。

(2)賣方：有履行義務，但無執行權利。

$ 選擇權與期貨之異同

選擇權與期貨交易相同之處，就是其成立條件皆應透過契約之簽訂，所以其權利義務自然亦得記載於契約中。但兩者交易契約則顯然有相當的差異性。至於其不同處包括有：

1.保證金及權利金：選擇權買方之權利金，係於條件成立後，即移轉給賣方。而賣方保證金之提撥，則於不履行契約時，才會有被移交予買方的情事。而期貨交易雙方所繳交之保證金，於契約成立時並未移轉，而須待一方一旦有發生不履約時，才會

有被移轉的情形。

2. 權利與義務：選擇權買方因具有執行契約與不履約的彈性選擇權利，故需繳付權利金，而不需要繳付保證金。而賣方因無執行契約的權利，故不需要繳付權利金，而只需要繳付不履約義務的保證金。期貨交易契約，因雙方均負有履行契約（完成交割）的義務，故均需繳付保證金，而無權利金繳付之問題。

3. 履約價格：選擇權的履約價格，係於契約成立時即告確定，不因契約期間內債券價格有任何變化而有所改變。至於期貨交易契約未來的交易價格，事先並不決定，而由交易雙方經市場公開喊價而定，所以其價格是隨時在變動的。

交易規範與風險體認

我國目前經營債券選擇權業務資格為取得經營資格之證券商。投資對象無論法人或個人均可參與，惟依規定（見櫃檯買賣中心證券商營業處所債券衍生性商品交易細則第四條）投資人參與交易前，證券商應先依客戶財務狀況設定其往來額度。交易標的證券包括政府債券，上櫃金融債券、公司債（不含轉換公司債）及外國金融債券等，選擇權存續期間在一年以下。至於給付結算方式，則由交易雙方自行約定辦理（採現金或實物交割），並於交易前簽訂制式的「債券衍生性商品交易總契約」或「ISDA總契約」作為權責之規範。有關擔保品的繳付，則視雙方信用差異提繳現金或債券作為履約之擔保，並得約定採逐日洗價（Daily Mark to Market）控制交割前的風險。由於債券選擇權商品具高度的風險性，除價格風險及違約風險外，還有因債券衍生性商品交易同樣存在的價格炒作風險，因此投資人參與交易前應有此等風險意識，事先審慎評量自身的財務能力。此外，如總契約內容應詳加研析瞭解法令與規章限制，並諮詢所屬商務、法務、稅務及會計顧問等以評估是否適合從事此類之交易，才不致造成投資反效果。（陳德鄉，2004）

16.6 不動產證券化

　　所謂不動產證券化，乃指證券化標的對象為不動產。在此機制下又可分為**不動產資產信託**（Real Estate Asset Trust，**簡稱 REATs**）和**不動產投資信託**（Real Estate Investment Trust，**簡稱 REITs**）二類。前者指不動產所有人（委託人）就其不動產轉移給受託機構，由其規劃發行受益憑證，以公開發行和私募（機構法人為對象）方式募集資金（在此機制下之證券發行基礎要先有不動產之條件）；而後者，則先發行有價證券，經由其募集資金後，再投資於購買不動產、不動產相關證券或其他經主管機關核准投資標的（李智仁，2004）等（在此機制下之證券發行基礎要先取得資金為條件）。

　　我國不動產證券化條例，係於 2003 年 7 月 9 日經立法院通過，並於同年 7 月 23 日公布施行。無論是資產信託（見**圖 16-5**）或投資信託制度（見**圖 16-6**）雖然與美、日兩國有相當差異，但不可否認的或多或少採擇和融合他們的經驗和做法。而全國第一宗不動產證券化商品（REATs）——受益憑證，就在 2004 年 6 月 10 日正式於 OTC 掛牌上市（採公開發行方式集資），按此案係由台灣工銀與法國興業銀行共同主辦，委託人為嘉新國際公司，以嘉新國際萬國商業大樓為標的資產，受託台北商銀發行總共計新台幣 44.1 億元的不動產信託受益憑證，其中優先順位為 21.3 億元（分 A.B 兩種系列證券），次順位為 22.8 億元。此件之受益憑證採無實體發行，並經穆迪（Moody's）信評評等 A 券為 Aaa.tw 及 B 券為 A3.tw，而次順位券則無評等。A 券票面利率為 2.3%，B 券票面利率為 2.6%，次順位證券無票面利率，發行期間（預期到期日）7 年。其每年分配的信託利益，即利息所得稅之稅負，依目前規定應扣繳 6% 的分離課稅稅率，並免徵證交稅。至於國內第一件不動產投資信託（REITs）的證券化商品，則由富邦銀行承辦富邦集團所屬之天母富邦大樓、富邦人壽大樓及富邦中山大樓案，於民國 2005 年 3 月 10 日掛牌上市。

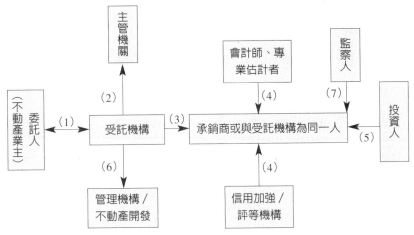

說明：

（1）訂定REATs契約及信託轉移。

（2）核准或私募採報備制。

（3）發行受益憑證。

（4）信用評等／信用加強。

（5）收取投資價款。

（6）委任開發、管理及收取收益。

（7）召開受益人會議及執行相關會議決案、代為訴訟事宜。

圖16-5　REATs簡單流程圖

資料來源：高文宏、吳偉臺（2004）。《金管法令創刊號》，頁64-71。

　　由上面的案例可認識到不動產證券化，無論是「資產信託」或「投資信託」，已將房屋不動產範疇的集資方式，由間接金融轉化為直接金融領域。就不動產所有人或開發人而言，因證券化制度的施行，在募集資金或開發執行上，對成本效益上較間接金融均具優勢。而且對投資人方面，因投資有價證券門檻相較直接投資不動產之需要龐大數字為低，風險亦然，故易於吸引一般投資大眾之參與，且具變現性和流通性的優點（見**表16-2**）。此外，又因前者在轉化具流動性後有利財務營運；而後者亦因以目前的規定，僅需繳納6%的分離課稅稅額，頗具誘因。因此，藉由此一制度的施行，歸納起來可達到如下的效果：(1)對標的不動產能達到有效的利用；(2)因證券的流通性與變現

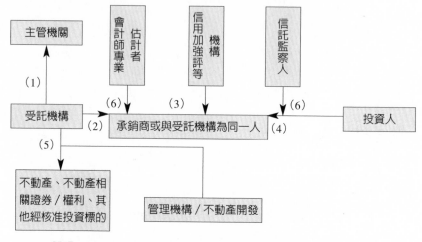

說明：
（1）訂定 REITs 契約，申請核准（私募採報備制）。
（2）委託受益憑證承銷作業。
（3）發行評估、信評公司評等。
（4）收取投資價款。
（5）基金投資、運用及收取收益。
（6）召開受益人會議及執行相關會議決案、代為訴訟事宜。

圖 16-6　REITs 簡單流程圖

資料來源：高文宏、吳偉臺（2004）。《金管法令創刊號》，頁 64-71。

性可促使資金的充分利用；(3)有利提高參與投資層面；(4)具有分散投資風險的效用；及(5)藉由證券化募集資金，相較透過間接金融的融資方式成本來得低廉等目的，所以不動產證券化，無論對不動產所有人或一般投資人雙方均可蒙受其利。

　　總之，我國不動產證券化的推行，對於幾年來房地產低迷情況，可因此獲得振興的作用及助長經濟之持續發展外，同時亦改變不動產一向受束於傳統為固定資產僵固的物權型態，轉化具流動而活躍性的有價證券債權型態，預料可因此帶動國內不動產市場和資本市場的活絡和發展，並造成深遠的影響。另外，又以台灣目前約有兆億元上下可供為不動產證券化的市場規模，對其未來之前景，連帶將為各方所矚目和期待，自屬必然。

 # 16.7 債券遠期交易

　　我國的債券交易市場規模，在隨著政策的改革逐步開放後，不但提供市場投資人更多的參與機會和避險工具，亦使債券市場更具熱絡而多樣化。債券遠期交易制度，係櫃檯買賣中心（OTC）依據「證券商營業處所債券遠期買賣斷交易細則」規定開放辦理。按此一制度，乃由現行現貨交易的交割期之 T＋2 給予延長期間，即由數日（10 天）至六個月期內不等的一種交易方式。換言之，債券遠期交易乃買、賣雙方於交易時，約定未來的某一特定時點，就約定的價格交割債券之謂。是之，債券遠期交易的目的，無非是讓債券的買賣時機，較具彈性，以規避較大部位遭受凍結，影響避險時機。按有關當局初期之規劃，證券商若欲經營此一業務時，其最近三個月的資本適足率必須達 200% 以上才有資格提出申請，唯其後 OTC 因考慮開放此制之目的，係應交易商等平時持有數量龐大的債券部位業者（如證券商、票券商、保險公司及銀行業等金融機構）因避險之需求而設置，遂再放寬條件，改以只要證券商未曾受證券相關法令重大處分，及其最近經會計師財簽報告之公司淨值達新台幣 10 億元以上者，便可提出申請辦理，且除證券商外，對於有意加入市場經營之票券商及銀行業，若首先取得其主管機關同意者，亦可向 OTC 提出申請辦理，以擴大市場參與範圍。依此規定，證券商在承作此一業務，其買賣客戶限於法人或其他證券商為對象。

　　有關債券遠期交易，除可提供投資人進行避險外，尚有套利的功能。在避險方面，如投資人手上擁有債券部位時，因對未來市場利率有上升之顧慮者，為規避產生虧損的考量，可利用此一制度在遠期市場中賣出，以達到避險的效果。而在套利交易方面，則可在現貨與遠期市場作反向買賣操作，以求取獲利的期望。譬如，對相同之債券，預期在未來價格會有高於現貨市場時，則可於在現貨市場作買入該債券之同時，以附買回方式將其出售，以進行套利操作。至於遠期交易

標的項目，包括：公債、金融債券、公司債及外國金融債券等商品。
（王宏瑞、陳德鄉，2003）並於承作時與客戶簽定買賣總契約及留存
相關登記證照影印本存檔。

　　相關之會計分錄分別為：

1.買進成交時：

　　借 應收營業證券 xxxx

　　　　貸 應付帳款 xxxx

2.給付清算時：

　　借 合約價值 — 債券遠期交易 xxxx （註）

　　　　貸 評價損益 xxxx

　　借 應付帳款 xxxx

　　　　貸 應收營業證券 xxxx

　　借 營業證券 xxxx

　　　　貸 銀行存款 xxxx

　　　　　　合約價值 — 債券遠期交易 xxxx （註）

3.賣出成交時：

　　借 應收帳款 xxxx

　　　　貸 應付營業證券 xxxx

4.給付清算時：

　　借 應付營業證券 xxxx

　　　　貸 應收帳款 xxxx

　　借 銀行存款 xxxx

　　　　出售證券 xxxx

　　　　合約價值 — 債券遠期交易 xxxx （註）

　　　　貸 營業證券 xxxx

　　　　　　出售營業證券收入 xxxx

〔註〕遠期買賣斷交易於給付清算日前（月底）應將「應收營業
　　　證券」及「應付營業證券」科目以公平價值法辦理後續評

價（以合約價值 — 債券遠期交易與評價損益分錄作帳）。次月初辦理迴轉分錄，待給付結算時，除重新評估合約價值與沖銷備忘分錄外，應依給付結算日的公平價值認列買進成本與出售收益。

　　債券遠期交易乃證券商營業處所的衍生性商品交易業務之一，而遠期交易制度的開放，誠如上述，主要經濟效益係提供債券持有部位者之避險管道外，亦迎合投機或套利動機參與之法人或個人。但一般而言，債券遠期交易買賣市場參與者，則以銀行、證券商及機構投資人居多。茲就債券遠期買賣交易權責規範重點介紹如下（**表 16-3**）：

表 16-3　債券遠期買賣交易及權責規範

項目	權責規範
經營資格	取得櫃檯買賣中心經營資格之證券商。
交易對象	法人或個人均可。
買賣成立	口頭約定及確認書。
買賣額度	個別客戶訂定買賣額度。
權責規範	簽訂制式「債券遠期買賣總契約」。
履約擔保	採現金（擔保現金）或債券（擔保債券），得約定逐日洗價。
交易標的	政府債券及上櫃債券（不含轉換公司債）。
約定期間	十日以上，六個月以下。
交易確認	錄音及成交單。
違約事件	明定違約發生時未違約方的權利及違約方的責任。
給付結算	雙方自行約定辦理。
風險告知	價格風險、信用風險、價格炒作風險及斷頭風險。

第 3 篇

内部控管與稽核

近年來由於國家經濟發展，兼之金融自由化、國際化潮流，提供諸多的投資管道，促使外匯、貨幣及資本等市場交易日趨熱絡、成長迅速，結果雖對市場發展帶來相當重要的貢獻，但亦對某些參與市場操作者，在追逐高利潤的目標後造成不同效果和震動，其中特別金融衍生性商品不乏在操作交易上蒙受重大損失的案例，亦因此引起主管當局及金融業者內部管理階層相當重視，積極思慮和探討如何加強有關營運控制和強化管理作業，以免造成社會經濟的失序和紛擾或組織經營不致發生嚴重違規事件和出現危機。因此，金融組織為防範由此產生的風險之浮現，遂爾加強對相關法令的熟諳、內部控制重新檢討改進政策及作業程序和稽核工作的有效執行等，並列為優先處理事項。如在法令（遵循）方面，增設法令主管，負責此一制度之規劃、管理及執行期使組織符合法令之遵循及防範金融犯罪或詐欺，進而加強督導各作業單位對於涉及業務之相關法律（如銀行業之銀行法、國際金融業務條例、管理外匯條例、洗錢防制法。票券金融業之票券金融管理法及證券商之證券交易法等）、法規命令及行政規則（如個人資料保護法及道德規範等）等的研讀熟稔；在內部控制方面，除定期修訂各單位業務處理手冊、管理規章、組織規程及相關制度規範等外，並強調職務分工和相互牽制原則、內規制度和作業程序之配合及合理化；在內部稽核方面；除加強檢討制度之合理化與有無重大缺失外，切實執行查核工作，並瞭解內部控制制度是否有效實行、詳估經營管理績效及抽查作業人員對有關規定的遵行程度、並將查核結果即向組織管理階層及董事會提出改善建議，期使內部控制得以持續有效實施，促進組織之健全發展。

本篇之設計乃針對上述之法令遵循、內部控制和稽核工作分以條文和問卷方式，以實際從事這方面工作經驗和心得，並參酌其他相關文獻資料為編寫之依據，分就票券業之票、債券業務經營立場和銀行業對外匯及衍生性金融商品之經營立場，以二章篇幅提出檢討，希冀能藉此達到組織有效的管理、業務之順利運作和既定的目標達成。

第 17 章　內部控管

17.1 票、債券買賣業務之管理

營運安全與嚴密監督乃金融機構健全經營的關鍵所在，欲達成此一目標，必須借助於健全有效的內部控制制度，具公信的信評等級及獨立的內、外部查帳和稽核等之有效率的配合和執行，才能收到其功效。其中之內部控制，若要達到完善而有效的建立和功能發揮，在於管理階層的充分支持和員工的心向態度，才能達到控管的目的。進而加以事後的查核輔助，才具防範金融弊端的迭生，保障公司資產的安全及財務資訊的正確可靠，終能做到協助管理階層提升公司營運績效。本節係配合票券業的業務特性和經營環境，就企業組織相關作業流程、規範及制度等的內控事項及法令遵循部分，加以闡述，奉供參考。

💰 買賣票券業務之管理

違反法令規章方面

1. 票券公司辦理短期票券或債券之簽證、承銷、經紀或自營業務，未詳實記錄交易之時間（日、時、分）、種類、數量、金額及顧客名稱。❶
2. 辦理短期票券或債券之自營業務，未依規定之方式將買賣價格揭露於營業場所。
3. 票券商辦理短期票券或債券之簽證、承銷、經紀、自營、保證、背書或其他業務等，對於顧客之財務、業務或交易有關資料未保守祕密。❷
4. 對出售債票形式發行之短期票券，未於交易當日將債票交付買

---

❶ 票券金融管理法第二十二條。
❷ 票券金融管理法第二十五條。

受人，或交由買受人委託之其他銀行或集中保管機構保管，而代為保管。❶

5. 票券金融公司對其持有實收資本總額 3% 以上之企業，或公司負責人、職員、或主要股東（持有公司已發行股份總數 1% 以上者），或對與本公司負責人或辦理授信之職員有利害關係者，為無擔保授信。❷

6. 票券金融公司對其持有實收資本總額 5% 以上之企業，或公司負責人、職員、或主要股東（持有公司已發行股份總數 1% 以上者），或對與本公司負責人或辦理授信之職員有利害關係者為擔保授信，無十足擔保。❸

7. 票券金融公司辦理短期票券之保證、背書總餘額超過公司淨值之 8 倍。

8. 票券商對於未經信用評等機構評等發行之短期票券給予簽證、承銷、經紀或買賣（除經金融機構保證，且該金融機構經信用評等機構評等之短期票券，或基於商品交易或勞務提供而產生，且經受款人背書之本票或匯票及國庫券外）。❹

9. 票券商對公司之董事、監察人、經理人及持有其已發行有表決權股份總數超過 10% 者，未於每月十五日前將上月份持股變動情形彙總向主管機關或主管機關指定之機構申報，或其股票經提供設定質權者，未於設定後五日內申報。❺

10. 票券商負責人及職員兼任他票券金融公司或金融機構任何職務（除因投資關係，並經主管機關核准兼任董事或監察人者）。❻

11. 票券公司變更公司名稱、實收資本額、總經理、本公司所在地或主管機關指定之其他事項，未事先報經主管機關核准。❼

---

❶ 票券金融管理法第二十六條。
❷ 銀行法第三十二條。
❸ 銀行法第三十三條。
❹ 票券金融管理法第五條。
❺ 票券金融管理法第十條。
❻ 票券金融管理法第十一條。
❼ 票券金融管理法第十九條。

12.經營未經主管機關核定之業務。❶

13.票券商對以法人身分或推由其代表人當選為票券商董事或監察
人之企業或持有票券商實收資本額 3% 以上之股東或票券商負
責人擔任董事、監察人或經理人之企業所發行之短期票券、債
券之買賣或持有，其買賣條件（交易利率或價格）優於其他同
類交易對象（買賣相同交易天期，且信評等級相當之票、債
券），且未經信評為一定等級（標準普爾：短期信評達 A-3 等
級以上或長期信評達 A-等級以上；穆迪投資：短期信評達 P-3
等級以上或長期信評達 A3 等級以上；惠譽：短期信評達 F-3
或 LC-2 等級以上或長期信評達 A-或 IC-B/C 等級以上；中華信
評：短期信評達 twA-3 等級以上或長期信評達 twA-等級以上）
以上之其他金融機構保證或承兌；或未經保證或承兌者，發行
人經信評為一定等級以上；其持有總額（庫存部位加計附買回
條件交易帳列成本）超過淨值 15%。❷

14.票券商辦理本票之承銷、保證或背書時，未對發行本票之公司
詳實辦理徵信調查、查證其發行計畫及償還財源，並取得會計
師財簽報告憑以決定准駁或承作金額，除非承銷之本票經其他
金融機構保證。❸

15.票券商辦理以附買回或附賣回條件方式之交易，未以書面約定
交易條件，並訂定買回或賣回日期。❹

16.票券商因業務缺失遭主管機關之處分或命其改善事項，未即刻
研鑽提出具體改善措施，並將執行情形或預計採擷措施和執行
計畫，向董事會提報。

17.票券金融公司累積虧損逾實收資本額 1/5 時，未即將財報及原
因，函報主管機關及央行。❺

---

❶票券金融管理法第二十一條。
❷票券金融管理法第二十八條。
❸票券金融管理法第二十九條。
❹票券金融管理法第三十八條。
❺票券金融管理法第四十七條。

18.投資非由政府或銀行發行之債券總餘額超過淨值15%，且債券債務人或該特定債務之信評等級未達一定等級以上（標準普爾：長期信評達A-等級以上；穆迪投資：長期信評達A3等級以上；惠譽：長期信評達A-或IC-B/C等級以上；中華信評：長期信評達twA-等級以上）。

19.投資以法人身分或推由其代表人當選為公司董事或監察人之企業，持有公司實收資本額3%以上之股東或公司負責人擔任董事、監察人或經理人之企業所發行之公司債總餘額超過淨值5%。亦未計入對投資非由政府或銀行發行之債券總餘額，且公司債債務人（發行人或保證人）或該特定債務之信評等級未達一定等級以上（標準普爾：長期信評達A-等級以上；穆迪投資：長期信評達A3等級以上；惠譽：長期信評達A-或IC-B/C等級以上；中華信評：長期信評達twA-等級以上）。

20.投資單一銀行所發行之金融債券或單一企業所發行之公司債，其總餘額超過淨值5%。

21.票券金融公司，因行使質權或抵押權所取得之股票或不動產，未自取得之日起四年內處分之。❶

22.辦理以附買回條件方式之交易餘額，合計超過淨值之十二倍；其中以政府債券以外之債券或短期票券為標的之交易餘額，合計超過淨值之六倍。❷

23.辦理以附買回條件方式之交易餘額與向其他金融機構拆款及融資之餘額合計超過淨值之十四倍。❸

24.辦理以附賣回條件方式之交易餘額，合計超過淨值之四倍。❹

---

❶銀行法第七十六條。

❷ 2001.12.24 台財融（四）字第 0904000288 號令。

❸ 2001.12.24 台財融（四）字第 0904000288 號令。

❹ 2001.12.24 台財融（四）字第 0904000288 號令。

⊞ **財務管理弊病方面**

1. 公司（票券金融公司）對本身資產品質之評估、損失準備之提列、逾期授信催收款之清理及呆帳之轉銷等未建立內部處理制度及程序。

2. 分派盈餘前未先提 30% 為法定盈餘公積。法定盈餘公積未達實收資本額前，其最高現金盈餘分配，超過實收資本額 15%。❶

3. 向其他金融機構拆款合計超過淨值六倍，每次拆款期限超過六個月，每次融資期限超過一年。❷

4. 對自用不動產之投資超過其於投資該項不動產時淨值之 30%，或投資於非自用。❸

5. 資本適足率及合併資本適足率低於 8%。❹

6. 公司以部分定存單提供向銀行辦理授信之質押品用，未於會計帳上作適當之表達。

⊞ **出現異常交易方面**

1. 票券金融公司發行公司債之總餘額，超逾全部資產減去全部負債之餘額。❺

2. 票券商買賣票券之利率顯然偏離市場交易行情，不但悖逆貨幣市場真實利率；甚至發生虧損，交易作為有欠正常。

3. 承作附買回交易之會計處理方式不一致，間有藉由人為作法強制調整賣出價格將損益遞延；或以更正電腦內帳面成本之方式來調節損益之情形。

4. 票券商有以賣斷為名，中途再予買回方式辦理，實為承作附買回條件之交易作法。

---

❶ 票券金融管理法第三十四條。

❷ 2001.10.9 台財融（四）字第 0900000834 號令。

❸ 票券金融管理法第四十條。

❹ 2001.12.18 台財融（四）字第 0900013702 號令。

❺ 2001.10.23 台財融（四）字第 0900004473 號令。

5.向非金融機構之持票人買進鉅額的短期票券，其交易過程不但
　有異常之情形，而且又未對持票人是否為該票券實際持有人做
　適當查證工作。

6.辦理賣斷或附買回條件交易之賣出利率均高於次級市場牌告賣
　出利率及買進利率之不合理操作。

簽證及承銷業務之管理

1.對客戶已遭拒絕往來處分，其支存戶已遭銀行結清，本票擔當
　付款人亦已隨而消失，而於申請簽證商業本票時，不但未確實
　加以審核即准予簽證，而且於承銷買入後再將其轉售於次級市
　場，影響善良持票人權益。

2.間以 RS 方式買進票、債券，以消化當日多餘資金，但隨即又以
　RP 方式賣出其他票、債券以調入資金，其買進利率較賣出利率
　為低，不利公司的操作。

3.簽證及承銷委請書上所載之撥款方式與成交單之付款方式不一
　致；或撥款方式經修改，未由發行公司簽章確認；或委請書雖
　標示撥存兩個帳戶，唯未列示分撥金額即逕予撥款者；或買入
　銀行承兌匯票委託書未記載撥存帳戶，即逕予撥款者，易生糾
　葛。

4.辦理簽證、承銷作業不夠嚴謹、未事前發覺票券上瑕疵或缺陷
　處。

保證業務之管理

1.對於依規定應提報董事會核定通過之利害關係人授信案件，而
　於常董會核准後即准予辦理續約並動用。

2.利害關係人未確實辦理建檔管理，或雖建檔但建檔資料不完整
　或未留存備查。

3. 對利害關係人發行商業本票之保證案件，其保證費率收取，未報由董事會核定，且間有較其他同類擔保案件偏低之作法。

4. 授信戶以營運收入為還款財源，惟卷查有無營業收入或無明確還款財源者乃投予額度。

5. 未對同一行業、同一集團企業及同一企業之授信，訂定最高授信額度。

6. 受理隸屬於集團企業之授信戶，承作時未就該集團內各公司之資產、負債、資本、淨值、營收及資金需求等予以綜合評估，作為授信案件審核准駁與否之依據及參酌。

7. 對於部分授信戶在全體金融機構融資餘額，超過其短期週轉資金之需求；或超過以往年度營業額；或週轉金授信有流用於股票及土地投資之情形者；或以授信所得資金轉存定存、辦理短期投資等鉅額財務操作；部分授信戶之固定長期適合率遠超過正常比率，以上情形在在均顯示執行審核時未注意匡計或查證授信戶營運之實際資金需求。

8. 未對授信戶之信用、獲利能力、資本結構、償債能力、經營及管理效能、產銷前景等作適當的分析評註。

9. 授信戶間有未徵提會計師查核簽證報告者。

10. 授信條件以客票為副擔保者，事前未切實查核其交易之真實性，致承作後遭鉅額退票發生。

11. 未訂定具體之追蹤考核或授信覆審要點、事後管理欠佳或未針對授信風險評估較高之授信戶建立定期性之追蹤管理報表。

12. 承作投資公司及投資金額占資產總額二分之一以上或投資收益占營收比重較大之授信案，於徵信時僅列示各戶投資上市、上櫃及未上市企業股權標的之持有股數及成本，未就其投資效益予以翔實評估，並於徵信報告及授信審核表中加以評述；事後授信追蹤考核亦未針對上市、上櫃及未上市企業股權投資之風險進行評估。

13. 承作對租賃或分期付款公司之授信，部分以純信用方式敘作，

無法確實掌握其資金用途及還款來源，致部分授信戶之短期借款流供非本業經營之長、短期投資，或對關係人融通資金、或購置固定資產之用，有違授信本意。

14.徵信資料之歸檔作業欠妥善。

15.對其負責人有利害關係之企業授予擔保授信達淨值 1% 以上者，僅報由常董會核議通過，而未提報董事會經三分之二以上董事之出席及四分之三以上之同意。

16.授信戶發行商業本票為營運週轉用途，其餘額超過 1 億元，且輾轉連續發行，期間超過一年，類似中長期授信，徵信時未徵取現金流量預估表分析，以為准駁之參考。

17.同一案件之授信與徵信工作未分人辦理，有違分工牽制原則。或徵信與核貸作業未分人負責辦理。

18.對授信戶及連帶保證人所簽立之「委託保證商業本票契約書」在未完成對保手續，即先准予動用額度。

19.未定期評估設質股票市價之消長變化，及對授信戶擔保品定期抽樣辦理對帳。

20.辦理授信覆審戶數比例偏低。

21.對授信戶以定期存單或股票設質擔保者，未注意下列各項：

(1)設質股票背面有已於質權設定欄之次行「出讓人」欄先行蓋妥本票券公司解除質權之印鑑者。（不妥）

(2)設質定存單及設質銀行覆函之「質權人」欄，未註明質權人為本票券公司。

(3)擔保品保管總表所登記之資料不正確。

(4)客戶提供之擔保品未逐戶登記於「擔保品保管明細表」，並交財務人員控管。對定期存單等有價證券質押品之總金額或總面額，未於會計帳上列帳控管。

22.對客戶保證發行商業本票，以客票為還款財源者，未注意下列各項：

(1)對提供之客票，有無徵取交易憑證核對。

(2)對提供之客票,有無儘速整理後送銀行託收。

23.對逾期授信之催收工作,未檢討下列各項:

(1)分析逾期案件發生原因。

(2)帳務之處理有無失誤。

(3)逾期案件有無依法、依規、依限進行催討或追保。

(4)承受之擔保品、不動產有無逾規定期限仍未處理者。

24.對曾變更還款條件、擔保品、保證人或繼續輔導融資者,未事前報經層峰核准後辦理。

25.對逾期授信有關憑證,如本票、契約書、權利證明書等,未作妥善檔券管理。或發生債權憑證散失或喪失法律時效情事,並留意辦理時效中斷。

26.對已發生逾期情形者,未即時評估債權是否確保,並於必要時即辦理保全程序,扣押主從債務人財產。

27.對調查所獲知債務人或保證人等之財產,未及時聲請法院假扣押以免脫產,並儘速聲請強制執行。

28.對營建業之授信比率過高,風險過於集中或集中於少數大戶之情形。

💰 中長期債券投資及買賣業務之管理

1.辦理長期債券買賣斷交易時,有與客戶約定第四個營業日後開具成交單及辦理交割者,或於交割前即先行出售以軋平部位,且未將此類遠期性交易事項入帳,亦未訂定相關規範加以管理。

2.對特定客戶進行賣斷交易,而同日再附賣回條件買進,於附賣回履約時,又向其買回該公債,致該客戶透過上述之交易,在不需支付任何資金情況下,即可獲得鉅額利潤,而該等客戶既未留存身分證影本,亦無聯絡電話,買賣操作有違常法。

3.買賣交易利率顯已偏離市場行情,而未簽註敘作之理由,或先

經報准後始辦理。

4. 辦理附條件交易未與客戶簽訂「債券附條件買賣總契約」書。

5. 與客戶敘作公債保證金交易者，而未訂定相關控管規範。

6. 間有比照公債之交易方式，委託證券商代開買賣未上櫃公司債的不當做法。

7. 承作債券買賣斷交易，未訂定部位限額或部位統計未盡確實者；偶有對於鉅額之長期債券部位，以短期借入款支應者。有關交易員個別限額、日中買賣限額、交易對手限額及停損點之限制等，未制定具體規範加以管理，易生弊端。

8. 與個人承作鉅額公債買斷交易，未對該公債是否係客戶個人所有作查證工作，亦未留存客戶基本資料存檔備查。

9. 偶有與特定人間之買賣，當日以相同利率、金額、期限、辦理附賣回條件及附買回條件交易，未產生利差，操作用意有待瞭解和探討。

10. 未對債券附買回條件交易訂定作價規範，有不以成本作為賣價，實現大額損益之做法，且會計處理方式亦不一致情形。

11. 虛作買斷賣斷債券交易，以買賣應收、付差價，彌補他筆與客戶承作附賣回交易因疏忽而造成之利率誤差所產生之應收金額的差額，有欠妥善。

12. 辦理債券附買回交易，損益認列基礎無統一作法；或以人為方式於電腦更改其成交價格、帳面成本或請客戶辦理附買回中途解約，再於當日敘作，以提前實現或隱藏損益，俾利調節盈餘。

內部管理與內部控制（見違反內控案例一）

1. 未訂定或適時修訂分層負責明細辦法或相關作業限額規範有欠完整妥適、對分公司之組織架構與作業流程未作明確規範，致有分公司人員之工作權責不符牽制原則。

2.對於買賣債券交易所爲之登錄、確認、覆核、交割、收發及保管等作業程序或權限劃分，不符牽制原則。

3.對買賣債票券交易案件，未切實逐日執行對帳工作。

4.對於空白商業本票、支票與庫存票券等之控管作業有欠妥當，對於資金調撥及支、本票簽發、作廢等作業流程，以及對客戶提供備償票據之控管等未訂定規範或執行不切實。

（1995 年 8 月國際票券楊瑞仁盜開商業本票弊案，及 1999 年 7 月某公營銀行原訂 1992 年報廢空白支票外流案，均因空白票據控管出現弊端，結果造成公司財務損失／危機或嚴重擾亂金融市場交易秩序）

5.作附買回條件交易，間有提前解約買回者，未憑保管收據正本提取票券，與保管收據所載之約定內容不符，容易發生糾紛與流弊。

6.對於有權簽章人員私章、重要公司印鑑、戳記（如簽證章、保證章、背書專用章等）未訂定保管及使用辦法，或實際管理情形有欠適當者。

7.對金庫、營業場所及大門出入處等，未裝置自動錄影監視設施（或錄影效果不佳），與金融機構安全維護注意要點規定不符。❶

8.對金庫房及庫存有價證券之管理，不符牽制原則。（2000 年某公營銀行行員盜賣公債 10.2 億案，乃金庫管理未落實牽制規定）

9.部分未訂定分層負責辦法，致在各項作業流程上，造成各層級人員權責不明現象。

10.交易員有私設帳戶進行投機套利之不當操作，未即制止，並檢討改善或處置。

11.自非金融機構之公司或個人買入票、債券時，對交易標的之眞僞之認定工作不確實；且未徵提前手交易之成交單，對標的之取得是否屬善意或爲洗錢所進行之手法難以確定。

---

❶ 1997 年 1 月 22 日台財融字第 86601348 號函。

違反內控案例一　國票事件

國際票券金融公司為我國三家老票券公司之一，成立於 1976 年間。當初設立的目的，主要為配合政府發展貨幣市場組織之專業票券公司。票券業之主要業務項目，包括：

1. 短期票券之簽證、承銷業務。
2. 金融債券之簽證、承銷業務。
3. 短期票券之經紀、自營業務。
4. 金融債券之經紀、自營業務。
5. 政府債券之經紀、自營業務。
6. 短期票券之保證、背書業務。
7. 企業財務之諮詢服務業務。
8. 經主管機構核准辦理之其他有關業務。

初期國際票券金融公司資本額新台幣 2 億元，後在市場幾近寡占的優勢下，業績蒸蒸日上，經由歷年不斷增資後，於 1995 年楊瑞仁弊案發生前，其實收資本額已達 111 億元多。

自 1990 年代起，由於金融自由化之推動，政府陸續開放票券金融公司之設立（截止目前全國共有 14 家票券公司），雖然貨幣市場規範不斷擴大，但在競爭者眾的情形下，老票券的優勢已大不如前。楊瑞仁事件之爆發起因之一，就在精簡人力作業下，業務劃分未能兼顧牽制原則所種下之禍根。

國票事件之主角楊瑞仁，為該公司板橋分公司營業員，因利用公司內部作業漏洞（包括由於電腦程式缺乏防止被刪除功能，遂利用電腦偽造交易事項，再予刪除、透過人頭戶轉帳盜領資金、竊取公司空白商業本票、盜用公司章及分公司主管私章及偽造交易事實，並列印成交單後，塗改電腦交易等）前後盜取公款，達 102 億元。

剖析此一弊案發生，應可歸納為下面數項的內部控制疏失：

1. 公司對於空白商業本票之管理，雖設有登記簿，但並無嚴格的管制設防措施，使得楊某有機可乘，輕易地自庫房中隨意取得空白本票，公司之登記作業方式僅流於形式。
2. 公司雖規定保證章由副理負責保管和用印，但備份保證章（第二顆）

則未嚴密加以控管，而任意放置於未上鎖之抽屜中，以致楊某唾手可取，輕易將其加蓋於竊取之空白商業本票上。

3.公司電腦系統雖設有主管鎖碼之安全裝置，但多流於形式，而且程式設計不盡完備，對於交易當天輸入之資料，可以隨意刪除，而不留稽核軌跡，使得楊某有機會借此漏洞，在取得電腦檔案號碼後進行偽造交易事項，並於列印出買進或賣出成交單後，再將資料刪除滅跡。

4.楊某仿照板橋分公司因衝刺業績之作法，在限制跨區營業而以利用人頭戶轉帳作業加以規避之相同手法來套取資金。

5.在人力精簡情形下，讓楊某身兼交易員、交割人員及電腦輸入員等多重職務，嚴重違反牽制原則。

綜觀上述種種違反內控缺失做法，乃對楊某在長達半年的期間內偽造上百筆的假交易事項，而未被發覺自有其因。為避免這種事件之重演和防範，認為公司應採取如下的措施：

一、在系統方面

1.應管制電腦使用時段，建立使用時間管理。

2.對於買賣作業單和成交單之序號應嚴加管理。

3.交易更正作業應經主管確認，並對所有交易包括刪除作業等，均應留存稽核軌跡以利追縱。

4.電腦系統文件及原始程式應嚴禁非相關人員之借閱。

二、在作業方面

1.職員日常生活情況和作息，主管人員平時應加以注意和瞭解。特別像楊某原本在總公司服務，後因涉足股市而被調離原單位，這種現象更應特別加以留意。

2.交易人員、電腦輸入員及交割人員等三者之職務，均應分人辦理，以符牽制原則。

3.公司應確實執行工作輪調及輪休制度。

4.監視錄影設備之裝置，應全天候正常運轉。

5.稽核作業應就交易事項辦理電詢／函證工作。

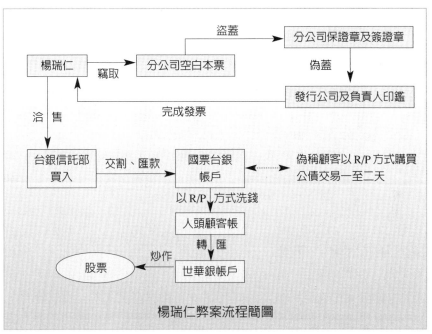

楊瑞仁弊案流程簡圖

12.員工之休假及輪調制度，未切實執行。

13.未訂定書面的交易確認辦法，任由交易員自行傳真成交單予客戶，作為確認事宜，而未交由其他人員對交易相關內容或撥款帳戶之正確性辦理確認工作，作業牽制欠缺嚴謹。

14.內部作業規範與實際作業情形不一，而未及時加以重新檢討和修正。

15.票券商對於代客兌償、以票易票、續保發行新本票以償還舊本票或先行墊付屆期票款等作業，未訂定相關管理規範、規範內容未盡周延或實際作業情形有欠妥適者。

16.內部稽核工作有欠週全確實，如未配合新種作業方式修改檢查項目表；部分事項檢查結果與實際情形不符；有關授信資產品質之評估，未將表（該資產負債表）外（Off-Balance Sheet）不良應予評估保證票據納入；亦未對同業往來帳戶（如存放同業）作函證對帳工作。

17. 對於客戶基本資料之建檔、更改以及成交單、保管收據及債券存摺之作廢、重列印等作業,未訂定規範或未予適當控管。

18. 將買進票券所開立之付款支票於交易取銷後,將原指定之受款人塗銷充當為他筆交易之交割款項之用。

19. 未對外勤作業、交割人員、對外開立承諾書及擔保品之存取等訂定控管規範或實際作業不符牽制原則。

20. 辦理代客兌償作業,在票券未獲正式入帳前即先行撥款予客戶;未依保證機構或免保發行機構之信用等級訂定適當額度予以控管。

資訊作業之管理

1. 資訊人員人手不足,致間有同一人兼辦系統管理、程式變更、資料檔案維護、主機操作等互為牽制之工作。而最高權限之使用者代號,亦未建立控管措施。

2. 機房未設置電腦工作日誌、電腦主機之關機、重要檔案之備援作業等控管欠佳或僅由一人負責執行,且缺乏事後追蹤管理。

3. 程式設計員修改後並經測試(核對)之程式,係由程式員自行抄錄至待抄錄區,再換人抄錄至正式系統,未制訂適當控管與牽制措施,且系統文件未隨之更新,並註明修改日期。

4. 有關電腦使用者權限檔之控管維護,未訂定管理辦法,或其權限區分與控管情形有欠妥當者。

5. 應用系統缺乏相關書面文件,電腦資料及程式變更之作業、驗收及覆核,不符牽制或缺乏正式紀錄之情形。

6. 部分電腦作業未訂規範,或未將作業規範洽會營業單位人員遵照辦理,致影響作業,內部聯繫有待加強。

7. 未依據中央銀行「同業資金電子化調撥清算業務管理要點」規定,訂定嚴密之安全控管及使用方法。

8. 資訊單位對電腦系統未設定密碼變更期限及限制使用者輸錯密

　　碼之次數。

9.對非例行性批次作業未經事前申請核准。

10.電腦網路系統、端末機與使用者之管理欠缺週延。

11.在網路安全控管上有未經授權之使用者仍可藉由本地工作站
　　（或個人電腦）與主機系統之間以檔案傳輸方式進行資料、程
　　式上傳、下載與編修。

12.機房電腦設備故障，未訂立應變措施或故障處理程序，甚至災
　　難之緊急應變計畫亦未訂定。

13.電腦中心安裝之防火警報系統與消防系統和 UPS 不斷電系統
　　等，未定期進行測試作業。

14.系統之開發、設計過程、來洽業務、稽核、會計等相關部門參
　　與。

　其他

1.授信戶提供為副擔保之客票，以票券公司名義分別在銀行開立
　　存款戶辦理託收，所孳生利息均歸票券公司所有，欠缺依據。

2.與銀行訂定擔保透支融資契約，其實際融資期限逾越票券金融
　　管理法之規定。❶

17.2 外匯交易與金融衍生性商品業務之管理

　　由於國際交流的日趨密集，外匯供需隨之頻仍，外匯問題因而日
益重要。尤其身處匯率制度採用浮動方式的環境，因為匯率、利率的
瞬間千變，兼之形形色色的衍生性商品不斷引進推出，企業在追逐資
產保障與安全及永續經營的要求下，種種風險的規避和管理，隨而迫
切。諸如內部員工作業疏忽、法令不諳、內控作業知識不足或設計不

---

❶ 票券金融管理法第三十七條。

良，以及風險管理制度未能有效建立等，都有可能造成企業或大或小的損失。本節特別針對此方面業務所常見的問題，提供業界或有意涉足此一領域人員之參考，以提升經營績效和認知。

💰 董事會監督常見之問題

1. 風險管理方針、程序雖訂定書面政策，惟未逐年檢討修訂。
2. 未建立相關組織部門或人員以獨立執行風險控管。
3. 承作投機性（非避險性）交易與訂定之操作規則不符。
4. 對於各金融商品之風險特性未訂定適當的控管程序。
5. 交易、清算、會計及管理部門之職責未明確規範，致有作業流程不符牽制原則。
6. 與利害關係人之交易，其承作匯率或利率與同一交易日其他同類之契約發生偏離之情事。
7. 對全體各類交易數量、每日各類交易日間、隔夜淨頭寸及每種外匯到期缺口等已訂定限設，惟對個別顧客之交易則未訂定，風險管理方針、程序仍不夠完整。
8. 開發新金融商品事先未將交易處理程序報經主管機關備查或認可。
9. 內部稽核未定期檢討所有政策、限額制定、內部控制制度及各項作業程序與規定不符。
10. 內部稽核未就交易確認、交易員部位及資金收付等控管與管理報表之正確性等作業進行勾稽或驗證。
11. 對未到期契約之總額或淨額及遵守從事金融商品交易處理程序情形定期向董事會報告，但仍欠缺包括避險或經營績效評估及風險評估等事項。
12. 董事會未定期就辦理衍生性金融商品業務之績效評估是否符合既定之經營策略及承擔之風險？另外，是否在銀行本身容許承受之範圍內。（請參閱違反內控案例二）

違反內控案例二　霸菱事件

　　金融衍生性商品原本提供給企業／銀行作為資產負債部位，如利率、匯率、債券或股票等的一種避險工具，但若基於投機為目的的操作，其結果可能產生鉅額收益或損失，將可一夜致富或一夕傾家產。因此金融衍生性商品，可謂是一種具高收益、高風險的商品交易。就記憶所及，近些年來，國際間因操作衍生性商品造成失誤，而慘遭重大虧損的案例繁多，其中如 1994 年美國加州橘郡和基得皮伯地證券的不動產抵押證券投資操作；1995、1993 年日本大和銀行的債券投資操作及昭和蜆殼石油期貨交易操作；1995 年英國霸菱證券的日經股價指數期貨交易操作及 1995 年國內某銀行之 IRS 操作等事件，皆因內部員工或銀行職員操作衍生性商品，在判斷錯誤遭受損失後，為求翻本隱匿損失下，繼續加碼進場操作，致造成虧損不斷擴大，終於陷入絕境，到達不可收拾的地步，均都一時震撼社會金融界之案例。追究其主要發生原因，乃內部控管執行不力及交易員超額操作所致。茲就霸菱事件為鑑，加以說明如下：

　　英國霸菱銀行（Baring's PLC）創設於 1766 年，早期因受特殊背景關係，故曾一時為英國深具影響力的一家商人銀行（Marchant Bank）。銀行業乃為其控股公司之一成員組織，其他行業尚包括證券及資產管理顧問公司。自 1986 年後，因英國進行金融改革，允許商業銀行兼營證券業務，致影響其經營空間，促使改變經營策略，由原以債券、股票承銷、投資顧問及企業合併為業務的經營重心，而轉為以高收益、高風險之金融衍生性商品業務操作為主，亦因此種下該公司最後邁向破產的禍根和命運。

　　霸菱事件主角李森，原具銀行及證券公司資歷，於 1992 年派赴新加坡期貨子公司服務，任職期間因身兼清算部門（Settlement Dept.）及交易部門（Trading Dept.）雙重主管職務，因為初期操作股價指數期貨交易，累獲鉅額利益，而深受上級之賞識，即使期貨操作部位雖超越公司董事會授權範圍，雖被稽查人員查帳發覺提出報告，但仍為上級所默認，不受處置，終致公司以倒閉收場。

　　至於李森失敗之啟端緣由，係於 1984 年因操作新加坡 SIMEX 與日本大阪 OSE 兩交易所間日經股價指數期貨裁定交易，及往後一連串意圖翻本操作及判斷相繼失誤，導致虧損有如雪球滾動般地持續擴大和劇增，及至最後不

可收拾的地步,其總虧損數字,在經最後交割清算,金額高達15億美元,數額已超過其自有資金範圍。進一步探究霸菱事件的全盤原因,除前面所提之英國因實施金融改革,驅使該公司之經營重心的轉移,而朝衍生性商品之投資操作策略方向發展,為其禍害的啓端原因外,更因該公司內部控管的不當,違反交割與交易業務應分人辦理的原則,使得操作人員能未受任何牽制地處理全盤交易事務,兼之李森本身又因對日本經濟復甦,連番判斷錯誤在交易部位不受控制情形下,終於慘遭重大損失,致最後不得不由荷蘭荷興銀行併購才告平息。此外,對於李森過去斐然的操作業績,使上級深信其能力,雖已違反內規,仍不受質疑及處置的內部管理問題及相關主管機關未能配合訂定嚴密制度加以規範,都是形成事件發展的因素之一。

為使金融衍生性商品之操作風險能降至最低或避開,對於國際規範,如國際清算銀行公布的「金融衍生性商品風險管理方針」(Risk Management Guidelines for Derivatives)、G30 三十人小組(Group of the Thirty)提出之「風險管理重點報告——衍生性商品之實務與原則」、美國通貨監理局公布之「金融機構風險管理方針」、巴塞爾銀行監督委員會頒布之「衍生性金融商品風險管理指導原則」、日本央行(Bank of Japan, BOJ)公布之「金融機構衍生性商品交易之風險管理規定」、新加坡金融管理局(Monetary Authority of Singapore, MAS)發布之「金融機構辦理衍生性商品的指導原則」和國會通過的「期貨法修正案」及我國央行、財政部和證管會公布之「衍生性金融商品交易風險管理實務與原則」、「銀行辦理衍生性商品業務應注意事項」和「上市上櫃公司從事衍生性商品交易處理要點」等,都足以提供業界從事操作時之重要參考資料。

資料來源:鄭偲嬫,〈衍生性金融商品對銀行業務新影響之研究〉,《華銀月刊》,第548期。李紹盛、李儀坤,〈金融衍生性商品之風險管理〉,《市銀月刊》。

💰 風險管理常見之問題

1. 在訂定雙方交易之總額度時，間有未依對手之資本額、營利能力及所在國等因素爲綜合考量。

2. 基於業務上需要而承作之避險性交易，每月應依市價至少辦理二次以上之評估工作。

3. 風險管理未包含信用、市場、流動性、作業及法律等風險之管理。

4. 承作投機性交易未制定操作規則，並對其承作幣別、數量、金額等設立限額。

5. 未對每一交易對手每日之交易金額予以設限，或先於交易之發生完成信用評估或逐年檢視。

6. 辦理衍生性金融商品業務，每週應依持有之交易部位，就市場變化情形按時價辦理評估一次。

7. 對於每日承作各類交易所需之外匯資金流入與流出總額，未設定最大限額及淨額。

8. 對偶發事件之流動性計畫未納入正常及緊急市場狀況下之現金流量計畫、個別銀行及系統之流動性危機亦未列入計畫。

9. 未依央行規定對衍生性金融商品部位限額，訂定在總部位限額的三分之一內。

10. 外匯指定銀行辦理新台幣與外幣間之遠期外匯業務未切實查驗有實際外資收支需要者爲限。

11. 複合式衍生性商品多係由期貨、交換及選擇權組合，操作時未將產品分解爲基本的原型以量化風險。

12. 辦理新台幣與外幣間之換匯業務時，於辦理即期外匯結匯或遠期外匯之預售、預購之同時，應即作同等金額不同方向之交易。

13. 辦理衍生性商品業務，未對客戶盡風險告知之義務。

14.辦理外幣保證金交易有以外幣貨款為主，且銀行未設單一客戶之信用額度。

15.經營衍生性商品業務之主管，如認為市價評估報告有異常情形時，未即採取必要之因應措施，並向董事會提出報告。

16.客戶承作外幣保證金交易不得以非本人所有之定存單或其他擔保品提供作為外幣保證金之用。

作業管理常見之問題

1.每日即期及遠期部位、各種幣別之交易部位、客戶交易紀錄及定期評估交易損益等報表，未提供管理階層審閱。

2.交易主管未定期查核每位交易員未軋平部位，並與到期日登記簿之交易核對，以確保交易單均已填製。

3.交易單更正偶有未依規定經交易員之簽章證實。

4.交易員承作之每筆交易，未由非交易部門人員立即辦理確認。

5.空白交易單登記簿間有遺漏情事。

6.每筆交易間有未留存原始評價紀錄。

7.交易性部位未作每日評估工作。

8.確認函、契約書及有關交易文件，未依序歸檔備查。

9.辦理衍生金融商品業務之交易人員及交割人員之工作未作區隔。其有關風險之衡量、監督與控制未指定專人負責。

10.外幣貸款業務未要求顧客提供國外交易文件憑以辦理。

11.外幣擔保付款之保證業務未要求客戶提供有關交易文件憑以辦理。

12.受理一定金額以上之匯款未先確認申報書記載事項與證明文件是否相符，即逕予辦理。

13.大額結匯案件未即時將填具之「大額結匯款資料表」，連同「外匯收支或交易申報書」及「外匯水單」電傳央行外匯局。

14.辦理遠期外匯交易與客戶訂約及交割時，未查核其相關交易文

件或主管機關核准文件。

15.承作新台幣與外幣間換匯交易之對象為國外法人或國外自然人時,未查驗有關主管機關核准文件。

16.受理出口押匯未建立分戶卡資料,以加強授信管理及內部牽制。

17.押匯總質權書上之出口商名義間有未與「出口廠商印鑑卡」相符,並辦妥對保手續。

18.墊付出口票款及出口押匯未對借款人之產銷情況加以調查瞭解。對信用狀開狀銀行或保兌銀行之信用地位等,未作適當的明瞭及判斷。

19.辦理開發信用狀未建立進口押匯分戶卡資料,以加強授信管理及內部牽制。

20.信用狀修改申請書之簽章,未與原開發信用狀申請書所使用者相符。

21.信用狀修改文之審核與簽署未符合牽制原則。

22.輸入許可證正本及到貨單據之控管未符合牽制原則。

23.客戶提領單據時未於通知書上簽蓋原結匯時所使用之印鑑。

24.單據已寄達且貨物亦已運抵港口者,如進口商遲延贖單,未積極催促辦理。

25.對進口商因營運不佳或有其他之原因,而不能贖單者未採取債權確保措施。

26.擔保提貨申請書及擔保提貨書之印鑑未經核對。

27.未俟進口商辦妥結匯或放款手續後,即簽署擔保提貨書,並交付輸入許可證等有關單據。

28.託收委託書上記載事項,受託銀行如不能依指示辦理時,未立即通知託收銀行。

第 18 章　內部稽核

18.1 票、債券之查核

票、債券業務的專業特性，有別於一般傳統銀行業務，因此票、債券業務檢查需具備專業素養，尤其對於多變的金融環境、不斷推陳出新的金融產品及政府金融法令隨時增修訂等情況下，本節提供之各種相關業務檢查項目，可以瞭解各種業務問題之癥結所在及早防範達到管理的效果。

 票、債券交易業務（請參閱附錄 18-3　查核報告範例三）

1. 辦理票債券交易是否依照牌告利率及公司票債券交易授權辦法承作？超出授權額度及授權加碼範圍是否依規定事先簽報核可後處理？

2. 成交單是否依序編號使用？空白成交單及作廢之成交單有無依本公司規定作業辦理？

3. 辦理票券交割及收付款項之作業流程是否符合內部牽制原則或交割人員兼任交易之工作？客戶未依約辦理交割時有無依本公司之規定處理？

4. 是否有以換票方式，俾利銀行或票券金融公司避免買進其利害關係人所發行之短期票券，以規避法令？

5. 向個人戶買進有價證券時，是否由客戶提供身分證資料並留存影本？並確認係本人親自辦理買賣事宜，且向發單銀行查證票券之真偽時，是否留存查證記錄？

6. 以經紀人身分與客戶約定條件買賣票券，是否於買賣成交單上加註「經紀」字樣，並依公司之規定收取手續費？

7. 票券利息所得稅是否依規定扣繳？

8. 買賣票債券交易人員是否將交易內容填具作業單，並於交易作業單上簽章以示負責？交易人員是否有兼辦電腦輸入、資金調

度或交割工作？

9.交易利率超過授權幅度時，是否由有主管人員簽章認可？

10.每日營業終了，庫存票券之面額是否由會計單位保管人員核
　對？

11.交易員有無訂定交易權限以控管交易風險？

12.買賣短期票券時，其最低買賣單位是否遵照規定辦理（新台幣
　10 萬元）？

13.短期票券若買方要求背書時，是否依規定程序辦理？

14.電腦列印之買進／賣出成交單各項內容是否與作業單相符，相
　關人員之簽章是否齊全？作廢成交單是否與「成交單刪除清冊」
　及「成交單補單記錄表」核對相符？清冊及記錄表核對相符後
　是否送請主管簽章，並留存備查？

15.售出之票券是否遵照票券金融管理法第二十六條規定，於當日
　將該票券立即交付客戶或送存保管銀行保管？

16.與客戶交易是否核對身分，並留存身分證影本或公司執照影
　本，且建立「客戶基本資料卡」經主管審核，以防人頭戶？

17.票券買賣作業單，是否有未載明承作利率之情形？

18.與其他同業同日作買進及賣出操作時，是否有低買（利率）高
　賣（利率）不利公司之情形？（**請參閱附錄 18-1　查核報告範
　例一**）

19.交易人員經校對成交單與承作單之條件相符後，是否即向客戶
　報價，並於成交單上註明收／付情形，以利開立支票及資金調
　度，且於成交單上是否完成簽章手續，以示負責？

20.買賣成交單列印後，如因條件變更或取銷時，是否由交易人員
　於成交單上註明原因，並於簽章後交由授權人員作「補單或錯
　誤更新處理」作業，經完成補單或重新輸入後，將原成交單留
　存備查？

21.交易員是否依其授權金額辦理買賣票券交易，以控管交易風
　險？

22.是否有代客戶保管已出售之票券或保管機構的保管收據正本？

23.附息票之債券，其所附息票是否完整，領息當日利息收入是否當天入帳，金額是否正確？

24.買進債券時有無審查是否僞造、變造或掛失止付等情事？債券之提領是否依內部規定程序辦理並經主管人員核准？

25.委託銀行保管或提供爲擔保者，有無索取收據並妥善保管，其收據金額與帳冊記載數字是否相符？

26.承作債券附條件交易時，是否與客戶簽訂債券附條件交易總契約，並檢附身分證影本或登記證影本？

27.執行債券買賣業務之交易人員，是否已向「證券櫃檯買賣中心」辦理資格登記？

28.對相同客戶爲債券賣斷及附賣回交易，其買賣款項採餘額結算時，是否對客戶告知可能的風險，並提出風險預告書交付客戶簽名存執，且於營業日、月報表中彙計說明之？

29.從事衍生性商品交易，是否依規定於每月十日前向相關主管單位申報上月份承作資料？

30.對外公布之公開資訊，是否有虛僞不實之情形？

31.電腦輸入人員是否根據作業單之條件逐項鍵入電腦，並列印買／賣成交單，經核對其內容與作業單所記載無異後，送交交易人員，俾便向客戶報價？

32.每日營業終了，是否由專人負責就「成交單清冊」與「作業單」核對，並就「成交單清冊」、「票券成交單移動清冊」及「成交單補單記表」勾稽核對作廢及更正之成交單無誤後簽章，並送請單位主管核閱後留存備查？若有不符時是否立即追查原因，必要時是否通知稽核單位？

33.交割人員自客戶處取回票券或保管收據，是否於當日營業時間結束前交付財務部出納人員保管？

34.辦理交割工作，是否有由後台作業人員以外人員擔任（如前台交易人員、展業人員或保管人員等）？ 對其外勤工作，是否

設簿登記備查？交割前有無詳細核對作業單及成交單資料是否相符？

35.向非金融機構首次買入無記名實體公債時，交割人員是否查驗新客戶之前次成交單、債券之眞僞及未到期息票之完整未被剪去等項目？

36.對於購入同一機構保證、承兌或背書的有價證券，是否訂定最高額度控管，以降低交易風險？

37.標購債券有無經授權之主管核准後才辦理？

38.以郵寄方式寄發單據時，是否設簿逐筆登記後留存掛號收據備查？

$ 交易資料之保密

1.個人資料之查詢蒐集是否事前經過往來客戶之書面授權或同意？

2.有關交易資料建檔，是否限定專人負責辦理查詢閱覽和列印之工作？

3.客戶資料之檔案是否指定專人負責管理，以防止被竊取、竄改、滅失或洩漏？

4.對客戶資料之利用是否以增進公共利益者或防止權益遭受危害之必要者？

5.不用之客戶資料是否依規定加以銷毀，並符合安全維護相關規定？

6.相關客戶交易資料，是否依規定歸檔存放，並不得任意放置或複印，且於營業終了後放入櫃中加鎖保管？

$ 等殖成交系統

1.買賣申報是否僅限買賣斷交易，並採殖利率爲之？

2.單筆買賣申報數量是否有超過九個交易單位（每單位面額5,000萬元）之情形？

3.買賣申報是否已將債券別、殖利率、買賣申報數量、買賣別等事項輸入系統，並取得系統之回報？

4.買賣之債券是否注意均在到期日之剩餘年限一個月以上者，及屬中央政府登錄公債？

5.每日買賣債券殖利率之計算方式，是否依前一營業日上午十二時前，有成交記錄之最後一個五分鐘加權平均殖利率作參考？

6.上項無前一營業日成交記錄時，是否依最近營業日之殖率為參考依據？

7.每日之買賣申報總面額，是否有超過淨值的二倍？

8.以現金繳存之準備金，所生之孳息，是否於每年1月及7月底前，向櫃檯買賣中心收取？

9.以國庫券、公債及銀行定存單，作為準備金所生之孳息，是否按時辦理申請領取？

10.給付結算日有應付價金者，是否按時於成交次二營業日上午十二時前將款項存／匯入對方等殖成交系統款項結算專戶？

11.給付結算日有應付債券者，是否按時於成交次二營業日上午十二時前將債券轉入對方等殖成交系統債券結算專戶？

12.給付結算日有應收價金者，是否於成交次二營業日下午二點後由對方將款項存／匯入公司之結算專戶？

13.給付結算日有應收債券者，是否於成交次二營業日下午二時後由對方將債券轉入公司於清算銀行登錄公債帳戶內？

公開市場操作

1.依中央銀行通知操作之票券條件，是否立即轉告各行庫，接受報價？

2.各銀行報價明細，是否填報價單，並傳真至央行業務局？

3.中央銀行電話通知成交後，是否將得標結果轉知各行庫？

4.與中央銀行作附買回交易時除列印買賣成交單外，是否填製「票券買回約定書」一併交割？

5.公開市場操作時，代其他金融機構開單時是否向委託機構按面額計收手續費？

💰 洗錢防制

1.往來客戶是否有恐怖分子，或以團體或以其為最終受益人帳戶之情形？

2.恐怖分子或團體之名單是否給予鍵檔？對於境外資金來源，是否有涉及名單上為最終受益人之交易？

3.可疑境外資金來源地區，是否注意與恐怖分子或團體有所關聯？

4.票、債券交易，其金額超過新台幣150萬元以上之交割價款，是否有由非本人帳戶匯入或由多個非本人匯入者？

5.首次交易客戶是否有確認其身分，如身分證、護照或登記證照／代表人合法證明？對於無法提供者，是否婉拒受理？

6.久未往來客戶突有大額買賣，且又於短期內迅速轉移者，是否有查證或確認其身分？

7.對於疑似洗錢之交易，是否留存完整之交易記錄與憑證原本，並向上級報告？

8.是否有同一聯絡人經常要求以不同客戶名稱為買賣交易，且未能說明其與本人之關係者？

9.上述各項，如有發現可疑情事時，是否向法務部調查局報告？

💰 簽證、承銷（請參閱附錄18-2　查核報告範例二）

1.首次委託承銷之發行公司，是否洽請檢送經濟部執照、營利事

業登記證及公司印鑑證明影本留存備查？

2.代銷之商業本票，經辦理完成保證、簽證等手續後是否依規定送交保管人員簽收管理？

3.承作簽證、承銷業務時是否列印「首次買入票券日報表」，內容是否勾稽相符？

4.簽證、承銷及保證手續費是否按照公司核定費率收取和驗核？承銷票款是否確實於商業本票收取後，並經核對一切無誤後始予撥付？

5.發行公司領取空白商業本票是否填具領用單提出申請？核發後明細是否填載於登記簿上並與紀錄相符？領用單是否裝訂成冊備查？

6.買入成交單上記載之撥款方式是否與簽證、承銷委託書相符？是否同時將款項撥入不同帳戶而未載明個別金額？

7.承銷商業本票發行面額，是否以新台幣 10 萬元為最低單位，並以 10 萬元之倍數為單位？

8.自保案件是否符合銀行法第三十二條至三十三條之三有關利害關係人授信之規定？

9.對於代銷關係人發行之商業本票，除收取保證、簽證及代銷手續費外，是否還產生其他的損益？

10.代銷關係人發行之商業本票，於代銷期間屆滿後，對未經售罄之本票是否立即退還發行公司？

11.代銷發行當日是否確認代銷本票之款項確實收妥無誤後，才將應付價款撥付發行公司關係人帳？

12.新增客戶時是否立即建立「客戶基本資料檔」？若內容有異動時是否隨時更新？

13.電腦列印之買進成交單各項內容，是否與「首次買入票券日報表」相符，成交單簽章是否齊全？作廢成交單是否與「成交單更新清冊」及「成交單補單紀錄表」相符？

14.簽證承銷委請書上各項資料之填寫是否完整正確？所蓋（經濟

部）印鑑是否與留存本公司印鑑相符，且經專人驗印？

15.承銷買進商業本票或首次買進銀行承兌匯票，是否有低進高出之現象，以致公司發出異常虧損之情況？

16.承銷商業本票後，是否由發行公司自找買主（實為關係人或關係企業）買回原本票，或於同日有以原承銷買進利率將原票券賣予原發票人等情況？

17.保證章及簽證章之保管、使用是否符合內部規定及牽制原則（分由不同人員妥善保管及使用）？是否設置登記簿詳加記載發行公司名稱、票據號碼、面額及期限，並經主管核章？

18.委託書有無填列發行金額、發票日、到期日、保證金融機構、擔當付款行、入帳銀行及帳號等，並與商業本票核對無誤？

19.承作承銷業務時，票據票面要式條件是否記載無誤（含 CP1、CP2、BA 等）？是否與成交單完全相符？

20.持交易票據辦理貼現時，有否有注意下列各點？

(1)交易票據之要式條件是否具備？

(2)貼現日距到期日，是否超過 180 天？

(3)持票人是否以本公司可資核對之印章背書（經濟部、銀行存款帳戶、提供本公司票據明細表等之印章）？

(4)對大額票據或較集中之發票人票據，是否查詢有無按期兌付？

(5)是否查驗交易憑證，並於憑證正本加蓋「已辦融資，不得作廢」戳記，並留存影本備查？

(6)票據明細表所載內容是否相符？有無加蓋該公司印章？

21.對商業本票發票人是否其支存戶已受拒絕往來處分並遭結清者仍准其發行商業本票，並辦理簽證及承銷？

22.保證機構的保證印鑑是否由專人詳加核對？

資金調度及兌償

1. 票券金融公司申請支票存款戶之設立，是否依公司業務實際需要，經董事長核准授權後，提出辦理之？

2. 請領銀行往來支／本票簿時，是否由保管人員填具支／本票領用單，經有權簽章人員用印後，影印領用單正、反兩面留存備查後，將正本送交行庫核發？

3. 對新領之空白支／本票有無由保管人員檢查張數及票據、號碼是否相符連續，並即加劃橫線？另外是否將票據號碼予以建檔？建檔後是否連同登記簿交有權簽章人員覆核？

4. 保管人員是否憑收／付差額表上之支／本票號碼發給空白支／本票？並送交支／本票列印人員列印支／本票？

5. 營業終了，有無由列印人員負責列印「支／本票使用記錄表」、「支／本票使用張數一覽表」？保管人員有無核對當天實際使用張數與庫存空白支／本票是否相符，經簽章確認後再交由主管人員覆核存放金櫃保管？

6. 支／本票一經列印開立，若需要重新更換收付差額表時是否先將已開立支／本票作廢，並由電腦自動註記，同時顯示於「使用記錄表」中？

7. 支／本票一經作廢後是否立即於支／本票上蓋「作廢」字樣，並剪下號碼黏貼於「支／本票領用單」之背面？

8. 支／本票列印後是否連同成交單、收付差額表送請有權簽章人員會簽後，再轉交外勤交割人員辦理交割事宜？

9. 每日營業終了是否有與動用資金之行庫核對帳上餘額有無相符？客戶存入或匯入款項是否當日入帳？

10. 是否曾將原開立支付 A 客戶之支票，經更改抬頭之受款人名義後，再作為 B 客戶交割款項之用？

11. 總、分公司間代撥款或代收款時，是否填具報單，並經授權層級人員核准後，才執行代撥款／代收款？

12.買進票／債券時，其應付款項是否簽發具抬頭、劃線及禁止背書轉讓等事項之票據後，才交客戶簽收或匯入其指定之帳戶？

13.資金調撥之收付差額是否與作業單上之收付方式符合？

14.經開立已屆滿一年，而未兌付之支票，是否將該票款轉入「其他應付款」科目管理？

15.預開隔日或數日後付款之支票，是否有事前交付客戶之情形？

16.向行庫申請拆款所填製之「拆款申請書」，是否有事前經相關主管核章同意後辦理？

17.拆款利息是否核對相符，利息憑單有無取回並貼附於作帳傳票上？

18.拆款時是否按「金融業拆款中心作業要點」之規定，填具「拆款成交報表」，並傳真至拆款中心？

19.每次拆款、透支期限及融資總額是否符合「票券金融管理法」第三十七條之規定？

20.拆款與短期融資時所開立作質之本票的金額是否與「應付保證票據／存出保證票據」帳載數字相符？

21.對授信案所提供之備償票據，是否以票券公司本身名義所設立之活存專戶統籌控管？是否有自專戶中提出轉入資金調撥戶供業務上運用之情形？

22.兌償票據時，有無核對票背之承銷價格／貼現價格是否正確？利息扣繳憑單有無取回，並加以核對？

23.兌償款項是否撥入公司銀行帳戶，其金額是否經驗算符合？

💰 資金調撥清算（RTGS）

1.有權發送人員異動時，是否填單行文中央銀行辦理申請更換手續？

2.轉出所發送之轉帳交易，其執行結果有與原始交易憑證不符時是否立即通知、協調轉入行更正或以其他方式調整之？

3.有權發送人員及資料登錄員,是否分人負責辦理?

4.連線作業主管及其代理人之指派或變更,是否依規定函報央行業務局核備?

5.繳存之保證金因得充當日間適當擔保,是否不定期檢討其擔保品(保證金)之妥適性?

6.作業主管對有權發送人員識別碼及通行碼之註銷,是否自其工作站啟動「註銷有權發送人員交易」辦理?

7.有權發送人員之職稱、姓名、服務單位,是否造冊函報央行申請核發識別碼及通行碼初碼?

8.有否訂定嚴密之安全控管及使用方法以防止弊端?

9.是否每日於帳務結束後,列印日結帳清單逐筆核對有無相符?

10.透支日間是否注意日間透支終止時點,以免逾償還截止時點而遭受加計懲罰息?

💰 中央債券

1.登錄公債發行參與投標時,是否依內部相關規定由經辦單位簽請核准後辦理?

2.參與交易之債券,是否注意均屬於登記形式發行之公債或國庫券?

3.對之承購、轉讓、繳存準備、設質或充公務上之保證等記名式債券,是否均依規定向國庫局或業務局或清算銀行辦理轉讓或限制性移轉登記?

4.基於作業需要公司是否已向清算銀行開立債券帳戶及活期性存款帳戶,並取得登記機構/清算銀行所掣發之中央登錄債券存摺及核帳清單?

5.參與公債發行標購,不論自購或客戶委購者,其價款是否於發行日規定期限前完成繳付清算銀行作業?

6.公債發行前得標時,是否於開標後次一營業日營業終了,將

「承購登記申請書」送交清算銀行辦理登記？

7.國庫券發行前得標時，是否於開標日下午四點三十分前，將「承購登記申請書」送交清算銀行辦理登記？

8.對於自行交易在同一清算銀行內之轉讓登記，其交易價款若委託清算銀行辦理收、扣繳帳時，是否填具「條件交易憑證簽發申請書」或「附條件交易到期註銷申請表」向清算銀行辦理？

9.對於自行交易之價款，若非委託清算銀行自受讓人存款帳戶轉帳扣帳時，除例外情形（繼承、贈與）需檢附證明文件外，是否由讓與人填具「附條件交易憑證簽發申請表」辦理債券轉讓？而受讓人再至清算銀行補登存摺（除非另有約定以媒體傳輸為之）？

10.對於同一清算銀行內辦理限制性移轉登記時，是否填具相關申請書向清算銀行辦理？

11.同一清算銀行內辦理限制性移轉登記之塗銷，若公司屬出質人時，是否填具「塗銷申請書」？若屬質權人時，是否加蓋印鑑，以示同意，並向清算銀行辦理後，登錄於存摺上？

12.在同一清算銀行內辦理質權限制性移轉登記後實行質權時，受讓人是否填具「實行質權通行書」及附質權人加蓋之印鑑同意證明後，並檢附其他相關文件向清算銀行辦理？

13.在同一清算銀行內辦理公務保證之限制性移轉登記後之塗銷時，若屬收受人時，是否加蓋印鑑以示證明以向清算銀行辦理？

14.辦理簽發或註銷附條件交易憑證時，是否除填具「附條件交易憑證簽發申請書」辦理外，並由清算銀行掣發憑證？

15.附條件交易到期或提前解約時，是否檢具原掣發憑證及加蓋原留印鑑，並至清算銀行辦理註銷？

16.對於投標之登錄國庫券於賣回前，除事前與清算銀行另有約定以媒體傳輸方式處理外，不論自售或客戶委賣者，是否填具「賣回登記書」於開標日下午四點三十分前傳送往來清算銀行

辦理登記？

17.每月由清算銀行自登錄債券存款帳戶內扣取支付登記機構之跨行交易轉帳手續費，是否逐筆核對無誤後出帳？

18.基於自行交易（債券、款項轉帳或簽發附條件交易憑證）支付予清算銀行之帳戶維護、轉帳或簽發等相關手續費，是否逐筆核對無誤後出帳？

保證

一般事項

1.授信案件申報書填寫是否妥善？是否切實審查其借款用途、還款來源？額度是否遵照規定之授權範圍及權限辦理？

2.應徵提授信戶董事會同意授權辦理授信之決議錄或授權書者，是否確實徵提完妥，並存檔管理？

3.核對檢查基準日各授信戶之餘額是否相符？與會計明細分類帳各子目是否相符？

4.核定承貸之案件是否依批示條件辦理，保證費率是否依規定收取？由第三人提供之擔保品除設定手續外，是否立具同意書或徵提為連帶保證人？

5.存質本票之各票據債務人與核定條件有無相符？票據法定要項有無齊全？是否於保證發行前取得授權書及本票？

6.對於核定承貸之授信案，有無辦妥對保手續，委任保證約定書、債權憑證等所簽蓋印鑑與約定書所留存印鑑是否相符？所填事項是否完備？

7.保證人是否具有行為能力或合法代理人？對保手續是否由公司派人至保人處辦理？授信契約書與債權憑證是否由當事人或關係人親簽？

8.發行前是否列印「請核書」，其內容是否符合董事會通過之條

件，是否經主管核簽？

9.「徵信資料」、「債權憑證」、「授信申請書」、「抵押書類」及「授信約定書」等各項資料是否依規定分別建檔管理？

10.商業本票到期日超過保證約定書到期日 30 天以上，是否於承作後報請核備？

11.保證發行之票款是否撥入發票人之帳戶或充抵屆期票款？有無以現金支付者？

12.對單一行業授信，是否符合授信限額管制之規定？對同一關係人之授信是否未逾本公司淨值 40%，其中無擔保授信餘額是否未逾淨值 10%？

徵信

1.辦理徵信調查應徵提的資料是否索取完備？（如客戶資料表、登記證件影本、公司章程或合夥契約、董監事名冊、股東名冊、主要負責人個人資料表、最近三年財務報表——資產負債表、損益表、業主權益變動表等、最近稅捐機關納稅證明影本及現金收支預估表及營運計畫等）。

2.同一案件之授信與徵信工作，是否分人辦理？

3.客戶「資料表」是否隨時補充資料，並加以評估？

4.徵信調查有無將利害關係人列入查詢，並於有關書表中載明，俾供有權核准人員之核參？

5.向授信戶徵提的財務報表是否均由客戶簽章？

6.客戶之借款來源、資料是否有核對調查？

7.徵信報告中客戶之營運狀況、資金去路、償債能力及償還來源等是否加予評估？

8.除授信戶外是否亦對保證人或票據關係人（發票人或背書人）進行徵信調查？

9.保證額度若大於營業額者是否徵提有具體合理數據說明之營運計畫書，並確實查核資金用途？

10.授信戶之會計師融資簽證報告有保留意見，是否在財務分析表中加以評註？

11.對於近年來全體機構借款金額有急遽增加而與營業額成長表不相稱者，是否敘明原因？

12.對於財報中應收帳款、應收票據、存貨、金融借款、淨值、損益及營業收入等數額在近三年內變化差異大者，是否加以查核並說明原因？

不動產為擔保

1.公司提供不動產為他人借款之擔保設定抵押權，或以公司名義為人保證是否注意依其他法律或公司章程規定得為保證者？

2.抵押品是否查閱為法院所查封？登記謄本與土地地籍謄本是否加以核對？該筆不動產是否已設定他項權利？

3.是否查明該筆不動產確未妨礙都市計畫及無禁建或變更為特殊用途等情形？

4.擔保品之估計是否依規定辦理，並填具鑑估報告書？

5.標的物實地查勘是否與資料相符，並繪製簡圖？

6.抵押權設定時，應具備之書件是否齊全？對於其上記載之事項及內容有否逐項詳加核對？抵押權設定順位、金額及存續期間是否依規定辦理？

7.不動產設定登記是否以本公司為第一順位？金額是否有低於授信額度的120%？權利存續期間是否設定三十年？

8.不動產登記書類、保險單（本公司為受益人、標的物標示之地址應與鑑價表所載相符、負責人及收費員之簽章）正本及保險費收據副本，經核對無誤後是否存放於保管袋交由保管人員保管？

9.辦理抵押權設定時，擔保品有無租賃關係存在，對已存在之租賃關係是否徵提原租賃契約影本，以確定其屆滿日？對於未出租情形而自用者，是否徵提由房屋所有權人出具之無出租切結書？

10.保證案續約或增貸時，是否重新檢討不動產情況？

11.設定擔保物增建、部分改建或擴建完成後，有關追加登記手續，是否比照新登記辦理？

12.不動產抵押契約內容變更時，是否取得「抵押權變更契約」，並向主管機關辦妥登記？

13.客戶申請抵押權部分消減時，若非由本公司自行辦理，其所提出之有關書類，有否爭取不動產有關書類提出收據？

14.鑑價期間已逾兩年或擔保品價值發生重大變化是否有重新鑑估？

15.以新建完成之房屋為擔保者是否向授信戶徵提「無法定抵押權存在」之切結書？

16.未成年人提供之不動產抵押所出具之契據是否由法定代理人簽章、切結「係為未成年人之利益處分，無違反民法第一〇八八條」之規定？

股票為擔保

1.設定質權之股票背面出讓人欄位是否經提供人蓋章，並經發行公司簽章承認？

2.提供擔保之股票是否依規定辦理估價，並填具估價表？是否依規定之成數辦理核貸？

3.提供擔保之股票，是否於辦妥質權設定手續及徵取設定質權契約後始予貸放？

4.質押股票與估價表所記載之股票名稱、數量是否相符？

5.擔保品在貸放期間內如遇股票行情下跌至原鑑估價格之80%時，有無即洽借戶補足擔保品或要求償還部分保證發行商業本票？

6.擔保品之保管是否依規定辦理？

7.擔保品調換時對新質押之股票是否完成估價及辦妥設定質權手續？

8.設質股票遇發行公司辦理增資無償配股時，除經特別准許外，是否均由本公司領取，另有無於質權設定時明文記載？

9.徵提股票背面是否已辦理質權設定、質權撤銷及過戶轉讓手續？

10.由第三人提供股票爲擔保者，是否徵提爲連帶保證人或本票共同發票人？於退還股票時是否由授信戶及擔保品提供人共同簽章？

⊞ 有價證券爲擔保

1.記名債券（金融債券）供質押及提供擔保，是否先向原發行銀行辦理過戶或設質手續？

2.存單提供質借是否經簽發行庫同意拋棄抵銷權？質借期限是否超過原存單之到期日？

3.對質押之有價證券是否鑑定其眞僞？鑑價是否符合本公司鑑價辦法？

4.擔保物之質權設定、質權撤銷或過戶轉讓等手續是否依規定辦理？

5.授信戶以購買本公司之短期票券爲擔保品者，是否由購票者出具意願同意書？

6.收存之有價證券是否依規定交付財務單位／指定之專人保管？

7.債券到期之本金或息票是否及時兌領，並按比例償還保證發行之商業本票？

8.如由授信戶以外之第三人提供存單爲擔保，提供存單之第三人有無作連帶保證人或借款／總本票之發票人或背書人？

9.擔保品提供證是否已由債務人加蓋留存印鑑？

10.以政府債券爲擔保，其最高放款值是否以總面額爲限？並以無記名公債或國庫券爲限？

客票為擔保

1. 收受客票時，是否根據授信戶所填製之「票據明細表」核對票據各項要件是否完備和票信查詢？
2. 發票人是否為授信戶關係企業、保證人或親屬等？發票人是否集中於少數人？
3. 客票是否均由授信戶背書，其背書是否連續？
4. 是否核對各項交易憑證之真實性及其金額是否相符或相近？是否於發票存根聯上加蓋「已辦融資，不得重複融資」之戳記及日期，並留存影本備查？
5. 授信戶若請求更換客票時，有否調查更換原因並填具「撤票清單」經有權人員核准後辦理？若以現金換票時是否立即存入還款專戶中？
6. 授信戶提供擔保之客票總額占授信餘額成數是否符合批准條件？
7. 是否設立備償專戶？專戶之存摺有無指定專人負責保管？
8. 發票人之行業是否與授信戶相關？票據金額是否與經營規模相符？

利害關係人授信

1. 是否對本公司持有實收資本額3%以上之企業，或本公司負責人、主要股東或辦理授信之職員有利害關係者為無擔保授信？
2. 對同一有利害關係者之擔保授信總餘額是否超過本公司淨值的10%？
3. 對本公司持有實收資本額5%以上企業，或本公司負責人、職員、主要股東或辦理授信之職員有利害關係者為擔保授信時，是否有十足擔保，且其條件優於其他同類授信對象之情形？其授信金額達中央主管機關規定以上者，是否經三分之二以上董事出席及出席董事四分之三以上同意？

4.對本公司持有實收資本額 5% 以上企業，或本公司負責人、職員、主要股東或辦理授信之職員有利害關係者為擔保授信時，其總餘額是否超過本公司淨值的 1.5 倍？

5.是否將本公司「主要股東名冊」及「銀行法第三十三條之一有利害關係者資料表」電腦建檔，供授信人員線上查詢？

覆審及事後管理

1.公司有無建立授信覆審制度？

2.對未依核貸條件履行之授信戶是否加強貸後管理？

3.依據本公司「授信覆審辦理要點」，每一客戶每半年是否辦理覆審一次？並填具「授信個案覆審記錄表」存檔備查？

4.覆審之授信戶是否有未履行承諾事、擔保品狀況發生變化且足以影響債權者、借戶財務、業務或內部管理等發生重大變化者？

5.覆審人員是否有覆審本身經辦之授信案件？辦理覆審工作是否指派對授信業務具有豐富經驗之人員？

6.借戶相關資料是否歸檔完整？撥貸必備資料是否齊全？

7.債權憑證及擔保契約，其內容及書款是否完整無瑕？

8.抵押權設定金額、順位等各項要點是否符合規定？

9.擔保品之價值已有減低之虞時，是否立即催促客戶償還部分保證發行之商業本票或更換擔保品，或由公司逕行處分？

10.是否時常注意報刊公告，如有抵押品經第三人執行拍賣時，必須向法院聲請參加分配優先受償，以抵償保證發行之商業本票？

11.客戶住所變更時是否將新地址於所簽具之約定書內加以註明，以防範將來文件之未能送達，而使公司債權受到影響？

12.借戶合併，如認為對本公司債權確保不利時，是否在該公司合併通知及公告所指定期限內提出異議，並要求增加提供擔保品或償還保證發行之商業本票？

13.保證人死亡時，其債務由各繼承人共同繼承為原則，或經本公司同意免除，或另覓其他有財力人士為連帶保證人？

14.借戶已概括承受資產及負債方式改組時，為明確起見仍以徵求新事業體之債務承擔書為宜？

15.借戶登記事項變更時，其與本公司往來之名稱或代表人名義等，是否立即依照主管機關登記內容變更？其原提供之擔保品是否改以變更後之內容辦理變更？

16.借戶如減資時，本公司如認為對債權不利，是否要求增提擔保品或償還保證發行之商業本票？

17.授信戶發生週轉困難、退票、災變或改組等不利公司事件時，是否立即辦理授信後覆審工作？

18.辦理覆審時有無查核其資金用途是否與申貸用途相符，並將查核結果記錄於報告中？

逾期催收

1.發生不良授信案，是否立即採取保全措施，或儘速洽請增提擔保品、增加保證人或要求償還債務？

2.對於逾期案件是否分析其原因？其帳務處理是否正確？

3.對於逾期案件是否依法、依規、依限追討？

4.對於逾期案件所承受之不動產擔保品有無超過二年仍未處理者？

5.對於逾期案件是否指派專人處理？有無催收記錄？

6.催收無效時，是否聲請法院發給支付命令、本票裁定、聲請法院強制執行等法律程序進行追訴？

7.是否有發生債權憑證，如本票、契約書、權利證明等散失、喪失法律時效或時效中斷情形？

8.對於逾期六個月以上，已向債務人、保證人訴追及處分質押品之案件，是否依規定轉列催收款？轉入催收款前應計之應收利息，是否連同本金一併轉入？

9.主、從債務無可供執行之財產時,是否聲請法院發給債權憑證存卷?並繼續追查債務人及保證人之財產,隨時聲請法院執行?

10.呆帳之轉列於簽報董事會及送監察人會審核定前,是否填製「轉列呆帳損失專案檢查報告表」會核稽核單位簽註意見?**(請參閱附錄18-4 查核報告範例四)** 查明授信是否依據有關法令規章辦理?是否已盡業務上之注意?

11.已轉列呆帳之催收款,是否逐筆登記於「追索債權備查簿」隨時注意債務人及保證人之動向?如發現有可供執行之財產時是否依法追訴?轉列時,是否依規定取得證明文件?

18.2 外匯業務之查核

　　銀行外匯業務檢查的主要目的在於瞭解外匯操作、清算及會計處理等制度是否有效的權利,透過本節陳述,可以輔助及早發現問題所在,進而加以評估和討論,以提升營運品質,協助企業提高經營績效。

💰 **外匯管理與衍生性商品**

1.新台幣50萬元以上之等值外匯收支或交易,是否依規定申報?若利用網際網路辦理申報者(申報前應先視赴銀行辦理相關約定事項),是否注意其為在我國設立或經我國政府認許並登記之公司、行號或團體領有主管機關核准設立統一編號者,及年滿二十歲領有國民身分證或外僑居留證之自然人?❶

2.辦理外匯業務,是否有違反管理外匯條例之規定?

---

❶ 外匯收支或交易申報辦法第三條、第六條之一。

3.未取得「外僑居留證」之外國自然人,其結購外匯時,是否憑相關身分證明親自辦理?

4.未取得「登記證照」之外國法人,辦理結購外匯時,是否授權其在台代表或國內代理人為申報人?

5.未取得「登記證照」之外國金融機構,辦理結購外匯時,是否授權國內金融機構代理人為申報人?

6.辦理外幣貸款,是否由顧客提供國外有關交易之文件?

7.外幣貸款除出口後之出口外幣貨款外,是否有兌換為新台幣?

8.辦理國內顧客之外幣擔保付款之保證業務,是否由顧客提供有關交易文件?其保證債務之履行,是否依「外匯收支或交易申報辦理」規定辦理?

9.指定銀行訂定新台幣與外幣間所有交易部位限額時,是否依規定於總部位限額中另訂定衍生性金融商品部位限額?並應在總部位限額三分之一以內?

10.未取得「外僑居留證」之外國自然人,其結售外匯時,是否憑相關身分證明親自辦理?

11.未取得「登記證照」之境外金融機構,是否有辦理結售外匯之情形?

12.持中華民國台灣地區旅行證之大陸人士申請結售外匯為新台幣,如逾 10 萬美元,是否經央行核准後辦理?

13.公司、行號或國內股份轉讓人辦理華僑及外國人來華直接投資結匯,無論金額大小,是否有有關主管機關之核准函?

14.公司、行號及個人對外投資結匯,若利用每年自由結匯額度者,是否確認具體對外投資計畫?以免計入每年自由結匯額度者,是否確認有關主管機關之核准函?對大陸投資案件,是否確認經濟部之核准函?

15.辦理新種衍生性金融商品是否事前就其風險與效益進行評估?並訂定經營策略及作業準則和呈報董事會核定後施行?

16.參與國際金融市場業務操作失策,是否確實執行停損,以免虧

損持續擴大？

17.參與國際金融市場業務操作，因購買當地政府公債及大型銀行發行之浮動利率商業本票及浮動利率定存單等有價證券，是否有因判斷或預測利率走勢與實際有出入，致非但沒有利息收入，而且該筆資金有時尚需另向市場籌資挹注，反而增加資金成本之負擔情形？

18.辦理國際金融業務，是否有隨時留意當地相關法令之變化及影響市場行情之各種政治、經濟、金融之變化？

19.投資操作是否有風險管理之意識，秉持風險分散原則辦理？

20.辦理衍生性金融商品交易是否依內部規定之期間依市價評估？因基於業務需要進行之避險性交易亦同。

21.辦理外幣擔保付款之保證業務，其承做對象是否有非屬國內之客戶？

22.OBU 承作外幣放款業務時，是否有收受客戶以境內股票或其他新台幣資產作爲擔保或副擔保？

23.指定銀行是否有未依外幣資產扣除外幣負債後之餘額作爲外幣風險上限？

24.外匯交易除當日交割外，其確認函（confirmation lettle）是否由交割部門或第三人辦理函寄？並依序整理保存？對未回函者是否發函追蹤？

25.金融業辦理衍生性金融商品交易，其交易員與交割人員是否有互相兼任情形？

26.國外電文之解密工作，是否指派專人辦理，並換人覆核？

27.新台幣對外幣，或外幣對外幣之換匯交易之遠期外匯買賣，是否有未列帳處理之情形？

28.辦理衍生性金融商品交易，一旦超過風險限額時是否即時結清部位，簽報提高風險限額或經層峰有權人員之核可？

29.是否按期填送央行外匯局各項表報？

30.是否編製外匯資金來源運用表，以明瞭資金來源、去路？

31. 存放國外同業之銷帳作業，是否迅速而確實，並定期編製調節表？

32. 對於透支同業、同業融資等借入款項，是否與原函電所列之資料相符？

33. 對於久懸之未達帳，其催詢作業是否積極？

34. 辦理客戶結匯案件是否確認係申報人本身之外匯收支或交易，再予受理？

$ 出口業務

1. 信用狀以電報通知時，押碼是否正確？如係郵寄時，其簽章是否與開狀行之簽章樣本相符？押碼有誤或樣章不符，是否向開狀行查詢或確認？

2. 信用狀正本或修改書是否註記收到及通知日期戳記？是否已儘速寄交受益人？

3. 首次往來之客戶是否辦理徵信調查？有無建立出口押匯分戶卡資料，加強授信管理及內部牽制？嗣後是否定期更新徵信資料？

4. 出口押匯審核單（check memo）之審核人員，是否詳核相關押匯單據？

5. 對審核單所列之瑕疵其處理是否恰當？如單據有瑕疵是否於審核單上加予註明？是否徵取切結書後方以受理押匯或改以託收方式辦理？是否建立初審、複審及核准制度？

6. 付款日期與收件及審單是否有延誤情形？初審及複審及付款權限，是否合乎內部規定？

7. 辦理押匯時，是否注意額度控管？押匯後是否於信用狀背面註明押匯日期、金額及未用餘額？有無發生超過額度之情形？總質權書之連帶保證人，如係公司戶是否查核有無不符公司法第十六條之規定？連帶保證之有無辦理徵信調查？收件到寄單是

503

否有完整之作業流程制度，以避免案件發生積壓情形？出口押匯申請書上之印鑑是否經核對？

8.是否訂有各項收費標準？未依標準收費時，是否經主管核可同意？利息費用之計收是否適當？押匯單據是否依信用狀規定寄送？

9.對於開狀行拒付理由列舉牽強或不合理之案件（不符統一慣例第十四條規定），是否為客戶之權益據理向國外力爭，善盡銀行之責任？

10.對久未銷帳之出口押匯案件，有無隨時檢討其原因（如單據誤寄、求償錯誤、遠期信用狀到期日求償延誤⋯⋯）及追縱？查詢進帳催詢作業，是否積極？

11.國外進帳報單或承兌之通知到達時，是否即時處理並通知出口商，而無積壓之情形？

12.出口託收申請書是否由廠商簽章？託收款項之撥付，是否接到進帳通知函電或對帳單後辦理？對於逾期未收妥之案件，是否善盡銀行之責任，積極催詢，並加以記錄？

13.與顧客辦理新台幣與外幣間之遠期外匯業務在訂約及交割時，是否均經查核其相關交易文件？

14.辦理大陸地區進出口外匯業務，是否按月依規定之格式分別填送財政部及中央銀行備查？

15.承作出口商以 D/P 方式出口所得外匯直接存入外匯存款帳戶時，是否掣發其他交易憑證？

16.受理押匯若接到開狀銀行通知已接獲法院之禁止支付命令暫時無法付款時，是否依 UCP500 之規定向開狀銀行提出抗辯以保全債權？

17.顧客押匯時所提示之保險單據，被保險人若為賣方者，是否於保單背面完成空白背書？

18.對於信用狀規定海運提單的受貨人為 "TO ORDER" 時，所提示之海運提單是否已由 SHIPPER 背書？

19.是否有未建立出口押匯分戶卡資料，以加強授信管理及內部牽制，致出口押匯超逾授信額交之情形？

20.通知信用狀時，是否就其所通知之信用狀外觀之眞實性，以相當的注意加予查對？

21.對於國外拒付案件，無論向廠商收回新台幣與否，其匯率風險之承擔，雙方有無作書面之約定？

22.受理信用狀之轉讓，是否注意確切表明「可轉讓」（Transferable）之文句？

23.受理開發國內信用狀（Local L/C）後，是否於原信用狀上加以註明？

24.受理出口結匯、託收及應收帳款收買，是否憑顧客提供之交易單據辦理？

25.對於出口所得外匯結售爲新台幣者，是否掣發出口結匯證實書？其未結售爲新台幣者，是否掣發其他交易憑證？

26.出口信用狀通知及保兌，是否憑國外同業委託之文件辦理？

27.受理大陸出口台灣押匯之再匯出款，是否由廠商檢附「台灣地區廠商辦理大陸出口台灣押匯申報書」留存聯正本，並以三角貿易匯出款申報？（其匯出款金額不得大於押匯金額）

28.當出口單據在遞送過程耽誤或遺失，致進口商未能提貨時，是否設法儘速補送單據副本，俾便進口商辦理擔保提貨？

進口業務

1.對於進口所需外匯以新台幣結購者，是否掣發進口結匯證實書？其未以新台幣結購者，是否掣發其他交易憑證？

2.對顧客開狀或墊款額度之訂定是否妥適？是否注意使用額度之控管？

3.開發信用狀保證金收取比率，是否依內部規定辦理？

4.廠商申請開發信用狀，其徵信作業、核簽程序、核貸條件、擔

保品鑑估及設定有關單據等是否完妥？

5.開證最後裝船日期是否有超過輸入許可證之有效期限？（信用狀之有效期限通常不超過最後裝船日期二十一天）。

6.進口交易條件不含保險者，是否向申請人徵取提供保單，並以開狀行為受益人，以加強債權之確保？

7.押匯單據審核如與信用狀條款不符時，是否即時通知進口商？並於合理期間內儘速（七日）去電押匯銀行表示拒付？

8.進口單據到達，貨品亦已運抵港口時是否立即通知廠商贖單？如客戶久未贖單，單據保管情形是否適當？

9.辦理擔保提貨或副提單背書，是否徵提擔保品？擔保品之保管是否妥適？

10.發出之保證函／擔保提貨書有無建檔管理？內容是否包含擔保提貨書號碼、日期、信用狀號碼、金額、船公司名稱等？

11.收到國外押匯單據正本後，是否向船運公司換回保證函／擔保提貨書以解除擔保責任？

12.開發信用狀辦理託收、匯票之承兌及結匯，是否憑顧客提供之交易單據辦理？

13.開發國外信用狀進口時，是否有未對偏離市價太多而加以查證，致被假進口真開狀，以套匯方式詐欺銀行資金？

14.FOB及C＆F條件之進口案件，是否徵提保險單，並以開狀銀行為受益人？

15.進口案件逾三個月未獲贖單時，是否填報逾期放款？並採取必要債權確保措施？

16.是否於收到託收銀行之委託書後，切實將其指示事項轉知進口商？如有不能依照指示辦理之情事，是否立即通知託收銀行？

17.在進口商未結付全部貨款或未在匯票上簽章承兌並履行託收指示書上其他附帶條件以前，是否不能將單據交付進口商？

18.辦理進口託收擔保提貨，是否特別注意客戶之信用及往來情形，以防詐欺？

19.進口單據是否於單據收到之日後七個營業日之相當時間內完成審查工作？

20.當收到單據時是否即以──〔借〕應收代收款─進口託收；〔貸〕受託代收款──進口託收之會計科目列帳？並在合理時間內審核完妥，並儘速通知客戶贖單？

21.應客戶之申請簽發保證或擔保信用狀，當國外受益人求償時，客戶是否依「外匯收支或交易申請辦法」之規定辦理新台幣結匯，並受每年結匯額度之限制？

22.辦理顧客訂約金額為 120 萬美元之「新台幣與外幣間」遠期外匯交易，其相關資料是否於訂約日之次營業日中午十二時前傳送央行外匯局？

23.辦理遠期外匯訂約時，客戶所提供之保證金是否有以未到期支票繳納之情形？

24.預購外匯客戶如於原契約訂定交割日前或期限之前要求提前交割時，是否按當時貨幣市場相當期別之存借款利率差額結清損益？

25.辦理國內公民營廠商之進口融資金額，是否超過交易金額 90%？

26.辦理國內公民營廠商之進口融資期限，是否超過 180 天（賣方遠期信用狀天數不計）？

27.開發自大陸進口貨物之信用狀，其開狀保證金是否依內部規定之比率收取？

28.開發國外信用狀客戶要求以 CARGO RECEIPT，RECEIVED B/L 及 HOUSE AIRWAY B/L 等代替提單時，是否有未徵提正本提單，致影響銀行債權之情形？

29.辦理進口業務，單據到達後發現有瑕疵時，是否有未依統一慣例之規則辦理，即於到單後七天內主張拒付，致喪失權利，甚或誤以徵有十足擔保品或定存單，即認為可確保債權？

30.進口單據寄達，並通知開狀申請人贖單後，逾三個月仍未贖單

還款者，是否有未列報逾期放款處理？

31.對久未辦理贖單還款案件，且開狀申請人又不知去向，是否有未憑廠商所填具之授權書、輸入許可證、提貨單據等文件，委託報關辦理提貨，致貨物遭受海關拍賣？

32.單據內容如有與信用狀條款不符時，開狀銀行是否以電報迅速通知提示人（寄單銀行或受益人）？

33.辦理擔保提貨或副提單背書，向廠商徵提之擔保本票，是否有未交由專人負責保管？

34.對核貸條件列有進口物質應辦理信託占有之開發遠期信用狀案件，是否有未依核貸條件辦理，而影響債權確保？

💰 匯兌業務

1.匯出匯款如久未銷帳，是否追查原因？

2.光票買入／託收是否依內部規定辦理，並要求提供連帶保證人？票據要件是否慎予審查？

3.光票買入是否分筆登錄？每戶總額有無超過核准額度？對付款地為香港，而抬頭人處以 Cash 或 Order 表示時，除由持票人背書外，是否還經發票人背書才受理？

4.收妥之票款經顧客提領後，倘發生退票或糾葛情形時，是否立即通知託收立約人備款贖回票據，並事前簽訂約定書？

5.買入／託收有應繳納之利息、手續費及郵電費等，是否依規定收取？

6.久未銷帳之買入是否積極催理？萬一於託收過程中遭失，銀行是否就原票據辦理掛失止付後再要求付款行接受以票據影本付款？

7.遭受拒付之光票是否儘速通知客戶，並採取保全措施？

8.匯入匯款通知書是否經覆核後儘速寄交受款人？如委託人有特別指示或附言者，是否照辦並通知受款人？

9.匯款委託書及匯票之簽發，是否符合控管程序？

10.外國人來台直接投資之匯入匯款結售新台幣案件，無論金額大小是否有核對主管機關相關之核准文件？

11.票據正面載有"NON－NEGOTIABLE"或"ACCOUNT PAYEE ONLY"之文義時，是否以禁止背書轉讓認定，並限存入抬頭人帳戶處理？

12.由銀行先行墊付再委託國外代收銀行代收入帳之國外付款票據，於墊付該款時，其會計科目是否借記「買入匯款」？

13.對於客戶將原自國外匯入款存入國內他行之外匯，再辦理轉匯結售爲新台幣時，是否以原自國外匯入之匯款性質填寫申報書？

14.接受個人、公司、行號或團體申報匯出或匯入款項，是否有未先查詢匯款人有超過一年度政府所規定之結匯限額？

15.公司、行號、團體或個人辦理匯出匯款，是否填具有關文件及查驗身分文件或登記證明文件？

16.匯出匯款以新台幣結購者，是否依「外匯收支或交易申報辦法」辦理？

17.匯出匯款以新台幣結購者，是否掣發賣匯水單？其未以新台幣結購者，是否掣發其他交易憑證？

18.公司、行號、團體或個人辦理匯入匯款，是否提供匯入匯款通知書或外幣票據或外幣現鈔及查驗身分文件或登記證明文件？

19.匯入匯款結售爲新台幣者，是否掣發賣匯水單？其未結售爲新台幣者，是否掣發其他交易憑證？

💰 外匯存款

1.辦理外匯存款是否憑匯入匯款通知書、外幣貸款、外幣票據、外幣現鈔、新台幣結購之外匯、出口所得及存入文件？

2.受理自然人開戶時，是否由本人親自辦理？對於存戶護照或其

他身分證明文件之核對是否留存核對紀錄？

3.受理法人開戶時，是否憑營業執照、登記證、負責人身分證或其他證明文件辦理，並留存核對文件之紀錄？

4.有關空白存單之管理、存單之掣發、對帳單之寄發及受理為擔保之認證、設質等作業，是否合乎牽制及內控原則？

5.利息之計付是否與約定相符？訂定之存款利率有無公告於營業廳？

6.利息支付是否依稅法之規定扣繳利息所得稅？

7.存款之存摺、印鑑遺失，是否依照新台幣活存、定存之相關規定辦理後補發？

8.解約之作業程序，是否符合內規？如結售為新台幣時，是否依央行訂定之「外匯收支或交易申報辦法」及相關規定辦理？

9.是否有以支票存款或可轉讓定期存單方式辦理之情形？

10.除公民營事業單位外，自然人之外匯定期存單是否有除供本人承作新台幣投信或質借外幣外，提供他人辦理質借之情形？ ❶

11.以新台幣結購存入外匯存款及自外匯存款提出結售為新台幣其結購及結售限制，是否依匯出、入匯款結匯之相關規定辦理？

12.存戶自外匯存款帳戶提領外幣現鈔，收取匯率差價費用，是否在牌告上註明或主動向客戶說明原因以免引發爭議？ ❷ 提領旅行支票時是否依照代售旅行支票之處理規定辦理？

13.辦理外匯存單質借，其質借最長期限或最高成數是否依內部規定辦理？（指定銀行訂定辦法承作此業務時，除應遵循相關規定辦理外，仍應考慮風險問題。）

---

❶ 請參閱 2002 年 2 月 6 日，央行台央外條字第 550-2 號函。
❷ 請參閱 1995 年 10 月 5 日，央行台央外條字第 1981 號函。

附錄 18-1　查核報告範例一

債券操作專案檢查案

XX 票券金融公司　稽核處　簽呈

主旨：債券操作專案檢查案

說明：一、遵照　董事長○○○○年○○月○○日業務主管週報會議指示辦
　　　　　理。

　　　二、檢陳查核報告乙份及相關工作底稿，如附件。

　　　三、恭請　鑒核。

　　　敬會

交易部　經理　XXX

總經理　XXX

　　　敬呈

董事長　XXX

　　　　　　　　　　　　　　　　　　稽核處　XXX 謹簽
　　　　　　　　　　　　　　　　　　○○○○年○○月○○日

註：本範例爲業界在內控管理上部分常見的問題和缺失事項之匯集與相關作業程序之介
　　紹。

債券買、賣斷交易專案查核報告

一、案由

本案經稽核處於○○○○年1月11日業務主管週報會議中提及有關債券操作績效與內部控管問題，遵奉 董事長指示特定辦理之專案查核。

二、查核方式與範圍

由○○○○年1月1日至3月8日期間內所承作之同期債券及同日進行買、賣斷交易，於操作過程上有否缺失情形作深入瞭解。

三、資料選取

根據由交易部相關資料經管人員所提供查核範圍內所有買、賣斷交易之作業單（略）、買賣成交單（略）及財務部提供之債券市價評估表和透過路透社下載之債券交易當天收盤殖利率等所有作業有關資料及表報。

四、查核評述

綜合查核結果，除發現有低買高賣之缺失事項外，尚發生有空賣後補之操作，已違反相關規定及利率走勢判斷錯誤等情形，為避免日後再重複發生類似情況，而造成公司屢遭不當虧損及違反相關規定起見，茲建請經辦單位應加強交易操作人員之訓練及人品考核。此外，為便利日後進行追蹤管理，應請於發生類似交易案件時，能留存稽核軌跡，並加註原因之說明，以利瞭解。

五、發生案例之說明

1. 成交日○○○○年1月15日向A證券買斷央債A90107，面額1億元，同日又賣斷予該A公司，其買進利率均較賣出利率為低，致遭虧損139,000元，且其賣出利率亦較路透社當天收盤牌告買進利率為高，不利公司營運之操作；另（以下查核底稿等略）成交日○○○○年2月21日買賣斷央債A90101、○○○○年2月25日買賣斷央債A90101、○○○○年2月26日買賣斷央債A91103等，亦有同樣情況。

2. 成交日○○○○年 2 月 21 日先分別空賣央債 A90101 予 B 證券及 C 票券各 5,000 萬元，隨後向 D 票券買入回補，此項做法違反「財團法人中華民國證券櫃檯買賣中心證券商營業處所買賣有價證券業務規則」第七十一條之一規定（證券商不得申請賣出其未持有之有價證券），有遭受第九十四條（證券商有第七十一條之一情事者，本中心得予警告，並通知其限期補正或改善）給予警告處分之慮；另（以下查核底稿等略）成交日○○○○年 2 月 25 日賣斷予 E 證券央債 A90101 5,000 萬元，隨後向 D 票券買入回補，及○○○○年 1 月 25 日央債 A91102 5,000 萬元，先賣予 A 證券後，再買入回補亦同。

3. 成交日○○○○年 1 月 25 日在尚未得知央債 A91102 得標情形下，上午即先行進行該期債券之買賣交易，於當天上午 8：59 賣斷予 A 證券，面額 5,000 萬元，利率 3.0465%，隨後於 10：34 向 F 證券買入，共計面額 1 億元，利率分別為 3.009% 及 3.0075%，其買進利率均較賣出利率為低，不利公司；且該筆賣斷交易利用電腦輸入作業技巧，將其延緩登錄，待鍵入標購 2 億元利率 3.048% 之債券後，再輸入該筆交易，雖造成實現買賣債券利率 3,426 元，但當天公司標購之央債 A91102，共計 10.12 億元，平均利率為 3.0343%，其實際賣出利率高於本公司當期平均標購利率。

另附工作底稿如后：

○○○○年 1 月 1 日至 3 月 3 日同期債券於同一天買賣斷交易操作查核底稿

成交日	交割日	債券期別	交易員	客戶名稱	交易方式	交易時分 作業 / 成交單	成交利率 路透社 收盤利率	面額	損益 (千)	備註
1/15	1/17	A90107	甲	A 證券	買	11:29 13:51	3.7905	3.7750	5 千萬	
"	"	"	甲	"	賣	11:4513:54	3.7980	"	-41	
"	"	"	甲	"	買	11:46 13:55	3.780	"		
"	"	"	甲	"	賣	11:49 13:55	3.7980	"	-98	
2/21	2/25	A90101	乙	B 證券	賣	10:4111:57	3.7100	3.6600	-94	
"	"	"	乙	D 證券	買	10:43 11:52	3.6900			
"	"	"	乙	C 證券	賣	10:44 11:56	3.6840		9	
"	"	"	乙	D 證券	買	10:51 11:53	3.6875			
1/25	1/29	A91102	甲	A 證券	賣	08:59 14:18	3.0465	3.1575		
"	"	"	甲	F 證券	買	10:34 14:21	3.0090			
"	"	"	"	"	買	10:34 14:22	3.0075			

○○票券金融公司
債券交易明細表

（買進）　　　　○○○○年1月1日至2月28日　　　　單位：元

成交日 交割日	成交單號	客戶名稱 交易員	債券簡稱 債券代號	發行日 交易方式	到期日 約定日	面額 應計利息	成交價 應收/付金額	天數 利率	成本	損益
1/15	XXXXXXXXXX-1	A證券	央債90-7	90/10/19	105/10/19	50,000,000	48,375,320		48,375,320	
1/17		甲	A90107	買斷		431,507	48,806,827	3.7905		
"	XXXXXXXXXX-1	A證券	央債90-7	90/10/19	105/10/19	50,000,000	48,432,703		48,432,703	
"		甲	A90107	買斷		431,507	48,864,210	3.7800		
2/21	XXXXXXXXXX-1	D證券	央債90-1	90/01/09	100/01/09	50,000,000	55,340,203		55,340,203	
2/25		乙	A90101	買斷		329,966	55,670,169	3.6900		
2/21	XXXXXXXXXX-1	D證券	央債90-1	90/01/09	100/01/09	50,000,000	55,350,126		55,350,126	
2/25		乙	A90101	買斷		329,966	55,680,092	3.6875		
1/25	XXXXXXXXXX-1	F證券	央債90-2	91/01/29	96/01/29	50,000,000	49,979,397		49,979,397	
1/29		甲	A91102	買斷			49,979,397	3.009		
1/25	XXXXXXXXXX-1	F證券	央債91-2	91/01/29	96/01/29	50,000,000	49,982,830		49,982,830	
1/29		甲	A91102	買斷			49,979,397	3.0075		

○○票券金融公司
債券交易明細表

（賣出）　　　　○○○○年1月1日至2月28日　　　　單位：元

成交日 交割日	成交單號	客戶名稱 交易員	債券簡稱 債券代號	發行日 交易方式	到期日 約定日	面額 應計利息	成交價 應收/付金額	天數 利率	成本	損益
1/15	XXXXXXXXXX-1	A證券	央債90-7	90/10/19	105/10/19	50,000,000	48,334,383		48,375,320	
1/17		甲	A90107	賣斷		431,507	48,765,890	3.7980		-40,937
"	XXXXXXXXXX-1	A證券	央債90-7	90/10/19	105/10/19	50,000,000	48,334,383		48,432,703	
"		甲	A90107	賣斷		431,507	48,765,890	3.7800		-98,320
2/21	XXXXXXXXXX-1	D證券	央債90-1	90/01/09	100/01/09	50,000,000	55,364,021		55,354,678	
2/25		乙	A90101	賣斷		329,966	55,693,987	3.684		9,343
2/21	XXXXXXXXXX-1	D證券	央債90-1	90/01/09	100/01/09	50,000,000	55,260,898		55,354,678	
2/25		乙	A90101	賣斷		329,966	55,590,864	3.7100		-93,780
1/25	XXXXXXXXXX-1	A證券	央債91-2	91/01/29	96/01/29	50,000,000	49,893,663		49,890,237	
1/29		甲	A91102	賣斷			49,893,663	3.0465		3,426

由路透社列印 Localhost 　　　　　　　　○○○○/01/15 星期二
0#TWTSY=　　TWD　TAIWAN　TREASURY

Issue/Issuer	Coupon Maturity	Latest	Yield	Time	Date	Source
TWN GOV A90107	3.500 19OCT16	3.79	A 3.775	13:38	15JAN	FBBIL

由路透社列印 Localhost 　　　　　　　　○○○○/01/25 星期五
0#TWTSY=　　TWD　TAIWAN　TREASURY

Issue/Issuer	Coupon Maturity	Latest	Yield	Time	Date	Source
TWN GOV A90102	3.000 29JAN07	3.1725A	3.1575	12:04	25JAN	GCTB

由路透社列印 Localhost 　　　　　　　　○○○○/02/21 星期四
0#TWTSY=　　TWD　TAIWAN　TREASURY

Issue/Issuer	Coupon Maturity	Latest	Yield	Time	Date	Source
TWN GOV A90101	5.125 09JAN11	3.675A	3.66	12:11	21FEB	CITISECT

由路透社列印 Localhost 　　　　　　　　○○○○/02/25 星期一
0#TWTSY=　　TWD　TAIWAN　TREASURY

Issue/Issuer	Coupon Maturity	Latest	Yield	Time	Date	Source
TWN GOV A90101	5.125 09JAN11	3.7175 A	3.6925	13:04	25FEB	CTBG
YWN GOV A90107	3.50 19OCT16	4.0725A	4.00	12:08	25FEB	MLGBI

註：其他債券買賣作業單、債券成交單、債券市價評估表及債券庫存明細表等從略。

附錄 18-2　查核報告範例二

交易部專案業務檢查報告
○○票券金融公司　稽核處　簽呈

主旨：交易部專案業務檢查報告

說明：一、本處已於○○○○年○○月○○日至○○○○年○○月○○日止
派員對交易部實施本（○○）年度第一次專案業務檢查，項已辦
理完妥查核報告暨應行改善意見乙份，如附件。

二、本案經呈奉核可後，除正本送受檢單位辦理改善外，副本將陳報
主管機關備查。

三、依據財政部 1989 年 8 月 29 日台財融字第 781242721 號函示辦
理。

四、恭請　鑒核。

　　　敬呈

董事長　XXX

　　　　　　　　　　　　　　　　　　　稽核處　XXX　謹簽
　　　　　　　　　　　　　　　　　　　○○○○年○○月○○日

專案業務查核報告　密件

專案業務查核報告

> 密　件

受檢單位：交易部

基準日：○○○○年○○月○○日

檢查期間：自○○○○年○○月○○日至○○○○年○○月○○日

　　（實際檢查天數：○○天）

XX XX　票券金融公司　　　　　　　　稽核處

領隊：XXX　　　　　　檢查人員：XXX XXX

註：本範例為業界在內控管理上部分常見的問題和缺失事項之匯集與相關作業程序之介
紹。

受檢單位：交易部　檢查項目：專案業務檢查（簽證承銷業務）　　第 X 頁

項目	綜合提要	備註
一、概述	1.本次辦理專案業務查核之範圍，為受檢單位辦理票券簽證、承銷作業及覆查前次辦理一般業務查核有關該等業務相關缺失改善經過情形。 2.受檢單位每日營業開始前，依據公司營運策略、市場資金狀況等因素，擬訂各天期票券買賣利率並掛牌公告，交易進行中若遇市場資金變化時再作機動性調整以爭取交易機會，充分扮演短期資金供應者、需求者及仲介者服務角色。提供一般銀行、信託公司公民營企業及個人等市場參與者之投資服務和熱絡商業市場。 3.該單位基於維繫貨幣市場交易的順暢及安全，本著落實票券商的簽證作業職責，於接受本票發行人的委託時，即對其發行之本票應記載事項加以詳細審核，並予以簽章證明，其簽證審核事項包括票券發行人簽章、無條件支付給持票人的表明、明確的金融文字、確定支付日期及保證金融機構的簽章等。	
二、檢查情形及結果	1.該受檢單位對初級市場票券利害關係人所發行之商業本票，皆依本公司「代銷關係人發行商業本票作業要點」辦理代銷作業，相關作業符合規定。 2.經查該受檢單位間有承銷發行人未經信用評等機構之商業本票（如：××、×××），且該商業本票亦未經其他金融機構保證之情事，目前雖與「票券金融管理法」第五條規定不符，對此財政部雖於 2001 年 7 月 12 日發布新聞稿規定有二年不予處罰之寬限期，乃請該部隨時注意該寬限期之屆滿，以免違規。 3.為健全貨幣市場發展及維持市場交易秩序，該受檢單位以依中央銀行金檢意見及台北市票券金融商業同業公會決議：「對於承銷商業票本應按市場行情訂價，不得採取『高手續費、低利率』或『低手續費、高利率』方式辦理」，訂定本公司承銷商業票本自律規範，惟經查該單位仍偶有辦理簽證承銷商業本票時其發行利率發生逾越所訂上限之情事，建請爾後注意辦理。 4.經查該單位辦理承銷買入作業，間有未依本公司「短期票券交易風險管理要點」規定對超出授權額度及授權加碼範圍者，事前應由授權主管於作業單上核印之情事。 5.核對客戶領用空白商業本票簽收單及空白商業本票領用登記表，均依規定簽收並登載記錄留存備查。 6.查核（○／○○～○／○○間）票券初級市場交易之作業單、成交單、首次買入單票券日報表、CP2 承諾書列印清冊、橋訊財經資訊社提供之發行利率及當日牌告利率等，除部分缺失已列入本次查核缺失項目外，餘均依規定辦理。 7.查核票券初級交易市場客戶除金融業外均依規定建立客戶基本資料卡及徵提相關證照存檔，符合規定。	

受檢單位：交易部　　　　檢查基準日：○○○○年○月○日　　　第 X 頁

項目	綜合提要	受檢單位辦理情形及說明	處理意見（稽核處）
空白債、票券管理	1.核對客戶領用空白商業本票簽收單及空白商業本票領用登記表，均依規定經由客戶簽收並登載留存備查；○○○○年○○月○○日盤點剩餘空白商業本票與各類套表使用記錄表，皆與記載數字相符。	洽悉。	備查。
客戶基本資料卡及相關證照	2.查核票券初級交易市場客戶除金融業外均依規定建立客戶基本資料卡及檢附相關證照留存，符合規定。	洽悉。	備查。
票券簽證、承銷作業	3.經查該單位對於承銷買進之商業本票所承做之發行利率有超過本公司所訂承銷本票自律規範上限，如：（○○○○／○○／○○）六千租賃（股）公司發行60天期利率6.1%。	本公司所訂自律規範係原則性規定，仍將注意辦理。	本項建請該單位督飭有關作業同仁，切實遵照所訂定之自律規範作業要求辦理。
	4.經查該單位簽證、承銷、保證手續費率均按照本公司核訂費率辦理收取。	洽悉。	備查。
	5.經查該受檢單位買賣及持有本公司負責人為董事、或經理人之企業所發行短期票券，皆符合「票券金融管理法」第二十八條之相關規定。	洽悉。	備查。
	6.經查該單位除於經辦承銷業務期間外，持有、保證及背書同一企業所發行之短期票券，「票券金融管理法」第三十條之相關規定。	洽悉。	備查。
	7.經查該單位辦理承銷買入作業，間有未依本公司「短期票券交易風險管理要點」對承作利率逾越交易員權限規定，事前未經由其作業主管簽核逕行敘作，如：（○○○○／○○／○○）光華（股）公司發票，XX商銀XX分行保證商業本票。	已補正訖（如附件）。	本項建請該受檢單位督飭有關作業同仁，爾後應切實遵照本公司規定辦理。

受檢單位：交易部　　　檢查基準日：○○○○年○月○日　　　第○頁

項目	綜合提要	受檢單位辦理情形及說明	處理意見（稽核處）
	8.經查○○○○年○○月○○日由XX商銀XX分行保證，發票人XX（股）公司之商業本票，其承作期間為○○○○年○○月○○日起至○○○○年○○月○○日止，而該單位於承銷票券作業單誤載為○○○○年○○月○○日起至○○○○年○○月○○日止。	已補正訖（如附件）。	本項建請該單位督導有關作業同仁，爾後注意辦理。
	9.經查該單位所列印之「CP2承諾列印清冊」內容偶有與實際不符，如：○○○○年○○月○○日（承銷編號#XXXXXX）發票人XX公司之承銷買進交易已刪除，而清冊中列示該筆交易已交付承諾書。	該筆交易原於○○○○年○○月○○日（週五）委託承銷，但於○○○○年○○月○○日（第二個營業日）下午5:26始要求取銷而刪除，對○○○○年○○月○○日早先列印之「CP2承諾列印清冊」，造成與事實不符之情形頃已加以註記。	本項建請該單位督導相關作業同仁，爾後對於類似情形應加予註記說明，以示完整。

領隊：XXX

檢查人員：XXX XXX

專案業務檢查報告函

函

受文者：交易部

發文日期：中華民國○○年○○月○○日

發文字號：（XX）XX稽字第XXX號

附　件：如文

主旨：檢送本處對　貴單位專案業務檢查報告（編號XX--XXX）乙份（如附件），所提缺失事項，敬請依照稽核處審核欄處理意見標註紅「＊」符號部分，實際辦理改善，並惠復。

說明：本案經呈奉　董事長○○○○年○○月○○日核示辦理。

XX票券金融公司稽核處

附錄 18-3 查核報告範例三

一般業務檢查報告

XX 票券金融公司 稽核處 簽呈

主旨：交易部一般業務檢查報告

說明：一、本處已於〇〇〇〇年〇〇月〇〇日至〇〇〇〇年〇〇月〇〇日止
派員對交易部實施本（〇〇）年度第一次一般業務檢查，頃已辦
理完妥查核報告暨應行改善意見乙份，如附件。

　　　二、本案經呈奉核可後，除正本送交易部辦理改善外，副本將陳報主
管機關備查。

　　　三、依據財政部 1989 年 8 月 29 日台財融字第七八一二四二七二一號
函示辦理。

　　　四、恭請　鑒核。

敬呈
董事長　XXX

稽核處　XXX 謹簽
〇〇〇〇年〇〇月〇〇日

註：本範例為業界在內控管理上部分常見的問題和缺失事項之匯集與相關作業程序之介
　　紹。

一般業務查核報告　密件

一般業務查核報告

┌─────────┐
│　密　件　│
└─────────┘

受檢單位：交易部

基準日：○○○○年○○月○○日

檢查期間：自○○○○年○○月○○日至○○○○年○○月○○日
　　　　　（實際檢查天數：○○天）

　XX XX　票券金融公司　　　　　　稽核處

　　領隊：XXX　　　　　檢查人員：XXX　XXX

受檢單位：交易部　檢查項目：一般業務檢查　　　　　　　第 X 頁

項目	綜合提要	備註
壹、概述	1.該受檢單位負責本公司之票券、債券買賣操作及交割作業，至於其相關之支票簽發、管理工作及授信額度管理與支票會簽事宜等後續作業，則分由本公司財務部及管理部辦理，上述分工尚能達到內部牽制；該部對所經營之業務已編訂有「交易業務手冊」作為相關事務處理之依據，為因應本 2001 年 7 月施行之「票券金融管理法」，已建請該單位儘速配合相關法令規章及內規之增訂與予修訂。 2.截至本次一般業務檢查基準日（○○○○年○○月○○日）止，該部計有職員 X 人，除經理綜理部務外，另有副理 X 員、襄理 X 員襄佐，以目前公司票、債券業務量，該部人員配置妥適，業務運作尚稱平順，大致而言，作業符合內控要求。	
貳、買賣票、債券	1.截至本次一般業務檢查基準日（○○○○年○○月○○日）止，該部本年度辦理買賣票、債券業務總交易量為新台幣 X 百萬元，其中票券部分（含第二類商業本票、銀行承兌匯票及銀行可轉讓定存單）為新台幣 X 百萬元，占 X.X ％，債券部分（含政府債券、公司債及金融債券）為新台幣 X 百萬元，占 X.X ％。 依交易對象別比率為： 銀行業　　　　　X,XXX 百萬元　　　占 X.X ％， 農、漁會　　　　　XX 百萬元　　　占 X.X ％， 個人　　　　　　　XX 百萬元　　　占 X.X ％， 公營機構　　　X,XXX 百萬元　　　占 X.X ％， 基金社團　　　　　XX 百萬元　　　占 X.X ％， 民營企業　　　　XXX 百萬元　　　占 X.X ％， 其他　　　　　　　X 百萬元　　　占 X.X ％， 保險業　　　　　XXX 百萬元　　　占 X.X ％。 2.票券部分，截至本次檢查基準日止之總交易量為新台幣 XXX,XXX 百萬元。 按票券種類區分之比率為： 第二類商業本票　　XXX,XXX 百萬元　占 X.X ％。 銀行承兌匯票　　　XX,XXX 百萬元　占 X.X ％。 銀行可轉讓定期存單　XX,XXX 百萬元　占 X.X ％。 3.債券部分，截至本次檢查基準日止之總交易量為新台幣 XXX,XXX 百萬元。	

受檢單位：交易部　檢查項目：一般業務檢查　　　　　第 X 頁

項目	綜合提要	備註
參、承銷業務	截至本次檢查基準日止之總交易量為新台幣 XXX 百萬元。 按保證機構不同區分之比率為：（至○○○○年○○月○○日止） 1.自保承銷者 XX,XXX 百萬元，占承銷總額 X.X％。 2.他保承銷者 X,XXX 百萬元，占承銷總額 X.X％。 3.免保承銷者 XXX 百萬元，占承銷總額 X.X％。 按發行期限區分之比率為：（至○○○○年○○月○○日止） 1. 1～30 天期 XX,XXX 百萬元，占承銷總額 X.X％。 2. 31～90 天期 X,XXX 百萬元，占承銷總額 X.X％。 3. 91～180 天期 XXX 百萬元，占承銷總額 X.X％。	
肆、自行查核	自本（○○）年起該單位辦理內部自行查核，係採跨部門交叉查核方式辦理，該單位係負責業務部之內部自行查核工作，尚能依據本公司內部自行查核辦法辦理，查核方式包括每半年辦理一次之一般業務查核，每月辦理一次專案查核，並指定襄理一人負責督導執行，經核其查核次數符合規定，自行查核期間內無發現重大缺失事項，亦無待改善事項。	
伍、洗錢防制	為配合證券交易所要求本公司強化執行洗錢防制業務，稽核處每日按其所修訂之「證券商內部控制制度標準規範」執行查核，至本次查核基準日止皆按上述規範之規定辦理。	
陸、覆查事項	本處於本（○○）年○○月對該部之一般查核所提檢查意見，經查核除仍有部分缺失尚未完全改善並再次提列本次查核意見外，其餘均已補正或無類似情形。 中央銀行金融業務檢查處（○○○○年○○月○○日～○○○○年○○月○○日）對本公司一般業務檢查有關該受檢單位所示缺失事項，經覆查均以改善完妥。	
柒、資訊作業	經查該次自經理以次，包括主管人員、交易員及電腦輸入員等，皆賦予其職掌相當之電腦連線作業功能，經辦人員負責建檔，主管掌理資料修改及刪除功能，尚符合內控規定。	
捌、查核概述	1.該受檢單位辦理買賣票、債券附買回交易，經查均未超過公司淨值的各 6 倍及合計未超過公司淨值的 10 倍，符合規定。 2.經查該單位辦理票券交割及收付款項之作業流程皆符合內	

受檢單位：交易部　檢查項目：一般業務檢查　　　　　　　第X頁

項目	綜合提要	備註
	部牽制原則。	
	3.經查該部已確實依本公司「債券投資及風險管理要點」之規定，對於交易事項偏離當天牌告利率達 0.75 個百分點以上之票券或債券買賣，已就交易對象、利率及偏離市場行情等真實原因建檔備查；惟查仍有未能依照牌告利率及本公司票債券交易授權辦法，對超出授權額度及授權加碼範圍者，由授權主管於作業單上核印之情事。	
	4.首次委託承銷之發行公司，皆依規檢送經濟部執照、營利事業登記證及公司印鑑證明影印本各一份留存。	
	5.該部已對賣斷買回之交易訂定控管要點，且於○○○○年○○月○○日經本公司董事長核准後實施迄今，由抽查範圍中所見均依控管要點列印報表，執行無誤。	
	6.經查該部截至檢查基準日止，於辦理票、債券客戶基本資料卡建檔及徵提相關證照作業，尚有 XX 企業（股）公司、XX（股）公司及 XX 公司等未依規檢附相關證照。	
	7.該單位辦理買賣票、債券交易之交易人員皆將交易內容填具作業單，惟有部分交易人員未於交易作業單上簽章；另交易人員皆未發現有兼辦電腦輸入、資金調度或交割工作等情事。	
	8.經查發行公司領取空白商業本票皆依規定填具領用單；發出明細填載於登記簿上；領用單皆裝訂成冊留存；核對「客戶領用空白商業本票簽收單」及「空白商業本票領用登記表」，除 XX 公司外，餘尚能依規定經客戶簽收並登載記錄留存備查。	
	9.核對票、債券交易修改、刪除及補單作業，大部分均依作業規定辦理，惟有未於買進成交單第三聯及於成交單更改／刪除／補單作業申請中註明刪除原因等缺失。	
	10.進帳或匯款時仍有部分憑證未索取作為交易傳票之附件。	
	11.辦理票、債券交易有下列缺失：	
	(1)作業單上之票券交易方式填載有誤或未註明交易方式。	
	(2)未依規定確認作業規範於交易作業單上簽章確認交易行為。	
	(3)經查偶有作業單上填載之交易資料，經塗改而未有塗改人用印確認之情事。	
	12.該單位辦理交割作業，對於收付票、債券金額及取票、	

受檢單位：交易部　檢查項目：一般業務檢查　　　　第 X 頁

項目	綜合提要	備註
	驗印或兌償、筆數等交割內容，皆有依規定登記控管或留存資料。	
	13.該單位辦理票、債券交割業務有下列諸多缺失：	
	(1) 有首次發行之 CP2 以郵寄方式交割，惟買進成交單上均未註明「郵寄」處理，以資引證及配合。	
	(2) 成交單上記載交割方式為「郵寄」，惟於債券交割明細表中交割方式記載為「派員」及查郵寄清冊中亦無該筆交易記錄。	
	(3)查有票券 RP 賣出交易，成交單上客戶簽章處蓋「已郵寄」，且交割清冊及郵寄登記簿上均有郵寄交付記錄，惟成交單上記載交割方式仍為「派員」。	
	(4)查有票券 RP 賣出交易，成交單商之交割方式為「郵寄」，且票券郵寄清冊報表上亦為「郵寄」方式登載，惟郵寄登記簿上並無該筆交易之郵寄記錄，且成交單上亦經過客戶簽收。	
	(5)有債券 RP 賣出交易，成交單上客戶簽章處蓋「已郵寄」，惟成交單上之交割方式及債券交割明細表中均註明為「派員」，且郵寄登記簿中亦無該筆交易記錄。	
	(6)經查尚有部分辦理票券交易事項仍欠缺客戶簽收聯（第四聯）。	
	14.該單位對於賣出票／債券收取之支票，均經核對票面之要式條件，並能依規定於成交當日存入本公司指定之帳戶。	
	15.經查該單位已自本（○○）年○○月中旬起，參加證券櫃檯買賣中心之「債券等殖成交系統」買賣作業，按該系統係採取應收付款券相抵後之淨額來處理，大幅簡化後續的交割作業程序。	
玖、建議事項	建請依「票券金融管理法」第二十二條規定（……票券金融公司辦理短期票券或債券之簽證、承銷、經紀或自營業務，應詳實記錄交易之時間……），將實際交易時間登載於作業單上，以符規定。	

受檢單位：交易部　檢查項目：○○○○年○○月○○日　　　第 X 頁

項目	綜合提要	受檢單位辦理情形及說明	處理意見（稽核處）
買賣票券作業	1.經查該部除代銷或經紀外，並未買賣或持有本公司負責人為董事、監察人或經紀人之企業所發行之短期票券，尚符合票券金融管理法規定。	洽悉。	備查。
	2.經查截至本次一般檢查基準日止，受檢單位辦理經本公司保證及背書之本、匯票餘額，未超過本公司淨值之 8 倍，符合規定。	洽悉。	備查。
債券交易作業	3.核對票（債）券交易之作業單、成交單、首次買入票券日報表、債券交易明細表及當日牌告利率等資料，除下列缺失外，大致尚能符合相關作業規定： (1)查核該部「債券買賣作業單」上之「債券收付方式」、「款項受付方式」或「交割方式」有填載錯誤或漏填等情事，如：# XXXXXX、# XXXXXX、# XXXXXX、# XXXXXX、# XXXXXX、# XXXXXX 等。 (2)經查偶有債券成交單註明係採派員方式辦理交割，惟見客戶於客戶簽收聯完成簽章，如：# XXXXXX、# XXXXXX 及 # XXXXXX 等。 (3)經查該單位有未依債券交易確認作業要點第三條規定於債券作業單上簽章確認交易，如：# XXXXXX、# XXXXXX、# XXXXXX、# XXXXXX 等。 (4)經查有於成交單（作業單）「交割方式」或「應收／收款項」更改異動，惟未見相關人員於更正處用印確認，責任無從辨識，如：# XXXXXX、# XX XX XX 等。	均已補正完畢。	本項建請該單位督飭有關作業同仁，爾後切實注意依相關作業規定辦理。

受檢單位：交易部　檢查項目：○○○○年○○月○○日　　　第 X 頁

項目	綜合提要	受檢單位辦理情形及說明	處理意見（稽核處）
	4.該部辦理首發簽證之商業本票的形式及要件尚符合票據法相關規定。	洽悉。	備查。
空白債、票券管理	5.核對受檢單位○○○○年○○月○○日～○○○○年○○月○○日之「客戶領用空白商業本票簽收單」及「空白商業本票領用登記表」，大部分均依規定經由客戶簽收領取，並登載留存備查，惟查有○○○○年○○月○○日授信戶 XX 公司領取本票後尚未於本公司「客戶領用空白商業本票簽收單」簽章，並繳回歸檔。	已補正訖。	本項建請該部督促相關作業同仁，爾後注意辦理。
客戶基本資料卡及相關證照	6.查該單位○○○○年○○月○○日～○○○○年○○月○○日及○○○○年○○月○○日止之票券初、次級市場交易之來往客戶，經查尚能依規定建立客戶基本資料卡，惟仍有： (1)往來客戶 XX 證券投資顧問（股）公司已於○○○○年○○月○○日經中華民國證券櫃檯買賣中心核准更名，惟迄查核日該公司尚未檢附新相關證照送受檢單位備查。 (2)往來客戶 XX（股）公司及 xx（股）公司均未徵提相關證照。	已補正訖。	本項建請該部督促相關作業同仁，爾後注意辦理。
	7.查核債券交易之客戶大部分均依規定建立客戶資本資料卡，有附條件買賣交易者都能依規簽訂「債券附條件買賣總契約」及留存相關證照，惟尚有下列缺失已面請改善並請爾後注意辦理： (1)債券交易客戶 xx 綜合證券公司所留存之交割印鑑有多枚，惟未填載用印方式（憑幾式有	均已補正完妥。	本項建請該部督促相關作業同仁，爾後注意辦理。

527

受檢單位：交易部　檢查項目：○○○○年○○月○○日　　　第 X 頁

項目	綜合提要	受檢單位辦理情形及說明	處理意見（稽核處）
	效），爾後恐生爭議，應請客戶註明為妥。 (2)與 xx 債券基金專戶、xx 綜合證券、xx 證券、xx 證券等客戶所簽訂之「債券附條件買賣總契約」未見簽約日期。		
修改、刪除、補單作業	8.抽查○○○○年○○月○○日～○○○○年○○月○○日止之所有票、債券交易之修改、刪除及補單作業，大部分均依作業規定辦理，惟仍有下列缺失： (1)經查未見○○○○年○○月○○日刪除承銷編號＃XXXXXXXX 之買進成交單（融資性商業本票首次發售專用）第三聯。 (2)經查未依規於成交單更改／刪除／補單作業申請單中註明刪除原因，計有：#XXXXXXXX、#XXXXXXXX、#XXXXXXXX 等成交單之編號。	第三聯因客戶遺失，所以已請客戶改以第四聯影印本簽章證明。 已補正訖。	本項建請該部督促相關作業同仁，爾後注意辦理。
	9.查核抽查範圍之票、債券成交單及交付清單之使用情形與各類套表使用記錄表中之使用、補單、作廢及修改等登載記錄符合，依規定辦理。	洽悉。	備查。
代客兌償	10.對於代客兌償作業，該部於「短期票券交易風險管理要點」中，為控管受託票券兌代風險，訂定有對不同性質金融機構之最高代客兌償金額限制，以控制此一作業所產生之風險範圍，此次查核票券交易均依現額辦理。	洽悉。	備查。
	11.該部已對賣斷買回之交易訂定控管要點，且已於○○○○年○○月○○日經董事長核准後實施，查核均依控管要點列印報表執行無誤。	洽悉。	備查。

受檢單位：交易部 檢查項目：○○○○年○○月○○日　　　第 X 頁

項目	綜合提要	受檢單位辦理情形及說明	處理意見（稽核處）
	12.經查執行債券交易人員皆已向證券櫃檯買賣中心辦理資格登記。	洽悉。	備查。
票券交易作業	13.核對受檢單位之票券次級市場之作業單、成交單、票券交易明細表及當日牌告利率，有部分缺失如下： (1)相關票券作業單位勾選買進明細或票券收付方式，如：#XXXXXXXX、#XXXXXXXX、# XXXXXXXX、# XXXXXXXX、# XXXXXXXX 等。 (2)相關票券作業單位勾選款項收付方式，如：#XXXXXXXX、#XXXXXXXX、# XXXXXXXX 等。 (3)未依交易確認作業要點第三條規定辦理簽章確認，如：#XXXXXXXX、#XXXXXXXX 等。 (4)經查有票券成交單未呈送主管核印，如：#XXXXXXXX、#XXXXXXXX、#XXXXXXXX 等。	均已補正訖。	本項建請該部督促相關作業同仁，爾後注意辦理。
交割作業	14.抽查○○○○年○○月○○日～○○○○年○○月○○日期間之票（含初、次級）、債券交割業務，有下列缺失： (1)首次發行之 CP2 以郵寄方式交割，惟買進成交單位註明「已郵寄」： A.○○○○年○○月○○日 xx 公司發行之 CP2（成交單 #XXXX XXXX）。 B.○○○○年○○月○○日 xx 公司發行之 CP2（成交單 #XXXX XXXX）。	已補正訖。	本項建請該部督促相關作業同仁，爾後確切注意辦理。

受檢單位：交易部　檢查項目：○○○○年○○月○○日　　　　第 X 頁

項目	綜合提要	受檢單位辦理情形及說明	處理意見（稽核處）
	C.○○○○年○○月○○日 XX 公司發行之 CP2（成交單 #XXXX XXXX）。		
	(2)在成交單上之交割方式均改為「郵寄」，惟於債券交割明細表中交割方式仍登載為「派員」且郵寄清冊中亦無該等交易之郵寄記錄，計：	已補正訖。	
	A.○○○○年○○月○○日與 XX 票券金融公司債券賣斷交易，成交單 #XXXXXX XX。		
	B.○○○○年○○月○○日與 XX 票券金融公司債券賣斷交易，成交單 #XXXXXX XX。		
	(3)○○○○年○○月○○日與 XX 企業公司之票券 RP 賣出交易，成交單號 #XXXXXX XX，成交單上客戶簽章處蓋「已郵寄」，且交割清冊及郵寄登記簿上均有郵寄交付記錄，惟成交單上交割方式仍註明為「派員」，應請查明更正。	已補正訖。	
	(4)○○○○年○○月○○日與 XX 企業公司之票券 RP 賣出交易，成交單號 #XXXXXX XX，成交單上之交割方式為「郵寄」，且票券郵寄清冊表上亦為「郵寄」方式登載，惟郵寄登記簿並無該筆交易之郵寄記錄，且成交單上亦經過客戶簽收。	已補正訖。	
	(5)○○○○年○○月○○日與 XXX 之債券 RP 賣出交易，成交單 #XXXXXXXX，成交單上客戶簽章處蓋「已郵寄」，惟成交單上交割方式及債券作業單交割方式均註明「派員」，且郵寄登記簿中亦無該筆記錄。	已補正訖。	

受檢單位：交易部　檢查項目：○○○○年○○月○○日　　　　第 X 頁

項目	綜合提要	受檢單位辦理情形及說明	處理意見（稽核處）
	(6)票券交易欠缺成交單第四聯（客戶簽收聯）者，計有： A.○○○○年○○月○○日成交單 #XXXXXXXX、#XXXX XXXX、#XXXXXX XX。 B.○○○○年○○月○○日成交單 #XXXXXXXX、#XXXXX XXX。 C.○○○○年○○月○○日成交單 #XXX XXXXX。	已補正訖。	
	(7)○○○○年○○月○○日 XX（股）公司發行，由 XX 銀行營業部承兌之 BA 作業單尚未依「票、債券交易確認作業要點」之規定進行交易確認作業，並簽章負責。	已補正訖。	
	(8)○○○○年○○月○○日成交單 #XXX XXXXX 交割方式為郵寄，但又見有客戶（XX票券公司）簽蓋之交割章，應請查明補正。	已補正訖。	
	15.票券交割及收付款項之作業流程尚符合內部牽制原則。	洽悉。	備查。
資訊作業	16.經查該部截至本次檢查基準日，自經理以次皆賦予適當業務應用程式使用權限。	洽悉。	備查。
建議事項	17.目前該部之作業單據多未登載交易時間，建請依「票券金融管理法」第二十二條規定（……票券金融公司辦理短期票券或債券之簽證、承銷、經紀或自營業務，應翔實記錄交易之時間……），研議將實際交易敲定時間登載於交易作業單上。	已申購打卡鐘並按規定辦理。	本項建請該部督促相關作業同仁，爾後確實辦理。

領隊：XXX
檢查人員：XXX XXX

　　另外，一般業務查核報告函同附錄 18-2 之專案業務檢查報告函所附之作業方式，故在此予以省略。

附錄 18-4　查核報告範例四

轉銷呆帳簽呈

XX票券金融公司　業務推展部　簽呈

會辦單位：稽核處

財務部

主旨：為授信戶XXX公司逾期放款，擬請准依主管機關要求自提存之備抵呆帳中即予轉銷，呈請 鑑核。

說明：

一、授信戶XXX公司無擔保授信額度XX億元，係於○○○○年○○月○○日經第x屆第x次常董會核准通過在案，複於○○○○年○○月○○日全數動用完畢。

二、借戶於○○○○年○○月○○日因子公司發生違約交割事件，金額達XX億元之鉅，隨即牽累該集團陷入財務危機。在過去三年中債權銀行團與該公司間曾召開過多次協商會議，雖營運尚正常，因無力付息與償還高達XX億元債務，遂向法院提出重整申請經裁定獲准。而本公司在此之前已對授信戶依程序提出支付命令及本票民事裁定，並獲法院支付命令及裁定確定證明，依執行名義逕予本票強制執行，後因借戶以已獲准重整同時聲請緊急處分，致本部分暫停法律追訴，僅能提出重整債權登記申請之保全措施。

三、本部目前除依據各主管機構等函令要求將逾期放款金額部分，計金額XX即予轉銷呆帳，藉以降低本公司逾放比率外，亦鑑於借戶預計長達XX年之償債方案，債權之收回恐將曠費時日，遙遙無期，擬簽請核可提報常董會核准，依規定程序辦理轉銷呆帳。當否？呈請核示。

　　　　敬呈

總經理　XXX

董事長　XXX

業務推展部　XXX　謹簽

註：本範例為業界在內控管理上部分常見的問題和缺失事項之匯集與相關作業程序之介紹。

轉銷呆帳查核意見

稽核處對 XX XX 公司轉銷呆帳

查核意見

一、本處奉示於去（○○）年○○月辦理查核有關催收戶 XX 公司及其
　　轉投資公司——XXXX 之徵、授信過程，並於去年底提出查核結
　　果報告，顯尚符合本公司授信有關規定，後者並於去年底轉列呆
　　帳。

二、唯檢討本案承作後之後續作業，經查辦理授信人員似未對個案作定
　　期或不定期實地調查，及每半年至少辦理一次追蹤考核，致使授信
　　戶或其他關聯戶已發生信用瑕疵足以影響授信安全時，未能及時研
　　議保全措施，有欠妥當。

三、截至目前，催收戶 XXXX 尚處重整狀態，短時期勢無法收回債權
　　可能，且為配合主管機構官署要求儘速將其轉列呆帳之意見，本處
　　依轉列呆帳處理規定，謹提出本查核意見，唯希望轉銷後仍請注意
　　清查連帶保證人可供執行之財產。

四、本案轉列呆帳後，其債權仍應登記備查，如發現有可供執行之財產
　　時，應即依法追償。

總稽核：XXX

查核人：XXX

○○○○年○○月○○日

參考文獻

〈利率期貨、選擇權快譯通〉，《Smart 智富月刊》，2004 年，1 版，頁 12-19。

「實務有效匯率指數編製說明」，《工商時報》，1985 年 12 月 2 日；「調整新台幣有效匯率指數—金融組」，《經濟日報》，1911 年 1 月 3 日。

中華民國櫃檯買賣中心（2004）。《證券櫃檯月刊》第 100 期，頁 63-71。

外匯業務方面（第 18 章）銀行業的資料主要參考自：華銀、一銀、台銀、市銀等。

李智仁（2004）。《集保月刊》第 124 期，頁 33。

李森介編著（1978），《國際匯兌》，第三版。東華書局，頁 21、43-45。

李義燦（2004）。《證券櫃檯月刊》（精選專冊），頁 10-21。

林宏濡、李德駿、廖榮昌。〈期貨投資〉，《經濟日報》，2003 年 12 月 14 日、2004 年 5 月 23 日、2004 年 6 月 27 日。

王宏瑞、陳德鄉（2003）。《證券櫃檯月刊》，第 81 期，頁 1-12。

王景陽編著（1970），《外匯管理論》，第三版。正中書局，頁 6-7、頁 137-142。

王薇綾（2003）。《證券櫃檯月刊》，第 88 期。

票、債業務方面（第 18 章）票券金融業的資料主要參考自：興票、華票、力華等內部控制手冊、稽核手冊、期刊及各相關查核資料。

臺灣期貨交易所（2004）。《三十天期利率期貨、公債期貨操作實戰手冊》。

蔡宗達、陳永明（2004）。《證券櫃檯月刊》，第 93、95 期。

蔡宛玲（2005）。《證券櫃檯月刊》第 104、105 期，中華民國櫃檯買賣中心，頁 4-12。

蘇溪銘（1997），《國外匯兌理論與實務》。文笙書局，頁 40～50。

郭金標（1975），《國外匯兌輯要》。大中國圖書公司，頁 151。

陳信憲、洪麗琴、鍾佳伶（2004）。《證券櫃檯月刊》，第 100 期，10 月。

陳德鄉（2002）。《證券櫃檯月刊》，第 78 期，頁 1-2。

高文宏、吳偉臺（2004）。《金管法令創刊號》，頁 64-71。

黃玻莉、陳永明。《證券暨期貨月刊》，第 8 期，第 22 卷，頁 4-29。

財務會計叢書 2

金融市場——外匯、票、債券市場與管理

編 著 者／王毓仁
出 版 者／揚智文化事業股份有限公司
發 行 人／葉忠賢
總 編 輯／閻富萍
執　　編／范湘渝
登 記 證／局版北市業字第 1117 號
地　　址／台北縣深坑鄉北深路三段 260 號 8 樓
電　　話／(02)2664-7780
傳　　真／(02)2664-7633
　E-mail ／service@ycrc.com.tw
印　　刷／鼎易印刷事業股份有限公司
　ISBN ／978-957-818-788-7
初版一刷／2007 年 12 月
定　　價／新台幣 600 元

國家圖書館出版品預行編目資料

金融市場：外匯、票、債券市場與管理／王毓
仁編著. -- 初版. -- 臺北縣深坑鄉：揚智文
化,2007. 11
　　面；公分.
ISBN　978-957-818-788-7（平裝）

1. 金融市場　2. 國外匯兌

561.7　　　　　　　　　　　　　95007309